신학요해시리즈 [7]
챠트로 본

이단과 사이비

김영무·김구철 지음

최신 증보판

◆ 아가페문화사

CHRONOLOGICAL and BACKGROUND CHARTS of The HERESY & SPURIOUS

by
Kim, Young Moo & Kim, Gu Cheul

2012
Agape Culture Publishing Company
Seoul, Korea

챠트로 본
이단과 사이비

□ 추 천 사 □

　21세기에 들어선 오늘날 기독교는 심각한 도전을 받고 있습니다. 또한 이단들의 필사적인 도전으로 무엇이 진리인지 분명한 판단력을 잃은 성도들에게는 더더욱 정체성의 위기라는 도전과 격동을 맞고 있습니다. 사람들은 더 이상 기독교가 세상과 자신에게 구원의 빛을 비추이지 못한다고 생각하고 있습니다. 그리고 그들은 동양 정신이나 종교 다원주의 등, 외부에서 진리의 해답을 찾으려 하고 있습니다. 서구(西歐)에서 신비주의와 불교를 비롯한 동양의 정신을 추종하는 무리들의 지속적인 증가는 이를 대변합니다. 전통적인 기독교인들도 이 영향을 받아 환생(幻生)을 믿으면서 동시에 기독교의 구원을 믿는 것이 하나도 이상하지 않게 되어가고 있습니다.

　우리나라의 현실도 이에서 자유롭지 못한 것이 현실입니다. 세계 기독교의 역사상 유래가 없는 부흥을 이루어온 한국 교회는 성장의 둔화와 함께 외부적 혼란에 직면하고 있습니다. 종교다원주의, 포스트모더니즘, 기공, 요가, 명상, 뉴에이지 등은 구원의 다양성을 열어 놓았고, 수많은 이단과 사이비들은 진리를 왜곡(歪曲), 변조하여 기독교를 무가치한 것으로 바꿔놓았습니다. 더구나 2004년에 "대한예수교장로회연합회"라는 단체는 지금까지 한국 교회가 규정한 이단들을 해금(解禁)시켜서 많은 성도들에게 혼란을 주었습니다. 뿐만 아니라 한국교회를 대표하는 기관에서도 이단을 판정하는 판단력을 잃고 한국 교계에 큰 충격을 주고 있습니다. 이러한 때에 아가페문화사에서 「챠트로 본 이단과 사이비」라는 매우 좋은 도서가 출판되었습니다.

　우리는 오늘날의 기독교가 세상의 빛과 소금이기 위해서는 철저한 자기반성, 내적 갱신과 더불어 다양한 사상 및 이단과 사이비의 주장에 효과적으로 대응해야 한다고 믿습니다. 「챠트로 본 이단과 사이비」는 동양정신과 신비주의, 이단과 사이비, 타종교를 효과적으로 요약하여 그들의 역사와 주장이 무엇인가를 드러내주고 있습니다. 그러므로 참된 진리를 갈망하는 목회자나 신학생, 성도들에게 좋은 안내서 및 효과적인 이단 대응 지침서가 될 수 있으리라 확신합니다.

2012년 11월

□ 머리말 □

오늘날 성경적인 신앙을 유지하는 것은 참으로 어려운 시대가 되고 있다. 외적인 신앙의 침략과 혼돈, 왜곡은 성도들로 하여금 기독교적인 정체성에 혼란을 가중시키고 있는 형국이다. 또한 교회 내적으로도 이단의 규정에 혼선을 가져오고 있는 것도 성도들의 신앙에 혼란을 더하고 있는 요인이다. 우리는 하나님을 향한 신앙이 성경을 기반으로 하여서 유지, 발전되어야 한다고 믿는다. 이단에 대한 판별이 중요한 이유는 성도들이 신학적인 개념과 지식을 정확하게 파악하고 있지 못한 데에 기인한다. 이단으로 규정되면 그 집단에게는 치명적인 타격이 되고 이단에 빠져 있는 사람들은 자신이 잘못된 이단에 빠진 것을 제대로 인지하지 못하고 그곳에서 더 이상 빠져 나올 수 없는 질곡으로까지 몰고 간다. 그리하여 영혼이 파멸되고 자신의 인간적 상황까지도 어려운 지경이 되고 만다. 그러므로 이단의 정죄에 신중에 신중을 기할 필요가 있는 것이다.

이단은 오랜 역사가 있다. 결코 이단은 역사와 사회 현실에서 분리되어 있는 집단이 아니다. 오히려 역사의 주인공인양 설쳐대고 있다. 고대에서 현대까지 역사적으로 발생한 이단의 역사를 살펴보면 오늘날의 이단을 이해하는데 도움이 된다. 본서는 성도들이 이단에 관한 사항을 정확하게 파악하는 데에 목적을 두고 종합적인 자료집의 형태로 집필되었다. 그래서 이를 챠트화시키고 일목요연하게 정리하여 그들의 주장이 무엇인지 한 눈에 파악하도록 하였다. 뿐만 아니라 건강이나 정신적 수양을 빌미로 한 명상, 요가, 기공, 뉴에이지 등에 친숙한 현대인에게 이의 근원이 실은 포교를 목적으로 하는 교묘한 술책의 종교적 정책에 의한 것임을 본서를 보면 명백하게 알게 될 것이다.

본서가 마무리되어갈 즈음에 '대한예수교장로회연합회'라는 단체가 지금까지 규정된 이단에 대하여 재검증을 시도하고 나섰다. 그리고 이단으로 규정된 수많은 단체나 개인에 대하여 '혐의 없음'을 선언했다. 이는 매우 무겁고 엄중한 사태이다. 이단들은 국내 선교를 넘어서 해외 선교를 강화하고 있는 상황에서 적전 분열이 일어난 형국이다. 성도들은 도대체 누구의 말을 듣고 따르라는 것인지 혼란스럽다. 이제야말로 성도들도 바른 시각으로 이단의 문제에 더욱 깊이 관심을 두고 관여할 때가 되었다. 우리는 이번 일을 계기로 한국의 기독교가 스스로의 자정 노력이 확산되며 하나님의 구원이 확장되고 넓어지는 전화위복의 계기가 되기를 기대한다.

우리는 본서가 목회를 하시는 목회자나 신학생, 하나님께 신실한 신앙을 열망하는 성도들에게 아무쪼록 도움이 되기를 기대한다. 저자는 앞으로 부족한 자료나 근거는 더욱 충실하게 보강하여 일보 진전된 책이 나오도록 노력할 것을 약속드린다. 끝으로 본서를 출판하는데 편집에 수고하여 준 사단법인 한국장애인정보화협회(www.kadi.or.kr)의 차진호에게 감사를 드린다.

오직 주님께 영광 돌려지기를 고대한다!!

2004년 9월
김 영 무 · 김 구 철

□ 전면 개정판을 출간하면서 □

「이단과 사이비」를 세상에 보인지도 8년여의 세월이 흘렀다. 그 동안 이 책으로 말미암아 이단 세력들의 고소로 대법원까지 가는 소송을 몇 차례 당했으며 결국은 자명한 무죄로 결론이 났다.

이단과 사이비를 처음에 출판하고 그 동안 많은 변화가 있었다. 그래서 차제에 최근 자료까지 추가해 전면개정을 하기로 하고, 방대한 자료를 반영하다가 보니 출간이 늦어졌다.

이단들은 수시로 명칭을 바꾸고 화려한 변신을 거듭하고 있다. 인터넷을 포함한 현시대의 미디어는 이단들이 확장을 거듭하게 만드는 주요한 선전도구가 되었다. 한국의 기독교가 정체 내지는 후퇴하고 있는 것이 사실이다. 작금의 기독교가 배척받는 모습은 이단들에게 날개를 달아 준 격이 되고 말았다.

오늘의 기독교는 양극화 현상을 이루며, 대책 없이 비대해져가고 있다. 기독교의 발언과 영향력도 어느 때보다 증대되고 있다. 주님이 말씀하신 빛과 소금의 역할을 넘어서서 때로는 본질을 망각한 것은 아닌지 우려가 드는 것이 저자만의 기우일까? 우리는 오직 진리를 위해, 진리에 의해 사명을 감당해야 할 것이다.

여기 언급한 자료들은 최선을 다해 객관적으로 확실한 자료를 제시하도록 노력했다. 그럼에도 불구하고 혹, 여기에 언급한 실명의 사람들에 대한 자료가 잘못된 것이 있거나 추가, 시정, 정정할 것이 있다면 제보해 주시기 바란다. 사실 여부에 따라 객관적인 기록 유지를 위해 추후 개정판에 시정을 약속드리는 바이다.

이단들은 성경말씀 대로 양의 가죽을 둘러쓴 늑대와 이리떼들이다. 그들의 달변과 열광은 실체가 아니요, 허황된 열매가 실체임을 명심해야 한다. 이단을 옳다 하거나 이에 동조하고 따르는 자들의 주장에 성도들이 흔들리지 않도록 보호해야 한다. 따라서 본서가 참된 신앙을 위하여 노력하는 많은 분들에게 이단 대처 방안을 제시해 줄 뿐 아니라, 좋은 지침서가 될 것이다.

2012년 11월

□ 한기총-예장연 논쟁 □

　2004년 '대한예수교장로회연합회'라는 군소교단 연합회의 이단재검증은 한국 기독교에 일파만파의 파장을 일으켰다. 이 문제와 관련하여 '한국기독교총연합회'와 '대한예수교장로회연합회' 간에 격렬한 논쟁이 진행 되었다. 이 논쟁은 한국 교회에 큰 도전이었으며 혼란을 초래했다. 그럼에도 불구하고 진행된 상황을 종합해 보면 '대한예수교장로회연합회'의 단체의 성격에 대하여 다음과 같은 내용을 언급할 수 있다.
　1) 120여개의 교단과 9개의 단체의 연합체로 구성되어 있고, 산하 신학교가 84개인 이 단체의 정체성과 순수성이 의심스럽다. 사단법인이라고 하면서 사단법인으로 등록이 안 된 것으로 드러나고 있으며, 129개의 거대 연합 단체가 여기에 소속된 교단의 명단을 전혀 밝히지 않고 있고 또한 밝히기를 거부하고 있으며, 『정통과 이단』의 일부의 집필 감수자나 집필위원 등이 이에 관여한 바가 없다고 주장하고 있다. 또한 이 책은 면죄부(免罪符)를 받은 주요 이단의 선전도구 및 전도용으로 활용되고 있어 심각한 우려가 되고 있다.
　2) 『정통과 이단』의 발간에 있어 실무적 총괄책임을 맡은 사람으로 알려진 이흥선의 전력이 문제가 되고 있다. 그는 1995년 자신의 주간신문 『기독저널』을 통하여 베뢰아아카데미의 김기동, 안식교 등이 이단이 아니라고 발표했고, 그 사건으로 예장 통합측은 1995년의 제80회 총회에서 기독저널을 '이단옹호언론'으로 규정했으며, 자신이 소속된 합동측에서는 노회를 탈퇴했으나 제명된 전력이 있다. 1998년에는 '나라일보'라는 소규모 일반 신문을 운영하다가 검찰의 사이비 언론 행위의 일제 단속에 구속되기도 했다. 이 외에 이흥선은 한국기독교 총 연합회 측으로부터 이단사상을 가지고 있는 것으로 판단되어, 이단으로 정죄되었고(한기총 2007. 9. 7. 제18-2차 실행위원회), 2008년 대한예수교장로회 합신 제93회 총회에서 이단으로 정죄되었다.
　3) 『정통과 이단』의 주요 내용에 문제가 제기되고 있는데, 무원칙성과 주요 교단의 이단 규정이 왜곡되어 있는 것 등이다. 이에 대한 '한국기독교총연합회'의 '주요 교단의 결의의 내용'이 무엇인지 '대한예수교장로회 연합회'의 '이단재검증' 본문에 그 내용을 수록하여 양쪽의 주장을 비교, 검토하도록 하였다.

□ 일러두기-본서의 저술방향 □

* 본서는 비교종교학적인 모든 내용을 수록하여 '비교종교학'의 교재로 사용할 수 있도록 했음.
* 본서의 구성은 교회사의 이단, 미국에서의 이단, 한국에서의 이단, 세계의 주요 종교 순으로 집필됨.
* 본서의 내용은 창시자, 경전, 발생 시기 및 과정, 역사, 교리 등을 일목요연하게 정리하여 독자들이 한 눈에 그 내용을 파악 하도록 배려하였음.
* 현대인에게 친숙한 기공, 요가, 명상, 포스트모더니즘, 종교 다원주의, 뉴에이지의 실체가 무엇인지를 다뤄서 여기에 현혹되지 않도록 배려하였음.
* 이단의 명칭은 될 수 있는 한 최근의 명칭을 사용했고, 파악에 혼동될 우려가 있을 시 옛 명칭과 함께 병기했음.
* 본서는 주요 교단 및 단체의 이단 규정 명단을 첨부하였음.
* 이단들의 인터넷 주소를 수록하였는바 이들의 홈페이지는 정통 교회의 홈페이지와 분별에 있어서 혼동될 수 있으므로 현혹되지 않도록 성도들에게 특별한 주의와 교육이 필요함(예를 들어 '하나님의교회세계복음선교협회,www.watv.org'는 '안상홍증인회'이므로 각별한 주의가 요청됨).
* '대한예수교장로회연합회'의 '이단재검증'과 관련하여 이를 반영했음(요약 명단을 수록함, pp.292-294).
* 각 교단 및 단체의 약어(略語) 표기.
  · 기독교대한감리회→기감.
  · 기독교대한성결교회→기성.
  · 기독교대한하나님의성회→기하성.
  · 기독교한국침례회→기침.
  · 대한예수교장로회→예장.
  · 대한예수교장로회연합회→예장연.
  · 예수교대한성결교회→예성.
  · 예수교대한하나님의성회→예하성.
  · 한국기독교장로회→기장.
  · 한국기독교총연합회→한기총.
  · 한국교회연합→한교연.

□ 차 례 □

· 머리말 · 5

제1부 이단의 이해 • 19
<개설> · 이단이란 무엇인가? ·· 21
　1. 이단의 정의 ··· 22
　2. 이단의 성경적 규정 ··· 25
　3. 이단의 특성 ··· 28
　4. 주요 종교와 이단 ·· 29
　　(1) 세계의 주요 종교와 이단 ·· 29
　　(2) 한국의 주요 종교와 이단 ·· 31

제2부 교회사에 나타난 이단 • 33
<개괄표> · 세계교회사의 시대구분 ·· 35
<개괄표> · 세계교회사의 주요연표 ·· 36

제1장 초대교회의 이단 ·· 38
<개설> · 분열로 인하여 시작된 이단 ··· 38
　1. 고대교회의 이단규정 ··· 39
　2. 니케아 시대의 이단 ··· 40
　　(1) 유대교적 이단 ·· 40
　　　1) 나사렛파 ··· 40
　　　2) 에비온파 ··· 40
　　　3) 엘케사이파 ··· 43
　　(2) 헬라주의적 이단 ··· 44
　　　1) 영지주의(그노시스파) ··· 48
　　　2) 마르시온파 ··· 50
　　　3) 오리겐주의 ··· 50
　　　4) 마니교 ··· 52

    (3) 분파주의적 이단 ··· 54
        1) 몬타누스파 ··· 54
        2) 노바티안파 ··· 56
        3) 도나투스파 ··· 57
  3. 삼위일체론에 대한 이단 ··· 59
    (1) 단일신론 ··· 59
    (2) 양자론 ··· 60
    (3) 사벨리우스주의 ··· 61
    (4) 아리우스주의 ··· 62
    (5) 반(半)아리우스주의 ··· 63
    (6) 마케도니우스주의 ··· 64
  4. 기독론에 대한 이단 ··· 65
    (1) 아폴리나리우스주의 ··· 65
    (2) 네스토리우스주의 ··· 66
    (3) 유티케스주의 ··· 68
    (4) 단성론 ··· 69
    (5) 단의론 ··· 70
  5. 펠라기우스와 관련한 이단 ······································· 71
    (1) 펠라기우스주의 ··· 71
    (2) 반(半)펠라기우스주의 ··· 73
    (3) 어거스틴과 펠라기우스의 교리 비교 ····························· 74
제2장 중세교회·종교개혁시대의 이단 ································· 75
  <개설> · 기존질서에 대항한 이단 ····································· 75
1. 중세교회의 이단규정 ··· 76
2. 중세기에 나타난 이단 ··· 77
    (1) 추론적 이단 ··· 77
        1) 바울당파 ··· 77

2) 보고밀파 ··· 79
   3) 카타리파 ··· 80
   4) 아말릭파 ··· 82
   5) 베가르회 ··· 84
   6) 베긴회 ··· 85
  (2) 광신주의(신비주의)적 이단 ································· 87
   1) 요아힘파 ··· 87
   2) 프란체스코회 신령파 ······································· 87
  (3) 복음주의적 이단 ··· 88
   1) 반(反)유아세례파 ··· 88
   2) 왈도파 ··· 89
   3) 롤라드파(위클리프파) ······································ 91
   4) 후스파 ··· 93
   5) 재세례파 ··· 95
 3. 종교개혁시대의 이단 ··· 98
  (1) 정신주의자(신령파) ·· 98
  (2) 복음적 합리주의자 ··· 98
  (3) 자연신론 ·· 98

제3부 미국의 이단 • 99
 <개괄표> · 미국교회사의 주요연표 ······························· 101
 <개설> · 한국에 지대한 영향을 미친 미국의 이단 ········ 102
 1. 19세기 미국의 주요이단 분파도 ······························· 103
  (1) 몰몬교 ··· 103
  (2) 안식교 ··· 104
 2. 19세기 미국의 주요이단 ··· 105
  (1) 몰몬교 ··· 105
  (2) 안식교 ··· 108

    (3) 크리스챤 사이언스 ·········· 111
    (4) 여호와의 증인 ·········· 113
  3. 현재 미국의 이단 ·········· 116
    (1) 국제 연합 오순절교회 ·········· 116
    (2) 프리메이슨 ·········· 117
    (3) 로시크루셔니즘 ·········· 119
    (4) 우주승리교회 ·········· 121
    (5) 알라모기독교봉사회 ·········· 124
    (6) 엑칸카르 ·········· 125
    (7) 하나님의 자녀 ·········· 128
    (8) 유란시아 세계재단 ·········· 130
    (9) 세계도 ·········· 133
    (10) 연구계몽협회 ·········· 135
    (11) 그리스도의 형제회 ·········· 137

제4부 한국의 이단 • 139

  <개괄표> · 한국교회사의 시대구분 ·········· 141
  <개괄표> · 한국교회사의 주요연표 ·········· 142
  제1장 한국의 이단형성 ·········· 143
  <개설> · 한국교회의 이단형성 ·········· 143
  1. 한국의 초기이단 형성도 ·········· 144
  2. 한국에서의 주요이단 계보도 ·········· 145
  3. 1930-50년대의 신비주의적 이단 ·········· 146
    (1) 유명화의 접신극(接神劇) ·········· 146
      1) 사건의 내용과 경과 ·········· 146
      2) 이용도 ·········· 146
      3) 백남주 ·········· 147
      4) 이호빈 ·········· 148

(2) 황국주의 목가름과 피가름 ·············· 149
　　　1) 사건의 내용과 경과 ·············· 149
　　　3) 김성도 ·············· 149
　　　4) 김백문 ·············· 150
　　　5) 정득은 ·············· 150

제2장 현재 한국의 이단 ·············· 151
<개설> · 한국이단의 현주소 ·············· 151

1. 통일교(문선명) 계열 ·············· 153
　<개괄표> ·············· 153
　(1) 세계평화통일가정연합(통일교, 문선명) ·············· 154
　(2) 평강제일교회(박윤식) ·············· 160
　(3) 생령교회(진진화) ·············· 162
　(4) 기독교복음선교회(정명석) ·············· 165

2. 전도관(박태선) 계열 ·············· 167
　<개괄표> ·············· 167
　(1) 한국천부교(전도관, 박태선) ·············· 168
　(2) 기독교대한개혁장노회(동방교, 노광공) ·············· 172
　(3) 대한기독교장막성전(유재열) ·············· 175
　(4) 한국기독교에덴성회(이영수) ·············· 177
　(5) 실로암등대중앙교회(김풍일) ·············· 179
　(6) 영생교 승리제단(조희성) ·············· 181
　(7) 신천지 예수교증거장막성전(이만희) ·············· 183

3. 새일교(이유성) 계열 ·············· 189
　<개괄표> ·············· 189
　(1) 여호와새일교(이유성) ·············· 190
　(2) 스룹바벨선교회/서울중앙교회/새일중앙교회 ·············· 193

4. 성락교회(김기동) 계열 ·············· 195

<개괄표> ·· 195
　　　(1) 21세기선교 서울성락교회(김기동) ······················· 196
　　　(2) 예수중심교회(이초석) ·· 200
　　　(3) 레마성서연구원(이명범) ·· 202
　　　(4) 부산제일교회(4단계 회개론, 박무수) ················· 204
　5. 구원파(권신찬) 계열 ·· 206
　　　<개괄표> ·· 206
　　　(1) 기독교복음침례회(권신찬, 유병언-권신찬의 사위) ·· 207
　　　(2) 대한예수교침례회 기쁜소식선교회(박옥수) ··············· 210
　　　(3) 대한예수교침례회 서울중앙교회(이복칠) ················ 212
　6. 안식일 계열 ··· 214
　　　<개괄표> ·· 214
　　　(1) 제칠일안식일예수재림교회 ································· 215
　　　(2) 하나님의교회 세계복음선교협회(안상홍) ················ 216
　　　(3) 한국농촌복구회(구 엘리야복음선교원, 박명호) ········ 218
　7. 시한부 종말 계열 ··· 220
　　　<개괄표> ·· 220
　　　(1) 세계일가공회(양도천) ·· 221
　　　(2) 대한예수교오순절성결회(용문산, 나운몽) ················ 223
　　　(3) 일월산기도원(김성복) ·· 225
　　　(4) 새하늘교회(다미선교회, 이장림) ······················· 227
　　　(5) 사자교회(다베랴선교회, 하방익) ······················· 229
　　　(6) 서울중앙침례교회(서달석) ································ 230
　8. 직통 계시 계열 ·· 231
　　　<개괄표> ·· 231
　　　(1) 만교통화교(에덴문화연구원, 김민석) ················ 232
　　　(2) 주현교회(이교부)/아가동산(김기순) ··············· 233/234

(3) 대복기도원(황판금)/서울평강교회(곽성률) ················ 235
　　(4) 할렐루야기도원(김계화) ······································ 236
　　(5) 명인교회(엄명숙) ·· 238
　　(6) 만민중앙성결교회(이재록) ·································· 240
 9. 영성훈련 계열 ·· 242
　　<개괄표> ·· 242
　　(1) 밤빌리아 추수꾼 훈련원(이선아) ························· 243
　　(2) 새생활영성훈련원, 아시아교회(박철수) ················ 245
　　(3) 예수왕권세계선교회(심재웅) ······························ 248
　　(4) 큰믿음교회(변승우) ··· 251
10. 단일 계열 ·· 254
　　<개괄표> ·· 254
　　(1) 말씀보존학회(이송오) ·· 255
　　(2) 예수전도협회(이유빈) ·· 256
　　(3) 가계저주론(이윤호) ··· 257
　　(4) 세계복음화다락방전도협회(류광수) ······················ 258
　　(5) 예장합동혁신총회(남서울신학교) ························· 260
　　(6) 진주초대교회(전태식) ·· 261
　　(7) 기독교평론신문(이흥선) ····································· 262
11. 국외 계열 ·· 263
　　<개괄표> ·· 263
　　(1) 지방교회(위트니스 리) ······································· 264
　　(2) 빈야드운동(존 윔버) ·· 267
　　(3) 미국엠마오선교교회(예태해) ······························· 270
　　(4) 뜨레스디아스 ·· 272
제3장 한국교회의 이단 대응 ··· 275
　　<개설>·한국교회와 이단 ··· 275

1. 현재의 이단종파 현황 …………………………… 276
2. 한국 주요 교단의 이단 판정표 …………………… 282
   (1) 대한예수교장로회 고신 ………………………… 282
   (2) 대한예수교장로회 합동 ………………………… 283
   (3) 대한예수교장로회 통합 ………………………… 285
   (4) 대한예수교장로회 합신 ………………………… 288
   (5) 기독교대한성결교회 …………………………… 289
   (6) 한국기독교 총 연합회/한국교회 연합 ………… 290
   (7) 대한예수교장로회 연합회(이단옹호 단체) …… 292

제5부 현대인에게 영향을 미치는 종교·사상 • 295

   <개괄표> · 세계종교의 주요연표 …………………… 297

제1장 세계의 종교 ……………………………………… 299
   <개설> · 종교의 본분 ………………………………… 299
   (1) 기독교 ……………………………………………… 300
   (2) 유대교 ……………………………………………… 304
   (3) 천주교 ……………………………………………… 308
   (4) 이슬람교 …………………………………………… 311
   (5) 불교 ………………………………………………… 316
   (6) 힌두교 ……………………………………………… 321
   (7) 유교 ………………………………………………… 327
   (8) 도교 ………………………………………………… 331
   (9) 조로아스터교 ……………………………………… 334
   (10) 자이나교 ………………………………………… 337
   (11) 시크교 …………………………………………… 339
   (12) 신도교 …………………………………………… 341

제2장 한국의 종교 ……………………………………… 343
   <개설> · 민족과 함께한 종교 ……………………… 343

(1) 원불교 ··· 344
　　　(2) 천도교 ··· 346
　　　(3) 대종교 ··· 349
　　　(4) 증산교 ··· 352
　　　(5) 대순진리회 ···································· 354
　　　(6) 한국의 주요종교 ······························ 357
　제3장 동양의 신비 종교 ································ 359
　　<개설>·주술적인 신비종교 ························ 359
　　　(1) 초월명상 ······································ 360
　　　(2) 헤어 크리쉬나 ······························· 362
　　　(3) 요가 ·· 363
　　　(4) 기공 ·· 367
　　　(5) 강신술 ··· 371
　제4장 사상 ·· 375
　　<개설>·사상의 흐름 ································ 375
　　　(1) 종교다원주의 ································· 376
　　　(2) 포스트모더니즘 ······························ 379
　　　(3) 뉴에이지운동 ································· 381

제6부 참된 신앙을 위하여 • 389
　　<개설>·세상의 빛과 소금으로서의 교회 ········ 391
　　1. 이단들의 전략 ····································· 392
　　2. 이단에 노출되어 있는 성도들 ················ 393
　　3. 이단에 대한 교회의 대처 ······················ 394
　　4. 복음적인 신앙을 위한 성도의 자세 ········· 396

■ **이단정보 사이트·주요 상담소 • 397**
■ **참고문헌 • 398**
■ **색인표 • 402**

제1부
이단의 이해

〈개설〉· 이단이란 무엇인가?

오늘날 이단을 말할 때 흔히 인식하는 것은 기독교의 반대로서 가정을 파괴하고 영혼을 오도(誤導)하는 것으로 매우 강력하게 터부(Taboo)시 한다. 이것이 작금에 있어서 불가피한 면이 있는 것은 사실이다. 그렇더라도 우리는 이에 대하여 좀 더 유연하고 깊은 사고를 가질 필요가 있다고 생각한다.

처음 이단이 발생했을 때에는 이단의 범주가 학문적인 경향으로서 학파, 종파, 당파를 의미했다. 헬레니즘에서의 이단은 독특한 사상과 사유로 여러 주장을 가진 철학자였고, 유대교에서는 보통 유대 안에 있는 당파를 지칭했다. 바리새파, 에세네파, 사두개파는 이를 의미했다. 새로운 기독교가 내부의 다른 당파를 가리켜서 나쁜 의미로서 이단이라 한 것은 교회의 성립 이후부터라고 할 수 있다. 다른 측면에서 보면 당파는 교회에서 필요한 존재로까지 인식되고 있었다. 그러나 이러한 경향은 오래가지 못했다. 예수님의 승천(昇天) 이후에 교회는 교리적인 논쟁의 중심에 서게 되었으며, 또한 이를 명확히 규정할 필요가 대두되게 되었다. 우리가 익히 들어서 알고 있는 교부(敎父)들은 이러한 논쟁의 핵심에 서서 진리를 사수하고 복음의 전통적인 가르침을 지켜낸 자들이었다.

하나님의 구원이라는 신앙의 독자적인 특성의 보존이라는 간과할 수 없는 긴 투쟁에 있어서 교회는 교리(敎理)에 더 확고한 강조점을 두었다. 교리는 전통의 계승과 보존이라는 측면에서 절대적으로 필요한 방편이 되었던 것이다. 사도계승권은 단일한 대오를 가지는 첫 번째 확실한 도구였다. 콘스탄티누스의 교황(敎皇)에 대한 절대적인 권한부여는 이단의 정죄를 합법화시켰다. 데오도시우스 2세의 통치시대(382년)에는 이단이 완전한 중대한 죄악이며, 척결해야 할 대상으로 굳어졌다고 할 수 있다. 중세시대를 거치면서 이런 방식의 개념은 완전하게 굳어져서 프로테스탄트 교회들도 이를 계승하는 상황으로 되어진 것이다.

오늘날 우리는 이단의 시대에 살고 있다고 해도 과언이 아니다.

열려진 사회, 정보화의 사회에서 이단들은 역사상 초유의 부흥의 시기를 맞고 있는 것이다. 인터넷을 포괄한 매체들은 이들의 주요한 교세 확장의 도구이다. 넘쳐나는 지식의 무장은 이들의 칼이 녹슨 칼이 아니라는 것을 적나라하게 보여준다. 이제 우리 성도들의 신앙이 시험대 위에 서 있다. 그것은 정통과 이단을 바르게 분별해야 된다는 시험대인 것이다.

1. 이단의 정의

구 분	내 용
어원적 의미	• αἵρεσις(hairesis)-신약에 9번 등장함. 잡음, 포획, 선택, 골라냄, 선택된 것, 채택된 의견(벧후 2:1) 종파, 당파(행 5:17). 부조리, 불화, 논쟁, 파당(고전 11:19, 갈 5:20). • αἱρετικός(hairetikos)-고르거나 취할 수 있는, 분열을 일으키는, 당파심을 조장하는(딛 3:10). • 초대교회에서 이단은 교리적 불일치의 의미보다 기독교 존재의 기본적 근저를 도려내는 것으로 받아들여짐. • 사전적으로 ①자기가 믿는 것 이외의 도(道). ②옳지 아니한 도. ③일정한 전통(傳統)이나 권위(權威)에 반항하는 설(說), 또는 이론. ④일정한 종교를 믿는 처지에서 그 교리에 어긋나는 이론이나 행동 및 다른 종교를 일컫는 정통(正統) 이외의 설, 또는 정통에서 벗어나 이의(異議)를 내세우는 설. • 영어는 Heresy, 독어는 Ketzrei, 라틴어는 Haeresic 인데, 이는 모두 헬라어 Hairesis에서 유래됨. • 히브리어는 נרבה(Narba)와 מיו(Meboo)가 있는데 이는 당파를 의미함. • 사이비(似而非) : ①맹자(孟子)의 진심편(盡心篇)과 논어(論語)의 양화편(陽貨篇)에 나오는 말임. ②외모는 그럴듯하지만 본질은 전혀 다른, 즉 겉과 속이 전혀 다른 것을 의미함. ③본래의 말은 사시이비(似是而非), 사이비자(似而非者)임.
성경적 개념	• 광의적으로 '하나님의 뜻', 곧 '진리에 거슬린 이론과 그것에 의한 동작이며 나타난 모든 행사'를 의미함. • 협의적으로 '하나님이 싫어하는 삶의 행위, 하나님이 허락한 것이 아닌 종교적 이론이나 행동'을 말함. ①선택-레 22:18, 21(칠십인 역, LXX)에는 '그들이 택한 대로 예물을 드리는 것'은 낙헌제를 의미함. ②선택된 의견-신약성서에서는 벧후 2:1의 '멸망케 할 의견들'은 거짓 가르침에 기인함. ③분파나 당 - • 사두개인들과 바리새인들의 파(행 5:17;15:5). • 그리스도 교회 안의 분파나 당파(고전 11:19, 갈 5:20). • 하나님 이외의 다른 신을 섬기는 것이 이단임(출 20:3).

이단의 정의(계속)

구 분	내 용
성경적 개념	• 이단에 속한 사람들을 멀리해야 함(딛 3:10). • 인간을 혼란케 하여 그리스도의 복음을 변질시킴(갈 1:7).
카톨릭의 견해	• '사랑이 없어 분리되어진 종파 혹은 편당'으로 배교와 구별함. • '교회 내에 있으며 교회의 단일성을 파괴하려는 교의를 이단'이라 함. • '교회에서 정죄를 받은 교설과 집단'을 지칭했음. • 이그나티우스(Ignatius)-교회의 단일성을 파괴함으로 기독교와 거리가 멀다고 함. 이단(Hairesis)이란 말을 처음 사용함. • 유스티아누스(Justianus)-이단 편에 선 자를 '신의 존재를 부인하는 자', '신앙심이 없는 자', '불경스러운 신성 모독 자'라고 지칭함. • 오리게네스(Oligenes), 이레나이우스(Irenaeus), 터툴리아누스(Tertrianus)-'그리스도의 이름을 그릇되게 부르고 전통적인 성경의 올바른 가르침을 그르치는 교리'를 이단이라고 함. • 히포리투스(Hipolitus)-신앙에 어긋난 것을 이단으로 규정하고 기독교 이전의 교의까지도 이단이란 용어로 평가함.
종교개혁자들의 견해	• 마르틴 루터(Martin Ruther)-카톨릭으로부터 이단으로 정죄 받은 관계로 이러한 상황은 그의 사상에 상당한 영향을 미쳤음. ① 비신앙적 교리와 교회. ② 반은총적 교리와 교회. ③ 비그리스도적 교리와 교회. ④ 비성경적인 교리와 교회를 이단이라고 규정함. • 요한 칼빈(John Calvin)- ① 주석에서 "이단이라는 명칭에 관한한 그것이 하나님의 백성들에게는 항상 악하고 높은 가증한 것들"(벧후 2:3)이라고 함. ② 또한 "무엇이 이단을 생산 하는가? 그것은 야심이다. 야심은 낮고 천한 감각 부분에 자리 잡고 있는 것이 아니고 정신의 최고 주요 위치에 자리 잡고 있는 감정이다"(갈 5:20). ③ "거짓 사도들의 교훈인 다른 복음은 혼란과 파괴의 원인"(행 24:14, 갈 1:7)이라고 정의함.

이단의 정의(계속)

구 분	내 용
각 교단의 이단의 정의 및 규정지침	• 장로교 통합측의 견해- "기독교의 기본교리 하나에 문제가 있다고 하더라도 그것이 다른 교리에 영향을 끼쳐 기본교리를 훼손하게 된다면 이단이라 규정할 수 있고, 이단이라고 할 수 없지만 이단과 다름없이 그 피해가 매우 큰 경우에 '사이비'라 하고, '사이비'보다는 덜하지만 교류나 참여금지 등의 규제가 필요한 경우에 '사이비성'이라는 용어를 적용하는 것이 좋을 것으로 사료된다." • 장로교 합동측의 견해-① 성경의 정확무오를 부인하거나, ② 예수 그리스도의 역사성을 부인, ③ 이신칭의(以信稱義)에 근거한 구원론을 부정, ④ 성경에 나타난 초자연적인 이적을 부인, ⑤ 웨스트민스터 대소요리문답과 신조개요를 믿지 않는 것 등을 이단으로 규정함. '사이비'라는 개념 대신에 '이단성'이라는 용어 사용함. • 침례교의 견해-① 재림주, 메시아, 하나님, 성령, 특별한 선지자, 감람나무를 자칭함, ② 한국을 메시아의 재림 장소 혹은 새 예루살렘이라 주장, ③ 성경의 영감성과 무오성을 부인하거나 특별계시에 의한 성경가감 혹은 별도의 경전보유, ④ 예수 그리스도를 믿는 믿음으로만의 이신칭의를 부인, ⑤ 삼위일체 부인, ⑥ 시한부종말론, 도덕폐기론, 성적방종, 무속적 기복신앙으로의 사회규범과 가정을 파괴하고 재산을 탈취, ⑦ 예수님 성육신과 대속 죽음, 부활 승천, 재림을 부인, ⑧ 천국과 지옥의 존재를 부인하고 현세적 지상천국만 주장하는 자들을 이단으로 규정함. • 장로교 고신측의 견해-① 그 주장하는 교리나 행위들이 명약관화하게 이설일 경우에는 '이단', ② 다소 그 정도가 약하지만 이설(異說)에 가까운 경우에는 '불건전 단체(운동)', ③ 아직 규정하기에는 더 신중한 연구가 필요한 경우에는 '참여(출입) 금지(삼가)'로 규정함. • 한국기독교총연합회측의 견해-1) 이단, 사이비 규정 기준 : ① 신, 구약 성경, ② 사도신조(신경), 니케아 신조(A.D. 325)와 콘스탄티노플 신조(A.D. 381)와 칼케톤 신조(A.D. 451)와 종교개혁전통과 각 교단의 신조임. 2) 이단, 사이비 용어 규정 : ① 이단 : 이단이란 본질적으로 교리적인 문제로서, 성경과 역사적 정통교회가 믿는 교리를 변질시키고 바꾼 '다른 복음'을 말함. ② 사이비 : 사이비란 이단적 사상에 뿌리를 두고 반사회적 반윤리적 행위를 하는 유사 기독교를 말함. ③ 이단성 : '사이비'란 용어를 이단성이 있음을 나타내는 정도의 측면에서 사용할 경우 '이단성'이란 등의 용어로 대치할 수 있음.

2. 이단의 성경적 규정

구 분	내 용
이단에 대한 고찰	①택한 자를 미혹함(마 24:5, 24, 막 13:6,21, 요일 2:18) ②교회 밖에서 나타남(행 20:19, 벧후 2:1) ③교회 안에서도 있음(행 20:19, 벧후 2:1) ④육체에 속하는 일임(갈 5:20)
이단에 관한 표현	①거짓 선지자(마 7:15) ②흉악한 이리(행 20:29) ③발람의 길(벧후 2:15) ④가인의 길, 고라의 패역(유 11) ⑤적그리스도(요일 2:18) ⑥자칭사도(계 2:2) ⑦자칭 유대인(계 2:9) ⑧자칭 선지자(계 2:20) ⑨사단의 회(계 3:9)
이단의 특징	①그리스도를 부인함(벧후 2:1, 요일 2:22, 4:2, 3) ②육체적인 일만 행함(갈 5:19, 20) ③다른 예수, 다른 복음을 전파함(고후 11:4, 갈 1:6-9) ④미혹케 하는 영과 귀신의 가르침을 좇음(딤전 4:1-3) ⑤변론과 분쟁을 좋아함(딤후 2:16-18) ⑥다툼을 일으킴(딤전 6:3-5) ⑦성육신을 부인함(요이 7) ⑧자유를 준다고 하나 멸망의 종들임(벧후 2:19) ⑨허탄한 자랑을 함(벧후 2:18)
성도를 혼란케 하는 거짓 종교	①음란함(삿 8:33) ②우상숭배를 함(왕상 12:27-29) ③하나님을 배반함(신 32:31-33; 렘 5:23-25)

이단의 성경적 규정(계속)

구 분	내 용
성도를 혼란케 하는 거짓 종교	④인신 제사를 행함(렘 19:5) ⑤외식을 행함(마 6:5) ⑥의식주의에 빠짐(막 7:3-4) ⑦미혹함(살후 2:3) ⑧스스로 하나님이라 하는 자를 섬김(살후 2:4) ⑨경건의 모양은 있으나 능력은 부인함(딤후 3:5)
교회에 나타난 이단	①안디옥 교회의 미혹자(행 15:23, 24) ②갈라디아 교회의 요란케 하는 자(갈 1:7) ③에베소 교회의 흉악한 이리(행 20:29) ④빌립보 교회의 십자가의 원수(빌 3:18) ⑤버가모 교회의 발람의 교훈(계 2:13, 14) ⑥두아디라 교회의 이세벨의 유혹(계 2:20)
심판 당할 이단	①하나님 나라를 유업으로 받을 수 없음(갈 5:21) ②정확하게 심판을 당함(벧후 2:3) ③저주를 받게 됨(갈 1:8, 9) ④멸망당함(벧후 3:16) ⑤저주를 받음(갈 1:8-9)
이단에 관한 성도의 태도	①훈계한 후에 멀리함(딛 3:10) ②집에 들이지 말 것임(요이 10) ③분쟁을 일으키는 자를 살피고 떠날 것(롬 16:17) ④미혹에 주의할 것임(막 13:5, 22-23) ⑤잘못된 것을 피해야 함(딤전 6:3-5, 11) ⑥시험하여 거짓을 들어낼 것(계 2:2)

이단의 성경적 규정(계속)

구 분	내 용
성도가 금해야 할 일	①안식일에 오락을 행함(사 58:13) ②어그러진 길로 감(렘 14:10) ③악한 길로 행함(시 119:101; 잠 1:15-16) ④저주를 자청함(삼상 3:13) ⑤악한 말을 함(벧전 3:10; 시 34:13) ⑥우상숭배(요일 5:21) ⑦술취함(눅 21:34)
성도가 좇아야 할 정통 신앙	①성령의 열매 맺는 신앙(갈 5:21-22) ②조상의 하나님을 섬기는 것임(행 24:14) ③율법과 선지자의 글에 기록된 것을 믿음(행 24:14) ④의인과 악인의 부활을 믿는 것(행 24:15) ⑤하나님과 사람에게 거리낌이 없는 양심(행 24:16) ⑥어려운 사람을 구제하는 것(행 24:17)
우리에게 필요한 종교개혁	①우상을 훼파함(대하 14:3,5) ②산당과 아세라 목상을 제함(대하 17:6) ③여호와의 율법책을 가르침(대하 17:7-9) ④백성들을 여호와께로 돌아오게 함(대하 19:4) ⑤바알숭배자들을 진멸함(왕하 10:23-25) ⑥성전을 정화하심(요 2:13-16) ⑦구원의 길을 밝히심(요 3:5-7, 14:6) ⑧율법을 새롭게 해석함(마 22:37-40)

3. 이단의 특성

구 분	내 용
정체성의 위장	• 자신들의 참된 정체를 숨기고 교회 내부에 침투함. • 칼빈(J. Calvin)도 이단들의 두드러진 특징으로 정체성의 위장을 지적함. • 사도시대의 이단들에게 있어서 이중적인 위장은 이단의 전형적인 특징이었음(유 1:4).
신비와 체험신앙 강조	• 자신의 개인적인 신비적 체험을 일반화시켜 강조함. • 자신의 체험을 신적인 계시로 받아들이게 하며 하나님과의 관계에 있어서 직통 계시 받음을 강조함. • 자신의 가르침을 절대불변의 진리로 인식하게 함.
교주의 신격화	• 자신만이 신령한 체험이나 영적 능력을 가지고 있음을 강조하여 카리스마적인 지도력(박태선, 문선명)을 행사함. • 자신을 '재림 예수, 말세의 종, 동방의 의인'등으로 주장하며 교주를 통한 구원을 강조함.
공동체와 종말론의 강조	• 사회나 교회에서 자신들을 격리시켜 현실도피적인 공동체(신앙촌, 솔트레이크, 왕국회관, 참가정)를 형성함. • 세상의 종말을 강조하며 구원이 자신들을 통하며 자신들에게만 있음을 주장함(이장림의 다미선교회).
기독교의 부정과 별도의 정경 소유	• 정통 기독교를 거부하고 적대시하며 비난함. • 성경 외의 정경(원리강론, 몰몬경)이나 초대교회의 에비온파처럼 성경 속에서 특정한 부분(오경과 마태복음만 인정)을 지나치게 강조하며, 특별한 주제를 지나치게 강조하기도 함.
교리 거부와 경제적 착취	• 삼위일체론, 기독론, 성령론 등의 교리를 왜곡(歪曲)하거나 변조하며 이를 부정함(통일교). • 금전을 지나치게 강조하여(밤빌리아추수꾼훈련원) 경제적으로 착취하여 자신들의 기반을 구축하는데 사용함.

4. 주요 종교와 이단
(1) 세계의 주요 종교와 이단

< 주요 종교 >

명칭	창시자	발생시기	경전	주요 개념	본문
유대교	모세	B.C. 10세기경	히브리 성서, 탈무드, 다수의 외경	유일신, 안식일, 메시아, 선민사상	pp.304-307
힌두교	알 수 없음	B.C. 1000년경	베다, 우파니샤드, 바가바드 기타 등	업, 윤회, 달마, 해탈, 브라만 등	pp.321-326
유교	공자	B.C. 400년경	사서, 오경	오륜오상, 천인합일, 수기치인	pp.327-330
조로아스터교	조로아스터	B.C. 600년경	젠드-아베스타	윤리적 이원론, 불을 신성시함	pp.334-336
자이나교	마하비라	B.C. 500년경	아가마스	아힘사, 업	pp.337-338
도교	노자	B.C. 222년경	도덕경, 장자, 포박자, 대동경전 등	자기 수행을 통한 장생(長生)	pp.331-333
불교	석가모니	B.C. 362년경	다수의 경전이 있음	삼보귀의, 사성제, 오온설	pp.316-320
천주교	예수 그리스도	A.D. 30년경	신·구약 성서, 외경 11권	마리아 숭배, 교황 무오설 등	pp.308-310
기독교	예수 그리스도	A.D. 30년경	신·구약 성서 66권	죄의 대속, 하나님 나라, 구원 등	pp.300-303
이슬람교	마호메트	610년경	코란, 회교법, 하디스, 순나	알라, 정령, 천사, 선지자, 내세 등	pp.311-315
시크교	나아낙	1500년대	아디 그란트	이슬람과 힌두교의 통합 시도함	pp.339-340
신도교	알 수 없음	7세기경	고지키, 일본서기	일본의 영웅이 숭배의 대상임	pp.341-342

세계의 주요 종교와 이단(계속)

< 주요 이단 >

명 칭	창시자	발생시기	경 전	주요 개념	본 문
영지주의	·시몬 마구스	·1세기경	·구약과 유대주의 거부함	·이원론, 유출설	pp.48-49
마니교	·마니	·241년경	·생명의 책, 샤브라칸, 신비의 책 등	·이원론	pp.52-53
네스토리우스주의	·네스토리우스	·428년경	·성경	·신(神)적 그리스도 부인함	pp.66-67
롤라드파	·존 위클리프	·1481년경	·성경	·반 카톨릭	pp.91-92
후스파	·존 후스	·1412년경	·성경	·반 카톨릭	pp.93-94
몰몬교	·조셉 스미스 2세	·1830년	·몰몬경, 교리와 성약, 값진 진주 등	·정경	pp.103, 105-107
안식교	·윌리엄 밀러	·1844년	·안식교 성경주석, 엘렌 화이트의 저술 등	·재림	pp.104,108 -110, 215
크리스챤 사이언스	·패터슨 에디	·1879년	·과학과 건강 등	·건강, 과학	pp.111-112
여호와의 증인	·테즈 러셀	·1884년	·새 세계 번역 성경 등	·천년왕국, 재림	pp.113-115
뉴에이지 운동	·엘리스 베일리	·1900년대	·물병자리의 음모 등	·범신론, 윤회, 환생 등	pp.381-387

(2) 한국의 주요 종교와 이단

< 주요 종교 >

명 칭	창시자	발생시기	경 전	주요 개념	본 문
원불교	·박중빈	·1916	·교전, 원불교전서	·일원상, 사은, 사요 등	pp.344-345
천도교	·최제우	·1860	·동경대전, 용담유사 등	·향아설위, 사인여천, 인내천 등	pp.346-348
대종교	·나철	·1909	·삼일신고, 천부경, 신리대전 등	·홍익인간, 삼진귀일 등	pp.349-351
증산교	·강일순	·1902	·대순전경 등	·천지공사 등	pp.352-353
대순 진리회	·박한경	·1969	·전경, 대순지침 등	·해원, 보은, 상생 등	pp.354-356

< 주요 이단 >

명 칭	창시자	발생시기	경 전	주요 문제점	본 문
통일교	·문선명	·1954	·원리강론	·정경, 메시아	pp.154-159
평강 제일교회	·박윤식	·1964	·성경	·직통계시, 삼위일체	pp.160-161
생령교회	·진진화	·1960	·이력론, ○의 소리 등	·삼위일체	pp.162-164
기독교 복음선교회	·정명석	·1980	·성경	·삼위일체, 메시아	pp.165-166
한국 천부교	·박태선	·1955	·성경	·삼위일체, 구원자	pp.168-171
동방교	·노광공	·1955	·경화록	·삼위일체	pp.172-174
장막성전	·유재열	·1966	·성경	·천사론, 말세론	pp.175-176
한국기독교 에덴성회	·이영수	·1973	·성경	·감람나무	pp.177-178
새빛등대 중앙교회	·김풍일	·1979	·생명나무 등	·새 언약교리, 성령론, 구원론 등	pp.179-180

한국의 주요 종교와 이단(계속)

명 칭	창시자	발생시기	경 전	주요 문제점	본 문
영생교 승리제단	·조희성	·1981	·성경	·이슬성신, 영생 등	pp.181-182
신천지 교회	·이만희	·1984	·천국비밀 등	·지상천국	pp.183-188
여호와 새일교	·이유성	·1964	·조직신학강의, 말씀의 칼 등	·직통계시	pp.190-192
성락교회	·김기동	·1965	·성경	·귀신론	pp.196-199
예수 중심교회	·이초석	·1984	·성경	·귀신론	pp.200-201
레마성서 연구원	·이명범	·1981	·성경	·신비주의, 귀신론 등	pp.202-203
구원파	·권신찬	·1961	·성경	·구원	pp.207-209
안상홍 증인회	·안상홍	·1964	·성경	·재림 예수	pp.216-217
세계 일가공회	·양도천	·1964	·7신조와 111항의 해설집, 영약 등	·자신이 하나님 임	pp.221-222
용문산 기도원	·나운몽	·1940	·성경	·성경해석	pp.223-224
새하늘교회	·이장림	·1988	·성경	·휴거, 재림	pp.227-228
명인교회	·엄명숙	·1989	·성경	·인자, 멜기세덱 등	pp.238-239
새생활영 성훈련원	·박철수	·1978	·성경	·직통계시, 영성훈련	pp.245-247
말씀 보존학회	·이송오	·1992	·성경	·재창조설, 정경 등	pp.255
만민 중앙교회	·이재록	·1982	·성경	·직통계시	pp.240-241
예수 전도협회	·이유빈	·1981	·성경	·공개 죄 자백 사상	pp.256
다락방	·류광수	·1987	·성경	·삼위일체, 사단보상설	pp.258-259
할렐루야 기도원	·김계화	·1981	·성경	·성령수술, 생수병치료	pp.236-237

제2부
교회사에 나타난 이단

##〈개괄표〉· 세계교회사의 시대구분

구 분	시대 구분	주요 사건	비고
고대사 (1-590)	· 사도시대(1-100)	· 그리스도~사도들의 활동 종료까지	· 교회건설기
	· 사도후시대(100-313) (속사도시대)	· 콘스탄틴 대제의 기독교 공인까지	· 교회핍박기
	· 니케아회의시대 (313-590)	· 초대 교황 그레고리우스 1세 즉위까지	· 신학조성기
중세사 (590-1517)	· 과도기(590-800)	· 신성로마제국 탄생까지	· 선교발달기
	· 로마교회 성장기 (800-1073)	· 그레고리우스 7세(힐데브란트)의 즉위까지	· 동서교회 분리기
	· 로마교회 전성기 (1073-1303)	· 보니페이스 8세 사망까지	· 기독교 실생활기
	· 로마교회 쇠퇴기 (1303-1517)	· 루터의 종교개혁까지	· 개혁전초기
근세사 (1517-현재)	· 종교개혁시대 (1517-1648)	· 웨스트팔리아(Westpalia)조약까지	· 신교발생기
	· 근세사 시대 (1648-1800)	· 프랑스 혁명까지	· 신교확장기
	· 최근세사시대 (1800-현재)	· 현재까지	· 세계기독교화기

※ 로버트 C. 월톤, 『챠트로 본 교회사』, 김영무·김일우 편역 (서울 : 아가페문화사, 1996), p.11.

<개괄표> · 세계교회사의 주요연표

연 대	주 요 내 용
B.C. 4경	· 예수 그리스도 탄생.
A.D. 30	· 예수 그리스도, 십자가에서 죽음과 부활, 승천.
32 / 33	· 바울, 개종(改宗), 이방인에게 전도.
64	· 로마황제 네로, 그리스도 교도를 박해함. 이 무렵, 베드로와 바울이 순교.
140경	· <로마신경> 제정.
250경	· 데시우스황제, 황제숭배를 강요해서 그리스도교도를 전국적으로 박해.
303	· 디오클레티안황제, 그리스도교회를 멸절시키고자 대박해(~313).
313	· 콘스탄틴대제, <밀라노칙령>으로 그리스도교를 승인.
325	· 니케아공의회, 아리우스설(說)을 이단으로 정죄.
392, 397	· 테오도시우스 1세, 그리스도교를 국교로 정함(392). · 칼타고 회의(신약 27권 정경목록 확정).
430	· 성 · 어거스틴 죽음.
440	· 교황 레오 1세 등위(~461). 교황권, 서로마제국을 지배.
451	· 칼케돈공의회, 동서교회의 대립이 깊어짐.
496	· 프랑크왕 클로비스, 그리스도교로 개종.
529경	· 베네딕투스, 수도회칙을 정함.
590	· 교황 그레고리 1세 등위(~604), 교황령 형성에 노력.
726	· 성상(聖像;아이콘) 논쟁 시작.
756	· 프랑크왕 피핀, 교황에게 토지를 기증(교황령의 기원).
800	· 프랑크왕 카롤루스(샤를마뉴) 대제, 서로마황제가 됨.
863	· 교황 니콜라스 1세, 동방교회의 대주교 포티우스를 파문.
910	· 클뤼니수도원 창설.
962	· 오토 1세, 교황 요한 12세에 의해 신성로마제국의 황제가 됨.
988	· 러시아의 블라디미르대공(大公) 동방교회로 귀의함.
1054	· 교황 레오 9세와 동방교회의 대주교 케룰라리우스의 상호파문으로 동서교회가 전면적으로 분열.
1076-1077	· 서임권, 즉, 성직자의 임명권을 둘러싸고 황제 하인리히 4세가 보름스 종교회의에서 교황에 반대하여 그레고리 7세(힐데브란트)를 폐위(1076). · 교황 그레고리 7세는 하인리히 4세를 출교, 교황이 카놋사를 방문시 왕이 알프스 산을 넘어 출교 철회 받음. - 카놋사의 굴욕(1077)
1096, 1099	· 제 1차 십자군전쟁(~1099). · 십자군, 성지 예루살렘을 점령.
1122	· 교황 칼리스투스 2세, 황제 하인리히 5세와 <보름스협약>을 체결.
1198	· 교황 인노센트 3세 등위(~1216). 교황정치 정점에 이름.
1202	· 제 4차 십자군, 콘스탄티노플 점령.
1226, 1274	· 아시시의 성인 프란체스코 죽음(1226). · 토마스 아퀴나스 죽음(1274).
1296	· 교황 보니페이스 8세, 세속권을 둘러싸고 프랑스왕 필립 4세와 다툼.
1300경~	· 중세신비주의 등장(에크하르트, 타울러, 버나드, 수소, 아켐피스, 위셀, 루이스 부뤼크, 게르하르트 그로트 등) · 독일: 철학적 신비주의, 프랑스: 시적, 감정적 신비주의이다.
1309	· 교황청, 프랑스의 아비뇽으로 옮김(아비뇽 유수 = 바벨론 유수), ~1377).

이단과 사이비 36

세계교회사의 주요연표(계속)

연 대	주 요 내 용
1378	· 두 교황, 로마(우르반 6세)와 아비뇽(클레멘트 7세)에 거주. 대분열 시작됨.
1415	· 후스, 이단으로서 화형에 처해짐.
1417	· 교황 마르틴 5세 등위(~1431). 콘스탄스 회의에서 그가 교황으로 지명, 대분열의 막을 내림(대립교황의 종말).
1453	· 콘스탄티노플 함락.
1517	· 루터, 면죄부의 발행에 반대해서 <95개조의 반박문>을 발표. 종교개혁의 시작.
1521	· 교황 레오 10세, 루터를 파문.
1523	· 쯔빙글리, 취리히 시의회에 <67개조의 논제>를 제출.
1527	· 재세례파 조직-종교개혁 이전부터 독일, 화란, 이태리 등에 산재했던 개혁신앙의 소단체
1529	· 루터파의 제후, <프로테스타티오>를 발표. 프로테스탄트교회(개신교회)의 사회적 지위가 확립됨.
1530	· <아우구스부르그 신앙고백> 제출됨.
1534	· 이그나티우스 로욜라, 예수회를 창립해서 프로테스탄트교회에 대항. 영국왕 헨리 8세 <수장령>을 발표 영국국교회(잉글랜드교회) 시작.
1536	· 칼뱅(칼빈), 《기독교 강요》를 발표. 제네바의 교회개혁에 착수.
1545, 1555	· 트렌트공의회(~1563), 카톨릭 신학을 재확인(45). · 아우구스부르그 종교회의(루터파를 승인)(55).
1572, 1589	· 프랑스의 프로테스탄트(위그노), 대량 살해됨(성 바돌로뮤 축일의 학살)(72). · 러시아 정교회 독립(89).
1598	· 앙리(Henry) 4세, <낭트 칙령>을 발표해서 프랑스 종교전쟁을 종결지음. · <낭트 칙령> 폐지(1685).
1603, 1609	· 청교도라는 용어 사용 시작(제임스 1세 즉위로부터)(1603). · 침례교회가 생김(1609).
1620, 1640	· 필그림파더스, 메이플라워호로 미국 플리머스로 이주함(20). · 영국에서 청교도혁명이 일어남(1640~60).
1643-1649	· 웨스트민스터 회의. · 웨스트민스터 신앙고백서 작성(1648).
1648	· <웨스트팔리아 조약: 독일, 스웨덴 간의 평화조약> 체결됨. 30년 전쟁 끝남.
1678	· 교황 인노센트 11세, 프랑스왕 루이 14세와 주교의 국왕관리권 문제로 다툼.
17c(1600년대)	· 자연신교(초연신론/시조헬버트)-영국에서 일어난 신학사상, 계시를 이성으로, 종교를 철학으로 대치시키는 이성주의자
17c 후반(1700 경)	· 경건주의 태동(창시자:스페너)-독일 루터교회에서 일어난 신비주의 운동(기성교회의 속화로, 성령과 내적 생명을 존하는 운동).
1720, 1727, 1739	· 미국의 제1차 대각성 운동 시작(20). - 목사양성을 위해 통나무대학 설립(테넌트)(35) · 모라비안교회 세움<진센돌프>(27). · 감리교회(메도디스트 운동) 설립(39).
1783	· 스웨덴보그(55세때 신접주의자 됨)의 신비주의-영국 런던에서 독립교회로 조직(새 예루살렘 교회).
1789, 1801	· 프랑스 대혁명(1789) · 교황 파이우스 7세, 나폴레옹과 정교조약(政敎條約)을 체결함(1801).
1827	· 로마교황 레오 12세, 파리외방전교회에 한국 전교 지시함.
1831, 1833, 1858	· 로마교황 그레고리 16세, 조선교구 설치함(31). · 옥스포드 운동(종교침체를 바로 잡음/33) · 공산당 선언(58)
1870, 1929	· 교황 무오설 가결, 카톨릭 신앙 규칙(20차 회의)(1870) · <라테란 협정>에 따라 바티칸시국 탄생함(1929).
1901, 1948	· 한미 합동공의회 개최(1901). · 1948 WCC(세계교회협의회) 성립(1948).
1962, 1965	· 제2차 바티칸공의회(~1965). · 로마교황 바오로 6세와 동방정교회의 총주교 아테나고라스 파문상태를 서로 해제(1965).
1995	· 정교회 총대주교 바르톨로마이우스 1세 로마교황청 방문.
1997	· 그루지야정교회, 세계교회협의회(WCC) 탈퇴. 미국, <천국의 문> 신자 39명 집단 자살. 미국, 빌리그레햄 목사 회고록 《내 모습 이대로》 발간함. 인도, 테레사 수녀 사망.
1999	· 성공회, 교황의 수위권 인정. 로마가톨릭·세계루터교연맹, 의화(義化) 교리 합의함.

제1장 초대교회의 이단
##〈개설〉· 분열로 인하여 시작된 이단

고린도전서 1장 12절은 초대교회 초기 성도들이 바울, 아볼로, 게바, 그리스도파로 나뉘어 분열, 반목하고 있음을 보여준다. 이런 경향은 기독교가 이방에 대한 선교를 강화하면서, 문화적인 차이는 심해졌고 이로 인한 필연적인 대결 구도를 가져왔다. 유대교적인 전통에 익숙했던 유대인의 회심자들은 유대교에서 분별된 새롭고도 완전한 복음으로의 진입이 어려웠으며, 따라서 유대교에 머무르면서 새로운 기독교를 편입, 자기화하려고 했다. 반면 희랍.로마의 회심자들은 유대교를 무시하고, 새로운 예수 그리스도의 복음의 메시지에서만 완성된 형태를 찾으려고 하였다. 유대주의는 기독교를 유대교로 환원시키려 하였고, 희랍주의는 기독교 신앙을 관념적인 철학의 범주에 끌어넣고자 하였다. 예수 그리스도는 이 두 가치(價値) 충돌의 정점에 있었다. 유대인 신도에게 있어서 예수는 단순한 인간에 불과했다. 희랍 신도는 예수를 실제적인 인간이 아니라 하나님으로 보았다. 전자는 에비온주의와 실제적인 양자설로, 후자는 가현설 및 신비적인 추상적 기독론으로 발전했다. 희랍적 기독교 사고의 발전은 동양적인 사상과 결합하면서 영지주의를 포괄한 여러 가지 흐름을 형성하게 되었다.

325년에 열린 니케아 공의회는 여러 가지 위험한 이단적인 흐름에 대한 당시의 기독교의 본격적인 대응이었다. 아리우스파를 단죄하고 니케아신조를 채택한 것이다. 니케아 공의회는 신학적인 규정과 교리가 확정되었으며, 정경화(正經化)가 촉진되는 계기로 작용하게 되었다.

니케아 공의회는 이단의 등장에 있어서도 분기점이 된다. 니케아 이전에 발생한 이단들은 대부분 히브리와 헬라적인 문화적 경향에 따라서 복음의 자기화에 따라서 발생한 이단이었다면, 니케아 이후의 이단들은 교리에 대한 문제제기로 인하여 주로 발생한 이단임을 보여준다.

초대교회는 치열한 정체성(Identity) 논쟁을 통하여 비로소 참된 신학과 그리스도인의 신앙을 확립해 나아간 시기였던 것이다.

1. 고대 교회의 이단규정

회의장소	년도	황제	주요 인물	회의 결과
니케아(NICEA)	325	・콘스탄틴 (Constantine)	・아리우스 (Arius) ・유세비우스 (Eusebius) ・아타나시우스 (Athanasius)	・성자는 성부와 동일 본질이심을 선포함. ・아리우스를 정죄함. ・니케아 신경(Nicene Creed)의 초안이 작성됨.
콘스탄티노플 (CONSTANTI-NOPLE)	381	・데오도시우스 (Theodosius)	・멜레티우스 (Meletius) ・나지안주스의 그레고리 (Gregory of Nazianzus) ・닛사(Nyssa)의 그레고리	・니케아 신경의 개정판(改訂版)을 펴냄. ・삼위일체 논쟁이 종결됨. ・성령의 신성을 확증함. ・아폴리나리아니즘(Apollinarianism)를 정죄함.
에베소 (EPHESUS)	431	・데오도시우스 (Theodosius) 2세	・시릴(Cyril) ・네스토리우스	・네스토리우스주의(Nestorianism)를 정죄함. ・펠라기우스(Pelagius)를 정죄함.
칼케돈 (CHALCEDON)	451	・말르키안 (Marcian)	・레오(Leo) 1세 ・디오스쿠루스 (Dioscurus) ・유티케스 (Eutyches)	・그리스도의 두 본성은 혼합, 변화, 분리, 분할되지 않는다고 선포함. ・유티케스주의(Eutychianism)를 정죄함(일성론=단성론).
콘스탄티노플 (CONSTANTI-NOPLE)	553	・유스티니안 (Justinian)	・유티키우스 (Eutychius)	・단성론(Monophysites)을 지지하는 자들<'삼장'(Three Chapters)-단성론자와 화해를 위해 발표>을 정죄함.
콘스탄티노플 (CONSTANTI-NOPLE)	680-681	・콘스탄틴 (Constantine) 4세	・일의론자와 이의론자들	・일의론(Monothelitism)을 배격하고 이의론을 채택함. ・교황 호노리우스(Pope Honorius, 638년 사망)를 정죄함.
니케아(NICEA)	787	・콘스탄틴 (Constantine) 6세	・서방교회 주도	・성상숭배(聖像崇拜)를 합법적이라고 선포함.

2. 니케아시대의 이단
(1) 유대교적 이단
1) 나사렛파(The Nazareth)

구 분	내 용
성 격	· 기독교의 교의(敎義)를 받아들인 유대인 기독교 신자들임. · 유대인들에게 일반적으로 미움을 받음. · 율법을 준수하면서 동시에 그리스도를 믿는 초대 유대 기독교인들의 추종자임. · 에비온파와 영지주의와 교류함. · 시리아, 하우란, 메소포타미아에서 번성함.
주요 종교의식	· 히브리어 마태복음만을 사용함. · 성례전을 시행하였고 영지주의적 성경을 사용함. · 유대 할례의식과 기독교 세례의식 및 안식일을 모두 지킴. · 바울은 진정한 사도로 인정함. · 예수의 신성과 동정녀 탄생을 믿음.
가르침의 특성	· 율법을 엄격히 준수하고 실행함. · 율법을 이방 그리스도인에게는 적용하지 않음.

2) 에비온파(The Ebionite)

명칭의 유래	· 히브리어의 '가난한'이라는 의미인 '아베온'에서 유래되었는데, 구약의 '가난하다'의 의미인 '의를 위해서 낮아지는 것이나 고난당하는 것'에서 유래됨. · 창시자가 에비온이라는 설도 있음. · 교부들은 '지성에 궁핍하고 신앙에 궁핍하며 기독론에 궁핍한 자들'이라고 조롱함. · 카톨릭에로 나아가지 못하고 카톨릭에 대한 대립관계로 들어서지도 못한 유대교적인 그리스도인 집단들을 묘사하는데 사용됨(양쪽으로부터 정죄됨).
대표자	· 심마쿠스(Symmachus) : 히브리어 성경을 헬라어로 번역함.
경 전	· 12사도만 인정하고 바울의 사도직 및 교리 부정(마태복음만 사용 추정). · '히브리인들의 복음'을 통해 전파함. · 베드로의 설교집을 사용함.

에비온파(The Ebionite)(계속)

구 분	내 용
여러 종파들	· 최초의 유대적 그리스도인들 : 그리스도에 대한 신앙을 율법에 대한 의무 및 그들의 국가적인 소망과 연합하고자 함. · 카톨릭 신앙에 격렬하게 적대적인 자들 : 그리스도인이라는 명칭은 가지고 있었으나, 실제로는 그리스도의 정신에 적대적인 자들. · 혼합주의적인 성격의 신앙을 가지는 사람들 : 그리스도를 받아들였으나 단지 다시 살아난 모세로서 인정하였고, 에세네주의나 영지주의적 요소를 결합해 넣음. · 여러 종파들은 모두 율법을 높이고 그리스도는 경시했음.
바리세적 에비온파	· 케린투스의 가르침과 거의 일치함. · 예수는 죄에 대한 인간의 본성적 경향을 물려받은 평범한 인간이었음. · 예수는 사생애(私生涯) 기간 동안 덕이 뛰어났고 공의와 분별력과 지혜에 있어서 뛰어나 메시야의 자격을 받게 됨. · 세례는 메시야 자격에 대한 징표로 인쳐짐.
영지주의적 (에세네적) 에비온파	· 개요 : ①혼합주의적 유대교적 기독교임. ② 활동 영역은 지방 총독이 관할하는 아시아임. ③ 율법의 의무를 주장하고 바울의 가르침을 논박함. ④ 예수의 선재성을 논박하고 예루살렘에서의 메시야의 천년통치를 가르침. ⑤ 세상의 창조는 하나님이 아니라 만물 위에 있는 모종의 능력에 의해 창조됨(데미우르고스인 하나의 능력이라는 개념). ⑥ 에세네주의로부터 많은 요소를 채용함. · 특성 : ① 율법, 특히 할례와 안식일의 유효성을 주장함. ② 예수의 동정녀 탄생을 부인함. ③ 기독론이 불분명함. ④ 아담과 그리스도가 하나임. ⑤ 그리스도는 영적 존재이고 만물보다 먼저 창조되고 천사보다 위에 있는 존재임.

에비온파(The Ebionite)(계속)

구 분	내 용
영지주의적 (에세네적) 에비온파	• 주장 : ①기독교는 진정한 모세주의에 불과함. 　　　　②그리스도는 시나이의 선지자의 계승자임. 　　　　③구약성서의 오경만을 받아들임. 　　　　④신약은 마태복음만을 받아들임. 　　　　⑤희생제사 제도를 거부하였는데 이는 그리스도가 철폐했기 때문임. • 생활 : ①채식주의자였으며 금욕주의자임. 　　　　②고기나 포도주를 금지함. 　　　　③매일 목욕을 함. 　　　　④성만찬을 빵과 물로써 시행함. 　　　　⑤결혼 문제는 초기 엄격했으나 후에는 이 제도를 높게 평가함.
역사적 사실	• 토요일을 안식일로 지킴(여호와의 증인, 안식교에 영향). • A.D.70년 예루살렘 성전파괴가 이들에게 치명적인 타격이 됨. • 5세기까지 존속되다가 그 후로 점차적으로 사라짐. • 보다 철저한 유대교나 야만스러운 이교주의에 흡수되어 버림(혹은 이슬람교).
가르침의 특성	• 모세의 율법을 준수했으며, 특히 할례와 안식일에 관심을 집중함. • 예루살렘을 하나님의 거처인양 숭배함.

3) 엘케사이파(The Elkesaites)

구 분	내 용
명칭의 유래	· '숨겨진 능력'을 의미하는 헬라어 '엘카사이(ἔλχασαι)'에서 유래됨. · 델리취는 갈릴리의 교회가 없는 마을인 엘키시에서 유래한 것으로 생각함. · 교부들은 한 가상적인 창립자의 이름인 엘크사이에서 유래한 것으로 생각함. · 시리아어로 엘카사이는 '숨겨진 힘'을 의미함.
성 격	· 유대교적인 관념과 기독교적인 관념이 혼합된 자연종교임. · 리츨은 엘케사이파를 몬타누스주의자들의 정반대라고 간주함. · 기젤러는 에비온주의자들과 동일시함. · 이 종파는 하나의 뚜렷한 종파라기보다는 유대인 기독교회의 모든 파에 흩어져있던 하나의 학파라고 주장됨. · 근본적인 영지주의(Gnostic)로서 로마에까지 퍼졌던 위(僞)클레멘트파(Pseulo-Clementine System)의 근원이 됨.
주요경전	· 엘케사이가 페르시아에서 천사로부터 받았다는 '엘카사이서(Book of Elkesai)'를 정경에 포함. · 바울 서신을 버리고 신약의 일부만 사용함. · 구약과 신약의 여러 부분(특히 바울서신)을 거부함.
역사적인 사실	· 혼합주의적인 종파로서 2세기 무렵 사해(死海) 동쪽에서 번창함. · 이슬람교의 기원에 공헌함.
이교적인 요소	· 엘케사이가 최후 최대의 예언자로 기독교와 유대교를 완성한 자라고 주장함. · 세정식(洗淨式):①세척을 통한 새로운 세례를 토하여 죄의 면제가 이루어짐. ②병 치료에도 적용됨 ③성부와 성자의 이름으로 행하여짐. · 기름과 소금은 세례와 성만찬을 상징함. · 목욕재계와 마술과 점성술이 사용되어졌는데, 특히 세례는 별들의 위치에 따라서 정해졌음.
유대교적인 요소	· 모세의 율법을 의무적으로 지켰고, 할례를 중시했지만 제사는 거부함. · 희생을 거절하고 금욕주의를 실천함. · 그리스도를 천사 또는 고상한 영으로 묘사했고, 그리스도의 계속적인 성육신을 가르침. · 그리스도는 단순한 인간이고, 성령은 여성으로 간주함. · 동정녀 탄생의 교리는 보존됨. · 성만찬은 빵과 소금으로 베풀어짐. · 결혼은 중시되었고 박해받을 시의 신앙은 부정이 용인됨.

(2) 헬라주의적 이단
1) 영지주의(그노시스파, Gnosticism)
< 개 요 >

구 분	내 용
용어의 의미	· 그리스어 '그노티코스(비밀스럽고 초자연적인 지식을 소유한 사람)'에서 유래함. · 당시 유행하던 점성술, 마술, 철학, 페르시아의 이원적 우주론을 혼합하여 종교 철학(철학적 종교)을 구성하려고 함. · 구약에서 유대교적인 요소를 거절함. · 예수의 육체적 고난, 부활 등의 실재를 부인함. · 인간의 구원은 물질계를 해탈하고 신에게 귀위하는 것인데 이는 '지식'에 의하여 가능함.
주요종파	① 유대적인 영지주의 : 에비온파(Ebionites), 세린더스(Cerinthus) ② 수리아적 영지주의 : 발데산파(Bardesanes) ③ 조로아스터적 영지주의 : 만네스파(Manes) ④ 금욕적 영지주의 : 바질파(Basilides) ⑤ 음분적(淫奔的) 영지주의 : 니콜라당(Nicolaitans), 차포크라파(Carpocrates) ⑥ 허무적 영지주의 : 카인파(Cainites), 오파이파(Ophites) ⑦ 문화적 영지주의 : 발렌티너스(Valentnus)
역사적 사항	· 이교 철학, 특히 플라톤 철학에 뿌리를 둠. · 동양의 신비주의(mysticism)에 영향을 받음. · 대중에게는 호소력이 거의 없었던 반면, 교회 지도자들에게 강하게 영향력을 끼침. · 제국 전역에 확산되었음. · 예배는 매우 단순한 형태에서부터 매우 복잡한 형태에 이르기까지 다양함. · 교회로 하여금 신앙의 규칙과 신약성서를 형성하도록 자극함. · 교회가 진리의 보고(寶庫)로서 사도적인 전통을 계승하고 있음을 강조하도록 만듦.

영지주의(그노시스파, Gnosticism)(계속)

구 분	내 용
가르침의 특성	· 자신들을 특별한 천상의 지식(영지;Γνωσι)의 소유자로 생각함. · 자신들은 영(靈, spirit)에 속한 반면, 다른 사람들은 육(肉, body)에 속한 것으로 생각함. · 물질은 악하다고 가르침. · 이온(aeons)들의 세계(plerma)에 계층이 있음을 주장함. · 극단적인 금욕주의 내지는 정반대의 쾌락주의로 흐름. · 이원론적(Dualistic)임. · 구약성서와 유대주의를 전체적으로 거부함. · 풍유적인 해석방법을 사용함. · 세계를 데미우르고스(Demiurge=여호와)가 조장했다고 말함. 즉, 세상은 창조된 것이 아니라 최고의 존재이신 하나님으로부터 유출된 것이며, 따라서 불완전하고 죄가 있다고 주장함. · 그리스도의 육체는 한갓 환영(幻影)에 지나지 않는다고 믿음.
주변에 미친 영향	· 기독교 최대의 적으로 등장함. · 그리스도 교리의 발전의 계기. · 신약성서의 정경화 촉진. · 감독의 권위가 강조됨. · 구속·자유·은총 등의 중요 주제 활성화. · 교회의 조직, 체계, 제도가 급격하게 정비됨. · 2-3세기에 완성된 후 5-6세기에 소멸됨. · 그의 영향력은 오늘날까지도 지속되고 있는데, 뉴에이지운동이 대표적임.
주요문헌	· 요한의 외경(Apocryphon of John) · 신앙의 지혜(Pistis Sophia) · 나그-하마디(Nag-Hammadi)

영지주의(그노시스파, Gnosticism)(계속)

< 주요 지도자 >

구 분	내 용
시몬 마구스 (Simon Magus, 1세기)	• 이레니우스에 의하면 시몬의 추종자들로부터 영지주의가 시작되었다고 함. • 사도행전 8:9-24에서 언급됨. • 사도행전의 사건 이후 하나님을 바로 믿지 아니하고 질투심을 가지고 사도들과 대항함. • 명성을 위하여 마술을 더욱 사용함. • 자기 자신의 유대인 가운데는 성자로, 사마리아에서는 성부로, 다른 민족들 사이에는 성령으로 왔다고 주장함.
케린투스 (Cerintus, 1세기말)	• 소아시아에서 활동함. • 세상을 창조한 이가 하나님이 아니라 어떤 중간적 존재(Ceniurg)라고 주장. • 그리스도는 단지 한 인간이며 세례 받을 때에 하나님의 성령이 임했으나 수난 받기 전에 떠났다고 가르침.
바실리데스 (Basilides, 2세기초)	• 약 120~145년경 알렉산드리아에서 활동함. • 원시충만(Pleroma)에서 수많은 영적인 존재들(Archonten, onen)이 나왔는데 이들이 세상을 다스린다고 보았음. • 그리스도가 세상에 보내진 것은 사람들을 아르콘들로부터 해방시키기 위한 것이라고 주장함. • 그리스도의 인간의 형상은 단지 환영에 불과하다고 가르쳤음(가현설, Docetism).
발렌티누스 (Valentinus, 160년경 사망)	• 135년경 알렉산드리아에서 활동함. • 영지주의의 로마 학파와 알렉산드리아 학파를 창시함. • 그의 제자들이 세운 발렌티누스 공동체는 2~3세기 기독교 신학에 심각한 도전이 됨. • 바울신학과 영지주의 원리를 혼합한 '진리의 복음(Gospel of Truth)'을 썼다고 전해짐. • 모든 지상적인 것은 최고의 충만(Plenum)으로 돌아갈 것을 열망하며, 인간 안에 있는 영적인 요소는 구원자가 보내는 참된 지식을 통하여 강하게 되며, 이 요소가 말세에 빛과 다시 하나가 된다고 주장함. • 그의 교리는 후대의 인간 중심적인 기독교 영성의 발전에 영향을 주었음.

영지주의(그노시스파, Gnosticism)(계속)

< 그노시스의 신학 >

구 분	내 용
신 론	· 신은 완전히 초월적인 존재로서 우주를 창조하거나 통치하거나 하지 않는 이질적인 존재. · 초월적인 신 그 자신은 모든 피조물로부터 감추어져 있으며, 자연적인 개념들에 의하여는 알려지지 않음. · 신에 관한 지식은 초자연적인 계시와 조명에 의하여 얻어짐.
우주론	· 신으로부터 하급의 신적인 존재들이 나왔음. · 하급의 신적 존재는 통치자들(Archons)이 우주를 만들었고 그것을 거처로 삼음. · 우주는 이들이 거처하는 일곱 영역으로 겹을 이룸. · 이들이 구약에 나오는 하나님의 이름을 가르킴(Lao, Savaoth, Adonai, Elohim, El Shaddai). · 그들의 사명은 인간을 신으로부터 격리시키고 지구를 감옥으로 만드는 일임.
인간론	· 인간은 아르콘들에 의하여 감옥에 갇히고 그 자신에 의하여도 감옥에 갇힘. · 인간은 몸, 혼, 영의 세 요소로 구성됨. · 영은 원광의 불꽃이며 몸과 혼에 갇혀 있음.
구원론	· 구원은 영이 혼과 몸을 벗어나 아르콘들의 통치에서 벗어나는 것임. · 이러한 구원은 신이 구원자를 보내어 인간에 대한 지식을 건네줄 때 가능함.
윤리관	· 세상을 악한 것으로 여겨 금욕적(Rigorsm)이 되거나, 방종적(Libertinism)이 됨.

2) 마르시온파(Marcion)

구 분	내 용
주창자	· 마르시온(Marcion, A.D.84-160)
생 애	· 성경에 '본도'라고 나오는 폰투스(Pontus) 지방의 시노페(Sinope)에서 출생함. · 부유한 선주이며 상인이었음. · 간음 사건으로 집에서 쫓겨난 것으로 추측됨. · 139년 로마에서 영지주의 선생이었던 세르도(Cerdo)를 만나 영향을 받음. · 자기의 사상대로 교회를 개혁하려고 했으나 실패하자 독자적인 교회를 만들어 포교함. · 그노시스파의 한 사람으로 주장되나 루흐스(Loof), 한(Hahn), 하르낙(Harnack) 등은 아니라고 주장함. · A.D.144년 서방 교회로부터 출교 당함. · 콘스탄틴 대제에 의하여 금지 당함.
주요주장	· 육체는 악한 것이고 영은 선한 것이라는 극단적인 이원론을 주장함. · 구약과 신약의 하나님이 서로 다른 하나님이라고 생각함. · 구약의 하나님은 세계를 창조하기는 했으나 준엄과 진노로 가득 차 자비를 모르는 전쟁의 신임. · 신약의 하나님은 자신을 예수님께 나타내신 분으로 선하고 자비로운 하나님임(그리스도를 성부로 생각함). · 그리스도는 알 수 없는 하나님을 이 세상에 알려주신 분이심(성육신을 부인하고 재림을 거부함). · 오직 바울만이 예수의 가르침을 이해했다고 생각함. · 그리스도의 희생은 인간 죄의 대속이기 보다는 창조신의 인간에 대한 징벌권을 무효화하는 법적 행위라고 주장함. · 여자도 남자와 같이 자유롭게 사제와 주교에 임명하였음. · 후계자 아펠레스(Apelles)는 자신의 극단적인 염세주의를 억제하고 창조된 세계에는 악의 기원이 없다고 주장함.

마르시온파(Marcion)(계속)

구 분	내 용
역사적인 사실	• 저스틴과 터툴리안이 마르시온파들이 제국 전체에 퍼졌다고 했을 정도로 박해에도 불구하고 빠른 속도로 증가함. • 바울의 목회서신(딤전·후, 딛)을 제외한 10개의 서신과 누가복음(부분을 삭제하여)을 소위 '마르시온의 정경'으로 확정하여 사용하였음. • 3세기경부터 마르시온주의는 마니교에 흡수되어 쇠퇴되었고 동방의 마르시온은 7세기경에 사라짐. • 마르시온 정경의 영향으로 초대교회의 정경화 작업이 빠른 속도로 이루어짐.
마르시온에 대항한 변증가	• 저스틴(Justin Martyr, 100-165) : 마르시온 논박(Against Marcion). • 이레니우스(Irenaeus, 120-202) : 이단 논박(Against Heresies). • 터툴리안(Tertullian, 145-220) : 마르시온 논박(Against Marcion). • 폴리캅(Polycarp, 69-160) : 마르시온을 '사탄의 장자'로 규정함.

3) 오리겐주의(Origenism)

구 분	내 용
주창자	· 오리겐(Origenes of Alexandria, 185-254)
생 애	· 알렉산드리아에서 출생함. · 모태 신앙이며 초대교회 저자들 중 누구보다 성경에 박식함. · 202년 셉티미우스 세베루스의 박해 때(18세) 부친을 따라 순교하려 했으나 어머니의 충고로 포기함. · 클레멘트(Clement)의 제자가 됨. · 203년 클레멘트의 뒤를 이어 신학 교수가 됨. · 211년부터 로마, 아라비아, 팔레스티나, 그리이스 등지로 전도 여행함. · 231년 그의 안수가 불법적이었다고 하여 알렉산드리아 감독인 데메드리우스(Demetrius)에게 성직을 박탈당하고 가이샤라(Caesarea)로 가서 신학교 교장이 됨. · 249-251년의 데키우스(Decius) 박해시 투옥되어 신앙 포기를 요구하며 고문을 가했으나 거절하다 석방됨. · 254년 고문의 후유증으로 인하여 사망함.
신 학	· 클레멘트의 사상을 발전시킴. · 성경에 결정되어 있지 않은 기독교의 진리를 철학으로 해석하며 조화시킴. · 성결과 금욕적인 생활 강조 : 철저한 고행과 고자까지 되는 일을 함(극단적인 금욕주의자). · 영혼선재설을 강조했는데, 영혼은 선재(先在)하며 이 세상은 영혼들이 출생하기 이전에 범한 죄들을 정화시키기 위하여 창조되었다고 함. · 우리의 육체는 정화적 실체(연옥, purgatory)라고 함. · 종속주의(성자는 성부의 본질에서 파생 및 종속; 성자의 성령 영원 출생설)를 주장함. · 만물의 근원은 지고한 존재이며, 결국은 모든 것이 심지어 사단까지도 하나님께 회복된다(만인구원설)고 함. · 3분설을 기초로 성경을 해석함(육, 혼, 영-문학, 도덕, 영적 요소). · 플라톤의 영향으로 우즈는 이데아와 물질세계가 있다고 함. · 연옥설, 지옥유한설, 존재 이전의 타락설 주장함.

오리겐주의(Origenism)(계속)

구 분	내 용
저 서	· 저서는 6,000권이라고 전해짐. · 헥사플라(6개의 헬라어 번역본과 구약성서들을 히브리 원문과 음역과 함께 편집한 작품). · 켈수스에 반대하여(Against Celsus) : 켈수스의 '참된 말씀(True Word)'에 대한 답변. · 스콜리아(Scholia) : 특별한 구절에 대한 주석. · 제일 원리들(First Principles) : 초기 기독교에 있어서 최초의 조직신학. · 기도, 순교에 대한 가르침 등.
결 과	· 오리겐 사후 300년경 교회회의에서 정죄됨. · 오리겐의 부분적인 교의(종속주의)는 후에 이단적인 것으로, 삼위일체론과 그리스도의 본성에 관한 것은 정통 교리의 근거가 됨.

4) 마니교(Manichaeism)

구 분	내 용
창시자	• 마니(Mani, 215-277)
일 생	• 마니는 페르시아(Persia)의 수도 바벨로니아 출생임. • 왕가의 후손으로 상류계급에 속하였음. • 그노시스적 만다교(Mandaism)의 감화를 받아 어렸을 때부터 추종함. • 12세에 환상 중에 본 천사로부터 새로운 종교를 전하라는 명을 받았다고 주장함. • 241년 자기의 종교를 세워 포교에 들어감. • 파르티아 왕국이 페르시아에 멸망한 후 등극한 사산 왕조의 샤프르 1세(재위242-273)형제를 개종시키고 그의 비호로 급속하게 퍼짐. • 바흐람 1세(재위274-276) 때에 조로아스터 교도의 미움을 사 274년 왕명의 소환에 응하여 투옥되었다가 옥사함.
경 전	• 저서 '생명의 책', '샤브라칸', '신비의 책', '마니서한', '거인의 책' 등이 경전으로 전해지고 있음.
조 직	• 조직은 평신도와 선택자로서 그리스도와 열두 사도를 모방한 엄격한 계층제(마니-12사도-70감독-교사-행자)임.
주요교리	• 페르시아의 조로아스터적 이원론과 영지주의, 마르시온주의와 불교 및 기독교의 서로 다른 요소가 교묘하게 혼합됨. • 종교적인 타락을 피하고 교리의 통일성을 보장하기 위하여 생전에 교리를 기록하고 정경으로 확정함. • 페르시아의 이원론을 근거로 세계는 광명과 흑암의 투쟁이라고 주장하면서 인류는 악마가 광명국에 침입함으로 생겼다고 함. • 모든 교리는 이원론적임. • 인류가 돌아갈 길은 해탈인데 이는 금욕 생활을 통해 가능함 ; ①입의 봉인 : 육신, 망언을 하지 말 것. ②손의 봉인 : 모든 악한 일을 행치 말 것. ③가슴 봉인 : 정욕과 악한 생각을 하지 말 것. • 스스로를 예수 그리스도의 제자라고 하고 자신이 보혜사라고 함.

마니교(Manichaeism)(계속)

구 분	내 용
역사적 사실	• 어거스틴도 청년 시절에 마니교에 심취한바 있음. • 마니는 자신이 아담, 붓다, 조로아스터, 예수로 내려온 예언자의 마지막 계승자라고 생각함. • 강력한 선교 활동을 펼침. • 로마, 갈리아, 스페인, 프랑스, 중앙아시아, 북아프리카, 인도, 694년 중국에까지 전파되었고 몽고의 유목민인 위구르 왕국에서는 패망(840)까지 국가 종교가 되었음. • 중세유럽에서 마니교와 유사한 가르침을 가진 신마니교라는 종파가 나타났음. • 중세의 바울파, 보고밀파, 카타리파, 알비겐파와 유사하다고 하나 직접적인 연관성은 없음.
가르침의 특징	• 이원론적 창조관을 소유함. • 그리스도는 빛의 대표자이고 사탄은 어둠의 대표자로 봄. • 그리스도의 육체는 온갖 환영(幻影)에 지나지 않는다고 가르침. • 엄격한 금욕훈련을 강요했고 세속의 권위와 물리적인 권세는 비난함. • 육식과 음주를 엄금함. • 악행과 정욕을 멀리하도록 가르침.
영 향	• 중국에서는 불교로 가장하여 선교하여 토착화의 전형을 보여줌. • 어거스틴이 마니교도로서의 경험에 의하여 신학을 집대성함.

(3) 분파주의적 이단
1) 몬타누스파(Montanism)

구 분	내 용
명 칭	· 예전에는 Phrygins 또는 Karaph rygins라고 불리움. · 몬타누스가 두 명의 여자 동역자와 예언을 하던 장소인 페푸자(Pepuza)의 지명을 따서 Pepuzian이라고도 불리움. · 전체를 통틀어 Priscillianists로 불리우기도 함. · 또 다른 명칭으로 Cataphrygian Heresy, New Prophecy라고도 함.
대표적인 지도자	· 몬타누스(Montanus, 2세기) · 프리스킬라(Priscilla, 2세기) · 막시밀라(Maximilla, 2세기) · 터툴리안(Tertullian, 160-220)
역사적 사실	· 2세기 후반부터 3세기 초반에 프리지아에서 융성했음. · 프리지아는 전통적으로 동방의 풍요의 여신인 키빌레(Cybele)와 그 배우자 아티스(Attis)를 매우 도발적이고 흥분된 춤으로 섬기는 신비주의적 밀교의 중심지였음. · 몬타누스는 밀교의 사제였음.
주요주장	· 기독교로 개종한 후 프리지아(Phrygia)의 한 마을에서 황홀경에 빠져 성령 강림의 때가 찾고 그리스도의 재림이 임박했다고 주장함. · 그는 "나는 천사도 아니고 하나님의 사자도 아니고 강림한 주 하나님이다"라고 주장했음. · 요한복음의 진리의 영인 파라클로토스(Paraclete)가 프리스길라와 막시밀라를 예언자로 삼아 교회에 새로운 계시를 주고 있다고 주장함. · 계시록 21장의 새예루살렘이 페푸자라는 마을에 임하리라고 주장함. · 117년경 황제 유스티안의 법령으로 파문됨. · 카르타고의 터툴리안이 208년 이후 개종함.

몬타누스파(Montanism)(계속)

구 분	내 용
가르침의 특징	· 이적 특히 예언의 은사를 강조함. · 천년왕국설을 갈망하여 요한계시록을 특별히 중요하게 생각함. · 교사와 교육자의 자격과 임명은 안수에 있는 것이 아니라 성령이 직접 맡겨 주시는 것이라고 함. · 만인제사장을 주창함. · 영적으로 자기들이 특별한 백성이라고 생각함. · 엄격한 금욕주의(결혼포기, 재혼금지, 고된 금식, 동정성의 강조, 순교에의 열망, 엄중하고 많은 참회)를 강조함. · 변절자에 대하여 다시 입교하는 것을 반대함.
영 향	· 계시록에 대한 초대교회의 관심을 유발시킴. · 위대한 교부 터툴리안까지도 이 종교로 개종함. · 3세기 후반에 터툴리한을 따르는 이들이 모여 터툴리안파(Tetullianisae)로 불렸고 잠시 흥왕함. · 후에 노바티아누스주의(Novatianism)와 도나투스파(Donatists)의 분파로 계승 발전됨. · 진원지에서는 이단적인 사상으로 정죄되었지만 다른 지역에서는 정통적이고 순수한 성령운동으로 간주되기도 함. · 근래의 오순절적(Pentecostal)운동으로 간주되기도 함.

2) 노바티안파(Novatianism)

구 분	내 용
주요 지도자	· 로마 교회의 장로인 노바티안(Novatian) · 카르타고 교회 장로인 노바투스(Novatus)
분파 요인	· 데키우스(Decius, 349-251)와 발레리안(Valerian, 249-260) 황제 때 수많은 그리스도인들이 변절의 증거로 성서를 밟고 훼손하였으며, 이방 우상 신에게 희생 제사를 드림. · 박해 이후에 변절자들을 다시 받아들이느냐의 문제로 교회가 갈등함. · 대부분의 지도자들이 관대한 처분을 하였고, 관용론자들이 감독 선거에서 승리함. · 노바티안은 이에 불복, 분파 운동을 일으킴.
주요주장	· 신앙을 배반한 중죄인은 교회에서 용납할 수 없음. · 우상숭배, 살인, 음란 등도 용서받을 수 없는 죄인임. · 범죄한 자가 소속된 교회는 하나님이 떠났으므로 제명하라고 함. · 범죄한 교사에게 받은 세례는 무효라고 주장함. · 이들이 교회에 들어오려면 재세례가 필요함.
전개과정	· 노바티안은 배교자들은 어떠한 참회와 헌신(헌금)에도 불구하고 영원히 배척되어야 한다고 주장함. · 노바티안은 더 나아가 하나님께서 배교자의 임종시 그들을 용서하실지는 몰라도 교회는 그들을 용서할 수 없으며, 만약 배교자가 들어온다면 그러한 교회는 더 이상 참된 교회가 될 수 없다고 함. · 로마 교회의 감독이었던 코넬리우스(Cornelius)와 카르타고 감독이었던 키프리안(Cyprian)은 배교자가 참으로 회개한 것을 근거로 다시 받아들이려고 함. · 카르타고의 장로였던 노바투스는 아무 조건 없이 신자를 다시 받아들이자고 하였다가 갑자기 태도를 돌변, 로마교회로 가서 노바티안의 엄격주의에 가담함. · 몇몇 감독들이 이탈리아에서 분파주의적 교회를 설립하고 노바티안파의 감독을 선출함. · 노바티안파는 가울(옛 프랑스 지역)과 아프리카, 아시아 등지로 퍼져나감.
처 리	· 분파주의자로 간주하고 교회 질서를 문란케 한다는 이유로 파문함. · 이단으로 규정하여 내어 쫓음. · 콘스탄티누스(Constantinus) 황제는 엄중하게 다루었음. · 7세기에 가서 서서히 자취를 감추었음.

3) 도나투스파(Donatianism)

구 분	내 용
주창자	· 도나투스(Donatus, ? -355) : 북아프리카의 감독
성 격	· 4-5세기의 분파주의적 개혁파임. · 도나투스의 이름에서 유래함. · 이 파 사람들은 자신들을 일반 교회로부터 구별된 '도나티스트(Donatist) 교인들'이라고 지칭함.
분파 요인	· 4세기초(303년) 디오클레티안(Diocletian, 284-305) 황제 박해 시 변절의 증거로 성경을 밟고 훼손하도록 함. · 수많은 변절자가 발생, 박해 후 교회가 수용 하느냐의 여부로 문제가 발생함. · 변절자였던 펠릭스(Felix) 감독이 카르타고 감독 임직시인 311년 카실리안(Caecilian) 주교 선출함.
전개과정	· 카르타고 주교 서품권을 40년간 가지고 있던 세쿤두스(Secundus of Tigisi)가 70명의 주교와 함께 카르타고에 와서 카실리안 선출이 무효라고 선언하고 그 자리에 마조이누스(Majorinus) 임명함. · 콘스탄틴(Costantine) 대제는 밀티아데스(Miltiades)를 파견하여 중재를 시도함. · 313년 10월 카실리안이 모든 비난에 결백함을 입증함. · 그러나 미조리누스의 자리를 대신하여 임명되어 있던 도나투스가 판정에 이의를 제기함. · 314년 8월 콘스탄틴은 아를에 제국 서부 지역 주교 공의회를 소집, 카실리안을 지지, 서품 유효 판정함(316년 11월 다시 판정함). · 분열이 지속되었고 317-321년의 도나투스파 박해 실패로 돌아감. · 321년 5월 도나투스파에게 신앙의 자유 허락함. · 347년 8월 콘스탄스(Constans) 1세는 도나투스파를 갈리아로 추방함. · 355년 도나투스 갈리아에서 사망함. · 361년 배교자 율리아누스(Julian) 황제 등극, 도나투스파 아프리카로 다시 돌아와 향후 30년 동안 아프리카에서 가장 큰 그리스도파가 됨.

도나투스파(Donatianism)(계속)

구 분	내 용
주요주장	• 세속적 교직자 배격함(목회자의 높은 자질 요구). • 교회와 국가의 상호 분리 주장. • 세례를 통한 중생과 유아 세례 주장(세례를 통한 구원). • 엄격한 교회의 규칙과 교인의 순결성 요구함. • 감독 정치를 채택함.
영 향	• 카르타고 교회가 100년간 분열을 지속함. • 도나투스파의 재세례주의에 대항하기 위하여 제정된 법률들이 종교개혁 시대에는 로마 카톨릭 교회에 의하여 재세례파들(Anahaptists)을 처형시키는 데 사용됨.
처 리 및 소 멸	• 411년 황제의 호민관 미르켈리누스가 주재하는 카르타고 공의회에서 도나투스파에게 불리한 결정이 내려짐. • 412년, 414년 도나투스파에 대하여 시민과 교인의 권리를 법률적으로 엄격하게 제한함. • 428년 아리안 반달족의 침략과 7세기 회교도들의 침략으로 소멸됨. • 개인주의(양심적 분리주의)로 편협, 극단, 완고, 광신의 상태가 소멸로 이어짐.

3. 삼위일체론에 대한 이단
(1) 단일신론(군주신론, Monarchianism)

구 분	내 용
대표적인 주창자	• 사모사타의 바울(Paul of Samosata, A.D.200-275) : 하나님의 단일인성(Unipersonality)을 주장함. • 비잔티움의 테오도투스(Thodotus of Byzantium) : 예수는 수세 시에 성령이 강림하셨고, 신의 속성이 임했다는 양자설 주장함.
정 의	• 하나님은 한 분으로서 그리스도는 인간인데, 그 안에 하나님의 능력이 의도적으로 머물러 계신다는 설임(동력적 단일신론, Dynamic Monarchianism).
주요 학설	• 그리스도는 하나님의 특별한 섭리로 동정녀에서 나시고 시험을 받으신 후 세례 받을 때 성령에 의해 초자연적 능력을 받았음. • 예수는 권위 있는 능력과 업적에 대한 보상으로 죽은 자에서 살림을 받아 하나님의 영역으로 받아들여짐. • 즉 하나님이 된 인간이심. • 이런 경향은 그리스도 내의 인성과 신성간의 변칙적인 구별을 가르친 네스토리우스주의의 방향으로 흐르게 됨.
역사적 사항	• 초대교회의 이단 에비온파와 현대의 일위신론(一位神論, Unitarianism)과 노선이 같음. • 처음 주창자는 비잔티움의 테오도투스임. • 테오도투스는 교황 빅토르(Victor, 189-199)에 의하여 파문됨. • 터툴리안의 혹독한 비평이 가해짐. • 8세기 스페인에서 일어난 양자론과 연결됨. • 후대의 소씨니안파(the later Socinians)가 유사한 주장을 반복함. ※사모사타의 바울(Paul of Samosata, A.D.200-275) <주요 일생> • 260년에 안디옥의 감독이 됨. • 팔미라(Palmyra)의 여왕 제노비아(Zenobia)의 총애로 정치고문이 됨. • 사모사타는 안디옥의 동북 유브라데스 강변에 위치함(로마에 속하지 않음). • 268년 안디옥의 지역 노회에서 이단으로 정죄됨. • 269년 지방 총회에서 파면됨. • 272년 제노비아의 퇴위로 정치고문에서 물러났지만 그의 주장은 메소포타미아와 아르메니아 지방에서 환영 받음. <주요 주장> • 로고스는 성부와 동질이지만 신격에서 구별된 인격은 아님. • 로고스가 하나님과 동일시된 것은 그가 하나님 안에 존재하였기 때문임. • 신적 능력은 인간 예수에 점점 침투하므로 그 인성을 신화(神化)함. • 예수는 하나님으로 볼 수 없으나 신화되었으므로 신적 존영을 받기에 합당함(예수를 하나님으로 부름).

(2) 양자론(Adoptionism)

구 분	내 용
대표적인 주창자	· 데오도투스(Theodotus) · 엘리판두스(Elipandus):톨레도(Toledo)의 대감독 · 펠릭스(Felix of Urgel, ?-815):우르겔의 감독
발생시기	· A.D.190년 로마, 비잔티움의 데오도투스에 의해 단일신론 발생->단일신론은 안디옥의 감독이었던 사모사타의 바울(200-270)에게 계승->엘리판두스와 펠릭스에 의해 스페인에서 양자론으로 나타남.
주요학설	· 하나님의 단일성을 강조했던 회교도들에게 기독교 신앙을 좀 더 받아들이도록 하기 위함. · 예수는 세례 시에 특별한 방법으로 하나님의 영을 받은 단순한 인간이라고 주장함(데오도투스). · 엘리판두스가 그리스도안의 인성과 신성의 두 본성을 구분하고자 함. · 인성을 지닌 그리스도를 그 본질상 신적인 그리스도와 구별, 양자(養子)라고 부름. · 말씀에 의해 수태된 마리아의 아들은 본질적으로 양자에 불과하다고 함.
역사적 사항	· 데오도투스는 로마의 교황 빅토르(Victor)에 의해 출교됨. · 2-3세기 발전했던 단일신론의 계승. · 8세기 스페인에서 시작됨. · 교황 아드리안(Adrian,772-795) 1세의 단죄를 자초함. · 784년 세빌레(Seville)에서 엘리판두스가 신앙고백서 작성함. · 레오3세(Leo,795-816)가 로마에서 공의회를 소집 또다시 단죄함(798). · 799년 펠릭스는 이 견해를 철회했으나, 엘리판두스는 계속 주장함. · 12세기에 베드로 아벨라드(Peter Abelard)와 그 추종자들에게서 잠시 되살아났음.

(3) 사벨리우스주의(Sabellianism)

구 분	내 용
대표적인 주창자	• 사벨리우스(Sabellius, 217-220년경 활동) • 프락세우스(Praxeus, 성부수난설) • 서머나 사람 노에투스(Noêtus of Smyra, 프락세우스의 제자) • 에피고누스(Epigonus), 클레오메네스(Cleomenes)
주요명칭	• 양식적 단일신론(Modalistic Monarchianism, 樣式的單一神論) : 하나님의 삼위(三位)를 하나님의 현현의 삼형식으로 생각했기 때문임. • 성부수난설(聖父受難設, Patripassianism) : 성부 자신이 친히 그리스도 안에서 성육신하시고 그와 더불어 고난 받았다고 주장하므로 서방에서 불림. • 사벨리안주의 : 서방에서 가장 유명한 대표자의 이름을 따서 부름.
정 의	• 하나님은 한 분으로서 그리스도는 하나님과 동일 인격이시나 모양만 다르게 나타난다고 함.
주요 학설	• 터툴리안은 프락세우스에게서, 히폴리투스(Hyppplytus)는 노에투스의 사상에서 기원하였다고 주장함. • 프락세우스는 하나님의 위적 구별을 전적으로 반대함. • 노에투스는 그리스도는 자신이 성부이며, 이 성부 자신이 출생되어 고난 받으시고 죽으셨다고 주장함. 또한 아버지가 그의 존재의 형태를 변형하시어 문자 그대로 자기의 아들이 됨. • 사벨리우스는 신적 본체의 단일성과 그 현현의 다양성을 구별함. • 그는 성부·성자·성령이란 명칭은 단순히 한 신적 본체가 자신을 나타낼 때의 삼형상(三形相)을 가르치는 것이라고 함. 즉 하나님은 자신을 창조와 율법수여에서는 성부에서는 성부로, 성육신에서는 성자로, 중생과 성화에서는 성령으로 각각 나타나심.
역사적 사항	• 사벨리우스의 주장에 교황 칼릭스투스(Calixtus)는 처음에는 동조했으나 후에는 정죄하고 파문했음. • 263년 로마 회의에서 정죄되고 파문되었음. • 4세기 아리우스는 사벨리우스주의와 정통 교리 모두 싸잡아 비난함. • 375년경 사벨리우스주의는 네오카이사리아(Neocaesarea)에서 다시 나타났고 바실리우스의 공격을 받았음. • 종교개혁시에 스페인의 미겔세르베투스(Michael Servetus)는 그리스도와 성령은 하나의 신격, 즉 성부의 대행적(代行的) 형태에 불과하다고 주장. • 18세기에는 스웨덴의 신비주의 철학자이며 과학자인 임마누엘 스베덴버그(Emanuel Swedenborg)가 이를 가르쳤음.

(4) 아리우스주의(Arianism)

구 분	내 용
대표적인 주창자	• 아리우스(Arius, 280?-336) • 니코메디아의 유세비우스(Eusebius of Nicomedia) • 유독시우스(Eudoxius) • 유노미우스(Eunomius)
논쟁의 발단	• A.D.320년경 이집트의 알렉산드리아 주교 관구에서 발생.
명칭의 유래	• 아리우스주의의 명칭은 알렉산드리아의 장로 아리우스로부터 유래.
주요주장	• 성자는 성부보다 하위를 차지함. • 성부하나님만이 영원하며 그리스도는 만물 중 첫째가는 분이자 가장 위대한 분으로 무(無)에서 창조된 존재임. • 그리스도는 가장 위대한 자로 하나님의 매개적 대행자임. • 성령은 성자에 의해 존재하게 된 모든 피조물 중 첫째이자 가장 위대한 분임. 즉 인간의 몸을 취하신 제2의 존재임. • 피조된 그리스도에 대한 경배를 요구함으로 사실상 이교도와 우상숭배의 중추적 원리인 피조물에 대한 경배를 주장함.
논쟁의 전개	• 아리우스의 주장이 확산되자 황제 콘스탄틴은 A.D.325년 니케아에서 최초의 기독교 회의를 소집함. • 니케아 회의에서 정통파 지도자 알렉산더에 의해서 아리우스가 정죄됨. • 그리스도는 단지 성부와 유사한(bomoiousia) 신성이 아니라 하나님과 동일한(bomousia) 빛, 참 하나님, 성부와 동일한 신성의 존재라고 선언됨. • 콘스탄틴 황제는 처음에는 아리우스설에 대하여 강경하였으나 점차 설득당하여 나중에는 온건하게 되었고 그 결과 교회 내에서 위치가 회복되어 유력한 견해가 되어감. • 알렉산더 이후 등장한 정통파 지도자 아다나시우스(Athanasius)는 아리우스주의와 맞서 강력한 투쟁을 전개함. • 결국 A.D.381년 황제 데오도시우스가 소집한 콘스탄티노플 회의에서 아리우스주의가 금지되고 니케아 신조가 승인됨.
후대에 미친 영향	• 콘스탄티노플 회의 이후 아리우스주의는 소집단에 의하여 계속 주장되어 A.D.650년경까지 유지됨. • 오늘날 일부 유니테리언파가 그리스도를 단순한 인간으로 전락시키기를 원하지 않으면서도 또한 성부와 동일한 신성을 갖고 있음을 인정하지 않음으로 사실상 아리우스주의자들임. • 여호와의 증인의 그리스도론은 아리우스주의의 한 형태임. 그들은 아리우스를 여호와의 증인 운동을 시작한 찰스 타즈 러셀(Charles T. Russel)의 선구자로 여기고 있음.

(5) 반(半)아리우스주의(Semi-Arianism)

구 분	내 용
대표적인 주창자	· 안키라의 바실(Basil of Ancyra) · 라오디게아의 그레고리(Gregory of Laodicea)
명칭의 유래	· 반(半)아리우스주의라는 말은 니케아(Nicaea) 회의의 엄격한 규정(그리스도는 성부와 동일 본질)을 싫어하고 한편으로는 아리우스의 지나친 주장을 피하려는 모든 사람에 대한 통칭으로 사용됨. · 이 어구는 아리우스와 정통파의 중간에 서는 중도파를 가리킴. · 유세비우스주의(Eusevianism)라고도 하는데 이는 니케아 회의에서 유세비우스가 제출한 문건으로 인함.
주요주장	· 성자는 성부와 '닮았으나(유사한 본질, homoiousios)', '동일 본질(homoousios)은 아니라고 주장함. · 그리이스어 '이오타'(ι)로 구분되는 이 단어를 둘러싼 교리 논쟁 때문에 "그것은 이오타 하나 만큼은 차이도 없다"는 말이 유행했으나 정통 그리스도인에게는 이 이오타가 매우 중요한 의미를 지녔음.
역사적 사실	· 동로마 황제 발렌스(364-378재위)가 정통파 그리스도인들을 박해하고 아리우스파를 옹호하던 시기에 이둘 사이에서 바실과 그레고리가 아리우스파보다 완화된 주장, 즉 그리스도는 성부와 유사한 본질이지만 성부에 종속된다고 주장함. · 동방교회에서 일시적으로 득세하게 됨. · 니케아 회의에 이어서 A.D.381년에 열린 콘스탄티노플회의에서 아리우스파와 함께 이단으로 정죄됨.

(6) 마케도니우스주의(Macedonianism)

구 분	내 용
대표적인 주창자	• 마케도니우스(Macedonius)
명칭의 유래	• 성령이단론(Pneumatomachian Heresy) • 성령훼손주의(Pneumatomachism)
주요주장	• 성령은 성자에 의하여 만들어진 피조물임. • 따라서 성령은 성부와 성자에 종속됨.
역사적 전개	• 4세기경에 그리스도인들을 혼돈케 한 이 사상은 아리우스계의 콘스탄티노플 주교였던 마케도니우스에 의해 주도된 것으로 주장됨. • 문제는 이러한 사상이 마케도니우스가 죽은 후에 성행하였다는 점이며 이러한 이단을 공격하는 문서에 마케도니우스의 이름이 등장하지 않음. • 추측컨대 마케도니우스를 추종하던 유력한 후계자들이 이 이단에 가입하여 마케도니우스의 이름으로 이 이단을 호칭한 것으로 보여짐. • 이에 대한 논박서는 아타나시우스의 '세라피온에 보내는 편지(Letters to Serapion)'와 바실리우스의 '성령에 관하여(On the Holy Spirit)'가 있음. • 황제 데오도시우스의 탄압을 받음.
처리과정	• 콘스탄티노플에서 열린 공의회(381)에서 마케도니우스주의는 공식적으로 이단으로 정죄됨. • 이 회의는 니케아 신조가 확대되어 삼위 성령에 대한 정통 신앙이 확립되었음.

4. 기독론에 대한 이단
(1) 아폴리나리우스주의(Apollinarianism)

구 분	내 용
대표적인 주창자	• 아폴리나리우스(Apollinarius, 310?-390?)
주요주장	• 예수 그리스도의 참되고 정당한 인성(人性)을 부정함. • 인간이 육체(body)와 혼(魂,soul)과 영(靈,spirit)으로 이루어졌다고 생각하여 로고스가 인간의 영을 대신하였다고 하는 이론에서 그리스도의 이성(二性)에 관한 문제를 해결하려고 함. • 아리우스(Arius)에 반대하여 그리스도의 참된 신성을 옹호하고, 죄의 좌소(座所)로 생각한 인간의 영을 대신하여 로고스를 바꾸어 놓음으로 그리스도의 무죄성을 옹호하려고 함. • 원형적 인간으로서의 로고스 자신 안에 인간의 영원적 성향이 있다는 것을 가정함으로 성육신(成肉身)을 이해시키려고 함.
논쟁의 전개	• 갑바도기아의 그레고리(Gregory)와 포이티얼스의 힐라리(Hilary of Poitiers) 등이 이에 대한 반론을 제기함. • 로고스가 완전한 인성을 취하지 못하였다면 예수는 우리의 완전한 구속주가 될 수 없었을 것이라고 주장함. • 죄인 전체(the whole sinner)가 구속을 받아야 하므로, 그리스도는 인성의 최소 중요 부분만을 취할 것이 아니라, 완전한 인성을 입어야 한다고 주장함. • 아폴리나리우스의 주장은 환상적인 부분이 있다는 것을 지적함.
결 과	• 362년 알렉산드리아 회의에서 그리스도 안에 영혼이 있음을 단언하여 아폴리나리우스를 정죄함. • 381년 제1차 콘스탄티노플 공의회는 아폴리나리우스를 공식적으로 이단으로 규정함.

(2) 네스토리우스주의(景敎, Nestorianism)

구 분	내 용
대표적인 주창자	· 네스토리우스(Nestorius, ?-451) · 몹수에스티아의 데오도루스(Theodore of Mopsuestia) · 다소의 데오도루스(Theodore of Dasos) · 안디옥 학파(the school of Antioch)
주요주장	· 몹수에스티아의 데오도루스는 ①그리스도 안에서의 하나님 내주(內住)와 신자(信者)들 안에서의 하나님 내주는 본질적인 차이가 아니라 정도의 차이라고 함. ②이러한 견해는 성육신을 인간 예수 안에서 로고스의 도덕적 내주로 대신하는 결과를 가져옴. · A.D.428년에 콘스탄티노플의 감독이 된 네스토리우스는 이단을 추방하는 일에 착수하면서 동정녀 마리아에게 성모(聖母, Theotokos)란 호칭을 지나치게 강조하여 사용하는 것을 공격함. 마리아는 그리스도 인성의 어머니일 뿐이라고 함. · 인간 그리스도는 하나님이 아니라 신격(神格)의 소유자요, 하나님 지참자(持參者, God-bearer)라고 함. 즉 그리스도가 경배를 받은 것은 그가 하나님이기 때문이 아니라 하나님이 그 안에 계셨기 때문임. · 결과적으로 그리스도의 영적 능력을 비롯한 은혜와 구원의 근원이신 신적 인간(Divine-human)으로서의 구속주를 제거해 버리게 됨.
논쟁의 전개	· 교황의 지지를 받고 있던 알렉산드리아의 키릴루스(Cyril of Alexandria)는 ①그리스도 인성과 신성의 불가분리의 결합, ②그리스도의 인격의 동일성과 영속성을 강조함.
결 과	· 431년 에베소 공의회는 네스토리우스를 이단으로 선고하고 폐위시킴. · 451년 칼케톤 공의회는 네스토리우스를 재차 파문하고 추방 결정함.

네스토리우스주의(景敎, Nestorianism)(계속)

구 분	내 용
역사적인 사실	• 5세기경 네스토리우스는 페르시아로 망명, 그곳에 교회를 세우고 국왕의 보호로 지지자들을 규합함. • 7세기경 페르시아가 이슬람교의 지배를 받게 된 이후에도 네스토리우스파는 계속 남아서 아라비아 북부, 인도, 몽골, 중국 등지에까지 포교함. • 중국에는 635년 당(唐) 시대에 들어가서 경교(景敎), 피사(彼斯, 페르시아), 대진(大秦, 로마)이라는 이름으로 번창함. • 13세기 후반에는 페르시아 등 중앙아시아를 중심으로 크게 융성함. • 14세기에 이르러 티무르가 지배하면서 심한 박해 끝에 거의 멸절, 살아남은 자들은 16세기 로마교회에 흡수됨. • 아르메니아에 남아 있던 일부 신도는 1차 세계대전 이후 러시아를 배반하였다는 이유로 희생, 추방됨. • 극도로 미미해진 이 세력은 이라크 북부 등지에 일부가 잔존해 있음.
주요교리	• 신관 : 니케아 신조대로 삼위일체를 믿음. • 기독론 : 양자론으로 흘러갈 위험성을 내포하고 있었는데, 역사적 예수의 성격이 삼위일체의 제2위격의 성격을 표현하는데 사용됨.
예배양식	• 세례 : 반드시 교회 안에서 베풀고 침수를 해야 함. • 성만찬 : 회중들이 모두 기립한 가운데 진행함. • 찬양 : 악기가 없이 불리워짐. • 예복 : 특유의 문양이 있는 성직자의 예복을 입음. • 교회당 건물 : 대부분 작았으며 많은 건물들이 암벽들 사이에 건축되어 입구까지 사다리로 올라가야 했음.

(3) 유티케스주의(Eutychianism)

구분	내용
대표적인 주창자	• 유티케스(Eutyches, 378-454) : 콘스탄티노플 근교의 대수도원의 원장이며 금욕주의자임.
주요주장	• 네스토리우스를 반대하면서 알렉산드리아 신학(Alxandrian Theology)을 지지하였음. • 그리스도의 신성 안에 인성이 흡수되었거나, 이성(二性)이 혼합하여 이것도 저것도 아닌 제3성(Tertium quid)으로 되어버렸다고 함. • 그리스도 안에는 인간적인 속성이 신적 속성에 도화되었으며, 그래서 그리스도의 몸은 우리의 몸과 동질일 수 없으며, 정당한 의미에서 그리스도는 인간이 아니라고 함.
결과	• A.D.448년 콘스탄티노플에서 폴라비아누스 주재하의 종교회의에서 정죄되고 폐위되었음. • A.D.448년 8월 에베소 회의에서 일시적으로 지지를 획득함. • A.D.451년 칼케톤(Chalcedon) 회의에서 정죄되고 추방됨. • 칼케톤 회의에서는 로마 감독 레오(Leo)의 저술인 공한(公翰, Rome)이 참조되어 '칼케톤 신조'가 채택됨. • 유티케스주의는 소멸되었지만 강력한 '단성론(單性論)적 이단(Monophysite heresy)' 속에서 부활되어 나타남.

(4) 단성론(單性論, Monophysitism)

구 분	내 용
대표적인 주창자	· 세베루스(Severus) · 할리카르나누스의 쥴리안(Julian of Halicarnassus) · 스테파누스니오베스(Stephanus Niobes)
명칭의 의미	· '하나'를 의미하는 모노스(μόνος)와 '본질'을 의미하는 퓌시스(φύσις)에서 유래함.
주요주장	· 신성과 인성이 융합되어 있다고 특별히 강조했던 Apolinaris에게로 소급하여 볼 수 있음. · 알렉산드리아가 이 주장의 주요 중심지임. · Apolinaris의 후계자인 콘스탄티노플의 Eutyches와 Dioscorus가 그리스도의 육신이 인간의 육체와 그 본질에 있어서 똑같다는 주장을 부인함. · 그리스도의 비인간적인 인간적 수용(impersonal human nature)을 수용하기를 거부하면서 그리스도는 하나의 본성을 지녔다고 주장함.
단성론의 종류	· Julianists : 그리스도의 성육신한 육체의 불멸성과 불후성을 주장함. · 정통에 가까운 Severians : 성육신 안에 신성과 인성이 완전히 융합되어 있다는 Eutyches의 견해를 반대함.
역사적인 사실	· A.D.451년의 칼케톤 회의에서 그리스도의 신성과 인성을 강조한 이래로 단성론은 이단으로 간주되어 옴. · 현재 남아 있는 시리아의 Jacobite들과 Captic 교회에서 지금도 이 교리를 추종하고 있음.

(5) 단의론(單意論, Monothelitism)

구 분	내 용
대표적인 주창자	• 아라비아의 테오도르(Theodore of Arabia) • 세르기우스(Sergius) • 알렉산드리아의 키루스(Cyrus of Alexandria)
의미 및 명칭	• '하나'를 의미하는 모노스(μόυος)와 '의지를 갖다'는 텔레인(Θέλειυ)이 결합됨. • 일의론(一意論), 단의지론(單意志論)으로도 표기됨.
주요주장	• 그리스도는 하나의 본질만을 가졌으므로(단성론), 하나의 의지(will) 밖에 가지지 않는다는 이론임. • 그리스도는 단 하나의 신적인 의지(the one divine will)만을 소유하고 계시며 인간적인 의지는 없다고 주장함.
논쟁의 전개	• 그리스도의 단성론적 견해를 옹호하려는 헤라클리우스(Heraclius) 황제는 그리스도의 이원성에 대하여 그리스도는 두 가지 본성을 지니고 계시지만 오오지 단일한 활동력만 지니고 계신다는 절충안을 제시함. • 헤라클리우스의 절충안은 격렬한 논쟁을 불러 일으켰고 교황들은 자신의 견해에 따라 이쪽저쪽을 지지하는 등 혼란을 겪음. • 동로마제국의 황제들과 초대주교들은 이를 지지함. • 예루살렘의 대주교인 Sophronius는 이를 반대함. • 다마스커스의 요한(John of Damascus)은 그리스도의 인격은 하나로서 두 개의 본질과 두 개의 의지를 갖는다고 반박함.
역사적인 사실	• 동방교회에서 특별히 편만함. • 7세기에 이르러 독자적인 분파로 발전됨. • 오랫동안 단의론은 존속되어짐.
결 과	• A.D.451년의 칼케톤 회의는 그리스도는 두 개의 본질을 갖는다고 선포함. • A.D.680년의 콘스탄티노플 공의회는 그리스도는 두 개의 의지를 가지며 인간으로서의 의지는 하나님의 의지에 종속된다고 선포함으로 단의론을 이단으로 규정함.

5. 펠라기우스와 관련한 이단
(1) 펠라기우스주의(Pelagianism)

구 분	내 용
대표자	· 펠라기우스(Pelagius, 360-420)
추종자	· 에클라늄의 줄리안(Julian of Eclanum) · 코엘레스티우스(Coelestius)
생 애	· 영국의 수도사로서 성품과 품행이 단정하여 많은 존경을 받았고, 401-409년의 로마의 인기 있는 설교자였음. · 405년 정도에는 어거스틴과 함께 영예로운 명성을 누리는 자였음. · 411년 아프리카의 여행에서 이단 창시자라는 낙인을 받고 논쟁에 들어감. · 이교(異敎)와 기독교 구별 없이 널리 공부하여 박학하였고 자유스러웠음. · 헬라적인 신학으로 어거스틴의 신학과 처음부터 달랐음.
주요저서	· De fide Trintatis libri tres. · Edogarum ex divinis scripturis liber unus. · In opostulum commentarii.
주요주장	· 교회가 은혜에만 매달리고 하나님과의 개인적인 만남을 등한시하여 교회의 풍기가 문란해지고 분투정신이 해이해진다고 함. · 육체의 안일에 빠져 하나님의 명령을 지킬 수 없다는 방탕한 그리스도인에게 하나님은 불가능한 일을 명령하지 않았고, 누구든지 하려고만 한다면 죄로부터 자유로운 삶을 살 수 있다고 하면서 도덕적인 삶을 강조함(자유 의지와 선행 능력이 가능함). · 아담의 죄는 자신에게만 국한되고 인류에게는 무관하며(원죄부인), 유아는 아담 타락 이전의 상태이므로 세례가 필요 없음(유아세례 거부). · 하나님은 은혜를 주시지만 선택은 인간의 자유의지에 의해서 결정되며, 이는 가항적임. · 인간은 자유 의지에 의하여 하나님으로부터 해방되며, 그 후에는 인간 자신과 관련이 있고, 하나님은 최후의 심판에 다시 개입하심.

펠라기우스주의(Pelagianism)(계속)

구 분	내 용
논쟁의 전개	• 411년 아프리카의 북부 카르타고 여행에서 그의 제자 코엘레스티우스가 남아서 사제로 서품을 받기를 희망했으나 이를 거부당하자 코엘레스티우스가 유아세례 문제를 공격하므로 논쟁이 시작됨(이단 정죄 당함). • 412년 어거스틴은 두 권의 책을 내서 논쟁의 초점이 되었던 원죄, 유아세례의 필요성 등을 언급함. • 413년 어거스틴이 카르타고에서 유아세례에 관한 설교를 하였는데, 펠라기우스 주장이 편만했던 관계로 큰 혼란을 일으킴. • 412-415년 펠라기우스와 코엘레스티우스 사상이 광범위하게 퍼져 있었음. 이에 어거스틴은 논쟁을 꺼려함. • 415년 봄 어거스틴은 오로시우스를 보내 예루살렘에서 펠라기우스를 공격하고자 하였으나 실패, '우리의 형제'라고 표현할 수밖에 없었음. • 415년 12월 갈리아의 주교들의 공격, 고발로 14명의 주교들에 의하여 디오스폴리스에서 교회회의가 열렸으나 펠라기우스를 정죄하기는커녕 오히려 정통성을 확인해주는 결과를 가져옴. • 416년 가을 카르타고와 밀레베에서 두 개의 교회회의가 열려 펠라기우스는 심각한 이단의 장본인으로 지목 단죄 받았음. • 418년 카르타고에서 열린 코엘레스티우스와 펠라기우스 및 추종자들을 로마에서 추방시키라고 명령함.
영 향	• 네스토리우스 사상에 영향을 끼침. • 현대의 자유주의 사상을 유발시킴.

(2) 반(半)펠라기우스주의(Semi-Pelagianism)

구 분	내 용
대표자	• 마르세이유의 존 카시안(John Cassian of Marseilles, ?-435) : 맛실리아의 수도원장.
추종자	• 레랑의 빈센트(Vincent of Lerins) : '빈센트의 카톨릭 정경' 저자 • 레기움의 파우스투스(Faustus of Rhegium, ?-493) • 맞실리아의 겐나디우스(Gennadius of Massilia)
중심지	• 레랑(Lerins)
개 념	• 펠라기우스주의를 엄격하게 반대했던 어거스틴(Augustine)의 가르침에 반발하여 일어난 5세기의 신학 사상을 가리킴. • 어거스틴주의와 펠라기우스주의의 양극단 사이에서 그 두 파를 중재하고자 함.
주요주장	• 어거스틴의 '엄격한 예정론', '은혜의 우위성과 불가항력성', '절대 확실한 견인'에 대하여 이의를 제기함. • 인간은 갱신(更新)함에 있어서 하나님의 은혜와 인간의 의지가 동등한 요소라고 함. • 하나님께서 인간의 믿음과 순종을 미리 아시고 예정하신다고 함. • 인간의 부패를 인정했으나, 인간 본성은 타락보다는 약화 또는 병든 것으로 보았고, 타락한 인간은 아직도 자유의 요소를 가지고 있으므로 이것이 하나님의 은혜를 입게 해주며, 중생(重生)은 그 두 요인이 연합하여 산출하는 것이며, 이의 시작은 하나님이 아니라 인간임.
결 과	• 내적 통일의 부재로 어거스틴주의와 지속적인 싸움이 불가능했음. • 529년 오렌지 회의(the Council of Orange)에서 정죄됨.
영 향	• 어거스틴주의의 강조와 함께 반(半)펠라기우스적 요소도 허용됨. • 이의 주장은 예수회(Jesuits)파와 개신교의 여러 종파에서 지속적으로 주장됨.

(3) 어거스틴과 펠라기우스의 교리 비교

구 분		펠라기우스	어거스틴
원죄		• 아담의 죄는 자신에게만 국한되고 인류에게는 무관함(원죄부인).	• 아담의 범죄는 원죄로서 인류에게 유전됨(원죄의 인정).
죽음	아담	• 아담은 처음부터 죽을 사람으로 출생함.	• 자신의 범죄로 죽었음.
	인간	• 인간은 죽을 존재로 창조되었기 때문에 자연적으로 죽음.	• 아담의 죄를 이어받은 인간은 그 범죄로 인하여 죽음.
유아의 원죄와 세례		• 유아는 아담 타락 이전의 상태로 원죄가 없으므로 세례가 필요 없음.	• 인간은 출생시 원죄를 유전적으로 갖고 출생하므로 유아 세례를 받아야 함.
예정론		• 인간의 자유 의지적이며 가항적임.	• 예정론적인 절대 불가항력적임.
하나님의 은혜		• 은혜는 하나님의 의지를 계시함으로 돕는 것임. • 은혜는 하나님이 주시지만 선택은 인간의 자유 의지에 의해 결정함. • 은혜는 가항적임.	• 인간은 은혜로 인하여 구원 받음. • 은혜는 택자에게만 주어짐(예정론). • 은혜는 불가항력적임.
구원관		• 인간의 자유의지와 노력으로 구원됨.	• 오직 믿음으로 구원됨(구원은 선물).
자유의지		• 자유의지의 선택 능력이 있음.	• 구원에 관한 자유의지 선택 능력이 없음.
율법관		• 율법도 천국으로 인도함. • 인간 중에는 죄 없이 사는 사람도 많음.	• 인간은 모두 죄인이기에 율법으로 구원 불가함. • 하나님 없는 선행은 불가함.
평가		• 인간 인성에 관하여 낙관적 견해. • 인간의 자유의지 및 선행 강조. • 구원, 속죄, 기독교의 절대성까지 부정함.	• 하나님의 은총 강조. • 하나님의 예정에 의한 구원. • 믿음에 의한 구원 강조. • 정통적 교리 확립.

※심창섭·박상봉, 『핵심요해 교회사 가이드』(서울: 아가페문화사, 2002), pp.91-92.

제2장 중세교회·종교개혁시대의 이단
〈개설〉· 기존질서에 대항한 이단

교리적인 관심을 집중시켰던 초대교회의 이단과는 달리 중세기 이단들의 주요한 관심사는 교회적이고 실제적인 것이었다. 이들은 개인과 공동체에 있어서 높은 도덕적 삶을 위하여 노력하였다. 이는 결과적으로 기존 교회와 맞서는 조직을 수립하는 것으로 나타났다.

교황권의 성장, 프랑크인들의 개종, 이슬람의 동방교회의 정복은 기독교의 핵심부를 서유럽으로 이동시켰다. 주요한 이단들이 서유럽에서 발생한 것은 이런 이유에 기인한다. 11세기경에 이단들은 유럽의 거의 전 지역을 휩쓸었다. 로마 교황청이 이들을 분쇄하려 한 것은 당연했다. 로마 교황청은 세속적 권력과 결탁하여 무력으로 이들을 진압하였다.

그러나 중세기에 발생한 이단들은 로마 교황청의 바람대로 쉽게 분쇄되지 아니했다. 오히려 이단들은 더욱 세를 얻어 갔다. 옛 이단들의 잔존과 영향력 확대, 종교개혁의 움직임, 십자군 운동 등으로 인한 교회권위의 마력적 요소 타파가 이단들의 확대를 가져온 요인이었다.

고트샬크의 예정론(9세기), 화체설에 대한 베렌가리우스의 반론(11세기), 아벨라르두스의 염세론(12세기) 등의 활동은 카톨릭에의 대항이 끊임없이 이뤄졌음을 보여준다.

중세기의 이단을 구별하면 ① 추론적 이단-즉 하나님과 세상에 대하여 철학적 견해에 근거를 둔 이단, ② 신비주의(광신주의)-무아경과 예언주의를 높이 평가하며 범신론적임, ③ 반교권적인 이단-교권주의와 성례전에 근본적으로 반대하고 민주주의적인 성서주의를 제창함, ④교권적인 복음주의적 이단-카톨릭의 단일성과 계속성을 파괴하지 않고 내부의 개혁을 주장함 등으로 나눌 수 있다.

중세기의 이단들 중에서 몇몇은 개혁교회의 입장에서 볼 때 이단이라 할 수 없다. 물론 개혁교회 자체가 카톨릭 입장에서 보면 가장 강력한 이단운동이다. 그러나 카톨릭이 규정한 이단 중에서 몇몇은 명백하게 정치적인 고려에 의하여 정죄되었다. 그 구별은 본서의 내용(복음주의적 이단 참조)을 보면 자연히 구별할 수 있게 될 것이다.

종교개혁은 당시 시민의 자발적이고 불가결의 필요욕구에 의해서 일어난 개혁운동이었다. 그리고 당시에 이단으로 정죄 당했던 신실한 복음주의자들은 개혁운동에 합류하였다. 그리고 그 신앙적 전통은 오늘날까지 존립해 와서 우리가 현재 따르는 복음의 밑바탕이 되었음을 분명히 기억해야 할 것이다.

1. 중세교회의 이단규정

회 의	년도	주요 인물	결과
제1차 라테란(LATERAN)	1123	· 칼리투스(Callistus) 2세	· 성직자들의 결혼을 금지함. · 십자군들의 면죄부(免罪符)를 승인함.
제2차 라테란(LATERAN)	1139	· 이노센트(Innocent) 2세	· 분열주의적인 집단을 정죄함.
제3차 라테란(LATERAN)	1179	· 알렉산더(Alexander) 3세	· 카타리파(Catari)를 정죄함.
제4차 라테란(LATERAN)	1215	· 이노센트(Innocent) 3세	· 종교재판소를 설치함. · 화체설(化體說)을 표명함. · 카타리파와 왈도파(Waldenians)를 정죄함.
제1차 리용(LYONS)	1245	· 이노센트(Innocent) 4세	· 황제 프리드리히 2세를 폐위시킴.
제2차 리용(LYONS)	1274	· 그레고리(Gregory) 10세	· 새로운 수도원의 신설을 금지함.
비엔나(VIENNE)	1311-1312	· 클레멘트(Clement) 5세	· 베긴 수녀회와 베가르 수도승회를 정죄함.
피사 (PISA)	1409	· 삐에르 다이이 (Peter D'Ailly) · 삐에르 필라쥐 (Peter Philargi) · 귀 드 마이제 (Guy De Maillesec)	· 교황 선출이 종교회의의 권한에 속함을 주장함.
콘스탄스 (CONSTANCE)	1414-1418	· 존(John) 23세 · 지기스문트(Sigismund) · 삐에르 다이이 · 존 제르송(John Gerson)	· 존 후스(John Huss)를 재판하여 처형함.
바젤(BASEL)	1431-1449	· 마틴(Martin) 5세 · 에우게네(Eugene) 4세 · 줄리안 케사리니 (Julian Cesarini) · 큐사의 니콜라스 (Nicolas of Cusa)	· 후스파(Hussites)와의 타협점을 모색함.

2. 중세기에 나타난 이단
(1) 추론적 이단
1) 바울당파(Paulicans)

구 분	내　　　　용
발생시기	・A.D.750년경에 동방교회의 중심부에서 발생함. ・자신들의 기원을 사도 바울이라고 생각함.
발생지역	・아르메니아(Armenia)에서 시작됨. ・비교적 독립적인 로마와 페르시아의 변방으로 모슬렘 정복 후 비잔틴-아랍의 영역이 됨. ・가끔씩 동방 로마제국과 제휴함.
성 격	・극단의 독립종파임. ・종종 '고대 프로테스탄트'나 혹은 '급진적 동양이원론'으로 알려짐. ・바울파는 당시에 가장 영향력 있는 종파임. ・파울리키안은 4세기 메실리안들의 후손으로 여겨짐. ・당시의 논증적 문헌에는 대단히 해로운 것으로 진술되어 있으나 바울당파의 작품인 '진리의 열쇠(The key of truth)'에는 진정한 개혁파로 나타남.
주요교리	・하나님은 그리스도를 통하여 최초로 스스로 계시함. ・구약의 하나님은 단지 조물주에 지나지 않으므로 인간은 이에서부터 벗어나야 함. ・교회는 신약성서와 함께 그리스도 안에서 계시된 진정한 하나님의 피조물임. ・마리아는 하나님의 어머니로 인정될 수 없음. ・성만찬은 구세주의 물과 피로 볼 수 없음. ・그리스도 자신만이 영생으로 이끄는 정화 수단이므로 세례는 인정될 수 없음. ・신성과 인성의 육체 사이에 진정한 연합을 부정하는 가현론적 성육신의 일원을 주장함.

바울당파(Paulicans)(계속)

구 분	내 용
주요주장 및 사상	· 반(反) 로마교회의 입장을 보임. · 마리아 숭배, 성자들의 중재(仲裁), 유품(遺品)과 형상(形象)의 사용 등을 거절함. · 로마교회의 성직 제도를 전적으로 무시하고 스스로 단 한 종류의 성직만을 인정했음. · 유아세례를 거부했고, 30세에 침례하여 성령을 받는다고 가르침. · 회개도 성례의 하나로 간주했고, '그리스도의 살과 피'의 성찬식과 더불어 세족식(洗足式)을 거행함. · 기독론에 있어서 양자론(養子論)의 입장을 취했으나 도케티즘(Docetism, 假現說) 임. · 바울서신을 높게 평가했고, 구약과 베드로 서신을 배격함. · 말시온(Marcion)의 가르침과 유사함. · 엄격한 금욕주의를 지향함.
역사적인 사실	· 레오 3세(717-741)는 바울당파에게 관용을 베풀었음. · 데오빌로의 미망인 데오도라(Theodora)는 파울리키안을 유럽의 트라키아(Thrace)로 이주시킴. · 두번째 이주는 교황 존 1세 트찌미스케스(John I Tzimisces, 969-976)에 의하여 소아시아에서 발칸반도로 이주됨. · 알렉시우스 1세 콤네우스(1081-1118)는 1081년의 전투 이후 수많은 파울리키안들을 강제로 개종시킴. · 동방교회에서 활동함. · 동방교회에서 통제당하고 박해받음. · 12세기에 약화되어 쇠퇴함.

2) 보고밀파(Bogomils)

구 분	내 용
발생 시기	• A.D.927년경 불가리아에서 발생한 이원론 종파임.
주장자	• 데오필루스(Theophilus) : 927-950년 불가리아에서 사역함.
성 격	• 유카이트파(Euchites)에서 파생됨. • 마니교에 바울당파(우주론과 제의형식에 영향)가 혼합됨. • 보고밀은 '데오빌로'의 불가리아어로 '하나님의 친구'라는 뜻임. • 동유럽(트라키아와 그 인근 지역에 살고 있던 슬라브족)에서 강세를 띰.
주요주장 및 교 리	• 이원론적임(우월한 하나님과 열등한 신을 찬양함). • 양자론적임(열등한 신 사타나엘(Satanael)이 지구와 인간의 육체를, 단지 영혼만이 하나님이 창조했고, 우월한 신이 인간을 구원하기 위하여 그리스도를 보냈다고 주장함). • 사벨리우스주의와 유사한 삼위일체론을 소유함. • 성례전(성만찬, 물세례, 유아세례)을 영적인 것으로 승화하고, 성육신을 거부하고 십자가를 증오함. • 신약과 시편만을 정경으로 인정하고 은유적인 해석방법을 채택함. • 주기도문을 제외한 모든 공식기도를 부정함. • 인간은 멸망하지 않기 위하여 성령으로 구원받아야 함.
조 직	• 기존교회 조직을 부정하고 나름의 제도와 조직을 가짐.
생 활	• 금욕주의적임(고기, 술, 전쟁 반대). • 참된 기독교인은 결혼을 삼가고 모든 소유물을 포기함으로서 물질을 정복한다고 주장함. • 모든 교도(敎徒)의 노동을 강요함. • 여자도 설교할 수 있다고 주장함.
역사적 사실	• 11세기에 발칸과 소아시아에서 급속하게 전파됨. • 알렉시우스 콤네누스 황제가(1081-1118) 거짓 개종으로 대량 학살함. • 1110년경 콘스탄티노플에서 보고밀파의 지도자가 화형에 처해짐. • 1211년 불가리아에서 보고밀파에 반대하는 강력한 법령이 채택됨. • 1202년 교황 이노켄티우스 3세의 사절 앞에서 그 지도자들이 포교를 취소하였음에도 보스니아가 중심지가 됨. • 헝가리의 타타르 정복과 함께 국교가 됨. • 1450년 카톨릭교가 명목상으로 재건됨. • 1463년 터키족이 보스니아를 점령하고, 1482년 헤르체고비나를 점령했을 때, 많은 사람들이 이슬람교를 수용함.
정 죄	• 동방교회에서 이단으로 정죄 받고 수령은 화형 당함.

3) 카타리파(Cathari)

구 분	내 용
명 칭	• 파타린파(Patarenes), 알비파(Albigensians), 대중파, 불가리파로도 불리움.
성 격	• 카타리라는 말은 그리스어 카타로스(Katharos)에 유래된 것으로 정결한 사람들이란 뜻임. • 오크어는 카타르(Catar)이며 프랑스어는 카타로스(Catharos)임. • 자신들도 '그리스도인' 혹은 '선한 그리스도인'으로 불렀고 남부 프랑스에 있는 그들의 중심 무대였던 알비시(市)의 이름을 따라 알비파로도 불리웠음.
발생시기	• 11세기 초에 바울파와 보고밀파에서 성장하여 파생함.
활동지역 및 분 파	• 이탈리아, 프랑스, 독일 등에서 광범위하게 활동하였고 전 유럽에 걸쳐 추종자들이 화형 당함. • 교황의 탄압은 절대적 이원론자들인 알바넨시스파(중심지는 프랑스 알비, 흔히 프랑스 그룹), 상대적 이원론인 콘코리치파(중심지는 이탈리아의 콘코레조, 흔히 이탈리아 그룹)로 분리되는 계기가 됨. • 유럽의 6,000만의 인구 중 400만이 추종자였음.
카타리파에게 영향을 미친 사상 및 철학	• 알바넨시스파는 트레이스와 불가리아의 파울로스 교도들을 통하여 마니교의 영향을 받음. 또한 스페인과 이탈리아를 통하여 아라비아와 유대 철학의 영향을 받고 카톨릭의 타락한 상태에 반기를 듦. • 동양의 철학과 엄격한 금욕주의를 유럽에 정착시키려는 시도임. • 마니교적 이원론의 영향을 받아 물질과 영혼이 대립적 관계에 있다고 여겼고, 따라서 물질과 정신의 기원을 서로 상반된 두 존재로 생각함.
주요주장 및 사 상	• 교권주의를 반대하였고 금욕의 실천을 중요하게 생각함. • 최대 파벌인 알비넨시스파는 유아세례, 십자가 사용, 죽은 자를 위한 기도, 예전, 화체설 등을 반대함. • 물질은 본래적으로 악한 것이며 영적인 것만이 선하다고 여겼기에 구원은 육체적 욕구를 죽임으로서 이룰 수 있다고 믿음. • 전쟁을 배격하였고 따라서 십자군 전쟁을 반대함. • 물세례를 반대하고 안수례를 중시했으며, 죽을 때까지 하는 금식(Endura)을 존중하여 지킴. • 연옥설을 거부하는 것에 지나쳐 완전을 이루기 전에 죽은 자가 다시 인간의 몸으로 태어난다고 환생설을 지지함. • 여성도 완전자가 되면 성례도 베풀고 설교도 할 수 있음. • 콘코리치파는 사탄을 하나님에 의하여 창조된 종속적인 존재로 간주함. • 물질을 좋게 여기는 성경구절을 삭제함. • 인류의 기원과 타락과 구원에 대한 공상적인 견해와 예수에 관한 가현설적인 견해를 주장함. • 죽음 이후에는 부활이 아니라 윤회가 있을 뿐임.

카타리파(Cathari)(계속)

구 분	내 용
종교의식	• 성령을 거룩한 성령, 중재적 성령, 최고의 성령으로 나누었음. 최고의 성령이 거하는 사람들을 완전하고 무죄한 사람들, 영성이 낮은 단계의 기독교인들은 신자(credentes)라고 지칭함. • 카톨릭 교회의 체제를 악마적인 것으로 간주함. • 사제제도를 완전한 성직자들-주교, 큰아들(filius major), 작은 아들(filius minor), 집사로 구성된 사제제도로 대치시킴. • 카톨릭의 일곱 가지 성례전은 네 가지의 성례전으로 대치시켰는데, ①어른들에게만 행하여진 안수식(consolamentum)-성직자가 의식참여자의 머리에 두 손을 얹음으로 성령을 전하는 방식. 그리스도의 상속인이 되고 완전한 사람으로 간주됨. ②소환식(convenencia)-임종이 가까워지기까지 안수식을 연기함. ③인내식-소환식 이후에 질식 상태와 자상(刺傷)을 견디어야 함. ④선혜식(melioramentum)-신자들이 무릎을 꿇은 채 완전의 축복을 받는 의식이 있었음. • 매일 성찬식을 거행하였으나 화체설을 믿지 않았으며, 서품식 때에 서약을 행하지 않음.
종교생활	• 금욕은 최대의 덕목이었음. 따라서 성적(Sexual)인 모든 것은 금기였음. 성관계를 피했고, 성적 표현이나 행위는 죄악으로 규정함. 그러므로 남편이 아내를 버리는 것을 바람직한 일로 여김. • 최고의 성령이 거하는 사람에게는 엄격한 금욕주의를 요구함(결혼, 육식, 무력금지). • 생식에 의해 생겨나는 모든 음식(고기, 우유, 달걀, 버터, 치즈)을 거부, 생선은 섭취했는데 바다에서 스스로 생겨난다고 보았기 때문임.
로마교회의 대응	• 1012년 프랑스의 오를레앙에서 10명의 사제들이 이들의 견해를 지지하여 화형 당함. • 그러나 이들은 이미 툴루즈를 중심지로 하여 대중들 속에 확고하게 뿌리를 내린 상황이었으며 프랑스 남동부와 인근지역으로 전파됨. • 위기를 느낀 교황이 그 주변의 군주들을 통하여 분쇄를 함으로 전 지역이 폐허화되고 말았음(1229). • 세력이 커지자 이를 제거하기 위하여 종교재판소 설치함(1233년). • 툴루즈 공의회(1119)에서 정죄되었고, 라임공의회(1148)에서 추방 결정함. • 1163년 투르에서는 재산을 몰수하고 체포를 논의함. • 제3차 라테란 공의회(1179)와 1198년 이노센트(Innocent) 3세에 의해 이단으로 확인됨. • 프랑스의 그룹은 1300년대에 진압되었고, 이탈리아 그룹은 15세기까지 명맥을 유지함.

4) 아말릭파(Amalricians)

구 분	내 용
명 칭	· 아말릭파(of bena and the Amalricians)
주장자	· 아말릭(Amalric, ?-1207?) : 12세기 말엽에 활동함.
성 격	· 중세기에 있어서 범신론으로 유명했던 아말릭과 그의 추종자들.
생 애	· 카르테스 근처의 베나(Bena)에서 출생함. · 12세기 말엽에 파리 대학에서 철학과 신학을 강의함. · 기묘한 변증론자로 명성을 떨침. · 왕 루이 8세가 된 도핀의 총애를 받음. · 신도들이 그리스도 몸의 서원이라고 주장함. · 파리의 학교들에 대한 공식적인 감독권을 가진 교구의 상서국장에 의하여 이단이라는 비난을 받음. · 1204년 교황 이노켄티우스 3세는 로마로 소환, 불리한 결정을 내림. · 파리로 돌아온 그는 자신의 가르침을 공식적으로 취소함. · 사망 후에 교회에 매장함.
주요주장	· 하나님은 모든 만물임. · 모든 그리스도인은 자신이 그리스도의 한 지체임을 믿어야 하며, 이 신앙이 없이는 누구도 구원받을 수 없다고 함. · 사랑 가운데 행하는 자들에게는 그 어떤 죄도 전가되지 않음. · 하나님은 자신을 세 번 계시하셨는데, 매번 보다 더 완벽하게 계시함. · 세상의 역사를 세단계로 나누어 아브라함 안에서의 성육신에서 성부의 시대가 시작되었고, 마리아 안에서의 성육신에서 성자의 시대가 시작되었으며, 아말릭파 안에서의 성육신에서 성령의 시대가 시작되었다고 함.

아말릭파(Amalricians)(계속)

구 분	내 용
주요주장	· 그리스도의 도래가 모세의 율법을 폐기한 것처럼 두 번째 보상인 성례전과 계율은 폐기되었음. · 성인(聖人) 공경을 우상숭배라 했고, 교회를 묵시록의 바벨론, 교황을 적그리스도라고 함. · 신도들의 마음 가운데 있는 성령의 계시는 세례를 대신하여 실제로 죽은 자의 부활이고 하늘나라임. · 지옥은 없고 죄의식만 있을 뿐임.
정 죄	· 아말릭의 사망 후에 종파의 흔적이 발견됨. · 1204년의 교황의 이단 정죄 이후에 또다시 1209년 파리에서 교회회의가 소집되어 아말릭의 가르침을 정죄하고 파문시킴. 종파의 일곱 예언자의 한 명인 금세공인 기음과 아홉 명의 성직자가 화형 당함. · 1215년 제4차 라테란공의회에서 이노켄티우스 3세는 아말릭의 가르침을 새롭게 정죄함.
영 향	· 아말릭의 가르침은 이단으로 규정된 '자유정신 수도회(Brothers and Sisters of the Free Sprit)'에 의해서 계승 발전됨. · 13세기 유럽, 특히 네덜란드에서 번성하였으며 16세기경에 소멸됨.

5) 베가르회(Beghards)

구 분	내 용
명 칭	• 베가르회(Beghards) • 회원들이 입던 고해 복장의 색체인 'bège(어두운 갈색)'에서 유래됨. • 베가르회, 베긴회 모두 람베르두스 베기(?-1180)가 조직했다고 함.
성 격	• 12, 13세기 무렵 서원(誓願)이나 수도 규칙이 없이 세속에서 수사와 같은 삶을 취하려고 했던 남자들을 가리킴. • 베네룩스 제국에서 12세기 말엽에 시작됨.
종교생활	• 금욕과 그들 나름대로 각 지역에 따른 규율 및 자신들이 선출한 지도자들에게 복종할 것을 약속함. • 회원들은 재산, 유산, 수입 문제에 대한 통제는 없었음. • 회원의 영적 빈곤이나 세속적인 일을 행하는 구체적인 방법은 통제함.
주요주장	• 인간은 그 이상 진보할 수도 없고 어느 무엇도 그에게 죄가 되지 않는 그러한 삶 속에서 완전무결한 상태에 도달할 수 있음. • 인간은 율법에 종속되지 않으며 성례전을 받을 필요가 없고, 금식과 기도도 필요 없으며, 성체성사에 대한 존경도 필요 없다고 함. • 교회의 의식은 완전을 방해하는 요소일 뿐임.
역사적 사실	<벨기에> • 벨기에의 베가르회는 농부나 직공, 피혁공 등의 수공 노동으로 유지함. • 1289년 교황 니콜라우스 4세가 성 프란체스코 제 3 수도회를 승인하자 일부 베가르회와 공동체가 제 3 수도회 규칙을 채택함. • 비엔나공의회(1311-12)에서 정죄를 당하자 프란체스코 제 3 수도회 규칙이 주류를 이룸. • 1346년 17개의 베가르회 모임의 대표들이 모였으나 연합에는 실패함. • 1445년 리에쥐의 주교가 자신의 주교 구내에 베가르회 공동체를 유기적으로 조직하고 본부 설치함. • 현재의 베네룩스 제국에서 베가르회는 그리스도의 인간성에 신앙의 전적 바탕을 두어 정통 신앙의 입장을 취하고 있음. <독일> • 하류 노동자 계층 출신으로 구성됨. • 걸식을 하고 하층의 사람들에게 전도하면서 방랑 생활을 하고 정통과 이단 사이에서 혼돈함. • 1250년대 초반 주교들의 억압이 시작됨. • 교황 크레멘스 5세에 의한 비엔나 공의회에서 이단으로 규정됨. • 1317년 이들의 이단적 성격은 스트라스부르그의 주교에 의해서 밝혀짐. • 1367년 두 명의 베가르 회원이 스스로 이단적 요소를 인정함.

6) 베긴회(Beguines)

구 분	내 용
명 칭	· 베긴회(Beguines)
명칭의 유래	· '기도하다'는 뜻의 고(古) 프랑드르어인 'beghen'에서 파생됨. · 벨기에의 리에쥐에 십자군 운동으로 과부와 고아가 된 사람들을 위한 봉쇄 수도회를 설립했던 람베르두스 베기(?-1180)의 성(姓)에서 나왔을 가능성이 큼. 베기가 조직했다고도 함. · 베긴회 회원들이 입었던 의복의 색깔인 우중충한 갈색을 의미하는 'bège'라는 말에서 파생됨.
배 경	· 십자군 운동의 결과 유럽에서는 남자 보다 여자가 더 많게 됨. · 여성들 가운데는 수도회에 가입할 수 없거나 가입을 꺼려했지만 경건한 삶을 영위하고자 하는 사람들이 많았음. · 기도와 공동 노동으로 자신들의 삶을 하나님께 바치려고 했던 여성들이 공동체를 설립함.
발생 시기	· 12세기 말엽 벨기에에 세워져 급격히 서유럽 전역으로 확산됨.
생활양식	· 담장으로 둘러싸인 몇 개의 작은 집과 부속 예배당으로 이루어짐. · 각 공동체는 자급자족의 형태를 취했고 자체의 규약과 규칙들에 따라서 생활을 영위함. · 신입회원을 받을 때 사회적 지위나 재산 등의 자격 조항을 둠. · 서원이 행해지지 않았으므로 언제든지 공도생활에서 벗어날 자유가 있었음. · 독자적으로 평민들을 가르치고 간호하고 바느질 등의 생활을 하기도 함.
발전과정	· 13세기에 북유럽과 서유럽 전체에 수천의 베긴회원들이 있었음. · 벨기에와 네덜란드의 몇몇 지역에서는 교회의 도움으로 도시 안에 교회구와 같은 유사 공동체를 건립함. · 벨기에의 겐트에는 '대 베긴회(1234)'가 설립되었는데, 두 개의 교회와 100채 이상의 가옥, 18개의 수도원, 진료소, 공동묘지, 양조장 등을 보유하였고 현재까지 운영됨. · 1216년 교황 호노리우스 3세(1216-1227)는 벨기에, 프랑스, 독일 등지의 베긴회에 대하여 승인함. · 1233년 5월 교황 그레고리우스 9세(1227-1241)는 '동정녀들의 영광(Gloriam virginalem)'을 발표하고, 독일의 베긴회를 보호하겠다고 선포함.

베긴회(Beguines)(계속)

구 분	내 용
이단적 베긴회	· 13세기 말엽 많은 베긴회원들이 이단적 교리를 유포함. · 1312년 이단적교리가 비엔나공의회에서 단죄됨. · 1311년 클레멘스 5세(1305-1314)는 '특정 여인들에 관하여(Quum de quibusdam mulieribus)'를 발표하여 이단적 교리들이 침투되어 있는 베긴회를 정죄함. · 교황 요안네스 22세(1316-1334)도 1318년 8월 '옳은 이성(Ratio recta)'을 발표하고 정죄함.
현재의 상황	· 프랑스에서는 15세기 말엽 베긴회원들이 감소되었고, 프랑스 혁명(1789) 동안 억제되고 통제됨. · 벨기에, 네덜란드, 독일 등지에서는 16세기의 종교개혁 기간 동안 베긴회의 재산이 몰수됨. · 종교개혁 후 몇몇의 베긴회가 엄격한 훈련을 도입한 주교들에 의해 재 설립됨. · 현재 벨기에와 네덜란드에 간호원과 뜨개질을 하는 베긴회원들이 존속하고 있음.

(2) 광신주의(신비주의)적 이단
1) 요아힘파

구 분	내 용
창시자	• 프로리스의 요아힘(1145-1202) : 묵시문학에 크게 기여함. 반(反)교황적인 묵시주의를 발전시킴. 예언서인 영원한 복음(파리 대학의 게라르도에 의해 편집된 주석과 부가적인 기사)을 저술함.
주요주장	• 일반인들 사이에 널리 퍼져있던 일천년 평화설을 주장함. • 세계의 역사를 ①태초부터 그리스도에게까지 이르는 성부의 시대, ②그리스도의 탄생에서 1260년까지의 성자의 시대, ③1260년 이후의 성령의 시대로 구분함. • 로마 카톨릭 교회와 로마제국이 멸망하고 새로운 시대가 전개될 것이라고 주장함. • 요하힘의 혁명적 사상은 카톨릭에 불만을 품었던 사람들의 마음을 사로잡았고 종교개혁 시대에까지 잔존하여 영향을 미침.
영 향	• 토마스 뮌처(1490-1525), 멜키오르, 호프만, 니콜라스, 스토취에게 지대한 영향을 주었음. • 재세례파 운동에 영향을 주어 그의 발판이 됨. • 농민전쟁(1524-1525)과 뮌스터 폭동(1534-1535)을 야기 시키는 데에 지대하게 기여함.

2) 프란체스코 신령파

구 분	내 용
발생시기	• 13세기 중반에 나타남(요아힘이 영향을 미침). • 교황청이 프란체스코 수도회를 세속화시킨 데 대한 항거로 시작됨.
주요주장	• 교황권에 강력히 반대함. • 요아힘의 지지자였고 지도자였던 파리 대학의 교수, 게라르도가 투옥됨. • 종교재판을 통하여 가혹한 박해를 받음.
영 향	• 위클리프(1329-1384), 후스(1373-1451), 다보르바, 재세례파(1527년 발생)에게 지대한 영향을 미침.

(3) 복음주의적 이단
1) 반(反)유아세례파

구 분	내 용
지도자	• 브뤼이의 페트루스 : 사제, 실제적인 활동기는 1104-1124년임. 화형을 당함. • 로잔의 앙리 : 수도사로서 1116-1148년에 활동함. 옥에 감금되어다가 탈옥함. • 레니쉬의 탄켈름(1115-1147) • 브리타니의 유도 데 스텔라(?-1147) • 브레시아의 아르날도
기 원	• 교권주의적 경향과 금욕주의와 이교화된 제의의식에 강력하게 반대했던 4세기까지 거슬러 올라감. • 클루니회의 부흥운동이 프랑스 남부와 이탈리아 북부를 휩쓸던 11세기와 12세기의 격동기에 활동을 전개, 수적으로 크게 성장함.
주요주장	• 신약성서, 특히 복음서의 내용을 반복하여 가르침. 구약은 중요시하지 않음. • 초대 기독교의 순수한 도덕성과 민주주의적인 단순성을 회복하고자 함. • 페트루스(Peter the Venerable)에 의하여 유아세례와 거룩한 성전의 건립과 십자가를 거부함에 대하여 공격당함. • 개인적인 신앙, 인간의 영성, 사물에 대한 합리적 사고, 도덕적인 순수성, 하나님과 인간과의 직접성, 현재의 삶이 마지막 날에 지니게 될 중요성 등의 강조는 긍정적인 면을 보여줌. • 레니쉬의 탄켈름과 브리타니의 유도 데 스텔라의 활동 영역은 제한적이었음.
영 향	• 브레시아의 아르날도의 개혁 : 로마 카톨릭 교회의 세속화 반대, 사제들과 수도사들의 생활을 정화시켜 세속에의 관심을 차단시키고 신도들의 헌물에만 의존하도록 함. 이런 개혁은 큰 성공을 거두었으나 바르바로사 황제에 의해 교황 알렉산더 3세에게 넘겨져 교수형 당함. • 아르날도의 영향으로 생겨난 집단으로 유아세례를 강력하게 반대했던 아놀드파와 롬바르디의 억겸파(빈곤파)는 14세기까지 존속함.

2) 왈도파(Waldensian)

구 분	내 용
창시자	• 피터 왈도(Peter Waldo, ?-1218)
생 애	• 프랑스 리용 출신으로 고리대금업으로 재산을 모음. • 1176년 거리의 설교자에 감화 받고 신부로부터 마19:21의 말씀을 받고 재산을 팔아 구제하고 전도 운동을 시작함. • 모국어 성서 번역본으로 공중에게 설교함. • 1179년 제3차 라테란 회의 때 교황 알렉산더 3세가 가난의 서약은 동의했으나 신학적 훈련의 미비로 왈도와 추종자들의 설교를 금지했으나 이를 거부하고 설교함. 이에 리용(Lyons)의 대주교(Jean Bellesmains)에 의하여 정죄됨. • 1184년 베로나(Verona) 회의에서 교황 르시우스(Lucius) 3세에게 이단으로 파문당함. • 그럼에도 불구하고 스페인, 남부 독일, 오스트리아, 이탈리아에서 널리 퍼짐. • '리용의 가난한 자들(Poor Men of Lyons)'이라는 별칭이 붙음.
주요주장 및 사상	• 성경만이 신앙과 행위의 유일한 표준이라고 주장함. • 모든 사람들이 성경을 읽어야 한다고 주장하여 성경을 번역하는데 노력함. • 평신도와 여성의 역할을 확대하여 설교와 성례를 집행할 수 있는 권한 부여함. • 산상보훈을 중시하여 지키기를 힘쓰고 주의 만찬을 강조함. • 연옥설과 죽은 자를 위한 기도, 유아 세례를 부정함. • 자국어로 설교함. • 단순한 공동생활. • 카타리파의 마니교적 이원론을 거부함. • 성자숭배와 유해숭배(Veneration of relics) 거부. • 가시적 교회의 거룩성을 인정치 않음. • 노동을 권장하였는데, 이는 교직자의 안일과 방종한 생활 태도를 반대하는 것임. • 기도의 생활에 자신을 바치고, 예정에 대하여는 알 수 없는 것이므로 반대함. • 모든 사람의 적극적인 회개의 필요성을 강조함.

왈도파(Waldensian)(계속)

구 분	내 용
개신교도 왈도파	· 1197년 스페인에서 정죄된 자를 산채로 화형시킴. · 1211년 왈도파 80여명이 스트라스부르그(Strasbourg)에서 이단으로 화형을 당한 것을 기점으로 광범위한 박해 시작. · 교황 이노센트(Innocent) 3세는 왈도파를 대항하는 기구 설치. · 1487년 이노센트 8세 때에 혹독한 박해를 겪음. · 후스파에 일부 그룹이 융합됨. · 1526년 프랑스의 개혁자 파렐(Farel)이 왈도파 성직자들에게 개혁 교리를 소개함. · 1530년 왈도파 성직자 조지 모렐이 루터와 에라스무스의 글을 읽고, 성례, 이신득의, 예정과 자유의지에 관하여 질문함. · 1532년 파렐을 비롯한 개혁자들이 왈도파 총회에 참석함. 이를 통하여 왈도파가 세상 법정을 인정하고, 성직자의 독신주의 사상 포기, 예정 교리와 세례와 성찬을 받아들이게 됨. · 1559년 갈리칸 신앙고백과 동일한 신앙고백을 작성하여 스위스 개혁교회와 동일하게 됨. · 1655년 왈도파의 상당수가 살해되는 핍박을 겪음. · 프랑스 혁명 후 피드몽(Piedmont)의 왈도파에게 양심의 자유가 인정됨. · 1848년 사보이의 찰스 알버트(Charles Albert)왕은 완전한 종교적 자유와 시민적 권리를 부여함. · 1855년 처음으로 신학교를 설립함. · 왈도파 중의 일부는 미국의 발데스(Valdese, N.C)에 정착. · 왈도파 교회는 개신교 단체인 개혁교회 연맹(The Alliance of Reformed Churches)에 가입되어 있음.

3) 롤라드파(Lollards, 위클리프파)

구 분	내 용
명칭의 유래	· 본래 창시자는 존 위클리프인데, 왜 롤라드파라는 명칭이 붙었는지는 알 수가 없음. · 롤라드는 화란어 'Lollaerd'에서 유래한 것으로 '중얼거리는 자'라는 의미를 가짐.
창시자	· 존 위클리프(John Wycliff, 1324-1384)
생 애	· 1324년 영국의 요크셔(Yorkshire)에서 태어나 옥스퍼드에서 공부하고 1374년 신학박사가 됨. · 옥스퍼드에서 '유명론'으로 유명한 윌리엄 옥캄(William of Ockham)에게서 영향을 받음. · 1374년 국왕 에드워드 3세는 위클리프를 루터워스(Lutterworth) 교구 목사로 선임함. · 왕과 교황의 중재를 위한 대리인으로 브뤼셀에 파송됨. · 이 시기에 '은혜에 기초한 주권(dominion founded on grace)'에 대하여 논쟁 시작함. · 그가 말한 주권은 교회 혹은 국가내의 권위를 실행하는 권리, 또는 자산에 관한 권리를 모두 의미함 : 이 같은 권리들은 하나님으로부터 인간에게 직접 부여된 것이며 교회나 국가는 거룩하게 하는 은총으로부터 그 권리를 빼앗을 수 없다고 주장함. · 도덕적 죄의 상태에 있는 인간은 교회나 국가의 공식적 직임을 합법적으로 수행할 수 없으며, 교회는 죄악에 빠졌기에 유형무형의 자산을 포기하고 성직자는 완전히 청빈하게 살아야 한다고 주장함. · 위클리프는 1376년부터 1381년 리처드 2세 때까지 영국을 통치했던 가운트의 존(John of Gaunt)을 성직자로서 보좌함. · 1377년 로마에 전통적으로 상납하던 것에 대한 왕과 의회의 판단 요청에 위클리프가 응답함. · 1381년 개인적인 삶을 위하여 은퇴하였으나 교회 안에서 자행되는 부패를 공격하는 시리즈를 출판함 : 성만찬 교리인 화체설 공격. · 1381년 농민반란(the Peasants' Revolt)이 일어났는데 위클리프의 사상이 반란을 부추기는 역할을 함. 이에 농민반란은 유혈 진압되고 위클리프의 서적은 불태워짐. · 1384년 두 번째로 발병한 뇌졸중으로 사망함.

롤라드파(Lollards, 위클리프파)(계속)

구 분	내 용
주요주장	· 평신도 설교자들을 장려함. · 화체설(化体設, transubstantiation)을 부정함. · 영어 성서의 사용을 장려함. · 평화주의적임. · 순례여행, 고해성사, 성상숭배 등을 정죄함. · 연옥과 성직자의 독신주의를 배격함. · 교황을 요한계시록의 적그리스도로 간주함.
정 죄	· 위클리프 사후 1403년 독일인 교수 요한 휘브너는 위클리프의 작품을 발췌해 45개 항목을 만들어 이단으로 정죄함. · 1415년 콘스탄스 공의회에서 위클리프 사상을 제출 이단으로 정죄함. · 그레고리 11세와 우르반 6세도 여러 차례에 걸쳐 정죄함. · 1428년에는 그의 시신이 축성된 장소에서 이장됨. · 1381년 성만찬의 견해가 옥스퍼드 박사회의(Oxford council doctors)에서 정죄됨. · 1382년 블랙훼어스(Blackfriars)에서 있었던 '지진 공의회(Earthquake council)'에서 성만찬의 견해가 다시 정죄됨. · 1383년 켄터베리 대주교가 옥스퍼드에서 롤라드파를 격퇴함. · 1401년 1406년 헨리 4세의 롤라드파에 대한 강력한 박해가 있었고, 1407년 켄터베리 대주교에 의하여 위클리프 성서번역과 신조가 정죄됨. · 1409년 런던 공의회에서 몇 명의 롤라드파가 화형에 처해짐. · 1415년 콘스탄스 공의회는 260가지의 위클리프 사상을 정죄하고, 그의 글을 불태웠으며 시신을 파헤쳐 불사르고 강물에 뿌릴 것을 결정함. 그의 시신에 관한 사항을 1428년 집행됨.
후대에 미친 영향	· 위클리프는 1380년대에 성서를 영어로 번역하는데 몰두했는데 이 작업은 후일 위클리프 성서 번역협회가 결성되어 세계의 모든 언어로 번역하기 위한 노력을 경주함. · 후스파 운동 초기에 그들 모두 위클리파(Wycliffites), 혹은 위클리프주의(Wycliffism)로 간주되었음. · 후스 자신도 생전에 위클리프주의자로 불리었고, 콘스탄스 공의회에서 화형에 처해진 직접 원인도 위클리프 사상을 지지하고 배격하지 않는다는 이유 때문임. · 후스에 직접 영향을 준 것은 교회론과 성만찬론임. · 위클리프는 수도원의 폐지와 교황이 비영적인 일인 세속 권력의 조종과, 성자, 마리아, 성상숭배를 비판했고 카톨릭의 화체설을 부인했으나 교회 구성원으로서 자신의 견해와 의문의 판단을 교황의 판단에 맡김. 이러한 태도에도 불구하고 그의 주장은 격렬한 반응을 일으킴. · 영국의 프로테스탄트 운동, 특히 청교도 운동에 지대한 영향을 줌.

4) 후스파(Hussites)

구 분	내 용
시대적 배경	· 보헤미아의 국민들은 슬라브족으로 희랍정교회의 신앙을 가지고 있었음. · 로마제국과 카톨릭 교회의 지배에 종교적, 정치적인 반감인 반감을 지님. · 보고밀파와 발도파의 교의들은 보헤미아의 여러 지역에 호의적으로 받아들여짐. · 국가의 종교적 개혁의 요구가 광범위하게 형성되었고 프라하 대학은 반(反)교황 운동의 중심지가 되고 있었음.
창시자	· 존 후스(John Hus, 1369?-1415)
생 애	· 빈농(貧農)에서 출생하여 프라하 대학에서 신학을 수학하고 졸업 후 교수로 있다가 1402-1403년 동 대학의 총장으로 재임함. · 이 시기에 프라하 시의 베들레헴 교회의 설교자를 겸임함. · 대학에 재학할 때부터 영국의 종교개혁자 존 위클리프의 영향을 지대하게 받은 후스는 교황의 세속화를 비판함. · 1412년 교황 요하네스 23세가 나폴리 왕 토벌을 위하여 속죄부를 판매하자 후스는 마르틴 루터(Martin Luther)처럼 공개적으로 교황의 면죄부 판매, 성직매매와 당시 교회의 부패 확산에 도전함. · 이로 인하여 교황에 의하여 2년간 추방을 당하자 야외에서 설교를 하면서 왕성한 집필 활동을 함. · 이 때의 대표적인 저술은 교황권에 대한 신랄한 비판서인 "교회에 관해서"임. · 황제와 독일인에 대립하고 있던 보헤미아 왕 벤쩰과 체코인들은 후스를 지지하였지만 프라하 대주교는 1408년 설교를 금지함. · 후스가 1409년 대학 제도를 개혁하고 총장이 되자 1411년 파문시킴. · 1414년 콘스탄스 종교회의에 소환되어 1415년 이단자로서 화형에 처해짐.
주요사상 및 주장	· 교회보다 성경의 권위를 존중함. · 평신도도 성찬 예식에 참여하여 포도주를 마시게 해줄 것을 요구함. · 화체설, 성인(聖人)숭배, 면죄부, 고해성사 등을 반대함. · 성경을 각 고장의 언어로 읽음.

후스파(Hussites)(계속)

구 분	내 용
역사적 사실	• 왈도파의 영향을 받은 존 후스의 추종자들에 의해 설립. • 후에 형제연합단(Union Fratrum) 또는 보헤미아 형제단(Bohemian Brethren)으로 알려짐. • 후스파의 종교개혁 프로그램은 1420년대에 '4개 프라하 조항'이라는 제목으로 구체화 되었는데 ①하나님의 말씀이 사제들에 의해 자유롭게 선포될 것 ②양종성찬(평신도에게 떡과 함께 포도주를)을 시행할 것 ③사제들로부터 모든 세속적인 지위를 박탈할 것 ④지위고하(사제를 포함하여)를 막론하고 누구든지 죽음을 면치 못할 죄를 지으면 처벌을 받을 것임. • 두번째 조항에 의거 후스파들은 성만찬을 주장하는 자들이라는 '깔리슈니치'로 불려지고, 후에 '우드라끄비스떼'(Utraquists, 라틴어로 양종성찬)로 불리움. • 후스파의 종교개혁은 종교적, 세속적인 권력 양쪽으로부터 극심한 저항을 가져옴. • 그리하여 1420-1431년에 걸쳐 십자군의 공격 대상이 되었음. • 로마 교회가 십자군의 공격에서 실패하자 결국 1431년 바젤조교 회의에서 화평조건이 도의되고, 1436년 서로 간의 화약(和約)이 성립됨. • 후스파는 후일 모라비아 교회(Moravian Church)의 형태로 오늘날까지 그 맥을 이어옴.

5) 재세례파(Anabaptist)

< 개   요 >

구 분	내 용
기 원	· 리츨(Ritschl)은 중세시대 후반기에 일어난 영적인 프란시스코파(Spiritual Franciscans)에서 유래한다고 주장함. · 어떤 학자들은 왈도파(Waldensian)에게까지 거슬러 올라감. · 종교개혁 이전부터 독일, 네덜란드, 이탈리아 등지에 흩어져 있던 개혁 신앙의 소유자들의 단체임. · 1527년 1월 국가교회(the state church)에서 유아 세례를 받았던 한 사람에게 재세례를 처음 실시, 재세례파로 불리움.
특 징	· 중세의 교회 조직과 의식을 반대하고 예배에 국어의 사용, 각 가정의 집회, 기도 등을 강조함. · 처음에는 초대교회의 형태로 돌아가자는 의도로 체제를 갖추지 않은 모임이었음. · 재세례파란 유아 세례를 부인하고 장년 세례만을 주장함으로 붙여진 명칭임. 자신들은 침례파라고 부름.
전개 과정	· 로마교회의 역사적 계속성을 부인하며 초대교회의 모델을 지향함. · 성격상 종교적이었지만 사회적, 경제적, 정치적 급진주의와 연합하여 혁명적 성향을 띰. · 쯔빙글리와 대립되어 모라비아로 추방됨. · 모라비아에서 많은 추종자를 얻음. · 루터가 독일의 정치와 교회제도의 밑바탕을 뒤흔들어서 이 운동이 가능해짐. · 농민반란시 루터에게 실망한 자들의 가담으로 독일과 네덜란드에서 크게 성공함.

재세례파(Anabaptist)(계속)

< 제1세대 재세례파 >

구 분	내 용
주창자	· 대부분의 학자들인데, 그 중에서 죠지 브랜록(George Blanrak), 콘라드 그레벨(Conrad Grebel, 1498-1528)이 대표자임.
역사적 사실	· 1525년 스위스의 카톨릭 지역에서 사형에 처해지기 시작함. · 1527년 아우구스부르그 지도자 초회에서 조직 및 신조 작성함. · 1529년 스파이어 2차 회의에서 정죄됨.
신앙 사상	· 초대교회 신앙의 모범을 따르려고 함. · 유아 세례 반대함. · 무저항주의를 표방함. · 국가 지배를 반대하고 세금 납부를 반대함. · 그리스도의 말씀을 문자적으로 복종하기를 노력함. · 예정론을 반대하고 자력구원을 강조함. · 예배는 단순하고 신앙은 의식적이어야 한다고 주장함.

< 제2세대 : 혁명적 재세례파 >

구 분	내 용
대표자	· 토마스 뮌쩌(Thomas Müntzer, 1490-1525) · 호프만(Hoffmann of Etrasburg) · 퀸스터의 마티스(Martis of Kunsty) · 라이덴의 존(John of Leiden)
농민 반란	· 뮌쩌는 주의 날을 선포하고 예루살렘 왕으로 즉위하여 무분별한 무력을 사용하는 등 파행을 거듭하다가 결국 주교군에 의하여 진압됨. · 뮌쩌는 처형됨. · 루터는 농민반란을 정죄함.

재세례파(Anabaptist)(계속)

< 제3세대 : 현대 재세례파의 원조 >

구 분	내 용
대표자	· 메노 시몬스(Menno Simons, 1496-1561) : ①네덜란드(1536)의 카톨릭 신부임. ②저작과 리더쉽이 재세례파에게 크게 영향을 미침. ③메노나이트(Mennonites)의 원조가 됨. · 야콥 암만(Jacob Amman):메노나이트파의 감독.
주요 주장	· 평화주의를 강조함. · 세례와 성찬의 상징주의를 강조, 세족식을 실시함. · 비성경적이지 않으면 세속 정부에 복종해야 함.
영 향	· 박해를 피하여 동부 유럽, 러시아, 남부 아메리카로 이주함. · 20세기 재세례파의 주종으로 발전함.

< 재세례파의 조직 및 신조, 영향 >

구 분	내 용
조 직	· 목사, 장로, 집사의 교회 직분 제도. · 교회 대표로 조직된 회의에서 감독 선출.
신 조	· 신자의 세례는 신앙적 의식으로 고백된 것이라야 효력. · 교회는 성만찬으로 결합된 모임. · 성서의 축자영감설. · 권징은 파문이 최고형임. · 교역자는 개교회가 선택. · 신자의 정치 참여 금지. · 신자의 맹세 금지.
영 향	· 기존의 교회에 도전이 됨. · 성서에 기초한 분리주의와 근본주의적 태도가 개혁자들이 성서주의를 확립하는 계기가 됨. · 국가교회를 버리고 전쟁복무를 거부함으로 정치적 이유로 이단으로 정죄됨. · 목숨을 걸고 신앙의 순수성을 지키려고 함으로 오늘날에도 계승됨.

3. 종교개혁시대의 이단

(1) 정신주의자(신령파)

구 분	내 용
주창자	· 한스 뎅크(Hans Denck) · 카스퍼 슈벵크펠트(Kasper schwenkfeld) · 세바스챤 프랑케(Sebastian Franke)
주요주장	· 영혼주의적 경향을 보임. · 종교생활의 내면화와 독립적인 종교생활 주장함.

(2) 복음적 합리주의자

구 분	내 용
주창자	· 미카엘리스 세르베르투스(Michaelis Servertus) : 삼위일체를 반대하다 스페인의 요청으로 화형당함. · 샤보이의 세바스챤 카스텔리오 : 세르베르투스의 핍박을 막으려고 노력함. 경험계시보다 의식을 중시하고 삼위일체를 반대하는데 평생을 바침.
주요내용	· 신령파 보다는 지적이며 비판적임. · 반 삼위일체적인 경향임. · 교회론을 경시하는 등 전통을 배격함.

(3) 자연신론(自然神論, Deism, 超然新論)

구 분	내 용
주요인물	· 헐버트(Edward Hervert, 1581-1648) : 자연신교의 시조로 이성과 도덕률을 강조함. · 톨란드(Toland, 1670-1722) : 합리적인 자연신교를 주장함. · 콜만즈(Kollins, 1676-1729) : 자유이성론을 주장하며 예언을 부인함.
발 단	· 16세기 종교개혁으로 전통을 버리고 신앙을 위주로 한 데 반하여, 17세기 영국에서 일어난 신학사상으로 계시를 이성으로 종교를 철학으로 대치시키는 이성주의자임. · 이성으로 종교의 근본도리를 규명할 수 있다고 확신함.
내 용	· 신의 존재를 믿음. · 창조주는 자연법을 주셨음. · 하나님은 인간에게 양심과 자유를 주셨음. · 자연은 신의 완전 창조이므로 특별계시는 필요 없음.
결 과	· 자연신교는 죄악과 투쟁하고 물리칠 능력을 주지 못함. · 칸트의 '순수이성비판'에서 이성의 한계를 정함으로 붕괴됨.

제3부
미국에서의 이단

<개괄표> · 미국교회사의 주요연표

연 대	주 요 사 건
1706	· 필라델피아 근교에서 최초의 미국장로교회 설립.
1720	· 제1차 대각성 운동 시작.
1776	· 미국 독립선언을 공포함. 연방법 제정.
1785	· 제퍼슨 입안으로 정교분리법 제정.
1789	· 미합중국으로 정식 발족. J. 워싱턴 초대 대통령 취임.
1798–1801	· 제2차 대각성 운동 시작.
1792	· 민주당 창당(92).
1801, 1846	· 노예수입금지함(1801). · 메인주 금주법 통과 시행 됨(1846).
1847, 1850	· 몰몬교도, 솔트레이크시티 건설. · 도망 노예단속법 제정.
1854, 1860	· 캔자스-네브래스카법 성립함. 공화당 결성함(1854). · A.링컨 대통령 당선됨(1860).
1861–1865	· 남북 전쟁(1861-1865). · 노예해방선언함(1863). 게티스버그 전투(1863).
1866	· 대서양 해저 전신 완성함. KKK단 결성.
1870–1930	· 현대주의와 근본주의 논쟁.
1917, 1920	· 뉴욕에서 여성참정권 인정(1917). · 베르사유조약 비준부결됨(1920).
1922–1936	· 미국 장로교회의 분열과 논쟁.
1929	· 북장로교회 프린스톤 신학교의 신학적 좌경으로 메이첸 교수 중심으로 웨스트민스터 신학교 설립하여 분열
1930–1960	· 신정통주의 논쟁.
1945	· 국제연합(UN) 창설. 모스크바삼상회의 한국신탁통치 결정.
1949	· 북대서양조약기구(NATO) 성립함. 대한민국 정식 승인.
1956	· 여성도 교역자로 임명받을 수 있도록 허용.
1958	· 인공위성 발사 성공함. 미국항공우주국 설립.
1964, 1968	· 공민권법 성립. 인종차별철폐법 가결(1964). · M. L. 킹 목사 피살(1968).
1966, 1967	· 크리스챤 선언 발표(1966). · 장로교 신앙고백서 제정(1967).
1969	· 우주선 아폴로 11호 달 착륙.
1971	· 장로교 최초로 여성 총회장 선출.
1983	· 분열되었던 장로교 122년만에 분열 종식하고 미합중국장로교회로 출범.
1994	· 북미자유무역협정(NAFTA) 발효.
2003	· 이라크 전쟁(영국과 미국의 공조).
2007	· 한국과 FTA협정 체결.

〈개설〉· 한국에 지대한 영향을 미친 미국의 이단

한국에 기독교가 전래된 것은 주로 미국의 선교사들에 의해서였다. 미국의 선교사들에 의해서 기독교가 전래되었다는 사실은 미국의 문화와 정체성의 유입을 의미한다. 한국에 정통 기독교가 전래된지(1884) 정확히 20년만인 1904년 "제칠일 안식일 예수재림교회(이하 안식교, www.adventistkr.org)"가 우리나라에 선교사를 파송했다. 이는 미국 이단의 본격적인 시작이었으며, 영향력의 시작이다. 기독교가 민족의 삶에 정착도 하기 전에 이단이 미지의 세계를 점령이라도 하듯이 들어온 것이다. 본서에서 미국의 이단을 한 부분으로 다루는 이유가 여기에 있다.

안식교가 우리나라에 전래된 후 9년 만인 1915년 제4회 장로교 총회에서 안식교와 관련된 자는 권면하고 이를 듣지 아니하면 제명을 의결함으로서 안식교에 대하여 사실상의 이단으로 선포했다. 이후 세계적인 흐름에 의해서 안식교가 정통교단으로 용인되어 가는 분위기가 조성되어가자 예장 통합측은 1994년 제80회 총회에서 다시 이단으로 재 정죄하였으며, 예장 고신측도 2009년 제59회 총회에서 이단으로 정죄했다.

"여호와의 증인(www.watchtower.org)"은 1912년 R.R.홀리스터(Holister) 부부에 의하여 한국에 포교가 시작되었다. 처음 포교할 때에는 영어를 매개로 한 포교가 진행되었다. 그러나 이들은 우리나라에 정착하는 과정에 있어서 사회적인 많은 문제를 일으키고 있다. 병역의무와 집총거부를 함으로서 수많은 젊은이들이 감옥에 가는 현실이다. 또한 수혈을 거부하여 자식을 죽음에 이르게 하기도 한다. 국가를 사탄으로 간주하여 반대하므로 정부와 불화를 일으킨다. 현재 그들의 모임체인 왕국회관이 500개 정도이고, 5만여 명의 신도가 있다.

근래에 "예수 그리스도 후기 성도 교회"로 명칭을 변경한 몰몬교(www.ldschurch.or.kr)가 선교사를 파송한 것은 1956년의 일이다. 몰몬교는 조셉 스미스 2세에 의하여 발생했으며, 우리에게도 잘 알려진 솔트레이크시티(Salt Lake City)가 이들 몰몬교의 본부이다. 이들은 일부다처제를 허용하며 죽은 친척에게도 세례를 허용하고, 술과 담배, 홍차를 거부하는 생활의 실천을 한다. 2003년 현재 한국에 8만 명의 회원이 있다고 주장한다.

유럽에서 1717년 발생하여 밀의 종교적인 성격을 띠는 프리메이슨도 우리나라에 들어와 있다. 이의 공식 명칭은 "Free and Accepted Masons"이다. 이들은 프리메이슨만을 통하여 진리에 이를 수 있다고 주장하며 도덕성, 박애 및 준법을 강조하는 등 종교적 요소를 많이 포함하고 있다. 회원자격은 절대자의 존재와 영혼의 불멸을 믿는 성인 남자에게만 주어지며, 엄격한 심사를 거쳐서 회원을 선발한다. 2007년 현재 인터넷 검색을 해보면 한국에 부산과 광주에 로지(Lodge)가 결성되어 있으며, 안티 프리메이슨(http://cafe.net/antifreemason)도 활동하고 있다.

이외에 몬테소리(Montessori, 1966)로 유명한 우주승리교회(宇宙勝利敎會, The church Universal and Triumphant)가 있는데, 동양의 신비주의와 비정통 기독교와 애국적인 미국주의의 절충주의적 혼합을 고수한다. "유란시아 세계재단(www.urantia.org)"도 있는데, 한국에 인터넷 홈페이지가 개설된 것으로 보아 실제적인 포교가 이루어지고 있는 것으로 보인다. 이외에도 로시크루셔니즘(Rosicrucianism), 알라모기독교봉사회(Alamo Christian Ministries), 엑칸카르, 하나님의 자녀(The Children of God), 세계도, 연구계몽협회(에드가 케이시, Edgar Cayce, 1877-1945), 그리스도의 형제회(Christadelphians) 등이 있는데, 이들의 특징을 보면 강신술, 동양의 신비주의, 불교, 힌두교 등의 영향을 지대하게 받고 있음을 알 수 있다.

1. 19세기 미국에서의 주요이단 분파도
(1) 몰몬교

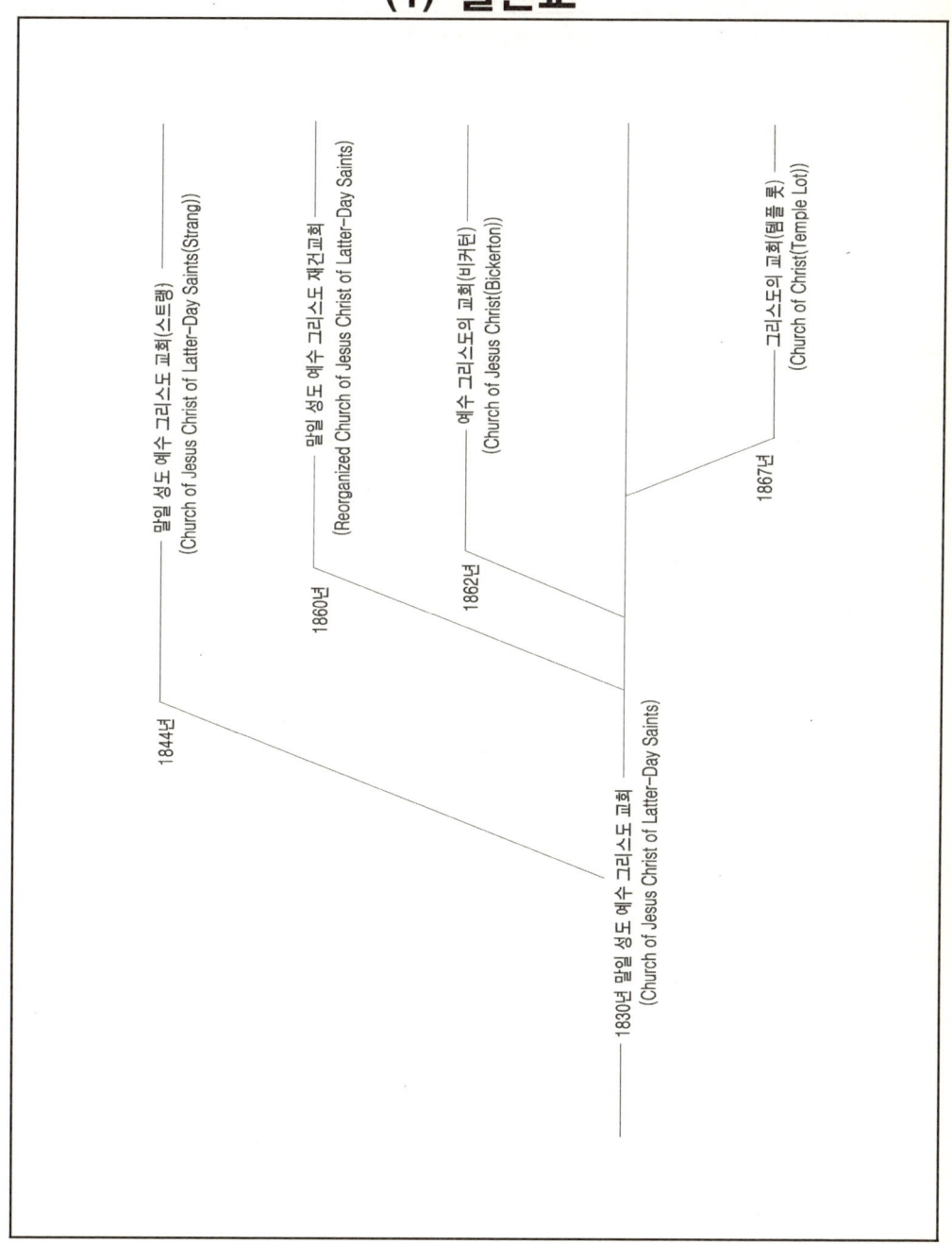

※ 로버트 C. 월톤, 『챠트로 본 교회사』, 김영무·김일우 편역 (서울 : 아가페문화사, 1996), p.105.

19세기 미국에서의 주요이단 분파도(계속)
(2) 안식교

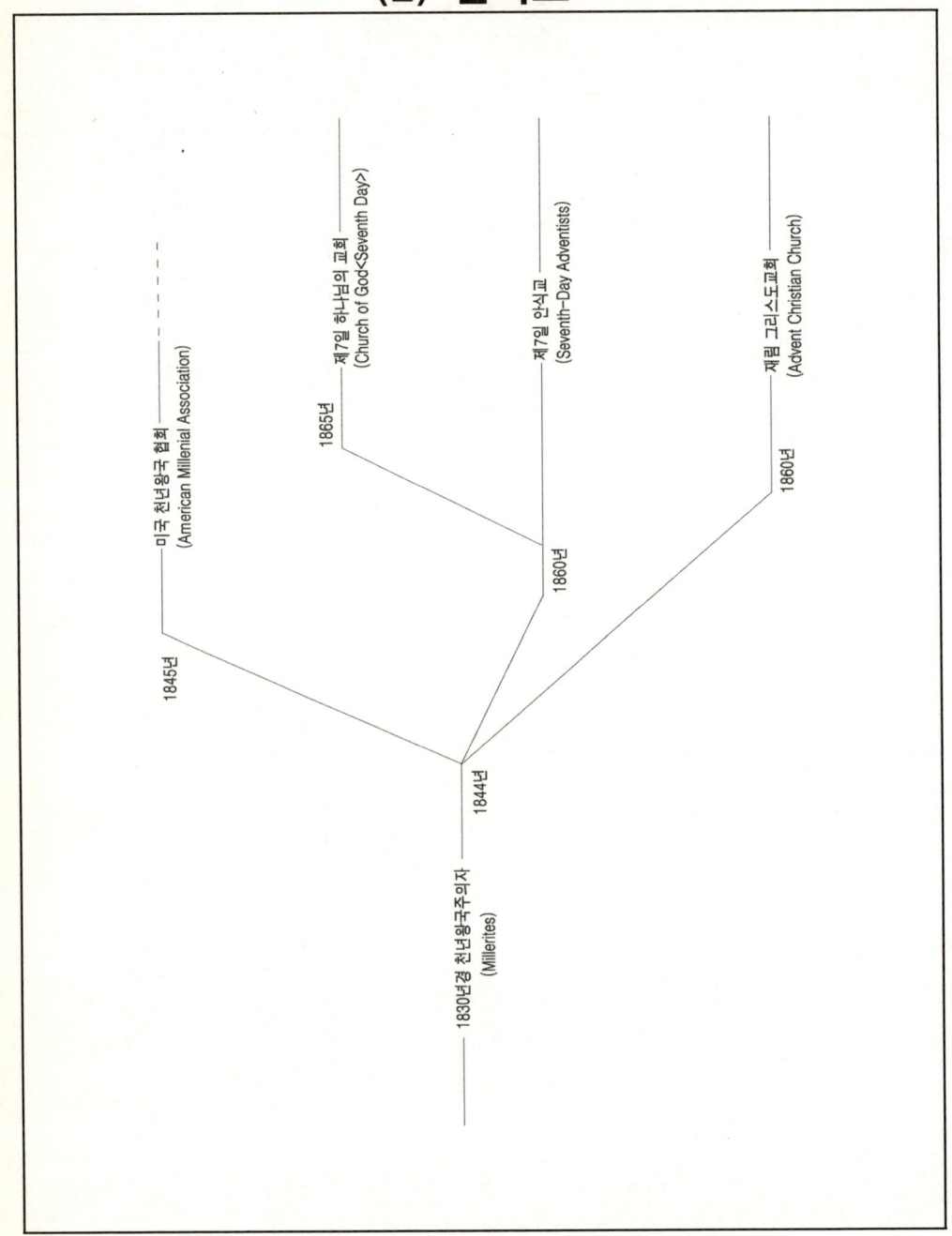

※ 로버트 C. 월톤, 『챠트로 본 교회사』, 김영무·김일우 편역 (서울 : 아가페문화사, 1996), p.106.

2. 19세기 미국의 주요이단
(1) 몰몬교(Mormonism)
< 개 요 >

구 분	내 용
공식 명칭	• 말일 성도 예수 그리스도 교회(Church of Jesus Christ of Latter-day Saints)->예수 그리스도 후기 성도 교회로 명칭 변경함(약칭 L.D.S). • www.ldschurch.or.kr
창시자	• 조셉 스미스 2세(Joseph Smith, Jr;1805-1844)
발생 시기	• 1830년
발생 장소	• 펜실바니아주 하머니(Harmony, Pa)
발생과정 및 역 사	• 조셉 스미스 2세는 1805년 12월 23일에 스미스 1세와 루시 스미스 사이에서 3째 아들로 출생함. • 조셉 스미스가 14살 되던 1820년에 숲속의 은밀한 장소에서 하나님과 예수님을 보았다고 함. 예수는 모든 교회가 잘못되었으니 어느 교회에도 가입하지 말라고 했다고 함. • 1823년에 두 번째 이상을 보았는데 여기에서 자신을 모로나이(Moroni)라고 부르는 천사가 나타났다고 함. 그 천사는 북미의 고대의 역사와 복음이 새겨진 황금판 계시 책을 알려주었다고 함. • 1827년 스미스는 황금판을 찾아내어 번역했는데 이것이 몰몬경임. • 이에 스미스는 새로운 교회, 즉 몰몬교회를 세우고 선교하기 시작함. • 1844년 스트랭(Strang)에 의해 분열함. • 1860년 '말일성도예수그리스도재건교회(Reorganized Church of Jesus Christ of Latter-Day Saints)' 분열함. • 1862년 비커턴(Bickerton)에 의해 '예수그리스도의교회(Church of Jesus Christ)' 분열함. • 1867년 템플 롯(Temple Lot)에 의해 '그리스도의교회(Church of Jesus Christ)' 분열함. • 1956년 한국에 몰몬교 선교부 설치함(당시 몰몬교인 64명). • 1995년 예장 합신 제80회 총회에서 이단으로 정죄함. • 2003년 현재 8만명의 회원이 있다고 주장함. • 2009년 예장 고신 제59회 총회에서 이단으로 정죄함.
주요인물	• 조셉 스미스 2세(Joseph Smith, Jr) • 브라이엄 영(Brigham Young;1801-1877)

몰몬교(Mormonism)(계속)

구 분	내 용
성경 이외의 경전	• '몰몬경' • '교리와 성약(Doctrine and covenants)' • '값진 진주(Pearl of Great Price)' • 몰몬교회를 통해 계속 주어진 신적 계시들
간행물	• 광야소식 • 일간신문 • '깃발'-성인을 위한 잡지 • '새시대'-10대 잡지 • '벗'-어린이 잡지 • 교회 소식-종교, 교회 이슈를 다루는 신문
생활의 실천	• 술, 담배, 커피, 홍차의 금지. • 금식, 십일조, 안식일 준수. • 결혼은 현 시대와 영원한 시대에도 존속됨. • 죽은 친척에게도 세례를 행함. • 일부다처제 허용. • 천국에 독신자는 갈 수 없음.

< 교 리 >

구 분	내 용
계시론	• 성경, 몰몬경, 교리와 성약, 값진 진주, 재임 중의 대관장의 발언을 권위와 영감이 있는 경전으로 취급함. • 흠정역 성경을 가장 정확한 번역으로 취급하나 오류로 가득 차 있다고 주장함. • 성경은 유일한 권위의 근원이 아님. • 성경은 다른 몰몬교의 경전에 비추어 읽고 해석할 때만 가치가 있음.
신 론	• 다신론(多神論)-하나님도 한때 인간이셨음. • 하나님은 육체(Body)를 가지고 있음. • 삼위일체론을 부인함. • 성부, 성자, 성령은 무소부재(無所不在)하지 않음.
기독론	• 예수는 많은 신중의 하나임. • 예수는 신적 존재지만 독생자는 아님. • 예수는 일부다처주의자임. • 예수는 죽었다가 부활했음에도 불구하고 죄와 사망을 멸하지 못했음. • 다만 모든 사람이 부활하리라는 확증만을 주었음.

몰몬교(Mormonism)(계속)

구 분	내 용
성령론	· 성령은 영을 의인화한 것임. · 성령은 신성의 영향력, 그리스도의 빛, 혹은 진리의 빛임. · 성령은 전기(電氣)나 우주의 에테르(ether)처럼 신성으로부터 나왔으나 같은 시간에는 오직 한 곳에만 머무를 수 있음.
인간론	· 인간은 천성적으로 선한 존재이며 모든 피조물보다 선재(先在)함. · 영계에서 양육된 영은 '육신의 장막'을 입고 이 세상에 태어남. · 죽음과 죄는 아담과 이브의 죄를 통해 나타났지만 이는 실제 죄가 아니라 영계를 향해 계속 전진하는 계기이기 때문에 축복이 됨.
구원론	· 그리스도의 죽음은 개인의 죄사함과는 아무런 상관이 없음. · 구원은 오직 몰몬의 계명을 지키는 데서 옴. · 침례를 받음으로 영적인 사망이 추방됨. · 믿음, 모세율법(특히 안식일 계명) 준수를 통해 구원이 이루어짐. · 요셉 스미스를 인정하지 않으면 구원이 없고 그의 피가 천국을 얻게 함.
교회론	· 사도 요한이 죽은 후 1830년 까지만 교회가 존속했다고 주장함. · 그 후에는 자신들의 성례만 유효함.
개인 종말론	· 사후에는 두 번째 기회가 주어짐. · 영원한 형벌은 없음. · 궁극적으로 사람은 신성에로 가까워짐.
보편적인 종말론	· 이스라엘(아메리칸 인디언)이 회복될 것임. · 그리스도의 천년왕국이 예루살렘과 미조리주의 독립으로 시작될 것임. · 모든 사람의 영적인 수준에 따라서 세 왕국 하나로 할당될 것임.
기타 주장	· 멜기세덱의 신권은 장로, 칠십인, 고위제사장에게만 있음. · 아론의 신권은 집사, 교사, 제사장에게만 있음. · 흑인은 제사장 신권이 없음.

(2) 안식교(Adventists)

< 개 요 >

구 분	내 용
공식 명칭	· 제7일 안식일 예수 재림 교회(The seventh day adventists) · www.adventist.or.kr
창시자	· 윌리엄 밀러(William Miller, 1782-1849)
발생시기	· 1844년 이러한 운동이 먼저 시작되고, 교회는 1860년에 세워짐.
발생장소	· 운동적 성격은 뉴욕 북부(Northern N.Y.)에서 시작됨. · 교회는 미시간 주 베틀 크리크(Battle Creek, Mich)에서 시작됨.
발생과정 및 역 사	· 1827년 11월 26일 미국 메인주 골햄에서 로버트 하몬과 유니스 하몬사이에서 출생. · 1842년 6월 26일 포트랜드 항구에서 성경의 방법대로 침례를 받고 감리교도가 됨. · 1844년 10월 22일 이후 전 가족이 재림에 관한 견해로 출교 조치. · 1840-1844년 때에 가족과 같이 재림운동에 참여. · 침례교회 목사인 제임스 화이트(James White)와 그의 부인 엘렌 화이트(Ellen G.White) 등이 동조함. · 안식일을 예배일로 지킴. · 1884년 10월 22일 재림일로 주장(합2:2-3;계3:7-10에 근거). · 재림을 주장한 날에 재림이 없어도 영적인 면에서 모순이 없음을 주장하며 안식교를 창설함. · 밀러를 동조하는 밀러주의(Millerism)는 여러 종파로 나뉘었으나 엘렌 화이트(Ellen G.White)에 의하여 통합되어 1863년 공식적으로 출범함. · 1845년 미국천년왕국협회 결성(American Millenial Association). · 1865년 제7 하나님의 교회(Church of God<Seventh Day>) 분열. · 1860년 재림 그리스도 교회(Advent Christian Church) 결성.

안식교(Adventists)(계속)

구 분	내 용
주요주장	• 예수의 재림 예언(1844.10.22에 1차 예언 후 1845-51년까지 매년 예언함). • 1844년 재림 심판 후 은혜의 문이 닫혔으므로 화이트를 통해서 구원을 얻을 수 있다고 주장함. • 안식일 엄수 주장 : 주일은 사람이 제정한 것이며 주일을 지키면 짐승의 표를 받아 멸망하게 됨. • 예수의 유죄성을 주장함. • 율법을 지켜야 구원을 받을 수 있음. • 죽음 후에 영혼은 침묵하며 무의식 상태임(영혼의 수면설). • 사신의 특권을 주장함. • 자신들은 14만 4천명의 무리임.
주요인물	• 엘렌 G. 화이트(1827-1915) • 히람 에드슨(Hiram Edson) • 죠셉 베이츠(Joseph Bates)
성경 이외의 경전	• 안식교 성경주석 • 하나님의 말씀으로부터 생(生)의 원리 • 교리 문답집 • 엘렌 화이트의 저술들 • 교회 안의 계속적인 예언의 은사
한국 전래 및 활동	• 1904년 하와이로 이민을 갔던 유은현과 손흥조(孫興祚) 두 사람이 일본 고베에서 안식교 선교사 구니 야히데(國谷秀)에게 전도 받고 침례 받음. • 손흥조가 임형주(林衡株)를 만나 개종시킴으로 본격 활동함. • 1904년 8월 10일 일본 안식교 책임자 필드(F.W.Field)와 함께 평남 용강군 일대 대동강변에서 조직적 전도함. • 1915년 예장 제4회 총회에서 안식교 교리에 동조하거나 옮기면 면직 제명 결정함. • 1919년 5월 한국연합회 제1회 총회 개최함. • 1995년 예장 통합 제80회 총회에서 이단으로 정죄함. • 2004년 현재 신자 174,000명, 교회 900여개, 목회자 수 722명이고, 교육, 구호, 의료, 출판, 건강식품 등 전방위적으로 활동하고 있음. • 2009년 예장 고신 제59회 총회에서 이단으로 정죄함(모든 교리가 성경과 신학에서 맞지 않음으로 동조자는 엄단함).

안식교(Adventists)(계속)

< 교 리 >

구 분	내 용
신 론	• 초기에 삼위일체를 부인하다가 1890년에 와서 인정하게 됨. • 초기에 여호와의 증인의 주장과 같다가 비난으로 많이 수정됨.
기독론	• 속죄관은 대속적이지만 이것은 전부가 아님. • 지금도 죄가 씻어지지 않는 자는 조사하여 심판이 이루어짐.
구원론	• 믿음을 통해서 모세의 율법을 지킴으로서 구원이 옴(특히 안식일 준수). • 구원은 믿음을 통한 그리스도와 연합으로 되는 것이 아니며, 성령으로 중생함으로 되는 것도 아니며 그리스도의 보혈로 속죄함을 받음으로 되는 것도 아니라 하나님의 율법이 표준이 되는 것임.
교회론	• 초기에는 배타적이었으나 현재는 진실한 신자는 누구든지 십계명을 지켜야 함. • 안식일을 지켜야 함. • 배타주의 견지-자신들이 바로 144,000명이며 다른 모든 참 신자들은 마침내 자신들의 신앙을 받아들일 것임.
개인 종말론	• 영혼은 잠을 자고 악한 자의 영은 멸절됨.
일반 종말론	• 전천년설과 후기 대환란설을 주장함. • 의인은 새 세계에서 영원히 살 것임.
생활의 실천	• 구약의 음식법(dietary laws)을 고집함. • 제7일 안식일 준수. • 재림, 십일조, 침례, 세족식을 실행함.

(3) 크리스챤 사이언스(Christian Science)

< 개 요 >

구 분	내 용
공식 명칭	· 그리스도교회, 사이언티스트(Church of Christ, Scientist)
창시자	· 메리 베이커 글로버 패터슨 에디(Mary Baker Glover Patterson Eddy, 1821-1910)
발생시기	· 1879년
발생장소	· 메사추세츠 보스턴(Boston, Mass)
발생과정 및 역사	· 마크 베이커(Mark)와 아비가일 베이커(Abigail Baker) 사이에서 6남매 중 막내딸로 태어남. · 부모는 철저한 칼빈주의자들로서 엄격한 예정론을 신봉한 회중교회의 교인이었음. · 엄격한 교리는 어린 소녀에게 괴로움을 안겨 주었음. · 1843년 남편이 죽자 10년 후 치과의사 다니엘 패터슨(Daniel Patterson)과 재혼. · 남편과의 결혼생활은 원만치 못하여 별거하던 중 1866년, 소위 그녀를 죽음까지 몰고 간 척추쇠약증으로 7년간 투병 생활을 하게 됨. · 그러다가 약 없이 치료한다는 피니아스 큄비(Phineas Quimby)에게 최면술과 자기암시(mind control)의 심리적 방법으로 고침 받음. · 에디는 이것을 예수의 치료방법이라고 하여 이것을 더 개발하여 다른 사람에게 보급함. · 큄비가 죽은 후 1875년 '과학과 건강(Science and Health)'을 발간하였는데, 이것이 그들의 경전이 됨. · 1833년에 나온 '성경의 열쇠(Key to the Scripture)'는 과학과 건강의 부록으로 첨가됨. · 성경의 열쇠에 대해서 신적인 계시를 받아서 쓴 것이라 주장했으나 후에 한 의사의 임상일지를 모방해서 쓴 것으로 밝혀짐. · 에디는 1879년 메사추세츠의 보스턴에서 '그리스도과학자교회'를 조직하였고, 1892년 '그리스도과학자제일교회'로 개명함.

크리스챤 사이언스(Christian Science)(계속)

구 분	내 용
발생과정 및 역사	• 1895년에는 절차를 세워 나가면서 체계를 잡았는데, 재원(財源)은 막대한 출판 수입과 남편의 뒷받침으로 대학, 신문사를 설립하고 국제적인 기관을 조직하고 전파하기 시작함. • 그는 죽음이란 '환상이며 생명의 생명(Science and Health)'라고 가르쳤지만 1910년 12월 3일 사망하고 말았음.
성경 이외의 경전	• 성경의 열쇠를 부록으로 한 '과학과 건강(Science and Health with Key to the Scriptures)'
마인드 사이언스 (Mind Science)의 분파	• '릴리저스 사이언스(Religious Science)'는 어니스트 홈즈(Ernest Holmes)가 1917년에 로스엔젤레스에 세워 시작됨. • '기독교 일치학교(Unity School of Christianity)'는 머틀 필모어(Myrtle Fillmore)와 찰스(Charles)가 1889년 시작했고, 1920년 미조리주의 잭슨 카운티에 본부를 세웠음.
<교 리>	
신 론	• 범신론(汎神論)-모두가 신이다. • 물질은 존재하지 않는다 : 뉴에이지 운동에 영향을 줌. • 하나님은 선하고, 선한 것은 마음이다. • 정신이 전부이며 물질은 없다. • 하나님은 전능하고 인간을 창조하지 않았다. • 우주는 창조자가 없고 동시에 존재하였다.
기독론	• 예수(인간)와 그리스도(신적인 개념, a divine idea)를 구분함. • 그리스도는 과학적 치유의사의 대표적인 예임.
성령론	• 하나님과 구분되지 않음.
인간론	• 사람은 하나님과 함께 영원함. • 육체는 존재하지 않으며 죄는 가상적인 허상임.
구원론	• 죄와 악은 존재하지 않는다는 것을 깨달음으로 구원이 옴.
교회론	• 배타주의
종말론	• 사후에 시험 기간이 있고 이를 통하여 진리에 이르거나 소멸됨.
생활의 실천	• 성례를 시행하지 않음. • 교회의 행정과 교육은 에디 부인(Mrs, Eddy)의 허가 없이는 변경할 수 없음. • 모든 교회는 보스톤(Boston)의 모(母)교회(Mother Church)에 부속됨.

(4) 여호와의 증인(Jehovah's Witness)

< 개 요 >

구 분	내 용
공식 명칭	• '여호와의 증인(Jehovah's Witness)' • '천년왕국의 여명', '여명', '만국성서협회', '시온의 파수대 소책자협회' 등의 명칭을 사용했으나 1931년 세계대회에서 (사13:10에 근거) 현 명칭을 사용함. • www.watchtower.org
창시자	• 찰스 테즈 러셀(Charles Taze Russell, 1852-1916)
발생시기	• 1884년
발생장소	• 펜실바니아 피츠버그(Pittsburgh, Pa).
발생과정 및 역사	• 1852년 2월 16일 펜실바니아주 알레게니(Allegheny)에서 출생함. • 아크레이(Achley)와 결혼했으나 난잡한 생활로 이혼 당함. • 17세 때 지옥불에 관해 한 행인과의 토론 끝에 지옥이 없는 것으로 결론 내림. • 18세 때 "주님의 재림의 목적과 그 방법(The Object and Manner of the Lord's Return)" 소책자 발간함. • 미국의 피츠버그 조합교회 교인으로 안식교 지도자인 페이튼의 글을 읽고 감화를 받고 교리를 기초함. • 1879년 독특한 성경해석 방법론을 주장하여 "시온의 파수대(Zien's Watchtower)"라는 잡지를 발행함. • 1886년 "천년왕국의 여명(The Millenars Dawn)"이라는 책을 간행함. • 1916년 10월 31일 전도 여행에서 귀가하다 사망함.
주요인물	• 조셉 F.러티포드(Joseph F.Rutherford, 1869-1942) • 나단 H.노르(Nathan H.Knorr, 1905-1977)
간행물	• '깨어라(Awake)' • '파수대(The Watchtower)'

여호와의 증인(Jehovah's Witness)(계속)

구 분	내 용
성경 이외의 경전	· '새 세계 번역 성경(New World Translation of Holy Scripture)' · 뉴욕의 브루클린(Brooklyn) 본부에서 발행하는 간행물들.
주요주장	· 1872년이 아담 창조주로부터 7,000년째 되는 해로 천년왕국이 시작되는 해라고 주장함. · 1874년 예수가 재림할 것이라고 주장함. · 1914년 세상의 끝 날이라고 함. · 1975년 이른 가을 예수 재림 주장함.
생활의 실천	· 병역 의무와 집총 거부함(철저한 평화주의). · 국가를 사탄으로 간주하며 반대하므로 정부와 불화(선거, 공직취임, 국기에 대한 경례, 서약 등을 거부함). · 수혈을 거부함. · 직업과 의무교육과 학업을 포기함. · 결혼을 거부하고 포교의 도구로 이용하고 있음.
한국 전래 및 활동	· 1912년 홀리스터(R.R.Holister)선교사 부부가 내한하여 문서 전도함으로 시작됨. · 1914년 한국성경연구원에서는 활발한 문서 활동 개시. · 1915년 멕켄지 부부의 활동으로 본격화 됨. · 1923년 뉴욕의 브루클린 워치타워협회에서 한국에 인쇄공장을 설치하여 본격적인 문서 선교 활동 시작함. · 1939년 신사참배 강요시 이를 거부하고 전원 투옥 및 일부는 옥사하기도 했으나 끝내 거부함. · 1945년 해방과 함께 재건. · 현재 왕국회관이 500개 이상이며 신도 수가 5만에 이르고 있음.

< 교 리 >

구분	내용
신 론	· 삼위일체 교리를 부정함(단일신론). · 삼위일체 교리의 창작자는 사탄이라고 주장함.

여호와의 증인(Jehovah's Witness)(계속)

구 분	내 용
기독론	· 그리스도는 신이 아니며 천사장 미가엘로 최초의 피조물임(아리우스 주의). · 그리스도의 속량(ransom)이 모든 착하고 신실한 백성들의 원죄를 제거하여 그들에게 영생의 기회를 제공함.
성령론	· 성령은 보이지 않는 활동력임(하나님의 영이 아니라 비인격적인 힘).
인간론	· 인간이 '산 영(生靈)'이 되었으므로 영과 육을 구별할 수 없고, 죽으면 함께 죽음. · 죄는 일반적인 것이 아니라 오직 불완전할 뿐임. · 영혼불멸설을 부정함(불멸이란 말을 창시한 자는 사탄임). · 원죄는 유전되지 않으며 단지 불완전(imperfection)을 의미함.
구원론	· 예수의 죽음은 모든 인류의 죄가 아니라 아담의 죄 삯만을 지불함. · 믿음과 함께 하나님의 인정을 받는 행위를 통해서 구원이 옴.
교회론	· 배타주의-다른 모든 교회는 멸절될 것임.
개인적인 종말론	· 영혼수면설 및 악인의 소멸을 가르침.
보편적인 종말론	· 그리스도는 1914년 재림함. · 1975년 아마겟돈(Armageddon) 전쟁 후에 천년왕국이 시작될 것임. · 144,000명이 하늘에서 영원히 살 것이며 남은 증인들은 지상낙원(earthly paradise)에서 살게 될 것임.

3. 현재 미국의 이단

(1) 국제 연합 오순절교회(United Pentecostal Church International)

< 개 요 >

구 분	내 용
공식 명칭	・국제 연합 오순절 교회(UPC, The United Pentecostal Church)
창시자	・하워드 A. 고쓰(Howard A.Goss, ? -1957)
발생 시기	・1945년
역 사	・1906-1909년 오순절의 아주사 거리 부흥 운동이 일어남. ・1914년 오순절 교파의 유명한 지도자인 프랑크 에워트(Frank Ewert)가 캔서스 토페카에서 유일하신 참 하나님의 이름은 예수라고 가르침. ・1945년 오순절 교회법인(IPC)과 예수 그리스도의 오순절 회의(PCI)의 두 오순절 교파의 연합을 통하여 형성됨. ・한국은 1965년 엘톤 D.버나드(Elton D.bernard)선교사 내한 선교에 들어감. ・1967년 8월 재단법인 '한국연합오순절교회' 설립함. ・1968년 9월 '연합오순절신학교' 개교. ・1969년 10월 '미국연합오순절교회' 헌법채택, 수정. ・1973년 4월 학교명칭 '연합오순절신학연구원'으로 개칭함. ・1991년 4월 '대한예수교연합오순절교회'로 개칭함.

< 교 리 >

신 론	・하나님의 본질 안에는 위격의 복수성이 없음. ・삼위일체론은 성경에 언급되지 않으므로 성경적 신론을 회복시켜야 함. ・하나님은 예수만으로 이루어지며, 예수는 곧 성부임. ・삼위일체론은 삼신론(三神論)에 해당함.
기독론	・예수는 성자이신 동시에 성부이심. ・인간 예수만이 하나님이심. ・예수는 하나님의 일부가 아니며, 하나님의 전부가 그분 안에 거하심.
성령론	・성부와 성령은 하나이며, 성령이라는 칭호는 성부의 본질임. ・성령은 그리스도 안에 있는 영임.
구원론	・구원을 얻기 위해서는 ①믿음으로 회개, ②예수의 이름만으로 물세례 받음, ③성령을 받아야 함(증거는 방언임).

(2) 프리메이슨(Freemasonry)

< 개 요 >

구 분	내 용
공식 명칭	• 프리메이슨(Freemasonry) • 공식 명칭은 Free and Accepted(인증된, 받아들인) Masons 임. • http://cafe.daum.net/antifreemason(프리메이슨연구모임).
발생시기	• 1717
역 사	• 중세시대의 건축가들에게서 유래함. • 프리메이슨이라는 명칭은 영국에서 시작되었는데, 영국에서 '프리메이슨'은 '거친 석공'과 대조되는 사람으로서 특별한 결이 없는 돌(견고한 돌)로 세공하는 직업을 가진 자를 의미함. • 석공들은 그들의 기술과 조직에 관한 몇 가지 비밀을 가지고 있었음. 그 비밀을 지키기 위하여 서약이 이루어졌는데, 이를 '프리메이슨의 비밀'이라고 불림. 모임의 정신은 카톨릭적인 것이었음. • '메이슨'들은 보호와 신용(信用)을 위하여 한시적 직능별 조합을 결성함. • 회원자격이 개방되면서 신입회원들이 장인들이 사용하던 상징에 신비주의가 도입됨. • 1717년 런던에서 몇 개의 로지(작은집)가 대(大)로지를 결성함(카톨릭으로부터의 탄압 때문에 비밀결사 조직의 형태를 띰). • 1723년 제임스 앤더슨(James Anderson)의 규약을 지침으로 채택함. 이후에 기관의 정신은 완전히 다른 것으로 변질되었고, 건축은 비유적인 의미만 가지게 됨. • 1733년 4월 미국에 프리메이슨 지부가 설립됨. • 1738년 앤더슨은 '자유롭고 승인된 메이슨의 옛 규약'의 공인문서가 제정됨. • 프리메이슨의 대중성은 다른 단체들에게까지 지대한 영향을 미침. • 나폴레옹 이후의 시기에 프리메이슨은 전통을 고수하는 정규 메이슨과 비정규 메이슨의 문제가 발생하여 서로 간에 틈이 발생하게 됨. • 2007년 현재 한국에는 부산과 광주지부가 있으며 안티 프레메이슨 연구모임도 활동하고 있는 상태임.(2002. 6. 1. 카페 개설)
가입 요건	• 절대자 신앙과 영혼불멸을 믿는 성인 남자에게만 가입을 허용함. • 일부 지역에서는 유대인, 카톨릭, 유색인종을 기피함. • 영국의 조직은 오락이나 이의 유사조직의 가입 금지를 규정하고 이를 어겼을 시에 회원자격을 박탈함.

프리메이슨(Freemasonry)(계속)

구 분	내 용
가입 요건	• 프리메이슨의 회원이 되려면 블루 지부(Blue Lodge)를 통과해야 함. 이 등급은 ①수습자 등급, ②동업자 등급, ③대가(大家) 등급이 있음. • 위의 등급을 거치면 33개의 등급(degree)을 거침. 최고 등급은 33도인데, 최고는 그랜드 마스터(Grand Master)라고 함.

< 교 리 >

구 분	내 용
계시론	• 프리메이슨을 통해서만 진리에 이를 수 있음. • 성령은 하나님의 의지의 상징에 불과함. • 성경은 프리메이슨 단원을 제외하고는 적절하게 이해할 수 없음.
신 론	• 프리메이슨의 하나님은 우주의 건축자임. • 모든 종교에서 경배하는 신은 거짓임. • 프리메이슨 하나님은 기독교의 하나님을 능가함. • 하나님은 반드시 삼위일체인 것은 아님.
기독론	• 예수는 다른 종교의 인물과 유사한 도덕교사의 하나일 뿐임. • 예수는 하나님이 아니며, 예수를 믿는 것은 사람이 만든 교리일 뿐임. • 그리스도는 예수의 지정된 칭호가 아니라, 모든 인간 안에 존재하는 '더 높은 의식'임. 이는 프리메이슨을 통해서 도달할 수 있음. • 예수는 단지 인간이며, 하나님도 예수 안에서 자신을 드러내지 않음.
성령론	• 성령은 총대리인에 불과함. • 성부, 성자, 성령의 개념은 히브리철학의 변형일 뿐임.
인간론	• 인간은 선하지만 죄로 말미암아 불안전한 상태에 있음. • 인간의 목표는 더 나은 상태의 성품에 도달하는 것임.
구원론	• 구원은 그리스도와 상관없이 선행으로만 이룩되어짐. • 인간은 근본적으로 선하고, 신성을 지니고 있다는 궁극적 깨달음이 필요함.
심판론	• 순종과 선행의 추구는 하나님(위대한 우주의 건축자)과 함께 거하는 축복이 있음. • 인간의 사후 보상은 언급하지만 심판의 규정은 없음. • 프리메이슨 내부 활동과 예식의 비밀 준수 의무가 있으며, 이를 어기면 삶의 재난이 있다고 함.

(3) 로시크루셔니즘(Rosicrucianism)

< 개 요 >

구 분	내 용
명 칭	· 로시크루셔니즘(Rosicrucianism)
창시자	· H.스펜서 루이스(? -1939)
발생시기	· 1915년
발생과정 및 역 사	· 근원은 르네상스 시대에까지 올라감. · 고대 영지주의 성향의 신비 종교와 연관된 비의적(秘意的) 교리의 연구와 전파에 근거를 둠. · 1909년 루이스가 국제로시크루셔니즘 회의에 참석함. · 1915년 뉴욕에서 창립 모임을 가짐. · 1990년 전세계적으로 25만 명의 회원이 있다고 주장함.
주요 간행물	· '로시크루션 다이제스트', '로사이크루시스의 고대 신비회 회보'. · '파크소식', '로시크루션 포럼'.
주요주장	· 로시크루셔니즘의 가르침을 따르면 고통과 질병을 제거할 수 있음. · 성령에 대한 모독은 '성(性)적 에너지'의 남용임.

< 교 리 >

계시론	· 진리는 로시크루셔니즘에서 발견되는 가르침을 통해서만 얻을 수 있음. · 성경은 하나님의 말씀이 아님. · 성경은 인류에게 주어진 수많은 거룩한 책들 중의 하나일 뿐이며, 더욱이 고의적으로 편집되고 변형시켰음. · 로시크루셔니즘만이 하나님의 본성을 이해하는 열쇠를 가지고 있음.
신 론	· 영이라고 부르는 우주적 실체가 존재하는데, 이는 만물을 형성시키는 저수지임. 이 우주의 저수지가 절대자를 형성시켰고, 이 절대자는 인간을 포함한 만물을 지으심.

로시크루셔니즘(Rosicrucianism)(계속)

구 분	내 용
신 론	• 존재하는 오직 한 영혼, 즉 하나님이 계시는데, 인간은 육체 안에 이 영혼의 일부를 포함하고 있음. • 성부, 성자, 성령은 동일한 영혼의 상이한 세 형태임. • 하나님은 인간의 내부에서부터 접근할 수 있는 보편적인 마음, 지성, 무한한 능력을 가리킴.
기독론	• 예수는 하나님의 아들이 아님. • 예수는 동정녀에게서 태어나지 않으심. • 예수의 영혼의 본체는 나사렛 예수 탄생 이전에 여러 번 성육신했고, 높아졌기 때문에 그리스도의 칭호를 사용할 수 있게 됨. • 예수는 그리스도가 아니며, 세례 시에 비워진 그의 몸에 들어온 독립적인 존재임.
인간론	• 인간은 누구나가 이 세상에 태어나기 이전에도 존재해왔음. • 하나님과 인간은 동일한 본성을 지니고 있음. • 인간은 태어나면서부터 하나님임.
구원론	• 연옥은 세상에 다시 태어나기 전에 머무는 장소임. • 환생은 그리스도이신 예수께서 실제로 가르치신 교리임. • 예수는 환생 교리에 다소 문제가 생긴 자들을 위하여 죽었음.
천국과 지옥	• 형벌이나 보상은 존재하지 않음. • 환생하기 이전에 겪는 형벌과 유사한 것은 실제로는 진보를 가로막는 자신의 악(惡)의 경향을 씻어내는 것임. • 어느 누구도 저주를 받지 않는데, 그 이유는 영원히 진보해 나가는 과정이기 때문임.

(4) 우주승리교회(宇宙勝利敎會)

< 개 요 >

구 분	내 용
명 칭	・우주승리교회(宇宙勝利敎會, The church Universal and Triumphant)
창시자	・마크 프로펫(Mark Prophet, 1918-1973)
발생시기	・1958년
발생장소	・워싱턴 D.C.
발생과정 및 역 사	・마크 프로펫은 웨스콘신주 치프와 폴즈에서 출생함. ・어린 시절부터 천사와 자연의 정령(精靈)들과 대화를 나누었다고 함. ・고등학교를 마치기 전에 성령의 9가지 은사를 모두 받았다고 함. ・'기독교 일치학교'에서 커다란 영향을 받았고, 후에 프란시스 K. 에키가 창설한 동양 신비주의를 가르치는 모임에 가입하여 훈련을 받음. ・1958년 '최고의 빛 집(Summit Lighthouse)'을 창설, 후에 '우주승리교회'로 개칭함. ・1963년 엘리자벳 클레어(Elizabeth Clare, 현 지도자)와 결혼함. ・1966년 콜로라도 스프링스에 자신들의 말씀을 가르치기 위하여 몬테소리(Montessori) 학교를 세움. ・1981년 캘리포니아로 본부를 옮김. ・엘리자벳은 1981년 에드워드 L. 프랜시스와 재혼함. ・1986년 몬타나주에 새로운 본부 건립하여 이전함. ・엘리자벳 클레어는 추종자들로부터 '구루 마(Guru Ma)'로 호칭되고 있음.
주요 간행물	・'지혜의 진주'(1958년부터 발행함). ・기본적인 교재로 '가장 높은 산에 오르라'가 있고, '예수의 잃어버린 세월', '인간 오로라', '예수의 잃어버린 가르침' 등이 있음.
주요 영향의 근원	・동양의 신비주의와 비정통 기독교와 애국적인 미국주의의 절충주의적 혼합을 고수함. ・크리스챤 사이언스, 불교, 영지주의와 강력한 연관성이 있음. ・신지학(Theosophy)과 발라드(Guy and Edna Ballard) 부부의 '아이엠 운동'에서 영향 받음.

우주승리교회(宇宙勝利敎會)(계속)

구 분	내 용
주요 가르침	• 자신들이 예수 그리스도와 고타마 붓다를 계승한 참된 교회라고 주장함. • 연속적인 환생을 통한 개인의 업(業)을 끝내야 한다고 주장함. • 그리스도 의식으로 충만하여 영혼이 순수해질 때 일어나는 '승천의 시작(initiation of the ascension)'을 위하여 모든 사람이 노력해야 함. • 마리아를 공경하고 인간의 신화(神化)와 성육신의 반복, 중생(重生)과 신성으로의 진화를 가르침.
종교 생활	• 기도와 증언, 빠른 영창의 형태로 진행되는 신탁(decreeing)이 있음. • 예배의 과정에 '나는 스스로 있는 자니라'는 구절을 반복함.

< 교 리 >

계시론	• 성경은 실수와 함께 신뢰할 수 없는 필사자가 첨가한 내용으로 가득 차 있어서 예수와 제자도의 가르침을 정확하게 반영하지 못함. • 예수와 제자들이 쓴 문서의 다수는 상실되었고 의도적으로 파괴, 제거됨. • 성경은 비전(秘傳)을 포함하고 있는데, 이를 전수 받은 자만이 그 가르침을 제대로 이해할 수 있음. • 예수는 12-30세까지 인도에서 머물러 배우고 교육 받았음. • 엘리자벳 클레어는 승천한 여러 스승으로부터 지속적으로 계시를 받고 있음.
신 론	• 하나님은 만물이고 만물은 하나님임. • 인간은 하나님과 함께 하는 만물이며, 동일한 영적 실체로부터 유래했음.
기독론	• 예수는 하나님이 아니며 하나의 제자일 뿐임. • 예수는 하나님의 유일한 아들이 아님. • 그리스도는 위대한 스승이자 화신(化神)으로 부처와 여러 종교 지도자들과 같음. • 예수는 동정녀에게서 태어나지 않았음. • 예수는 그리스도가 아니며 그리스도는 인간 예수에게 권위를 부여하고 소유하는 독립적인 존재임. • 예수는 부활 후 50세까지 세상에서 가르쳤음. 승천 이야기는 잘못된 것임.

우주승리교회(宇宙勝利敎會)(계속)

구 분	내 용
성령론	• 성령은 하나님의 보라색 불꽃으로 그 주요 기능은 업(業)의 어둠을 제거시키는 역할을 함.
인간론	• 인간은 모두 신적인 불꽃을 가지고 있음. • 죄악은 우주의 법칙에 역행하는 불완전한 에너지의 진동(震動) 형태임. • 인간은 이중적 본질을 가지고 있는데, 진화하면서 일시적으로 존재하는 혼과 하나님의 영임.
구원론	• 인간은 전생에서 뿌린 대로 세상에서 거두게 됨. • 인간은 죄에서 모든 것을 소멸하는 하나님의 불꽃에 들어가 의지하여 죄를 씻을 수 있음. • 인간 자신이 그리스도 됨을 체험해야 함.
심판론	• 천국과 지옥은 존재하지 않으며, 인간은 죄로 인하여 형벌 받지 않고 하늘의 보상도 없음. • 모든 종교는 하나님과 하나 됨으로 돌아가려는 다양한 길에 해당됨. • 인간은 질적으로 하나님과 같이 될 수 있으며, 우리의 궁극적인 보상은 우리의 모습이 하나님 상태로 돌아가는 것임.

(5) 알라모기독교봉사회

< 개 요 >

구 분	내 용
명 칭	· 알라모기독교봉사회(Alamo Christian Ministries)
창시자	· 수잔 알라모(Susan Alamo, 1920?- 1982) · 토니 알라모(Tony Alamo, 1934-)
발생시기	· 1969년
발생과정 및 역사	· 수잔은 1920년대 아칸소주에서 출생함. · 가수가 되고자 하는 수잔 플리트우드(Susan Fleetwood)의 예명(藝名)으로 캘리포니아주로 이주함. · 결혼 후에 기독교로 개종하고 헐리우드에서 히피족과 부랑자들에게 성경을 가르치기 시작함. · 1966년 수잔은 이혼 후 토니 알라모와 재혼 후 함께 전도 활동함. · 1969년 수잔과 토니는 기독교협회를 창설함.

< 교 리 >

구분	내용
계시론	· 성경은 하나님의 말씀이므로 신뢰해야 함. 이를 의심하면 지옥에 떨어짐. · 알라모에서 선포된 진리는 수많은 초자연적인 체험을 통하여 하나님으로부터 직접 받은 계시에서 유래함.
신 론	· 인간은 하나님의 형상대로 창조되었다고 했으므로 성부 하나님은 인간이심.
인간론	· 인간은 예수의 성품과 같이 창조되었으나 죄악으로 인하여 사단의 성품을 지니게 되었으므로 회개하면 경건한 성품으로 회복됨.
구원론	· 율법의 가장 작은 조항이라도 어기는 행위는 구원을 잃어버림을 의미함. · 세례는 계명이므로 신자는 구원을 유지하기 위하여 세례를 받아야 함. · 구원을 유지하기 위해서는 하나님 섬김을 통하여 인내해야 함.
천국과 지옥	· 영생을 성취한 자는 영원히 하늘에 거할 것임. · 구원을 잃어버린 자들을 포함한 모든 불신자들은 영원한 불 못에 던지우게 될 것임.

(6) 엑칸카르(Eckankar)

< 개 요 >

구 분	내 용
명 칭	• 엑칸카르(Eckankar)
창시자	• 폴 트위첼(Paul Twitchell, ? -1971)
발생시기	• 1965년
발생장소	• 캘리포니아주 샌프란시스코
발생과정 및 역사	• 폴 트위첼은 샌프란시스코에서 출생함. • 산트맛 마스터 키르팔(Sant Mat Master Kirpal)과 엘론 하바드(L.Ron Hubbard)의 가르침에 강력한 영향을 받음. • 1965년 트위첼은 하나님의 빛과 소리의 종교인 엑칸카르를 창시하고 자신을 '살아있는 엑칸카르의 스승'이라고 선언하고 샌프란시스코에 영혼의 여행 워크숍 과정을 개설함.
경전 및 주요 간행물	• 주요 경전은 '샤리야트-키-수그맏(Shari-yat-ki-Sugmad)'임. • '신비한 세계', '엑칸카르 저널'. • '귀중한 마음, 엑칸카르-비밀스런 세계에 이르는 열쇠, 먼 나라를 향한 영혼의 나그네, 비전(Vision), 영적 기록, 먼 나라, 엑칸카르 사전, 호랑이의 어금니, 깨어있는 상상'.
신앙의 특징	• 하나님은 두 부분으로 존재하는데, 빛과 소리임. • 빛과 소리는 모든 생명을 유지시키는 영으로 성령과 동일함. • 영적 훈련은 영적 여행의 기폭제로서 영적 성장에 이르고 개인의 과거를 더 깊이 이해하는데 중요함. • 업(業)과 환생을 믿고 엑칸카르가 개인의 업을 정화하도록 도와준다고 주장함.

엑칸카르(Eckankar)(계속)

구 분	내 용
주요주장	• 영적 발달은 '후(hu, 하나님의 옛 이름)'를 찬미하는 다양한 영적 훈련을 실천함으로서 가능함. • 하나님-의식, 내적 왕국을 전수받고자 하는 자는 어린아이의 정수리의 숨구멍이 살아 있어야 함. • 인간은 자신이 인식하든지 못하든지 자신의 실체를 창조하고 있음.

< 교 리 >

구 분	내 용
계시론	• 하나님에 대한 지식은 그 분의 빛과 소리를 접촉하는 데에서 유래함. • 성경은 비전적(秘典的) 의미로 가득 차 있음. • 성경은 수없이 편집되면서 변화되었고, 기독교도 본래의 형태에서 변화되었음. • 살아있는 엑칸카르의 스승이 주요 원리를 소유하고 가르침. • 계시는 꿈을 통해서도 나타내어짐.
신 론	• 하나님을 '수그맡'이라고 하는데 형체가 없고 비인격적이며 모든 속성이 없으면서 동시에 모든 속성을 가졌다고 함. • 모든 만물은 '수그맡'의 일부임. • 하나님은 이 세상에서 일어나는 일에 무관심함. • 각 사람은 진리 그 자체이며 하나님의 화신(化神) 자체를 사는 것임. • 수그맡의 존재성, 현재성, 현세성이 전 우주 하나님의 삼위일체(三位一體)임.
기독론	• 예수는 많은 교사들 중에서 위대한 종교 교사에 지나지 않음. • 인류에게 있어서 유일한 구원자나 바른 종교는 존재하지 않음. • 예수는 엑칸카르의 추종자로서 수많은 다른 종교의 교사와 같음. • 예수는 인간에게 진리에 대한 이해를 제공하지 못함.
성령론	• 성령을 '엑크(eck)'라 부르는데, 엑크는 인간의 업을 씻어내도록 도와주며 세상에 사는 동안 하나님의 완전한 사랑을 받아들이도록 함. • 엑크는 '수그맡'의 본질로서 창조주로부터 하급 세계로 흘러간 다음 근원으로 다시 돌아감.

엑칸카르(Eckankar)(계속)

구 분	내 용
인간론	· 인간은 모두 하나님의 불꽃임. · 인간의 진정한 본질은 영혼임. · 인간은 육체와 더욱 정교한 몸(The Astral body), 임시체(The Causal body), 멘탈체(영계에 거하는 몸), 혼 또는 영의 다섯 부분으로 구성됨. · 인간은 식물이나 짐승의 수없는 환생체로 살아감. · 악한 일은 대대로 이어진 정신적인 습관의 산물임. · 인간은 모든 일에 대하여 죄가 없음. · 현세의 혼돈과 고통은 영혼 여행 방법에 실패함으로 일어나는 일임. · 인간의 악한 것은 욕망, 분노, 탐욕, 집착, 자만의 멸망으로 구분됨. · 모든 악한 정신적 습관의 기원은 욕망으로부터 기원됨.
구원론	· 인간은 영혼의 여행을 통하여 자신을 정결하게 함. · 인간은 영혼의 비행과 함께 업과 환생의 순환에서 벗어나기 위하여 수그맛의 이름으로 실천해야 함. · 죄의 용서는 구함으로서 얻을 수 있는 것이 아님.
심판과 보상	· 인간은 영적 인과법칙의 결과로서 업을 쌓음. · 엑칸카르의 궁극적인 보상은 하나님과 공동경영자가 되는 것임. · 육체가 사망해도 영혼은 하나님이 만드신 다른 세계에 거함.

(7) 하나님의 자녀(The Children of God)

< 개 요 >

구 분	내 용
명 칭	· 하나님의 자녀(The Children of God), 가족(The Family)
창시자	· 데이비드 버그(David Berg, 1919-1994)
발생시기	· 1968년
발생과정 및 역사	· 데이비드 버그는 1919년 캘리포니아에서 출생함. · 그의 조부(祖父)와 어머니는 복음을 전하는 등 기독교적인 분위기에서 성장함. · 1944년 '제인 밀러'와 결혼함. · 1949년 애리조나주에서 기독교 선교 동맹교회의 목사가 됨. · 1951년 돌연 교회 사임함. · 교회를 사임한 이후 완전한 교회를 찾아 헤매다가 로스엔젤레스의 프레스 조던(Fred Jordon)에 의하여 창설된 '영혼상담소'라는 선교기관에 정착함. · 1967년 캘리포니아주의 헌팅턴비치로 이주커피숍 인수 운영함. '그리스도를 위한 십대'라는 명칭으로 활동함. · 1969년 캘리포니아에서 도피, 제인 밀러와 이혼하고 '카렌 저비'와 결혼함. 자신의 가르침을 정당화시키기 위하여 예언적 발언을 이용하였고, 무절제한 성(性)적 난교(亂交)가 벌어짐. 강신술이 유입됨. · 사회적 문제 야기로 잠행하기 시작하였고, 1970-1980년대에 미국에서 완전히 사라진 것처럼 보였으나, 1990년대에 '가족'이라는 이름으로 다시 부활하여 활동하고 있음.
주요 간행물	· '모세 서신, 모세 책자, 어머니 서신' 등 수많은 교리 소책자 발간함.

하나님의 자녀(The Children of God)(계속)

< 교 리 >

구 분	내 용
계시론	• 성경은 오류와 편협, 실수투성이인 인간들의 시대착오적인 견해임. • 자신(버그)만이 성경의 잃어버린 진리를 바르게 들어낼 수 있다고 함. • 성경은 버그에게 나타난 계시로 인하여 본래의 지위를 상실함. • 버그는 술에 취해야만이 하나님이 주시는 계시를 더욱 쉽게 받아 나누어 줄 수 있음.
신 론	• 범신론적인 경향성을 보임. • 정통교회의 삼위일체론은 거짓임. • 성부 하나님은 신자와의 영적인 성관계를 즐기는 존재임.
기독론	• 예수는 항상 존재하신 것이 아니며, 세상이 창조되기 전 지음 받은 존재임. • 마리아와 성부 하나님과의 성적 행위를 통하여 예수가 잉태되었다고 함. • 예수는 자신을 따르는 여성들과 간음하였고, 난교로 인하여 성병에 걸렸을 것임.
성령론	• 성령은 아무 것도 입지 않은 성부 하나님의 아내임. • 버그는 자신이 천국에 가서 성령 어머니와 성적 관계를 가졌다고 주장함.
구원론	• 예수를 이생에서 영접하지 못한 자는 내세(來世)에 영접하여 구원을 얻을 수 있다고 주장함. • 모든 인류와 만물이 구원 받을 것임. • 죽기 전에 구원 받은 자들은 새 예루살렘에 거하게 될 것임.
천국과 지옥	• 죽기 전에 구원 받은 자들은 천국 우주 도시에서 섹스를 즐기게 될 것임. • 사후(死後)에 구원 받은 자들은 연옥에서 자신의 죄를 씻어야 할 것임.

(8) 유란시아 세계재단

< 개 요 >

구 분	내 용
명 칭	· 유란시아 세계재단(The Urantia Foundation) · http://urantia.or.kr/world_mem.htm
창시자	· 윌리암 S. 새들러(William S. Sadler, 1875-1969)
발생시기	· 1950년
발생장소	· 일리노이주 시카코(Chicago, Lllinois)
발생과정 및 역 사	· 1920년대 안식교 신도였던 윌리암 새들러에 의하여 시작됨. · 새들러는 맥코믹대학에서 목회정신의학과 상담학 강사로 일했음. · 새들러의 집에서 심리학과 의학의 주제를 가지고 모임을 가지기 시작했는데, 이때에 계시자로 알려진 천상의 인격이라는 초인간적인 존재와의 교통이 시도되고 이루어짐. · 1929년-1942년 사이에 외계의 존재와 접촉한 196개의 유란시아의 문서들이 쓰여 지고 편집되어지고 개정되어짐. · 2004년 6월 현재, 한국에도 인터넷 홈페이지가 개설되어 있어 실제적인 포교가 이루어지고 있는 것으로 판단되어짐.
성경 이외의 경전, 간행물	· '유란시아서(1955년)' · '유란시아협회가 보내는 유란시아 뉴스'
주요주장	· 사단, 루시퍼, 마귀는 독립된 새 실체임. · 귀신들림은 오순절 이후에는 경험할 수 있는 사실이 아님. · 이스라엘에는 열 두 지파가 존재한 적이 없음. · 예수는 기독교를 세우지 않았으며 교회는 예수의 가르침에서 벗어나 있음. · 흑인은 가장 열등한 인종으로 백인보다 뒤떨어져 있음. · 인류는 우생학, 즉 단종(斷種)과 선택적 양육을 통하여 열등하고 부적절한 인종을 제거해야 함.

유란시아 세계재단(계속)

< 교 리 >

구 분	내 용
기독론	• 지구에는 다섯 번의 하나님의 계시가 주어졌는데, 1931-1935년 사이에 주어진 유란시아서가 가장 최근에 주어진 계시임. • 모든 계시는 오류가 있으며 불완전함. • 오경(五經)은 모세가 기록하지 않았으며, 다른 구약과 함께 B.C.5,000년에 기록됨. • 성경은 많은 실수와 하나님에 대한 거짓적인 주장이 포함되었음. • 사도 바울은 예수의 가르침을 왜곡하여 가르쳤음. • 유란시아서도 오류가 있으며 이는 개정해야 함.
신 론	• 한 분이신 하나님을 주장하고, 성경이 다신론을 주장하고 있다고 함. • 전통적인 삼위일체론(三位一體論)을 부정함. • 성부 하나님은 끊임없이 존재하는 세 분 이상의 하나님, 즉 지고자(至高者)이신 하나님, 궁극자이신 하나님, 절대신이신 하나님으로 자신을 드러내며 유란시아서의 말씀을 통하여 실현됨. • 사도적 삼위일체론은 아버지, 아들, 어머니 영이라고 주장함.
기독론	• 예수는 하나님의 아들이 아니고 피조 된 존재이며, 70만 창조 자아들 중의 한 명임. • 예수는 인간이면서 하나님이신데, 예수의 인성은 신성을 나누어 준 그리스도와 연결된다는 점에서만 신적임. • 예수는 다윗 왕의 후손이 아니며, 요셉과 마리아의 육체관계에서 잉태됨. • 예수는 구약의 메시아에 대한 예언을 성취하지 못했고, 자신이 메시아라는 사실도 알지 못했으며, 메시아에 대한 예언의 성취는 훨씬 후대의 일임. • 예수는 육체도 영도 아닌 '모론티아체(Moronita body)'로 부활했음. • 무덤에 남아 있던 예수의 몸은 신속히 분해되었고, 부활하신 예수는 손과 발의 상처가 없었음.

유란시아 세계재단(계속)

구 분	내 용
성령론	• 하나님의 영은 낙원의 무한한 영과 지역 우주의 영 모두를 가리키는데, 성령은 낙원의 무한한 영의 창조 역할의 영적 순회를 의미함. • 1,000여개의 행성의 지역 우주에 창조자 아들(예수)과 창조의 딸(성령)이 존재하는데 딸 영은 창조자 아들의 배우자로서 공동 창조자의 역할을 함. • 그리스도의 인격이나 성령은 인간의 마음과 영혼 안에 살거나 접촉하지 않음.
인간론	• 아담과 하와는 최초의 아담이 아니며, 최초의 인간은 '안돈과 폰다'로서 100만 년 전에 더 낮은 형태에서 진화함. • 아담과 하와는 B.C.2,500년경에 예루살렘 행성에서 지구에 도착했으며, 타락하거나 원죄를 저지르지 않았음. • 죄악은 한 지역 우주의 창조자의 법을 어긴 행위임. • 세상은 근원적으로 악한 곳이 아니므로 죄는 인간에게 중요한 문제가 아님. • 인간의 영혼은 배아(胚芽) 상태이며 사후에 다시 태어나 영적 성장을 이룸. • 인간 안에는 '생각 조정체'가 있는데, 인간은 이의 인도에 따르며 영적 존재를 인식하게 됨.
구원론	• 예수의 죽음은 하나님의 계획 속에 없었음. • 희생과 속죄 개념은 하나님이 싫어하시는 것임. • 구원은 우리가 이미 하나님의 자녀라는 것을 알게 되는 것임.
심판과 지옥	• 인간은 사후에 지구(유란시아)에서 살았던 삶에 근거하여 다른 행성에서 진보된 모습으로 보상을 받음. • 기독교의 천국 개념은 거짓된 것에 불과함. • 낙원은 천국의 중심적인 장소로 수천 번의 삶을 살아야 도달할 수 있으며 십자가의 강도는 낙원에 들어가지 못했음. • 죽은 자의 부활은 지구가 아니라 다른 행성에서 이루어짐. • 소수의 반역하는 영혼들은 인격적 실존이 박탈당하고 소멸될 것임.

(9) 세계도(世界道)

<개 요>

구 분	내 용
명 칭	· 세계도(世界道, The Way International)
창시자	· 빅터 폴 위어윌(Victor Pour Wierwille, 1916-1985)
발생시기	· 1942년
발생과정 및 역사	· 위어윌은 1916년 12월 31일에 출생함. · 1941년 프린스톤 신학교에서 신학석사 취득함. 복음주의 개혁교회의 목사가 됨. · 1942년 하나님이 육성을 통하여 비밀로 감추어진 가르침을 주시겠다고 했다고 주장함. · 1947년 '젊은 순례자의 차임시간(the Chimes Hour Youth Caravan)'이라는 법인조직체 설립함. · 1948년 콜로라도주의 파익스의 피이크 신학교에서 박사학위 받았다고 주장함. · 1955년 자신의 조직체를 '세계도'로 명명함. · 1969년 세계도 선교사 훈련 시작함. · 1970년 리더쉽 훈련을 시작함. · 1985년 위어윌의 사망 후에 내분으로 몇 개로 분열됨.
주요 간행물	· 1954년부터 '세계도' 잡지 발행함. · 정기적인 간행물인 '마음'을 발행함.

세계도(世界道)(계속)

<교 리>

구 분	내 용
계시론	• 어떤 해석이나 번역도 하나님 말씀이 아니며 원문(原文)만이 하나님 말씀임. • 오늘날의 성경은 교리적 오류와 모순들로 가득 차 있음. • 신약의 서신서는 로마서에서 데살로니가후서까지만 권위가 있고 나머지는 권위가 없음.
신 론	• 하나님은 한 분이시며 유일하게 참된 신이심. • 삼위일체 하나님의 개념은 이교도와 고대 종교로부터 시작되었음.
기독론	• 예수는 하나님의 아들이었지만 하나님은 아니었음. • 예수의 선재성(先在性)을 부인함. • 예수는 만물을 창조하지 않았음. • 그리스도의 신성을 주장하는 성경 구절은 여러 세기 동안 변경된 것임. • 예수는 사람에 지나지 않음.
성령론	• 성령은 성부 하나님이시며, 성령은 거룩한 영의 수여자임. • 성령은 그리스도인에게 하나님을 섬길 수 있는 능력을 주시기 위해 위로부터 주시는 비인격적인 능력임. • 방언은 성령을 받은 외적 증거임.
인간론	• 인간은 타락했을 때 자신의 영을 잃었음. 거듭나지 않은 사람은 짐승처럼 몸과 혼으로만 구성되었음. • 인간이 거듭날 때는 다시 영을 받게 됨. 영은 하나님과 소통할 수 있도록 그리스도인에게 빌려 주시는 하나님 자신의 일부임.

(10) 연구계몽협회

< 개 요 >

구 분	내 용
명 칭	・연구계몽협회(Association for Research and Enlightenment)
창시자	・에드가 케이시(Edgar Cayce, 1877-1945)
발생시기	・1931년
발생과정 및 역사	・케이시는 기독교 신앙에서 자라남. ・6,7세부터 자신이 환상을 보고 죽은지 얼마 되지 않은 친척과도 이야기할 수 있었음. ・환상과 죽은 자와의 대화는 성인이 될 때까지 지속됨. ・23세 무렵 케이시는 병에 의하여 목소리를 잃어버림. 의사들이 치료할 수 없자 최면술사를 찾아가서 자가 최면을 배워서 자신의 병을 진단하고 치료함. 이에 최면을 이용한 질병을 진단하여 큰 명성을 얻었고, 예언과 죽은 자와 그 밖에 다른 영적 존재들과도 접촉 범위를 넓힘. ・1931년 '심령연구'를 수행할 목적으로 비영리 단체인 '연구계몽협회'를 설립함.
주요 간행물	・'내적 모험(Venture Inward)'와 '연구계몽협회 공동체(A.R.E. Community)'를 격월간으로 발행함.
주요 가르침	・범신론과 환생과 케이시의 발언 내용을 가르침. ・인간은 하나님과 함께 공동 창조자임. ・적절한 흡연은 건강에 도움이 됨. ・인간의 마음은 텔레파시를 통하여 다른 사람에게 전달할 수 있으며 염력(念力)으로 물체를 움직일 수 있음.

연구계몽협회(계속)

< 교 리 >

구 분	내 용
계시론	• 성경은 다른 종교 서적이나 전기와 다를 바가 없음. • 성경에 담긴 바른 의미는 에드가 케이시의 재해석을 통해 드러난 영혼의 진리와 관련됨.
신 론	• 만물이 하나님이고 하나님이 만물이라는 범신론(汎神論)을 주장함. • 삼위일체는 인간의 영혼, 정신, 육체의 상징 안에서만 유효함.
기독론	• 예수는 육체를 입으신 성육신의 하나님이 아니며, '그리스도 의식(christ consciousness)'이 결합된 인간으로 화신(化神)에 해당됨. • 예수는 환생을 통하여 수많은 삶을 경험했음. • 예수의 부활은 범신론적 하나님의 능력에 의하여 자신의 세포가 치유됨으로 부활한 것임.
인간론	• 인간은 하나님의 연장(延長)임. • 한 영혼은 다른 사람으로 수없이 태어나 사는데 이 과정이 환생임.
구원론	• 죄악은 하나님과의 조화가 결여된 상태임. • 구원은 영적 진리를 받아들임으로 얻어지는 건강과 온전함을 통하여 얻게 됨. 구원을 향하여 인간은 자기 훈련과 자제가 필요함. • 예수를 구주로 받아들이는 것은 구원을 얻는 중요한 요소가 아님.
천국론	• 최후의 보상은 하나님의 영 안에 흡수되어 환생이 끝나는 것임. • 인간의 죄악에 대한 결과는 업(Karma)과 환생을 통한 '인과법칙(因果法則)'에 따라 진행됨.

(11) 그리스도의 형제회

< 개 요 >

구 분	내 용
명 칭	· 그리스도의 형제회(Christadelphians)
창시자	· 존 토마스(John Thomas, ? - 1871)
발생시기	· 1844년
발생과정 및 역 사	· 1832년 영국에서 건너온 알렉산더(Alexsander)와 토마스 캠벨(Thomas Campbell)과 의사였던 존 토마스로부터 시작됨. · 존 토마스는 캠벨과 견해가 일치하지 않자 1844년 결별하고, '미래시대의 선도자(The Herald of the Future Age)'라는 월간지를 발행함. · 1847년 자신이 성경공부를 통하여 깨달은 내용을 발표하기 위하여 '엘피스 이스라엘(Elpis Israel)'을 발간함. · 1864년 토마스는 자신의 추종자들을 '그리스도'와 '아델포스(헬라어로 형제)'라는 두 단어를 합성한 '그리스도의 형제회(Christadelphians)'를 붙임.
간행물	· '주일학교 저널(The Sunday School Journal)' · '그리스도의 형제회 소식(Christadelphian Tidings)' · '파수꾼(The Watchman)' · '그리스도의 형제회 변호(The Christadelphian Advocate)'
주요주장	· 삼위일체론, 그리스도의 신성, 믿음을 통한 구원, 그리스도의 대속을 부인함. · 영혼의 불멸성, 악한 자에 대한 형벌을 부정함.

그리스도의 형제회(계속)

< 교 리 >

구 분	내 용
신 론	• 하나님은 편재하지 않으심. 오직 한 곳인 하늘에만 계심. • 삼위일체론은 진정한 가르침이 아님. • 삼위일체론은 이방 종교에서 유입된 것임. • 성부만이 하나님이심.
기독론	• 예수는 태어나기 이전에는 존재하지 않았음. • 예수는 성부처럼 영원하지 않음. • 예수는 하나님은 아니지만 신성(神性)은 지니고 있음.
성령론	• 성령은 하나님의 능력, 혹은 힘을 가리킴.
인간론	• 인간은 죽을 때 실존 자체가 완전히 소멸됨. • 죄는 사탄과 동일한 것이며, 사탄은 인격적 존재가 아님.
구원론	• 예수의 죽음은 인간의 죄를 대속하지 못함. • 구원은 의로운 행위로 얻게 됨. • 세례도 구원을 위해서 필요한 것임.
천국과 지옥	• 악한 자들은 모두 멸망하며 의식할 수 있는 영원한 형벌은 존재하지 않음. • 영생을 얻고 구원 받은 사람은 세상에서 살게 됨. 천국은 존재하지 않음. • 영생을 얻은 자는 죽지 않도록 영화(靈化)된 몸을 받게 됨. 그들은 진정한 하나님처럼 될 것임.

제4부
한국에서의 이단

〈개괄표〉· 한국교회사의 시대구분

구 분	시대구분	주요 사건	주요 인물
전래기 (7세기-1875)	· 기독교의 동양 전래기 (7세기-1593)	· 도마와 네스토리우스의 동양선교 · 종교개혁이후 카톨릭교회의 동양선교	
	· 천주교의 한국 전래기 (1593-1800)	· 임진왜란과 중국과 외교를 통한 접촉 · 학문(서학)으로서의 기독교 연구 · 조선 천주교회의 설립	· 고니시 유기나까(小西行長) · 서스페데스·이승훈 · 소현세자(昭顯世子)
	· 천주교의 수난과 발전기 (1800-1875)	· 계속된 박해 (신해, 신유, 기해, 병오, 병인, 신미) · 조선교구의 창설과 쇄국정책 대응	· 황사영 · 정하상 · 김대건
수용기 (1876-1918)	· 개신교 수용기 (1876-1884)	· 중국을 통한 선교의 시작 · 성경번역 및 선교사역 시작 · 미국 선교부의 한국선교 결정	· 토마스·칼 귀플라프 · 로스·멕킨타이어 · 이수정·매클레이 · 알렌
	· 초기 선교 활동기 (1885-1906)	· 선교사들의 입국 · 선교부의 연합활동으로 선교의 확장 · 신구교 및 선교사들의 갈등 노정	· 언더우드 · 아펜젤러 · 스크랜톤 · 서상륜·윤치호
	· 교세확장과 민족운동기 (1907-1918)	· 1907년의 대부흥운동과 백만인구령운동 · 기독교가 민족운동에 앞장섬 · 국권의 상실과 항일운동	· 길선주·이기풍 · 서경조·함석진 · 양전백·방기창 · 송인서 · 말콤펜 위크
수난기 (1919-1945)	· 복음의 확장과 계몽기 (1919-1938)	· 3.1운동의 발발 · 종파운동의 시작 및 신비주의 발발	· 조만식·김교신 · 김인서·이용도 · 유관순
	· 신앙투쟁 및 암흑기 (1939-1945)	· 신사참배의 거부운동 및 수용 · 일제의 기독교 탄압의 절정 · 기독교계의 친일파 및 광신주의	· 한상동·주기철 · 안이숙·김익두
토착화기 (1946-현재)	· 양적 확장기 (1946-1975)	· 교회의 분열과 이단의 횡행 · 양적대부흥 및 대규모전도운동	· 박형룡·박윤선 · 김재준·한경직
	· 토착화 추구시기 (1976-현재)	· 한국적 신학의 등장 · 민주화 투쟁기 · 새로운 세대의 가능성 모색 활발	· 김창인·조용기 · 한경직

※ 로버트 C. 월톤, 『챠트로 본 교회사』, 김영무·김일우 편역 (서울 : 아가페문화사, 1996), p.125.

<개괄표> · 한국교회사의 주요연표

연 대	주 요 사 건
1653-1666	· 네델란드 하멜(Hamel)을 비롯한 36명이 제주도에 표류함. 하멜표류기와 조선왕국기를 저술하여 한국(Coeree, Corea)을 서구에 소개.
1832	· 네델란드 구츨라프, 만주에서 한국인에게 선교, 주기도문 한글로 번역.
1866	· 스코틀랜드 선교사 토마스가 대동 강변에서 순교
1872	· 존 로스, 멕켄타이어 목사가 만주에서 개척 전도.
1876	· 로스 목사가 한국인에게 최초로 세례 베품(백홍준, 이응찬, 이성하, 김진기).
1884	· 알렌부부(의료) 내한, · 한국 최초 소래(松川)교회 설립(서상륜, 서경조 형제).
1885	· 언더우드(장로교), 아펜젤러(감리교) 선교사 입국함.
1885	· 네비우스 선교정책 발표함(목표: 자치행정, 자립교회, 자급전도).
1887	· 신약성서(예수교성교전서) 출판(로스역). · 새문안교회, 정동감리교회 설립.
1901, 1907	· 평양신학교 설립(1901). · 평양대부흥운동. 장로회 독노회 조직. 목사 7인 장립.
1908	· 감리교 한국 연회 조직(정동제일교회) - 한국 독립 연회(제1회 조선연회)
1910	· 백만인 구령운동 시작. 한일합방 조약으로 국권 빼앗김(을사보호조약).
1912	· 장로회 총회 조직함(총회장: 언더우드).
1930	· 감리교 총회 조직, 해방 이후 6차 분열 및 합동이 있었음.
1933	· 조선 예수교 동양선교회 성결교회 1회 총회, · 황국주, 유명화 이단 정죄.
1938	· 장로교 제27회 총회 신사참배 결의(총회장: 홍택기), 39회 안동총회에서 취소
1945, 1950	· 일제로부터 해방(45). · 한국전쟁 발발(50).
1952-1953	· 예장 고신측 분열(52). · 예장 기장측 분열(53).
1954	· 문선명 통일교 시작. 기독교 중앙방송국 개국.
1955	· 박태선 전도관 시작. 감리교 첫 여성목사 안수(전밀라).
1959, 1961	· 예장 합동측과 통합측 분열(59). · 5.16 군사쿠데타 발생(61).
1973	· 빌리 그레함, 한국전도대회 개최함. 아세아 방송국 개국.
1976, 1981	· 엑스폴로 74 기독교세계복음화대회 개최(76). · 광주민주화운동 발생(81).
1994, 1998	· 탁명환 국제종교문제연구소장 피살(94). · 성경전서 개역개정판 발행(98).
1999	· 만민중앙교회 MBC 점거 방송중단 사태 발생.
2000	· 평양에서 남북부활절 합동예배.
2003-2004	· 한국기독교 총 연합회 측과 - 대한예수교장로회 연합회 측의 논쟁 발발.
2005	· 제90회 총회에서 예장 합동측과 개혁측 합동, 국내 최대 교단이 됨.
2007	· 평양대부흥운동(1907) 100주년 연합 기념예배(상암 종합운동장).
2009	· 세계교회협의회(WCC), 2013년 부산에서 제10차 총회 개최 결정함.

제1장 한국의 이단 형성
〈개설〉· 한국 교회의 이단 형성

한국에 선교가 본격적으로 시작되었을 때, 국가는 풍전등화(風前燈火)의 어려움에 처한 시기였다. 나라의 국권은 상실되고 일본에 의하여 지배당하고 있었던 것이다. 국토는 유린당하고 수탈당하여 국민의 삶은 극도로 피폐해졌다. 종말론적이며 신비주의적인 메시지가 성도의 이목을 집중시킨 것은 이러한 사회적인 분위기와 밀접한 관련이 있다. 민족의 소망은 기존 종교나 정치 지도자가 아니라 하나님의 복음을 전파하는 기독교에게 있었다. 세계 기독교사적으로 유래가 없는 부흥은 기독교가 민족의 유일한 소망이었음을 보여준다.

우리나라에 기독교가 전파되어진지 34년만인 1918년에 김장호(金庄鎬) 목사가 자유주의적인 교회론과 성경의 이적을 부인함으로 이단으로 정죄되었다. 그 후 이단의 문제가 본격적으로 대두되기 시작한 것은 1930년대였다. 1920년경 원산의 감리교회에서 유명화(劉明花)라는 여인이 자신에게 예수가 친림(親臨)했다고 주장, 다른 여자에게 강신극(降神劇)을 자행하고 예수와 같은 모습을 하고 다녔다. 유명화는 1931년에도 평양에서 이러한 신비극(神秘劇)을 행했다. 여기에 한준명(韓俊明), 백남주(白南柱), 이용도(李龍道), 이호빈(李浩彬) 등은 목사로서 이에 동조했다. 이에 그치지 않고 이들은 예수교회라는 총회를 조직하고 회집하기 시작했다.

1931년에는 황국주가 자신의 목이 떨어지고 예수의 목이 붙었으며, 그로 인하여 머리도 예수의 머리, 피도 예수의 피, 마음도 예수의 마음으로 전부 예수화 되었다고 주장했다. 황국주는 새예루살렘에 입성한다고 평양에 나타나서 각지에서 집회를 인도했으며, 부녀자들은 현대판 예수를 구경하려고 가정을 버리고 따라나섰다. 또한 삼각산에 기도원을 세우고 목가름과 피가름의 원리를 가르쳤다. 이로 인하여 이들은 1933년 장로교 총회에서 유명화를 비롯한 이용도 일파와 함께 이단으로 정죄되었다. 이들 사건은 교회와 사회에 대대적인 파문을 야기했으며, 향후의 한국 이단의 주요한 모티브(Motive)로 작용하기 시작했다. 뿐만 아니라 피가름은 문선명, 정득은(鄭得恩), 이수완, 원경숙, 박태선의 계보로 이어지면서 한국교회 이단의 주류로 등장한다. 여기에 김백문(金百文)이 이론적으로 문선명(文鮮明), 박태선(朴泰善), 이유성(李流性)을 1945-1946년까지 가르침으로 이들은 향후에 한국의 이단운동의 주류로 등장하였다.

1. 한국의 초기이단 형성도

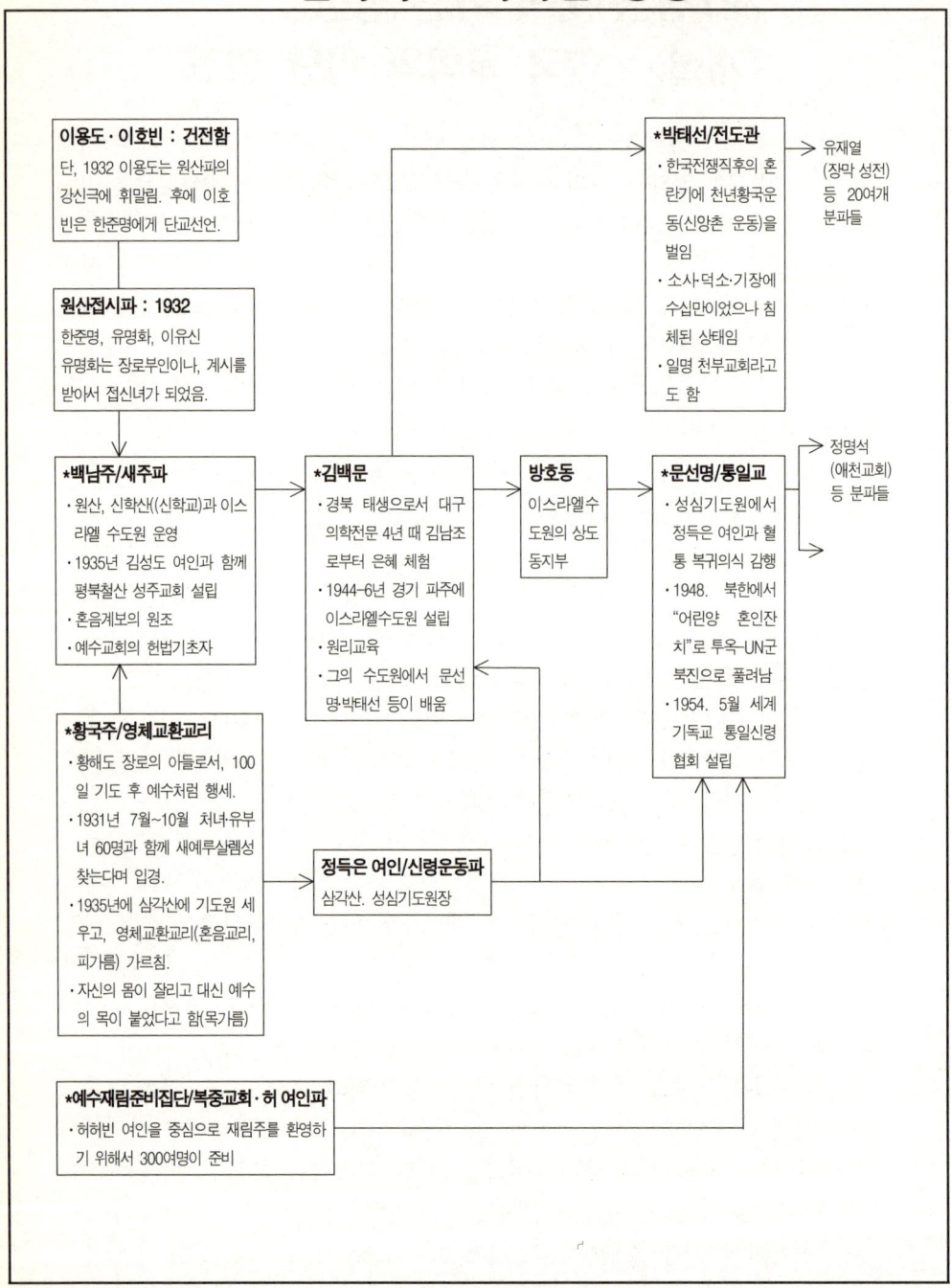

2. 한국의 주요이단 계보도

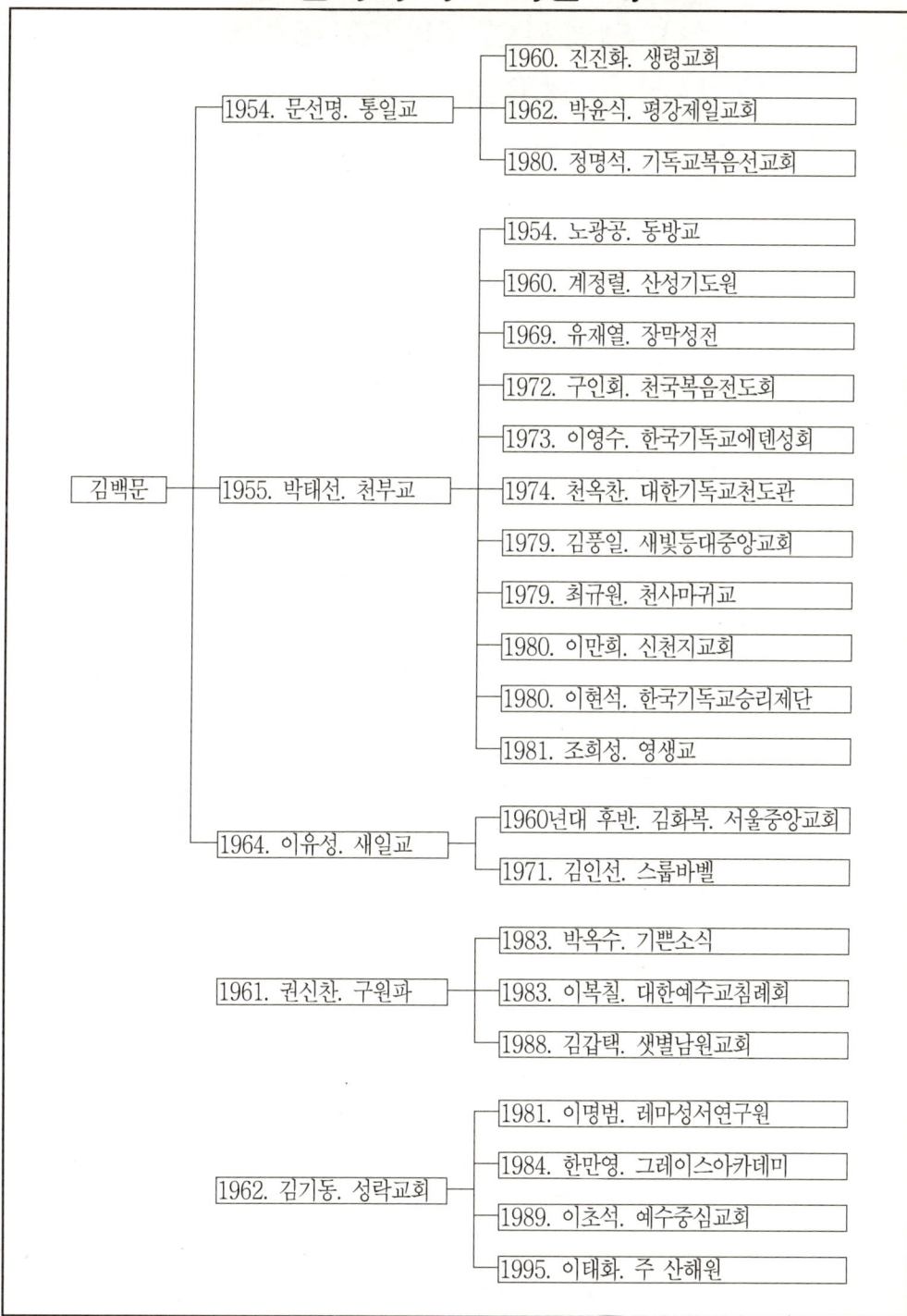

3. 1930-50년대의 신비주의적 이단
(1) 유명화의 접신극(接神劇)
1) 사건의 내용과 경과

구 분	내 용
사건의 전개	· 1920년경 원산의 감리교회에 유명화(劉明花, ?-1970?)라는 여성이 있었는데, 자신에게 예수가 친림(親臨)했다고 주장함. · 그는 영흥교회에서도 예수처럼 모양을 내고 다른 여자에게 강신극(降神劇)을 자행함. · 1931년 11월 평양에서 이러한 신비극이 또다시 벌어졌는데, 한준명(韓俊明, 1907-1999)이 이를 배후에서 조종함. · 이호빈(李浩彬)은 목사의 직분으로서 주님께서 스웨덴 버그(E. Swedenborg, 1688-1772)나 선다 싱(Sundar Singh, 1889- ?)에게는 간접적으로 나타났겠지만, 유명화에게는 친림(親臨)하는 놀라운 역사가 일어났다고 하면서 이는 조선의 영광이라고 옹호함. · 1933년 6월 이들은 이에 그치지 아니하고 이용도를 앞장세워 '예수교회'라는 간판을 달고 총회를 조직하고 모임을 가짐.
조 치	· 1933년 9월 제22회 장로교 총회는 이용도, 백남주(白南柱), 한준명(韓俊明), 이호빈(李浩彬)을 이단으로 정죄함.

2) 이용도(李龍道)

생 애	<이용도(李龍道, 1901-1933)> · 1901년 황해도 금천(金川) 출생함. · 1928년 협성신학교 14회 졸업함. · 1928년 8월 감리교에서 목사 안수를 받음. · 1928년 12월 24일 통천교회에서 새벽기도 중 환상 가운데 악마를 추방하는 성령 체험함. · 1929년 1월 4일에도 양양교회에서 위와 유사한 체험 후 부흥사로 이름이 알려지기 시작함. · 1930년대 민족 감정의 고조와 그리스도에 대한 사랑을 고취시키는 부흥 사경회로 전교회적으로 명성을 얻음. · 1933년 감리교 중부연회에서 교회를 어지럽히는 자라 하여 휴직처분 받음. · 1933년 10월 원산에서 사망함.

유명화의 접신극(接神劇)(계속)

구 분	내 용
광적 신비주의 운동	· 원산의 백남주(白南柱), 한준명(韓俊明)과 강신극(降神劇)을 벌임. · 원산의 접신녀(接神女) 유명화(劉明花)의 신언(神言)을 듣고 '예수교회'라는 교파를 창설함. · 신학 사상은 스웨덴버그(E. Swedenborg, 1688-1772)적 신비주의이며 무교회주의적 경향을 띠고 있음. · 예수와의 혈관적 연결을 이룬다고 하였고(영체교환, 靈體交換), 자기를 고난당하는 그리스도와 동일시하면서, 무조건적 사랑, 심지어는 사탄에게도 배울 것이 있고, 불경(佛經)이나 사회주의 책에도 배울 것이 있다고 강조하고, 신학과 교리의 기독교를 공격함.
조 치	· 1931년 장로교 황해노회에서 금족령 내림. · 1932년 평양노회, 1933년 안주노회, 제22회 장로교 총회에서 정죄함. · 1933년 감리교 중부연회에서 목사 휴직 처분 내림.

3) 백남주(白南柱)

구분	내용
생 애	<백남주(白南柱, 1902 -1949)> · 함남 갑산에서 출생함. · 어려서부터 단군신앙을 숭배하다가 20대에 기독교에 입교함. · 1930년 평양신학교 25회 졸업함. · 하나님의 계시라고 하면서 본부인을 굶겨 죽임. · 1935년 최초의 성인 잡지 '혈명(血命)'을 만듬. · 1945년 해방 이후 백상조라는 이름으로 공주사범학교에서 기독교문화사를 가르침.
주요활동	· 스웨덴버그의 사상에 심취하였고, 기독교 사상의 신령주의적 체험을 중시함. · 1933년 1월 '새 생명의 길'이라는 저서를 통하여 새로운 교리를 선포함. 그 내용은 ①성경의 권위 부정. ②삼위일체 부정. ③예수의 재림 부정. ④천계(天界)에 대한 이설(異說) 주장. ⑤예수의 가형설(假形說) 주장. ⑥원죄 내지 속죄 공로 부정이었음. · 1933년 6월 신비주의계 부흥사였던 이용도(李龍道), 이호빈(李浩彬) 목사와 '조선 예수교회'라는 새로운 교단 창설함.

유명화의 접신극(接神劇)(계속)

구 분	내 용
주요활동	· 교단 내에서 '신전(信典)', 헌법 등을 초안하여 주요한 역할을 감당함. · 교단의 기관지로 '예수'라는 월간지를 발행하고, '원산신학산'이라는 일종의 신학원을 설립하여 운영함. · 1934년 이용도 병사(病死) 후에 조선 예수교회 내의 분열, 파쟁에 휩쓸려 가을에 교단을 이탈함. · 1935년 평북 철산에서 '새 주(主)'를 자칭하는 여권사 김성도(金成道)와 손잡고, '새주교회'를 창설하고, 김성도의 아들을 복음사(福音使)로 임명함.

4) 이호빈(李浩彬)

생 애 및 주요 활동	<이호빈(李浩彬, 1898-1989)> · 1898년 5월 2일 평남에서 출생함. · 1927년 서울 협성신학교를 13회로 졸업함. · 1931년 평양의 신비극에 참여, 1933년 장로교 총회에서 정죄 당함. · 1932년 만주 훈춘의 경신향(敬信鄕) 구역에서 목회함. · 1932년 12월 9일 만주서교연회에서 목사로 허입됨. · 1933년 6월 3일에 '조선 예수교회'에 참여하였고, 7월에 감리교회 목사직을 사퇴함. 예수교회 헌장 규칙위원으로 선임되어 교단의 기틀 확립에 공헌함. · 이용도 목사가 별세하자 10월 5일에 열린 임시공의회에서 선도감에 선출됨. 1935년 3회 공의회에서 재선됨. · 1946년 월남, 8월 1일에 초교파적인 중앙신학원(강남대학교 전신)을 설립하여 초대 원장이 되었고, 11월 5일 YMCA 강당에서 개교함. · 중앙신학원의 2대(1949), 6대(1960), 8대(1964) 교장과, 4대(1966), 6대(1969), 8대(1971) 이사장을 역임하였음. · 1974년 재조직된 조선 예수교회 선도감에 취임, 1977년 은퇴하여, 예수교회공의회 명예의장으로 추대됨.

(2) 황국주(黃國柱)의 목가름과 피가름
1) 사건의 내용과 경과

구 분	내 용
생 애	<황국주(黃國柱, 1909-1952)> ・황해도 장연에서 장로의 아들로 출생함. ・간도 용정으로 이주하여 중앙교회를 출석하며 유별난 신앙생활을 함. ・1933년 5월 '영계(靈界)'라는 잡지 발행함. 이용도 목사 축전 동조함.
목가름과 피가름의 주 장	・신비 중에 '자기의 목이 떨어지고 예수의 목이 붙었다'고 하며 자신을 예수화 하고 신성화하여 예수처럼 꾸미고 다님. ・머리도 예수의 머리, 피도 예수의 피, 마음도 예수의 마음으로 전부 변했다고 주장하면서 수염도 기르고 머리도 길게 늘어뜨리고 새 예루살렘 도성을 찾아 순례의 길을 떠남. ・1931년 1월 황국주 일행은 소위 새 예루살렘에 입성한다고 평양에 나타났으며 각지에서 집회 인도함(최중현, "황국주 '새예루살렘순례'의 연도(年度) 에 관한 소고"를 참조하라). ・현대판 예수를 구경하려고 나왔던 부녀자들이 가정을 버리고 황국주를 따라 나서는 문제가 발생함. ・1931년 7월경 함남 삼호교회 부근에서 남녀 60-70여명이 혼숙하면서 자신은 그리스도라고 자처하면서 죄를 범할 수 없는 완전주의를 표방하면서 혼음함. ・1935년 삼각산에 기도원을 세우고 목가름과 피가름의 원리를 가르침. ・자신은 예수의 목과 피를 가졌으므로 자신과 육적으로 접촉하면 그에게 예수의 피가 생기고 영적으로 합일되면 예수의 영이 있게 되어(영체교환), 죄사함과 구원을 얻는다고 주장함. ・후일 문선명의 수제자가 된 옥세현(玉世賢), 지승도(池承道), 박월영(朴月影), 정득은(丁得恩), 김남조 등도 제자였음.

2) 김성도(金成道)

구분	내용
생 애	<김성도(金成道, 1882-1944)> ・17세에 함북 철산의 27세 연상의 부자와 결혼함. ・손위 둘째 부인으로부터 모진 구박을 받으면서 시집살이를 하였고 결국 병을 얻어 고생함. ・자식까지 죽은 후에 예수를 영접함. ・남편으로부터 모진 고난을 받아가면서까지 예수를 열성적으로 믿음. ・1922년 세계교회를 위해 기도하면서 입신 경험을 하였고, '죄악의 뿌리는 음란', '재림의 주님은 육신을 입고 한반도에 강림', 등의 12가지 계시를 받음 (통일교의 원리강론에 지대한 영향을 미침).
주요사건	・1922년의 입신 계시 사건으로 김성도는 '새 주님'으로 호칭되었고, 자녀들은 '새주 새끼'로 지칭됨.

황국주(黃國柱)의 목가름과 피가름

구 분	내 용
주요사건	• 1925년 교단으로부터 책벌을 받고 출교됨. • 허허빈이라는 여인이 추종자를 불러 모아 '복중교(腹中敎)'를 만들고, '예수재림준비단'을 발족시킴. 휘하에는 시범적으로 피가름을 실천한 정득은 여인도 포함됨. • 1935년 평북 철산에서 성주교회(聖主敎會)로 변경(일명 새 주(主) 교회, 예수처럼 12제자를 두고 활동함)되었고, 성주교회 창립 예배 때 백남주의 제자인 김백문이 사회를 보았음. • 성주교회의 추종자들은 후일 통일교 창립에 있어서 주요한 신도가 됨.
조 치	• 1933년 장로교 안주노회와 총회는 황국주와 유명화를 이단으로 정죄함.
영 향	• 피가름의 원리는 혼음사건으로 변천됨. • 피가름은 문선명→정득은→이수완→원경숙(1932-1996)→박태선의 계보로 이어지면서 한국교회 이단의 주류가 됨.

3) 김백문(金百文)

주요활동	<김백문(金百文, 1916-1990)> • 대구 출생으로 대구의전 3년을 중퇴함. • 1934년 수도원을 겸한 사설 신학원인 원산신학원에서 평양신학교 졸업생인 백남주를 만나 그의 제자가 됨. • 이 시기에 자신이 신적인 은혜를 받았다고 주장함. • 1940년대 초반 경기도 파주로 거처를 옮김. • 1944-1946년 '야소교 이스라엘 수도원'을 설립, 운영하였는데 상도동의 방호동이 운영함. • 문선명이 박태선, 이유성과 함께 1945년에서 1946년 4월까지 김백문에게 사사 받음. • 1946년 3월 예수께서 자신에게 임했다고 주장함. • 1953년 자신을 추종하는 세력으로 '이스라엘 총회'를 조직함. • 1960년 이후 기독교 청수교회를 설립하고, 이를 중심으로 포교 활동함.
주요 저서	• 1945년 '성신신학(聖神神學)' • 1958년 '기독교 근본원리(基督敎 根本原理)' • 1970년 '신앙인격론(信仰人格論)'
영 향	• 그의 사상은 통일교의 문선명, 천부교의 박태선, 새일교의 이유성에게 전수되어 한국의 이단운동에 지대한 영향을 미침.

4) 정득은(鄭得恩)

주요활동	<정득은(鄭得恩, 1897- ?)> • 1935년 삼각산에서 황국주에게 영체교환(靈体交換) 원리를 전수 받음. • 1945년 12월에 남으로 가라는 신적 계시에 의하여 월남함. • 1946년 1월경 서울 삼각산에 기도처를 두고 김백문과 교류함. • 1946년 6월 문선명에 의하여 설립된 광해교회(廣海敎會)의 일원이 됨. • 1953년 2월경 대성심(大聖心) 기도원을 설립하고 젊은 남녀를 포섭, 자신의 원리를 포교함. • 문선명(文鮮明)으로부터 영체교환을 받고 몇 계대를 거쳐 박태선에게 물려줌. • 1957년경 가장 열렬한 추종자였던 박태선은 정득은을 영모(靈母)로 삼기도 함. • 1957년경 자신을 따르는 방호동(方好同, 1921~)에게 강론을 기록케 하여 '생의 원리'라는 책을 저술하고, 이를 통하여 창조론, 복귀 역사, 재림론 등 이단적 원리를 주장하고 전파함.

제2장 현재 한국의 이단
⟨개설⟩ · 한국 이단의 현주소

한국에서 현재 활동하는 가장 많은 분파의 이단을 거슬러 올라가면, 그 정점에 김백문(金百文,1916-1990)이 있다. 김백문은 초기의 이단운동과 밀접하게 관계되어 있다. 그는 1944-1946년에 경기도 파주에서 야소교(耶蘇敎) 이스라엘 수도원을 설립하여 운영하였다. 이 시기에 문선명, 박태선, 이유성이 가르침을 받았고 결정적인 영향을 받는다. 이 세 명은 오늘날까지도 한국의 이단운동에 지속적으로 영향을 미치고 있다.

문선명은 1954년 세계기독교통일신령협회(통일교)를 조직하고, 자신의 구원교리를 선포한다. 이들은 나름의 신학과 교리, 제의를 체계화하였는데, 그것이 원리강론이다. 통일교는 이를 기반으로 한국에서 빠르게 정착하였는데, 1971년에야 이단으로 정죄되어 주목받게 되었다는 것은 매우 놀라운 일이다. 문선명은 세계 포교에까지 나섰으며, 합동결혼을 포교의 주요한 도구로 활용하고 있다. 자신의 분명한 색깔을 드러내기를 주저하던 문선명은 2004년 드디어 자신은 메시아이자 인류구원자이며 진정한 아버지라고 선언했다. 2005년에는 하나님께서는 이제 구세주요, 메시아요, 재림주요, 만왕의 왕, 즉 평화의 왕이요, 인류의 참부모되는 본인에게 전권을 전수했다고 주장하고 나섰다. 노골적이고도 본격적인 일탈의 행태가 시작된 것이다.

박태선은 정통교회에서 장로의 직위를 받고 부흥사로서 활동한다. 자신이 유명하게 되자 칼빈의 예정론을 부인하는 일탈행위를 하고, 1955년 한국예수교전도관부흥협회(전도관)를 결성함으로서 정통 기독교로부터 초기에 이단으로 정죄 당한다. 박태선은 자신이 감람나무요, 동방의 의인이며 전도관에만 구원이 있다고 주장한다. 그는 이에 그치지 아니하고 경기도 소사(1957년), 덕소(1962년), 경남 기장(1970년)에 신앙촌을 건설하고 자기들만의 세력을 구축한다. 그러나 이들은 교리에 있어서 정통을 부정하고, 신앙촌은 끊임없이 사회적 물의를 일으켰다. 1980년 전도관은 한국천부교로 명칭을 바꾸고, 십자가를 비둘기로 대치했으며 자신이야말로 새 하나님이라 주장한다. 그러나 이들은 내부로부터 지속적으로 이탈, 분파자가 생겼고, 교세는 쇠락과 부침을 거듭한다. 1990년 박태선의 사망은 그들의 결정적인 쇠락함으로 이어졌다. 근래 대표적으로 활동하고 있는 곳은 무료신학원으로 지칭되는 이만희의 신천지교회이다.

이유성은 1964년 말세복음선교부흥단(여호와새일교)을 설립하고 활동을 하던 중 1972년 심장마비로 사망하고 말았다. 현재 그를 따르던 제자들이 활동을 계속하고 있으나 그 세력은 미미하다.

1990년대에 들어서면서 새로운 이단들의 주류가 형성되기 시작했다. 사실

이들의 활동은 1960년대부터 있어왔으며 20여 년 동안 커다란 문제를 야기하지 않고 활동해왔던 것이다. 이들이 사회에서의 일탈 등 심각한 문제를 야기시킨 것은 1980년대 들어서면서부터였다.

김기동(성락교회)은 1965년 교회를 설립, 목회를 해왔으며, 산하에 베뢰아 아카데미를 설치하여 자신의 제자를 끊임없이 배출해왔다. 흔히 귀신론으로 지칭되는 그의 사상은 수없이 배출되는 제자들에 의하여 지속적으로 퍼져나갔으며, 김기동(베뢰아국제대학원대학교, www.berea.ac.kr)과 이명범(예일신학대학원대학교, http://yaeil.ac.kr)은 대학원을 세워 세력을 확장하고 있다.

권신찬(구원파)은 1961년부터 선교사 길기수(Case Glass)의 영향으로 대구에서부터 선교하기 시작했다. 그러나 1962년 경북노회에서 이단문제로 목사 면직 및 제명처분을 받으면서 선교사들과의 관계를 정리하고 독자노선을 추구하면서 성경해석과 교리가 변질된다. 분파로 인한 계파는 박옥수와 이요한이 있으며, 활발한 활동을 전개하고 있다.

제칠일 안식일예수재림교회의 영향을 받은 이단으로는 안상홍증인회로 불리는 하나님의교회세계복음선교협회와 박명호의 한국농촌복구회가 있다. 시한부종말계열은 용문산운동으로 불리는 나운몽의 대한예수교오순절성결회와 세계일가공회 등이 있다. 시한부종말계열이 사회적으로 문제가 된 것은 이장림의 다미선교회에 의해서였다. 이장림은 1992년 10월 28일 휴거를 주장하고 수많은 사람으로부터 재산을 받고, 직장포기, 휴거 시에 몸이 가벼워진다며 낙태까지 자행하여 사회적으로 크게 문제를 일으켰다.

직통계시를 주장하는 이단으로는 만민중앙교회의 이재록, 할렐루야 기도원의 김계화 등이 있다. 이들은 공공방송을 점거하고 생수 치료, 성령수술 등의 문제를 일으키면서 인적, 물적 기반으로 성장, 정착하고 있는 상태이다.

영성훈련계열로는 이선아의 밤빌리아추수꾼훈련원과 새생활영성훈련원의 박철수, 그리고 근래에 목회자들을 상대로 문제를 야기 시키고 있는 세계왕권선교회의 심재웅이 있다. 이들의 특성을 살펴보면 밀의적이고도 신비적인 가르침과 은밀한 교리와 사상을 주입, 전파시키고 있는 점 등이다.

단일계열로는 말씀보존학회, 예수전도협회, 가계저주론, 세계복음화다락방전도협회가 있다. 이들의 특성은 높은 학적인 기반을 바탕으로 지속적인 가르침과 더불어 탄탄한 조직을 기반으로 성도들 사이에 뿌리내리고 있다는 점이다.

마지막으로 국외계열이 있는데, 지방교회, 빈야드운동, 미국엠마오선교교회, 뜨레스디아스 등을 꼽을 수 있다. 지방교회는 교단의 형태를 갖추고 있으며, 빈야드운동은 비성경적인 현상들, 뜨레스디아스는 카톨릭적인 영성훈련이 문제가 되었다. 한편 미국엠마오선교교회는 예태해가 미국에서 개척한 교회인데, 우리나라에 와서 세미나를 하고 전이시키면서 문제가 발생했다. 이런 이단들의 왕성한 활동은 갈수록 확장, 발전되어 해외에까지 영향을 미치고 있다.

1. 통일교(문선명) 계열

< 개괄표 >

분류	번호	교주명	명 칭	신앙적 문제점	발생시기
문선명계열	1	문선명	세계평화통일가정연합	재림주, 혼음, 문선명왕국	1954. 5. 1.
	2	정명석	기독교복음선교회	M. S. 메시야	1980. 2.
	3	진성화	생령교회	참메시야	1960.
	4	박윤식	평강제일교회	생령, 아버지	1962. 11. 10.
	5	이창환	우주신령학회	성경해석	
	6	변찬린	성경의 원리파	성경해석	
	7	김건남	생수교회	생수	
	8	장영창	구세영우회	영통	
	9	장문국	통일원리파	새진리	

우리나라에서 발생한 이단 종파 중에서 전 세계로 영향력을 확대시켜 나간 이단이 통일교(www.tongil.or.kr)이다. 이들은 다른 이단에 비하여 매우 탄탄한 교리 체계를 가지고 있는데, 그것을 집대성한 것이 원리강론이다. 원리강론이 토대가 됨으로서 온갖 비판에도 불구하고 이들이 효율적인 대응을 하고 있는 것이다. 통일교는 정치, 경제, 사회, 문화, 교육 등에서 전방위적으로 활동하고 있는데, 이것이야말로 통일교를 지탱하는 주요한 요인 중의 하나이다. 통일교가 사람들을 포섭하는 주요한 도구가 있는데, 그것이 합동 결혼이다. 통일교는 문선명과 한학자의 1960년 4월 11일 결혼 이후에 2002년 2월까지 13억 2천쌍이 합동결혼을 했다고 주장하고 있으나 전세계 통일교인은 7만 명이 되지 못하는 것이 현실이다(박준철『빼앗긴 30년, 잃어버린 30년, 문선명 통일교 집단의 정체를 폭로한다』. 서울 : 도서출판 진리와 생명사, 2003).

통일교 계열 중에서 정통교단으로의 편입을 시도하는 사례도 나타났다. 2005년 박윤식(朴潤植)의 평강제일교회(www.pyungkang.or.kr)는 국내 최대 교단인 예장 합동측에 가입을 시도하다 총회에서 문제가 되어 가입 거부되었다. 이에 대한 총신대학교 교수들의 입장을 밝힌 성명서에 대하여 박윤식은 소송을 제기하여 진행 중이다.

그런가하면 기독교복음선교회(www.cgm.or.kr)의 정명석(鄭明錫)은 국내에서 온갖 추문과 스캔들을 일으키고, 해외로 도피하여 그곳에서까지 문제를 야기 시키다가 2007년 4월 중국에서 체포되어 2009년 6월 대법원에서 형이 확정, 사법적인 단죄가 집행 중에 있다.

(1) 세계평화통일가정연합(통일교)

< 개 요 >

구 분	내 용
공식 명칭	• 세계기독교통일신령협회(1954, The Holy Spirit for the Unification of World Christianty) • '세계평화통일가정연합'(1997년 4월), 교회 명칭도 '가정교회'로 변경함. • 2005년 교회 명칭을 '훈독교회'로 다시 바꿈. • 약칭으로 '무니즈(Moonies)', 또는 '통일교(Unification Church)'로 불리움. • www.tongil.or.kr
창시자	• 문선명(文鮮明, 1920-2012년 9월 3일(92세)
발생시기	• 1954년 5월 1일
발생과정 및 역사	• 문선명은 1920년 1월 6일 평북 정주에서 문경유와 김경계 사이에서 차남으로 태어났으며 본명은 문용명(文龍明)임. • 어려서부터 장로교회의 영향 아래에서 성장함. • 16세 때에 예수 그리스도께서 자기에게 나타나 자신이 이루지 못한 구속 사역을 완성시키도록 택하셨다고 주장함. • 1945년 4월 28일 최선길(崔先吉)과 결혼함(1957년 1월 8일 이혼). • 1945년 10월-1946년 4월(6개월간) 경기 파주군 소재 김백문의 이스라엘 수도원에서 이유성(새일교단 교주), 박태선(천부교)과 함께 교리를 배움. • 1960년 4월 11일 복중교(腹中敎) 신도였던 홍순애(洪順愛)의 딸인 한학자(韓鶴子, 당시 17세)와 결혼함. • 1963년 5월 31일 정부로부터 사회단체 등록함. • 1964년 8월 1일 문선명으로 개명(改名)함. • 1950년 12월 4일 평양에서 남하하여 부산에서 원리를 전파함. • 1954년 5월 1일 서울 성동구에서 "세계기독교통일신령협회"로 공식 출범. • 1970년 4월 15일 한국종교협의회에 가입함. • 1971년 예장 통합 56회 총회에서 사이비 종교로 결정함. • 1985년 기성 제40회 총회에서 이단으로 정죄함. • 1992년 7월 7일 자신이 세상을 구원할 '메시야'라고 공식 선포함. • 1997년 4월 '세계평화통일가정연합'으로 명칭변경, 교회도 '통일교회'에서 '가정교회'로 변경함. • 2005년 3월 4일 문선명은 "하나님께서는 이제 구세주요, 메시아요, 재림주요, 만왕의 왕 즉 평화의 왕이요 인류의 참부모되는 본인에게 전권을 전수하셨습니다"고 함. 또한 교회 명칭을 "훈독교회"로 바꿈. • 2005년 9월 12일 민간차원의 새로운 기구인 '천주평화연합(Universal Peace Federation)'을 창설함. 이 단체는 지구촌의 분쟁을 종식하고 평화를 실현한다는 목표 아래 세계 125개국의 전·현직 대통령 총리를 포함한 350명이 참여하는 민간 차원의 국제기구로 평화 경찰과 평화군의 설립도 추진하고 있음. • 2012년 9월 3일 죽음, 삼남 문형진을 이미 후계자로 지명함.

세계평화통일가정연합(통일교)(계속)

< 개 요 >

구 분	내 용
주요 경전	· 원리강론(原理講論) · 성경보다 1957년 출간된 원리강론(原理講論)을 더 중시하며 모든 교리는 이에 토대를 두고 있음 · 통일교는 시대를 3구분하여 구약과 신약, 그리고 문선명의 출생기인 1920년 이후의 성약으로 구분하고 현대인에게 필요한 것이 성약인 원리강론이라고 주장함.

< 교 리 >

신 론	· 하나님은 삼위일체가 아니며 성부로서만 존재함. · 하나님은 창조 이상을 이루지 못한 실패자임. · 하나님도 사람과 같은 존재임. · 하나님도 해방의 대상에 불과함. · 삼위일체는 본래 하나님, 아담, 하와였는데 아담과 하와의 타락으로 아담과 하와 대신에 예수님, 성령이 되었음. 그러나 진정한 삼위일체는 그리스도가 영적으로나 육적으로 참 부모가 될 때 나타날 것임.
기독론	· 예수는 한 인간으로서 그가 원죄가 없다는 것 말고는 우리와 다를 것이 없음. · 예수는 사생아요 하나님의 아들로서 사역을 완성하지 못한 양자임. · 기독교는 예수를 하나님으로 만드는 실수를 저질렀음. · 예수는 인간의 영적 구원만을 이루고 육적 구원을 완성하지 못한 실패자임 · 아담과 하와의 육체적 타락에서 구원해 줄 재림주가 문선명임. · 예수는 해 돋는 곳인 동방, 즉 한국으로, 육체로 재림할 것임(계 7: 2, 3)
성령론	· 성령보다 성신이라는 칭호를 사용하므로 성령 하나님을 부정함 · 성신은 여성적인 영으로서 참 어머니 이자 두 번째 이브임 · 타락해버린 자녀들을 선(善)의 자녀로서 다시 태어나게 하기 위해서는 참 아버지와 참 어머니가 있어야 하는데 그가 바로 성령임.

인간론
(타락론)
	· 모든 악의 세력은 인간이 잘못된 행동을 하도록 강요함.
	(1) 인류는 삼단계로 타락함.
	  ① 1단계 : 인정타락(認定墮落) : 하와와 천사장 루시엘의 영적 간음으로 불륜의 혈연관계로 더러운 악피를 만들어냄.
	  ② 2단계 : 결정타락(決定墮落) : 하와가 미완성기의 아담을 꼬여서 육적 인간음를 행함.
	  ③ 3단계 : 판정타락(判定墮落) : 가인이 아벨을 살해한 것임.
	(2) 하와와 가인의 타락은 모자타락(母子墮落)임.

세계평화통일가정연합(통일교)(계속)

< 교 리 >

구 분	내 용
구원론 (복귀론)	• 타락된 인간으로 하여금 창조 목적을 완성케 하기 위하여 창조 본연의 인간으로 복귀시키는 것이 구원임 • 예수의 육적 구원의 실패를 완성시킬 재림주가 문선명임 • 인류의 타락하여 유전된 악피를 가려내어야만 구원을 얻게 되는데 여기에서 '피가름의 원리'가 도입됨 • 결혼, 즉 가정을 이루는 것은 하나님의 왕국을 이 땅에 세우는 가장 중요한 수단임 • 예수의 죽음은 사명을 성공적으로 완수하지 못하도록 가로막음. • 구원은 행위에 근거한 과정으로서 우리를 미래의 부활로 이끌어 감. • 구원은 문선명과 그의 부인 한학자를 통해서 가능함. • 사탄까지도 해방시켜야 함. • 육체적 죽음은 죄의 결과가 아님. • 결혼은 하나님의 왕국을 이 땅에 세우는 가장 중요한 수단임. • 모든 사람이 결국에는 구원에 이르게 될 것임(보편적 구원론).
통일교의 사명	• 기독교는 통일교의 형님으로 가인임. • 하나의 원리로서 종교 통일을 목표로 한 혁명운동의 가능성도 이로써 알려진 것임. • 기독교를 통해서는 예수와 성령의 한을 풀고 통일교는 하나님의 한을 푸는 것임. • 문선명은 남녀를 초자연적으로 짝지어 줄 수 있음. • 한국어는 천국의 언어임.
통일교가 이단인 성경적 근 거	1) 성경은 2000년 전에 심령과 지능이 극도로 낮았던 시대에 과도기적인 교과서이며, 현대인은 고차원적인 내용과 과학적인 표현법에 의한 참성경인 성약성서(成約聖書), 즉 원리강론을 보아야 한다고 주장함 2) 구원론에 있어서 예수 그리스도가 실패했고 예수 그리스도의 구속을 부인함. 문선명이 구원을 완성한다고 주장하며, 그 매개체가 가정(합동결혼)을 통하여 이루어진다고 주장함(개인 구원이 아니라 가정 구원을 내세움) 3) 기독교의 성례전을 완전히 무시하고 지키지 않음 4) 예수 그리스도의 재림 장소, 재림 방법, 재림주의 모습을 자의적으로 해석하여 한국과 문선명 자신을 중심으로 전개함 5) 성(sex)을 강조하고 있음(피가름 교리)

세계평화통일가정연합(통일교)(계속)
< 합동결혼과 혈통복귀 피가름 의식 >

구 분		내 용
합동결혼과 혈통복귀 피가름 의식	합동결혼	(1) 1969년 4월 11일 문선명과 한학자의 결혼 (2) 2002년 2월까지 13억 2천 쌍이 합동 결혼을 했다고 주장함 (3) 그러나 전세계 통일교 교인은 모두 7만명이 넘지 못하는 것이 현실임 (4) 통일교에서 합동 결혼은 주요한 포교의 도구로 사용되고 있음
	합동 복귀 피가름 의식	(1) 의의 　가. 전체 복귀 섭리 역사를 탕감 복귀하는 복귀식(탕감식)으로 첫째날은 구약시대(타락한 아담, 구약권)의 복귀식이며, 둘째날은 신약시대 예수님 입장을 탕감 복귀하는 의식이고, 셋째날은 복귀된 신랑으로서 신부를 재창조하는 의식임 　나. 문선명 참부모님에 의해서 다시 태어나는 조건을 세우는 탕감 의식으로 아내가 먼저 복귀되어 남편을 다시 낳도록 하는 가정을 의식으로 통과하는 탕감의식임 (2) 조건 - 합동결혼식 후 40일 동안 부부관계를 하지 않고 성별 생활을 한 부부가 통일교 목사에게 축도를 받고 3일간 혈통 복귀 피가름 행사를 하는 것으로 반드시 하루에 한번 해야 하며 하루에 2번 하여도 재타락한 결과가 되어 죄인이 되는 것임 (3) 행사 　가. 제 1일 - 남편이 아내에게 3배 경배(어머니 나를 낳아 주십시오 라는 심정으로) 　　　　　　- 아내가 어머니 입장에서 기도함 　　　　　　- 아내 상위로 사랑행위 함 　　　　　　- 성행위 후 남편이 아내에게 1번 경배(어머니 나를 낳아 주셔서 감사합니다 라는 심정으로) 　나. 제 2일 - 아내 상위로 부부관계를 해야 구원 받음 　다. 제 3일 - 남편과 아내가 마주보고 맞절 3배를 함 　　　　　　- 남편 상위로 부부관계를 함 　　　　　　- 관계 후 아내가 남편에게 1배 경배함 (4) 통일교에서 정해준 원리, 방식으로 의식을 진행하여야 하며 만약 위반했을 시는 실패한 것이 되므로 탕감봉으로 매를 맞고 천국 구원은 깨어지며 7년 동안 금욕생활을 하여야 함 (탕감봉은 결혼 예식 후에도 거행하는데 신부와 신랑이 각각 상대방을 3번 때리는 의식을 거행함)

※위의 내용은 <박준철, 『빼앗긴 30년, 잃어버린 30년, 문선명 통일교 집단의 정체를 폭로한다』. 서울 : 도서출판 진리와 생명사, 2003>의 도서에서 참조함.

세계평화통일가정연합(통일교)(계속)

< 관련 단체 >

구 분	내 용
기업체	• (주)통일(자동차부품, 기계류), 한국티타늄(티타늄), 한국와콤전자(유통업), 순전단흠(정동원). (주)진화인쇄(인쇄업), (주)일신석제(시공), (주)정진화학(금속표면처리), 일원보석공예(금속가공, 폐수약품), 무빙서비스 익스프레스(이사전문기관), (주)통일실업(신사복: 크리스챤베르나르 알베르토), 일성종합건설(건축업), 선도산업(도자기 생산), (주)한국티타늄공업(각종 도로원료) (주)일홍(유통, 오징어채, 식품), 남경물산(유통업, 농수산물), 삼원예복(예복 제조업), (주)일신석재공업(건축용자재, 대리석가공), (주)일성종합건설(토목건축설계), 선도산업(도자기연와), (주)세일로(가발, 전자, 피혁), (주)적성사업(골재채취), (주)우창흥업(황환채), (주)홍상목재(목재수입, 가구제작), 홍영LOE(수산물 가공), (주)일홍부산사무소, (주)홍영수산(원양어업), (주)삼정수력(발전기), (주)일상일상경조(조경, 농예, 부동산관리), 성일기계상사(기계류판매), (주)통일서울대리점(기계류 판매), (주)우리몰, 성신상업투자(증권), 영도산업, 해피월드 서울지사(일본의 판매망), (주)마칸드라수산(해운업)
기 관 및 단 체	• 세계평화통일가정연합, 한국문화재단(리틀엔젤스 운영), 한일문화교류협회화협(소비자조합), 미국연수회(미국연수생 모집, 교육), 국제승공연합(통일교반공단체), 중앙훈련소(문선명 집단 수양시설물), 청평훈련소(문선명 집단 수양시설물) 세계원화은협회 중앙수련회(일선 목회자, 교사원화도 교육), 국제순회사실, 국제연수원, 대모님기념관, 부인연합, 뿌리찾기연합회, 세계선교본부여성연합(박봉애), 역사편찬위원회, 용인연수원, 원화도, 중앙노동경제연구원 중앙수련원, 청평기도원, 크리스챤교수협의회, 통일스포츠, 세계평화교수협의회 국민연합, 전본무교회, 제주국제연수원, 종교협의회, 승공교육훈련소, 초교파기독교협의회(교회침투), 대한예수교장로회(총화, 교회침투), 대한예수교장로회(연합, 교회침투), 남북통일운동국민연합, 남북통일학생전국연합회, 전국대학교수학생남북통일운동연합, 국제패밀리회, 국제여성승공연합, 혁선교회(CMR), 세계평화무술인연합.

세계평화통일가정연합(통일교)(계속)

구 분	내 용
문 화	· 유니버설발레단, 리틀엔젤스 예술단, 평양학생소년예술단, 참가정문예단.
학교 및 교육	· 선문대학교, 선문학원, 선화예고, 선정중고교, 향토학교, 경복초등학교, 선화여중, 브리지포트대학, 통일신학교(UTS), 통일사상연구원, 세계대학원리연구회, 전국대학원리연구회(문선명 원리강론 교육), 국제기독학생연합회(크리스챤 학생 포섭), 세계평화기술연구소, 남북통일문제 연구소, 한국뉴세라믹연구소.
언 론	· 세계일보사(일간지 발행), 워싱턴 타임스, UPI통신, 종교신문사(종교신문 발행) (주)성화출판사(출판), 성화사(자체홍보물제작), 통일세계(출판), 새가정모화연구회, 청파서림(통일교관련서적판매), 성동문화사(인쇄), 신명출판사, 도서출판 주류, 도서출판 일념, 월간 광장, 월간 초교파, 월간 타임즈.
스포츠, 레저	· 성남일화천마축구단, 금강산국제그룹, 브라질축구유학원, 일성콘도, 설봉호텔, 와이키키호텔, 세일여행사, (주)일성레저(숙박서비스, 콘도분양), 부곡콘도(콘도미니엄), (주)뉴동진여행사, (주)세진(호텔영업).
식료품 및 일화의 취급제품들	· 천연사이다. (주)일화(맥콜, 삼정톤, 진생업, 우황청심환, 너트밀, 초정탄산수), 하이쌕 포도 오렌지, 삭삭 갈은 배, 홍지원, 미소화이바, 매쉬, 탑씨오렌지, 포도파인, 매실소다, 비엔트, 민속식혜, 대추, 생솔, 참 우롱차, 매실사이다. 알로에마을, 푸른 매실, 크린베이알파(구충제), 해주로(숙취제거제), 마시는 자일리톨, 식스터스(발관리제), 림프리티.
기 타	· 성화카텔(인테리어), 문희중한복연구소(한복), 보광예복(예복), 세일스튜디오, 성화침구, 도원디자인프로덕션, 통일교 동호회 참사랑, (주) 참스마트.

※ 대한예수교장로회총회 이단사이비문제상담소. 『이단사이비연구보고서』. 상담소자료집10. 서울: 대한예수교장로회총회 이단사이비문제상담소. 2003. pp.56-58

(2) 평강제일교회(구 대성교회)

< 개 요 >

구 분	내 용
명 칭	• 구 대성교회(大聲敎會, 1977), 평강제일교회(平康第一敎會, 1995) • www.pyungkang.or.kr
창시자	• 박윤식(朴潤植, 1928-)
발생시기	• 1962년 11월
발생과정 및 역 사	• 박윤식은 1928년 5월 17일 황해도 서흥에서 출생함. • 1960년 3월~1961년 7월 동마산 감리교회에서 1년 4개월간 서리전도사 시무함(기독교대한감리회 총리원 서무국 발행 연회록 임명기, 감리교 생활 23권 10호 참조). • 1962년 교회 개척, 가정예배 시작함. • 1964년 10월 용산구 원효로에서 전세교회로 운영함. • 1966년 11월 예장 호헌 총회 신학교 본과 졸업함. • 1967년 2월 목사안수 받음. • 1969년 9월 대방동 예배당 신축, 시온산 한돌교회라 함. • 1971년 11월 신림동으로 이전, 일석교회(一石敎會)라 함. • 1977년 7월 노량진에 교회 신축함. • 1977년 7월 7일 대성교회(大聲敎會)로 교명 변경함. • 1979년 7월 14일 예장 호헌측에서 제명 조치 당함. • 1982년 예장 합동보수 서울 남노회로 교단 변경. • 1991년 예장 통합 제76회 총회에서 이단으로 정죄함. • 1992년 5월 오류동으로 이전함(6만여평, 30여개의 부속 성전). • 1992년~1993년 예장 합동보수 제77회 총회에서 총회장 지냄. • 1994년 2월 18일 국제종교문제연구소 탁명환(卓明煥) 소장을 박윤식의 운전사이며 신학생인 임모씨가 살해함. • 탁명환 사건 후 박윤식을 옹호하던 합동보수 총회에서는 대책위원회를 구성, "대성교회가 사회와 교회, 교단에 물의를 일으킨 데 대해 총회에서 지시한 내용을 이행치 않았기 때문에 제명키로 했다"고 밝힘. • 1995년 1월 평강제일교회(平康第一敎會)로 교회 명칭 변경함.

평강제일교회(구 대성교회)-(계속)

구 분	내 용
발생과정 및 역 사	· 1996년 예장 합동 제81회 총회에서 이단성이 있다고 결정함. · 1997년 8월 세계선교 300교회를 돌파했다고 주장함. · 2001년 10월 위성방송 시작함. · 2005년 6월 담임목사는 이재현에서 유종훈으로 바뀌었으며, 50여명의 교역자와 6만 여명의 교인이 있는 상태임. · 2005년 9월 예장 합동 제90회 총회에서 이단 재확인 됨. 또한 합동측에 가입하려다가 총회에서 거부, 불발됨. 합동측 총회는 총신대학교 교수 일동의 '평강제일 박윤식 연구보고서'를 채택, 박윤식이 명백한 이단임을 다시 확인함.

< 교 리 >

기독론	· 예수께서 이 땅에서 죽으신 것은 하나님의 영이 아님.
타락론	· 하와가 뱀과 성관계를 맺어 가인을 낳았다고 함. · 인간이 타락한 후 월경이 생겼고, 이 월경하는 여인의 입장에서 탈출하는 것이 구원이라고 주장함.
창조론	· 에덴동산은 인간의 마음을 가리킴. · 아담은 미생물로부터 발아된 생명의 맨 윗가지에 핀 꽃으로서 창조적 진화한 상향의 끝이 아담의 생령이고, 생령이 하향한 밑바닥의 근저는 물질이라고 함으로써 진화론적 창조론을 말하고 있음.
계시론	· 자신이 지리산에서 3년 6개월 동안 기도하다가 비밀 말씀을 받았으므로 말씀의 아버지라고 주장함. · 자신의 설교는 지리산의 계시인데 그 비밀은 성경주석에도 없다고 하여 성경을 왜곡하고 직통계시를 받는 것으로 말함. · 박윤식이 받았다는 계시는 대부분 통일교 출신 변찬린의 저서인 '성경의 원리'로부터 인용, 표절한 것임.
교회관	· 진리는 사망이요 말씀은 생명이란 틀을 가지고 있음. · 이는 진리 차원에서 벗어나 말씀 차원에 이르지 못하면 결국 사망이라고 함으로써 정통교회를 부정하고 있음.

(3) 생령교회

< 개 요 >

구 분	내 용
명 칭	· 생령교회(生靈敎會, 생령단회) · www.saengyoung.com
명칭의 의미	· 생령(生靈)이란 창 2:7의 "여호와 하나님이 흙으로 사람을 지으시고 생기를 그 코에 불어 넣으시니 사람이 생령이 된지라"라는 성구(聖句)에 근거를 둠. · 생령이란 영육(靈肉)이 아울러 살아 있는 존재인데, 하담과 하와가 타락하므로 육적으로는 살았으나 영적으로는 죽은 입장임(겔 18:20 ;롬 5:12). · 생령은 타락으로 영적 죽음에 처하게 된 인류가 반드시 회복해야 할 하나님의 형상을 닮은 창조 본연의 인간형이며, 생령교회는 이를 회복시키는 교회라고 주장함.
창시자	· 진진화(1932?-)
발생시기	· 1960년
발생과정 및 역 사	· 1960년 진진화가 통일교에서 이탈하여 새 출발함. · 1964년 12월 12일 말씀 선포. · 1965년 3월 1일 원리 이력론(理力論) 초판 발행함. · 1966년 1월 10일 메시아론 필사본 완료함. · 1974년 10월 20일 생령교회 창립함. · 1976년 12월 백운대에서 '정산회(情山會)' 결성함. · 1977년 1월 1일 진진화의 칼럼집 '○의 소리' 초판 발행함. · 1978년 5월 제1회 원리 강사 수련회 개최함. · 1980년 1월 12일 원리 재판 발행함. · 1980년 2월 12일 메시아론 초판 발행함. · 1987년 25쪽 분량의 '새노래' 펴냄. · 1989년 8월 15일 이력론 초판 발행함. · 1996년 7월 1일 이력론 영역본 발행함. · 2001년 7월 이력론 원본 발행함. · 2004년 현재 '생령신학원'과 22개의 지회가 운영되고 있음(5월 22일 인터넷 사이트 참조).

생령교회(계속)

구 분	내 용
성서 이외의 경전 및 저작물	• '이력론'(理力論, 1965) • 진진화의 칼럼집 '○의 소리'(1979) • 찬송가 '새노래'(1987) • 진진화의 설교모음집 '말씀'(1975)
종교생활의 지침	• 생활 기도의 신념화(信念化) • 생활 예배의 생장화(生長化) • 생활 봉사의 의무화(義務化) • 생활 전도의 사명화(使命化)
미망인 축복 행례	• '기혼자 축복'과 더불어 '미망인 축복 행례(未亡人祝福行禮)'라는 특이한 행사를 가지고 있음. • 미망인 축복 행례는 신 18:11-12을 근거로 과거의 남편이나 아내의 영혼을 불러서 함께 축복하는 특이한 행사로 통일교의 '합동결혼식'과 유사한 것으로 보여짐.

< 교 리 >

창조론	• 하나님의 창조는 어떤 도구적 공작이 아니라 본체의 조화 운동임. • 하나님은 진화적인 존재임. • 하나님은 자창자조(自創自造)의 시원격자(始元格子)로서 창조주라 부르며, 친히 시작과 끝이라고(사 41:4) 함.
신 론	• 하나님은 상대성 즉, 이성상(二性相)으로 계신다고 함. • 하나님은 자기 형상을 닮게 하기위하여 사람을 일남일녀(一男一女)로 창조하셨는데, 이 말은 피조 세계가 상대적으로 창조되었음을 의미하고, 하나님은 남성상과 여성상, 곧 2성(二性) 2상(二相)의 합성 일체인 이성상(二性相) 존재임을 알 수 있음. • 하나님은 사람임(창 1:26). 사람이기 때문에 사람을 지으심. • 인간도 다 신(神)이며, 하나님의 분체(分體)임(시 82:6). • 하나님도 결혼하는 존재임.

생령교회(계속)

구 분	내 용
삼위일체론	• 하나님은 진화적인 존재로서 하나님 자체가 진화함으로서 셋이 됨. • 성부(聖父)는 거룩한 아버지, 곧 하나님이심. • 성자(聖子)는 하나님의 아들로 남성적 주체성을 닮아서 태어난 말씀 실체임. • 성령(聖靈)을 성부(聖婦)라고 하며, 성부(聖婦)는 여성신(女性神)으로서 하나님의 여성상을 닮아 태어난 말씀 실체임. • 성령은 예수님의 영적 재림(행 2:2)임. • 성령은 신부(新婦)인데, 예수가 후 하와격인 신부와 새언약을 거행하였으나 십자가로 인하여 아내로 맞지 못하고, 신부만 땅(陰)에 남겨두고 가셨던 것이라고 함.
타락과 원죄론	• 타락은 존재가 본 위치에서 이탈한 것으로 아담과 하와가 선악과를 따먹었다는 것은 하나님의 계명을 불신하고 하나님이 허락하지 않는 기간에 불륜의 관계를 맺었다는 것이라고 함. • 뱀은 곧 천사요 천사는 사람임. • 사탄은 타락한 인간임. • 원죄를 부정함.
구원관	• 십자가는 실제 십자가형의 사형구가 아니라 죄와 우상과 무지와 사망이며, 타락한 인류의 죄를 상징으로 현상 실체화 한 것임. • 예수는 지상천국 건설에 실패했음. • 예수의 죽음은 하나님의 뜻이 아니며 인간의 무책임으로 인한 결과임.
엘리야의 강림론	• 엘리야는 자신의 사명을 다하지 못했음. • 세례 요한은 엘리야로서의 사명을 다하지 못했음.
부활, 심판, 영원	• 영원은 원형(圓形)으로 직선적인 통행이 아니라 원형 운동이며, 원형 운동이므로 인간은 상대적인 존재임. • 예수의 부활은 아담의 환생(還生)임. • 심판은 자신의 일상생활의 모든 일들에 대하여 실제적으로 받는 보응(報應)임.
○의 소리	• 모든 존재는 ○에서부터 출발함. • 자연계에 있는 모든 존재는 ○적인 존재를 모태로 하여 창조됨. • ○적인 존재는 하나님이신데, 셈으로 센다면 '하나'이며, 하나에다 접미사 '님'자를 붙여 '하나님'이 된 것임.

(4) 기독교복음선교회

<개 요>

구 분	내 용
명 칭	· 애천교회(1980) · 국제크리스챤연합(1980년대 중반) · 기독교복음선교회(1999년 10월 15일) · www.cgm.or.kr
창시자	· 정명석(鄭明錫, 1945-)
발생시기	· 1980년 12월
발생과정 및 역 사	· 정명석은 1945년 2월 17일 충남 금산에서 정관성씨의 4남3녀 중 셋째 아들로 출생함. · 초등학교만을 졸업하고 신비적인 현상에 관심이 커서 용문산 기도원(나운몽)에서 세상을 등지고 약 20여 년간을 기도와 성경공부를 하면서 보냈다고 함. · 40세가 될 무렵 통일교에 입문, 국제승공연합에서 강사 요원으로 2년 동안 활동함. · 1980년 통일교를 탈퇴하고 신촌에서 교주 정명석, 김기회, 안구현, 서인순, 김형만 등 신촌 5형제에 의하여 애천교회가 창립됨. · 교세가 확장되자 본격적으로 서울대학교를 중심한 대학에 침투하여 동아리를 조직하고 각종 포교활동을 벌여 교세를 확장시킴. · 1982년 5월에는 애천교회 대신 '대한예수교장로회 애천교회'라는 명칭을 사용함. · 1983년에는 '한국성경통신대학'의 졸업장을 위조하여 예수교대한감리교회에 가입하여 '예수교대한감리회 애천교회'로 명칭 변경함. · 1983년 '세계청년대학교 MS연맹'을 출범시킴(자신을 Jesus Morning Star 라고 함). · 1999년 10월 정명석은 사회에서 도덕적 윤리적으로 문제가 제기되자 명칭을 '대한기독교복음선교회'로 바꾸고 '섭리신학교'를 운영하며 포교를 강화하고 있음. · 1991년 예장 고신 제41회 총회에서 이단으로 정죄함. · 2001년 예장 통합 제86회 총회에서 반 기독교적 이단으로 정죄함. · 2008년 예장 합동 제93회 총회에서 반 기독교적 이단으로 정죄함.

기독교복음선교회(계속)

< 교 리 >

구 분	내 용
성령론	• 기성교회는 성경을 시대성과 과학성을 고려하지 않고 문자적, 교리적으로만 성경을 해석하는 잘못을 범하고 있다고 주장함. • 성경을 풍유적, 자의적으로 해석하여 성경의 본 뜻을 왜곡함.
교회론	• 유대교는 영적인 실패자요 신약시대는 성령이 실패하였으며 기독교는 영적인 실패자로서 기독교에 희망이 없음. • 정명석이 요시아 왕처럼 하나님이 보낸 자이므로 기독교가 자기에게 무릎을 꿇으리라고 함.
삼위일체론	• 성부, 성자, 성령은 각 위로서 하나가 아니라고 함. • 삼위는 아버지(성부), 어머니(성령), 아들(성자)로 인간의 가정 관계와 같다고 함. • 예수의 신성과 육체적 부활을 부인함. • 예수의 사역은 미완성으로 끝났다고 함.
그리스도의 부활과 재림	• 부활을 믿되 영이 다른 사람의 육신에 재림하는 것을 재림 부활이라고 주장하고 엘리야는 요한의 몸에 재림 부활 하였기에 몸은 요한이지만 실제로는 엘리야로 세례 요한은 요한과 엘리야 둘이라고 함. • 육신의 부활이란 행실의 부활이라고 말하며 예수의 부활은 영의 부활로 육의 부활을 부정함, 불교의 윤회설은 재림 부활의 결과임. • 엘리야의 영이 세례 요한에게, 모세의 영이 예수에게 재림하듯 재림주는 육신으로 다시 오는 것이 아니라 시대적 중심인물을 선택하여 예수의 영의로 재림하여 협조하므로 정명석 자신이 바로 이 시대의 보냄을 받은 자라고 주장함.
구원론	• 영과 육의 성관계를 통한 타락의 경로로 인하여 기독교에는 구원이 없다고 함. • 인간이 죽은 후에도 구원을 받을 수 있는 길은 바로 자신, 정명석을 믿는 것이라고 함.
인간론	• 인간의 타락에 관하여 선악과는 하와, 나무 열매는 번식을 의미하며 하와를 번식시킬 수 있는 것은 그의 생식기임. • 선악과는 여자의 생식기를 비유한다고 가르침.

2. 전도관(박태선) 계열
< 개 괄 표 >

분류	번호	교주명	명 칭	신앙적 문제점	발생시기
박태선 계열	1	박태선	한국천부교	동방의인, 신앙촌	1955. 7. 1.
	2	조희성	영생교승리제단	재림주	1981. 10. 10.
	3	이영수	한국기독교에덴성회	재림주	1973. 11. 17.
	4	김종규	대한기독교이삭교회	재림주	1966. 4. 4.
	5	유재열	대한기독교장막성전	재림주	1972.
	6	구인회	천국복음전도회	재림주	1979. 9.
	7	김풍일	새빛등대중앙교회	재림주	1980. 3. 14.
	8	이만희	대한예수교신천지교회	무료기독신학	1980.
	9	이현석	한국기독교승리제단	재림주	
	10	노광공	기독교대한개혁장노회	재림주	1954.
	11	김순린	한국중앙교회	재림주	
	12	천옥찬	대한기독교천도관	재림주	1974. 5. 19.
	13	계정렬	산성기도원	재림주	1960. 5. 11.
	14	장영실	백마십자군	백마	
	15	최규원	천사마귀교	천사	
	16	최총일	하나님의 장막	재림주	1979.

　한국 이단 계파 중에서 가장 많은 분파를 이루고 있는 것이 전도관(www.chunbukyo.or.kr) 계열이다. 이렇게 되어진 원인은 전도관이 처음부터 집단을 이루어 출발하지 않았다는 점, 문제를 끊임없이 야기하여 사회적으로 질타를 받았다는 점, 교리적으로 이론의 뒷받침이 되어지지 않은 점, 교주 박태선(朴泰善)의 사후(死後), 지리멸렬한 승계 작업 등을 들 수 있겠다.
　이들 분파 중에서 현재 교회에서나 사회적으로 가장 많은 문제를 야기 시키고 있는 분파가 조희성(曺熙星)의 영생교 승리제단(www.victor.or.kr)과 이만희(李萬熙)의 신천지 예수교증거장막성전(www.shinchonji.org)이다. 영생교승리제단은 교주 조희성이 이탈 신도 20여명을 죽여 암매장을 한 것을 배후 조종한 혐의로 구속 재판 중에 2004년 옥사(獄死)함으로서 현재는 잠잠한 상태이다. 신천지 예수교증거장막성전은 사회적 일탈뿐만 아니라 정통교회에까지 수하교인을 침투시켜 성도를 포섭하는 행위를 함으로서 교회들을 긴장시키고 있다. 이들은 성도들이 판별할 수 없도록 명칭을 끊임없이 변경시키고 포교방법이나 교육적인 내용도 진화하고 있는 상태이므로 성도들이 각별하게 주의해야 할 것이다.

(1) 한국천부교(天父敎, 전도관)

< 개 요 >

구 분	내 용
명 칭	• '한국예수교전도관부흥협회'(1955), 약칭 '전도관(傳道館)'으로 불리움. • 1980년 '한국천부교(天父敎)'로 명칭 변경함. • www.chunbukyo.or.kr
창시자	• 박태선(朴泰善, 1917-1990)
발생시기	• 1955년 7월 1일
발생과정 및 역사	• 박태선은 1917년 평북 덕천에서 박영진과 김천태 사이에서 출생함. • 1931년 14세에 소학교를 졸업하고 일본으로 건너가서 공부하다가 2차 대전이 발생하자 1944년 귀국함. • 1945년 서울 남대문 교회에서 신앙생활을 하다가 1948년 창동교회(김치선)로 옮겨서 장로 안수 받음. 이 시기 김백문에게 사사 받았다고 함. • 1948년 남대문 교회에서 이성봉 목사 부흥회 참석 중 성령 체험함. • 1950년 6·25 이후 피난하지 못하고 서울에서 숨어 지내다가 생수의 은혜를 체험했다고 주장함. • 1951년 1·4후퇴 중 피난하다가 평택에서 이슬이 쏟아지고, 피 흘리는 주님을 만나 피를 받아 마시고 '피가름'하는 체험을 했다고 주장함. • 1954년부터 전국에서 부흥회 인도함. • 1955년 1월 1일-7일에 무학교회의 집회를 인도한 것을 계기로 대구, 부산, 한강 백사장 집회 등에서 기성교회에 계속적으로 물의를 일으킴. • 1955년 4월 4일 '한국예수교전도관부흥협회'를 결성 조직함. • 1955년 6월 칼빈의 예정론을 부정하고 장로회를 비난하며 탈퇴함. • 1955년 7월 '한국기독교교회협의회'는 전도관 운동에 대하여 '사이비 종교운동'이라는 성명서를 발표하고 이단성과 교리적 탈선을 규탄함. • 1955년 9월 기존의 신문을 인수, 신앙신보(www.theweekly.co.kr) 발행함. • 1956년 2월 15일 대한예수교장로회 경기노회는 전도관 운동을 이단으로 규정하고 정죄하였고, 제41회 장로교 총회에서도 정죄함(예장 합동, 통합 교단이 분리 전, 하나의 총회로 있을 때 임). • 1957년 3월 18일 남녀 12명의 혼음사건이 발생하여 사회적 물의 야기했으며, 6월 자신이 요한계시록의 감람나무, 10월에 동방의 의인이며 전도관에만 구원이 있다고 주장함. • 1957년 경기도 소사, 1962년 덕소, 1970년 경남 기장에 신앙촌 건설함. • 1959년 3월 교파명을 '한국예수교총회'로 개칭(改稱)함. • 1975년 6월 11일 박태선의 장남 박동명 사건 발생함. • 1980년 8월 명칭을 '한국천부교(天父敎)'로 개칭하고 자신이 '새 하나님'이라고 주장함. 또한 십자가를 철거하고 비둘기상을 설치함.

한국천부교(天父敎, 전도관)(계속)

구 분	내 용
발생과정 및 역사	· 1980년 12월 부부관계를 죄악으로 규정함. · 1981년 1월 여신도들에게 '섹스안찰'이라는 비밀의식을 거행함. · 1983년 2월 20일 한국예수교 전도관 정화대책위원회가 내부로부터 결성되어 분파가 시작되는 계기가 됨. · 1990년 2월 7일 박태선 사망한 이후 급격히 교세는 쇠락하였고, 부침을 거듭했으며, 1954년 동방교(노광공), 1966년 장막성전(유재열), 1981년 영생교(조희성) 등의 20여 종파로 분열, 분파됨. · 2010년 3월 현재, 홈페이지에 의하면 명칭도 천부교(天父敎)만으로 되어있으며 전국에 127개, 미국에 4개의 교회를 운영하고 있음.

< 교 리 >

전도관의 기본원리	· 오묘원리(奧妙原理)를 주장함. · 이는 성경의 예수 그리스도를 중심한 구원사적(救援事的) 교리 대신에 박태선을 기대로 한 천년성의 복귀론을 의미함. · '오묘'란 명칭은 골1:26의 '무스테리온'의 인용인데, 감추었던 비밀 곧 오묘인데 그것이 박태선에게 나타났다고 주장함. · 박태선은 이것을 평택 피난생활 중에 받은 그리스도 보혈이라고 주장함.
창조론	· 태초부터 하나님을 대적하는 악의 세력이 있었다고 주장함. · 태초에 하나님은 '3씨'종자(種子)를 가졌다고 함(롬 9:29). · 그 씨는 첫째 독생자 예수님, 둘째 동방의 의인인 이긴 자, 셋째는 전도관의 박태선이라고 주장함.
타락론	· 선악과를 하와가 따먹음으로써(창 3:7) 순수했던 피가 변질됨. · 따라서 원죄는 아담과 하와가 선악과를 따먹은 죄이며(롬 5:12-14), 피가 더러워진 것임. · 더러워진 피는 후손인 인류에게 유전되어 악만 나오게 됨. · 아담의 타락 내용은 아담과 하와와의 부부간의 성교문제를 두고서 하와와 뱀과의 간통문제로서 발원한 범죄라고 주장. · 에덴동산의 선악과를 뱀이 하와에게 먹였다는 것은 하와의 육체상 처녀정조(處女貞操)를 뱀에게 빼앗긴 것으로 인류는 이로부터 뱀의 혈통성을 받은 것이라고 함.

한국천부교(天父敎, 전도관)(계속)

구 분	내 용
구원론	• 성적(性的)으로 타락하며 더러운 피가 섞여 있는 자들이 동방의 의인, 이긴 자, 감람나무를 통하여 구원을 받는다고 주장함. • 동방의 의인 구원설은 사 41:2의 근거를 두고 한국이라고 주장함(사 41:25). • 이긴 자의 구원은 감추었던 만나를 맡아주는 자요(계 2:17), 만국을 다스릴 권세를 가진 자요(계 2:26), 주님의 보혈을 먹여 주는 자인 박태선이라고 함. • 감람나무는 온갖 권세를 가진 자인 박태선이며 이를 통하여 구원을 받을 수 있다고 함.
성령론	• 인간의 타락으로 인한 더러운 피를 정화시킬 필요가 있다고 주장함. • 죄는 피를 통하여 유전되는데, 주님은 내 피를 마셔라 그 속에 생명이 있다고(요 6:53) 했으므로 그 피를 마셔야 한다고 함. • 주님의 피는 다른 보혜사 성령으로 임하셨는데, 불, 물, 피의 세 증거의 성령이라고 함. • 그러므로 성령을 넘치도록 받은 좋은 사람의 죄를 사할 수도 있고 정할 수도 있는데, 그 성령을 박태선씨가 받은 그리스도의 보혈을 뜻하고 있으므로 박태선씨가 그 역할을 할 수 있다고 주장함.
종말론	• 감람나무가 나타나면 말세인데 그 감람나무인 박태선의 출현으로 지금이 말세라고 함. • 말세는 악조건(惡條件)과 호조건(好條件)이 있는데 호조건에는 14만 4천명 외에도 헤아릴 수 없는 무리가 구원을 얻고(계 7:9), 악조건에는 14만 4천명만 천년성에 들어간다고 함. • 박태선씨가 심판자라고 함. • 부활에 관하여는 첫째 부활과 둘째 부활을 말하는데, 첫째 부활은 전도관의 이전 순교자들과 박태선씨를 믿는 현재 전도관의 무리이며, 둘째 부활은 신앙촌의 천년성에 사는 자들이라고 함.

한국천부교(天父敎, 전도관)(계속)

구 분	내 용
전도관의 주장	• 박태선은 영모(靈母, Spiritual Mother)이며 동방의 의인(사 41:2)이라고 함. • 박태선은 슥 4:11-14, 계11:4에 기록된 감람나무이며, 말세의 하나님의 전권대사라고 주장함. • 성령은 감람나무이며 감람나무는 박태선이니 삼위일체의 일부분인 성령임. • 천국은 천년세계, 곧 새 예루살렘인데, 그것이 바로 신앙촌이라고 주장함(계 21:2-10). • 교역자의 임명에 안찰 안수를 시행했는데, 안찰이란 죄를 지적하고 죄를 사하고 성령을 물 붓듯이 부어주는 이긴 자의 권능임. • 신앙촌은 죄가 없는 곳이며 이곳에서 죄지은 사람은 죽으며 죄 짓지 않는 자는 영생하는 곳이라고 주장함.

< 분 파 >

분 파	• 박태선이 1990년 2월 7일 사망 후 20여개의 분파로 나뉘는 결과가 발생함. • 1953년부터 박태선 집회를 참석하던 노광공은 1954년 동방교를 창설 활동하다가 그가 죽자 그의 아들 노영구가 이끌면서 현재는 '그리스도선교회'란 명칭으로 포교하고 있음. • 유재열은 1969년 10월 장막성전을 창설하여 활동함. • 구인회는 1972년 재림예수라고 주장하고 천국복음전도회, 새예루살렘교회로 개칭 활동하다가 1979년 2월 29일 사망하자 최총일이 자신이 선지자라고 주장하며 활동함. • 이영수는 1973년 11월 '한국기독교에덴성회'를 창설하고 자신이 감람나무임을 내세워 교세를 확장해 나가고 있음. • 김풍일은 1979년 9월 자신을 보혜사 성령이라고 주장하고 실로성전을 창설했으며 현재는 새빛등대중앙교회란 명칭으로 활동함. • 조희성은 1981년 8월에 영생교 하나님의 성회를 창설함. • 장막성전에서 이탈한 이만희는 1984년 3월 안양에 별도의 단체를 만들고 신천지교회를 설립 활동함.

(2) 기독교대한개혁장노회(동방교)

< 개 요 >

구 분	내 용
명 칭	• '대한예수교가정예배소', '밀알복음전도회', '이래교', '이래할아버지교', '참길교' 등으로 불리움. • 기독교대한개혁장노회(1969년 10월 30일) • 약칭 '동방교(東方敎)'로 불리움.
창시자	• 노광공(盧光公, 1914-1967)
발생시기	• 1954년
발생과정 및 역 사	• 노광공은 평북 평원에서 1914년 1월 13일 출생. • 겸이포 초등학교, 의명중학교를 졸업. • 1944년 하전관윤(下田觀允)으로 개명하고 고등계 형사부장의 친일파로 활약하면서 민족 운동가를 투옥함. • 해방이 되자 월남하여 경기도 경찰국에 근무하다가 안동에 거주함. • 1953년부터 박태선의 집회에 참석함. • 이 시기에 노광공은 대구 신천동에 동방교회를 세우고 감리교로부터 서리전도사로 파송 받았으나 얼마 후 목사로 호칭하고 집회를 열고 다님. • 1956년 감리교에서는 제명 처분을 내림. • 1956년 대한예수교장로회 제41회 총회에서 이단으로 정죄함. • 노광공은 자기를 따르는 신도들을 규합하여 집회를 갖다가 1959년 8월 여학생 신도에 관한 간음 사건으로 구속됨. 10월 병보석으로 풀려난 노광공은 은신생활을 하다가 사망진단서를 허위로 제출함. • 1964년 10월 부산의 고아원 집회에서 자신은 노광의 쌍둥이 형제인 노두산(盧頭山)이라고 주장함. • 노광공은 은신생활을 하면서 비밀리에 포교활동을 하다가 1967년 7월 26일 당뇨병으로 사망함.

기독교대한개혁장노회(동방교)(계속)

구 분	내 용
발생과정 및 역사	· 아들 노영구(盧英龜)는 1940년 1월 29일 평북 평원에서 출생함. · 경북대 사범대와 고려대 경영대학원을 졸업함. · 1956년 노영구는 피해자들과 같은 위치에서 동방교의 박멸운동에 나섰으나 간부들의 설득으로 전향, 교주의 위치에 앉게 됨. · 1969년 10월 30일 '기독교대한개혁장노회'법인 등록함. · 1971년 성봉신학교(聖奉神學校)를 설립함. · 1973년 동방교 전면수사와 1974년 5월 재단법인 취소로 지하로 잠적하였고, 재단법인 '밀알복음전도선교회'는 재단법인 '한국그리스도선교회'로 개칭, 소수만이 명맥을 유지하고 있음.
성서 이외의 경전	· 노광공의 설교집을 엮은 '경화록(慶和錄)'을 성경보다 더 권위 있게 생각함.

< 교 리 >

구 분	내 용
신 론	· 노광공 교조(敎祖)를 성부 하나님으로서 심판주로 주장함. · 노광공을 이래조부님(二來祖父任)으로 믿는 것은 두 번째 오신 '아빠하나님'(롬 8:15)으로서 아빠의 아버지는 할아버지라는 뜻임. · 또한 교조 노광공을 '여호화 이래(二來)'라고 부르는데, 여호와 이래는 창 22:14에 근거함.
기독론	· 노광공의 장남 노영도(盧英道)를 성자로 믿음. 그는 아빠 할아버지로서 성자이며 아빠 조부님으로 호칭함.
성령론	· 현 교주 노영구를 성령으로 믿고 있음.
인간론	· 민간을 매우 비관적이고 절망적으로 보고 있음. · 인생은 허무한 것으로서 이 세상은 여관생활과 같은 것이며 인간은 기차 칸에 실은 몸과 같고 부평초 신세이며 흘러가는 물거품 같으며 풀잎의 이슬과 같은 존재임. · 세상에 대하여 비관적이고 염세적임.

기독교대한개혁장노회(동방교)(계속)

구 분	내 용
구원론	• 구원은 지성금(至誠金)을 바치는 여하에 따라 결정됨. • 동방교인을 성민(聖民)이라 부르는데 성민이 되기 위한 첫째 조건은 지성금을 바치는 것임. • 말세 심판을 피하고 천년 낙원에 들어가기 위해서는 지성을 많이 드려야 하고 지성금을 많이 낸 실적에 따라서 높고 낮은 자리가 결정되게 됨. • 구원의 조건은 오직 돈 밖에 없는데 예물의 종류가 30여 가지에 이름.
교회론	• 기성교회를 바벨탑, 니골라당이라고 하여 구원이 없고 자기네들을 '좁은 길 교'라고 함. • 자신들의 교회는 특별한 표지가 없이 비밀 아지트를 사용하다가 개혁장노교로 바꾼 이후부터는 사가(私家)에 간판을 달고 경비원을 두어 통제함.
종말론	• 동방교의 심판은 4가지로 구분되는데 ①동방교에 입교했다가 배교하는 자는 지옥에 가는 적색 심판, ②동방교를 멀리하는 자는 담황색 심판, ③뒤늦게 믿었으나 열심을 낸 자는 연황색 심판, ④교주를 중심해서 산 자는 백색 심판을 받는다고 주장함. • 마지막 세상이 멸망할 때 죄와 상관이 없는 자나, 교주의 명령에 순종한 자, 동방교를 위해 순교를 각오한 자, 영과 혼과 몸이 온전히 보존되어 교주가 승천했다가 재림하기를 기다리는 자는 휴거하여 구원을 받음. • 마지막 때에는 동방에서 뜻을 이루는 사람이 나타나며 특히 해 돋는 곳인 한국에 재림주가 나타나는데 그가 바로 노광공임. 노광공은 세상을 심판할 권세를 지니고 있는데 이 세상을 불바다로 만들 때 모두 휴거하게 되며 세상을 깨끗이 정리하고 동방교 신도들만 새천지를 이루고 살게 될 것임.

(3) 대한기독교장막성전

< 개 요 >

구 분	내 용
명 칭	・대한기독교장막성전
창시자	・유재열(柳在烈, 1949-)
발생시기	・1966년 4월 4일
발생과정 및 역사	・유재열은 1949년 2월 1일에 충북 청주에서 유인구와 신종순 사이의 장남으로 출생함. ・1964년 동작구 상도동 김종규(金終奎)가 이끄는 신비주의 집단인 호생기도원에 유인구, 유재열 부자 입문함. ・1965년 1월 기도원에 가다가 이상(異像)을 경험함. ・계시에 따라서 고등학교 중퇴함. ・호생기도원이 경기도 시흥으로 옮기자 함께 이동함. ・유재열이 교주의 간음을 목격하고 경기 과천의 유인구의 집에서 27명이 모여 집회 시작함. ・유재열에게 나타난 신비체험으로 경기 과천의 청계산에서 1966년 4월 4일부터 증거 장막을 짓고 6개월간 기도 생활함. ・1966년 9월 24일 하산하여 본격적으로 포교 시작함. ・1966년 11월 24일 김종규를 추방함. ・부친 유인구와 아들 유재열이 물러나 도미(渡美)함. ・오평호가 명칭을 대한예수교장로회(합동비주류) 이삭교회로 바꾸고 개혁하려했으나 유재열이 돌아오자 다시 옛날로 돌아감. ・유재열은 오평호를 추방하고 합동비주류에서 탈퇴, 독자적인 대한예수교장로회 이삭교회 총회를 조직함.
분 파	・구인회(具仁會)가 재림예수를 주장하며 1972년 '새마을전도회'를 출범시킴. ①구인회는 신앙촌에 입주하여 시온고등학교를 졸업하고 1968년 전도관에서 이탈하여 2년간 장막성전에 다니다 새마을전도회 조직. ②1976년 2월 29일 옥중 사망함. ・이만희는 장막성전에서 이탈하여 안양에 신천지교회를 세우고 포교함.

대한기독교장막성전(계속)

< 교 리 >

구 분	내 용
천사론	• 일곱 천사를 세움. • 일곱 천사가 한국에 있어야 하는 이유를 계 15:5~6을 근거로 하고 겔 3:1~5, 슥 14:8, 슥 14:4~5, 사 22:11, 계 11:19등 성경을 편집 왜곡함. • 천사는 육신을 가진 인간이라고 함(창 19:1~2, 계 21:7, 히 13:1).
말세론	• 말세에 아마겟돈 전쟁의 환난을 피하기 위하여 청계산 계곡에 큰 밀실을 마련함(사 2:18~22). • 그 암혈과 토굴로 장막성전의 신도가 다 들어간 후에 세상은 불바다가 되어 심판되고, 세상은 신천신지(新天新地)가 되며 신도들은 그 후 다시 나와서 왕이 되어 각 고을을 다스리게 됨.

(4) 한국기독교에덴성회

< 개 요 >

구 분	내 용
명 칭	· 한국기독교에덴성회 · www.edenholychurch.or.kr
창시자	· 이영수(李英壽, 1942-)
발생시기	· 1973년 11월 17일
발생과정 및 역 사	· 이영수는 1942년 7월 20일 이문재(李文在)와 김유정(金裕貞) 사이에서 서울 동대문구 신설동에서 출생함. · 1951년 10세에 첫 번째 감람나무인 박태선과 더불어 기름부음 받았다고 함. · 1953년 4월 한국전쟁 때 경북 김천으로 피난을 갔다가 그 곳에서 정착함. · 1957년 김천중학교 3년을 중퇴, 자유당 중앙당의 사환으로 일하면서 독학함. · 1957년 4월 부친이 병석에 눕자 박태선의 전도관 입문, 3일 만에 이상 체험함. · 1958년 부친이 별세한 후에 여러 가지 이상(異象)을 체험함. · 1960년 회사에 입사하여 근무, 또다시 이상 체험함. · 1962년 5월 박태선 전도관의 전도사직을 맡아 본격적으로 활동함. · 1961년 8월 예수님을 첫 번째 만났다고 주장함. · 1968년 4월 전도사직을 사임하고 집에서 예수님을 두 번째 만났다고 함. · 1970년 8월 연예계 잡지사 기자 생활함. · 1971년 3월 레코드사 설립, 운영함. · 1972년 4월 예수를 만나 온갖 이상을 체험하고, 8월에는 예수로부터 제2 감람나무로 통고를 받았다고 함. 이 시기에 배우, 가수 활동함. · 1973년 9월 6일 박태선의 홍제동 전도관 전도사직에 복직했으나 26일 해직 당함. · 1973년 11월 '한국기독교전도회관부흥협회' 창립함. · 1974년 2월 '한국기독교에덴성회'로 개칭함. · 1975년 5월 세 번째로 주님을 만났다고 함. · 1980년 7월 교단 명칭을 '한국기독교 에덴성회 전국교회연합회'로 개칭함. · 1987년 11월 경기 가평으로 이전하여 오늘에 이르고 있음. · 1996년 3월 '재단법인 한국기독교 에덴성회 선교재단' 등록함. · 2010년 3월 현재 홈페이지에 의하면 전국에 27개의 지교회를 가지고 있음.

한국기독교에덴성회(계속)

< 교 리 >

구 분	내 용
성령론	· 이긴 자는 예언적 주의 종임을 믿으며, 감람나무와 동격임. · 성경에 기록된 감람나무는 두 사람(눈4:3, 계11:4)을 뜻하며, 각각 주의 종으로의 사명이 달라 전자는 씨를 뿌리고, 후자는 알곡을 거두는 일을 담당함. · 이긴 자는 이영수를 의미함. · 두 감람나무는 박태선과 이영수를 의미하는데, 박태선은 씨를 뿌리고 이영수는 거두는 역사를 담당한다고 함.
구원론	· 이긴 자가 안수 안찰로 죄를 소멸하며 생수로 많은 사람의 죄악을 씻어주는 보혈의 역사를 행한다고 함.

(5) 실로암등대중앙교회

< 개 요 >

구 분	내 용
명 칭	· 새빛등대중앙교회에서 실로암등대중앙교회로 개명
창시자	· 김풍일(1946-)
발생시기	· 1979년 9월
발생과정 및 역사	· 김풍일은 경북 상주에서 1946년 5월 20일 김교근과 이시한 사이에서 2남 1녀 중 장남으로 출생함. · 1963년 10월 김금연과 결혼함. · 전도관에서 전도사 생활함. · 장막성전에서 2년여 신앙 생활함. · 1974년 장막성전을 이탈, 영등포 시장 내에서 모임을 구성, 주도함. · 1979년 9월 관악구 신림4동에서 '한국예수교실로교회'란 간판으로 자신이 보혜사 성령임을 자처하며 집회를 인도함. · 1980년 강서구 화곡동으로 옮기고 '대한예수교장로회실로교회'로 개칭, 천국복음전도회의 신도와 기성교회의 이탈자를 신도로 포섭함. · 그 후 관악구 봉천동으로 이전, '대한예수교장로회 새빛등대중앙교회'로 개칭 활동 중임. · 실로출판사, 실로신학연수원을 운영 활동함. · 2009년 7월 16일 주요 언론에 '회개문'을 발표함. 이와 관련 예장 통합은 2009년 통합 제94회 총회에서 회개는 마땅하나 이단사상에서 돌아오는 데 에는 피나는 눈물의 회개와 노력이 필요함을 지적함.
경전 및 간행물	· '생명나무'(1982년 8월)라는 경전이 있음 : 내용은 1부는 기독교인들의 성서 오류와 말씀의 실상, 2부는 새 창조의 경륜이라는 제목으로 창조의 과정과 심판을 통한 구원 섭리, 3부는 구원의 섭리를 다룸. · '새노래'(1978년 9월)라는 찬송가를 발행 사용함. · 1978년 9월 '기독교인들이여! 어떻게 생각하나? 12월 25일은 예수 탄생의 날이 아니다', 1980년 3월 '성서적으로 본 80년대의 비밀', 1981년 4월 '기독교의 성서 오류를 실상(實狀)으로 밝힌다'를 간행 사용함.

< 교 리 >

새 언약교리	· 순교자들은 믿음과 신앙으로 약속을 받지 못한 것이며, 오늘날의 신앙도 믿음을 따라서 신앙생활을 하는 자는 약속을 받을 수 없다고 주장하며 이신칭의(以信稱義) 교리를 부인함. · 기성교회가 성경을 빙자하여 하나님의 말씀을 그릇되게 해석하고 있는데, 이는 성경 주석 책이며 기성교회 목사들은 성령도 기름도 받지 못한 거짓 사명자라고 함.

새빛등대중앙교회(계속)

구 분	내 용
새 언약교리	• 깨닫지 못한 하나님의 비밀이 동방의 해 돋는 나라 땅 모퉁이(사 41:9), 동해와 서해가 있는 생수의 나라 대한민국 서울에서(슥 14:8), 태양이 능히 비치지 못하는 4차원의 진리의 빛 생명의 광선이(요 1:9) 그 빛을 보이고 있으니(요 8:12), 그 빛이 실로교회에 비추이고 있다고 함. • 김풍일이란 이름은 요 17:21에서 연유했다고 하며 한국에 지상낙원인 하나님 나라가 이루어진다고 함. • 자신이 '또 다른 보혜사', '진리의 성령'이라고 주장하고 자신의 성서 해석만이 유일한 진리라고 주장함.
성경관	• 기성교회의 성경관은 근본적으로 오류라고 공박함. • 기성교회의 목사들은 개들이며(계 22:15, 사 56:11), 유명한 목사들은 사냥개, 진돗개, 똥개라고 비난함. • 자신의 저서 '생명나무'를 통해 성경을 아전인수(我田引水)식으로 교묘하게 편집, 자신의 주장을 합리화하고 있음.
기독론	• 롬 1:3의 "육신으로는 다윗의 혈통에서 나셨고"를 인용 예수는 사람의 씨로 난 것이지 성령의 씨로 난 것이 아니라고 함. • 사람의 씨로 나으므로 성령을 별도로 받아야했고, 예수는 요셉의 아들이므로 다윗의 혈통이고 사람의 씨요, 이스라엘의 자손임. • 예수의 부활은 육체의 부활이 아니고 영적 부활임. • 예수의 부활 날짜는 4월 17일인데, 그것은 4월 14일이 유월절이고 예수는 유월절에 죽었기 때문이라고 함. • 예수의 재림은 육체적이 아니고, 영광의 빛으로 올 것임.
성령론	• 자신을 '보혜사', '또 다른 보혜사'라고 주장하며 진리의 성령을 최초로 받은 사람이라고 함. • 자신이 보혜사인 것은 죄와 의와 심판에 대하여 책망할 수 있는 유일한 자이며, 작은 책인 계시록을 받아먹었으며, 창조론과 말세론을 알파와 오메가로 증거 하기 때문임.
구원론	• 새언약의 비밀을 통하여야만 구원을 얻을 수 있다고 함. • 구원을 받은 성도들이 한국을 중심으로 천국을 이룰 것임. • 구원의 처소는 실로성전, 즉 김풍일의 교회임.
종말론	• 노아의 여덟 식구가 심판 날을 정확하게 알 수 있었듯이 자신도 주님의 재림의 날을 알 수 있다고 함. • 천국은 아직도 예비 되지 못했고, 지금까지 낙원에 간 사람은 한 사람도 없다고 주장함. • 낙원은 천국보다 낮은 곳이며, 순교자들은 낙원에서 대기하고, 예수 재림시 천국으로 갈 것으로 알고 있지만 예수와 함께 못 박혀 죽은 강도도 낙원에 가지 못했다고 함.

(6) 영생교 승리제단

< 개 요 >

구 분	내 용
명 칭	· 공식 명칭은 '영생교 하나님의 성회 승리제단'임. · 영생교승리제단-세계연합승리제단(1982). · 약칭 '영생교(永生敎)'로 불리움. · www.victor.or.kr
창시자	· 조희성(曺熙星, 1931-2004)
발생시기	· 1981년 8월 18일
발생과정 및 역 사	· 조희성은 1931년 8월 12일 경기 김포에서 조경남과 오지덕 사이에 9남매 중 둘째로 출생함. · 1963년 7월 31일 육군 중위로 11년 만에 전역, 군 생활 11년 동안 박태선 전도관에 입교하여 열정적인 신앙 생활함. · 1970년대 중반 무역업 종사하다가 부도 후 한동안 도피 생활함. · 이후 전도관 수 개를 세우고 열성적인 신앙 생활하다가 탈퇴함. · 1981년 8월 승리제단 설립함. · 1985년 7월 국조숭봉총화국민회 설립함. · 1986년 12월 미국 영생교 법인 설립함. · 1986년 12월 세계 영생학회 발족함. · 2004년 6월 교주 조희성은 이탈 신도를 20여명 죽여 암매장을 배후 조종한 혐의로 구속 재판 중에 옥사(獄死)함. · 2004년 6월 이영자가 총재로 선임됨. · 2010년 3월 현재 홈페이지에 의하면 전국에 45개의 지(支) 교회를 운영, 유지하는 것으로 나타남.

< 교 리 >

신 론	· 하나님은 곧 사람임(창 1:27, 2:7; 요 10:35). · 하나님은 완성된 인간의 또 다른 이름이요 모든 것을 내 몸같이 하나로 보는 자가 바로 하나님임. · 누구든지 나라는 주체의식을 버리고 상대방을 나처럼 여기면 인간 속에 있는 마귀가 제거되어 완전한 하나님이 됨. · 삼위일체 하나님은 아담, 하와와 하나님인데 이 삼 씨(seed) 하나님은 하나이며 한 몸임.
인간과 죄론	· 아담과 하와 하나님이 6000년 전에 마귀에게 점령당해 욕심으로 범죄 하였고, 그로 인해 피가 더러워져 죽음에 이르게 됨(약 1:15, 롬 6:23).

영생교 승리제단(계속)

구 분	내 용
영생 교리와 구원론	• 약 1:15의 욕심, 죄, 사망의 원리는 나라는 주체의식을 버리고 욕심을 버리며 그의 피가 맑아지는데, 피가 곧 생명이므로 결국 영생하게 됨. • 요 11:25을 인용, 자신들의 영생은 영적인 영생과 함께 에덴동산의 회복이 현실로 이루어짐을 말함. • 구원을 위해서는 죄인의 탈을 벗고 하나님이 되어야 함. • 성령으로 거듭난다는 말은 다시 하나님이 된다는 뜻임. • 영생과 구원을 위해서는 이슬성신이 내리는 승리제단에 와야만 하고 감로이슬은 구원의 증표임.
내세론	• 현세란 내세이며 내세는 곧 현세임. • 피는 곧 생명이요, 욕심을 버림으로 더러워진 피가 맑아지면 그것이 곧 영생이므로 기독교의 천국과 지옥, 불교의 극락이라는 표현은 사실과 다름. • 자신을 죽이지 않고는 하나님이 될 수 없고 또한 영생할 수 없음.
자유 율법	• 하나님의 율법 안에서, 하나님의 지배 아래서 사는 법을 말함. • 사람으로 하여금 하나님이 되게 하는 비결이며, 열반과 해탈의 경지에 이르는 법을 말함. • '나'라는 주체의식을 버리고 자유율법에 올바르게 선자는 그의 피가 깨끗하여져 질병, 고통, 그리고 죽음을 초월하게 됨. • 자유율법은 마음의 법이요, 양심의 법이요, 하나님의 법임.
감로해인 (甘露海印)	• 영생을 이루는 곳에서는 항상 이슬이 쏟아지게 됨. • 이슬은 영생의 증표이고(호 14:5; 사 26:19), 천하태평의 조짐으로 하늘에서 상서로이 내리는 단 이슬이며 불교에서 말하는 불로장생의 이슬임. • 고서와 불경에는 감로해인을 들고 나오는 자가 정도령, 생미륵불이라고 하는데, 이러한 감로해인은 이슬이 내리는 곳에서 매일 은혜를 받아야 해인(海印)을 받았다고 할 수 있음. • 이러한 이슬성신을 들고 나오는 자가 이긴 자이며, 성경에서 말하는 메시야 곧 구세주(호 14:5)임.
한민족의 형성	• 한민족의 근원은 이스라엘의 12지파 중 하나인 '단 지파'임. • 단지파의 시조인 단은 마지막 날 하나님 나라를 회복시킬 구세주로 오는데, 그가 곧 주님이요 이긴 자인 조희성임. • 단 지파의 일부 자손이 한반도로 이주하여 B.C.1,000년경 대동강변에 고조선을 건국했는데 그의 시조가 단군임.

(7) 신천지 예수교증거장막성전

<개 요>

구 분	내 용
명 칭	· 대한예수교신천지교회, 신천지예수교증거장막성전, 신천지증거장막성전 등 여러가지 명칭으로 불림. · www.shinchonji.org
창시자	· 이만희(李萬熙, 1931-)
발생시기	· 1984년 3월 14일(이때부터 천년왕국의 시작으로 봄)
발생과정 및 역사	· 이만희는 1931년 9월 15일 경북 청도에서 이재문과 고상금 사이에서 출생함. · 1948년 17세 때에 한 전도사에 이끌려 천막교회에서 침례 받음. · 풍각장로교회에서 신앙 생활함. · 1957년 집에서 신비한 체험, 이후 전도관 출석함. · 1967년 서울 오류동에서 장막성전(유재열) 출석함. · 유재열의 축재(蓄財)와 비리에 환멸을 느끼고, 경기도 안양시에 1984년 3월 14일 신천지 교회를 설립함. · 1984년 12월 15일 도서출판 신천지 설립함. · 1986년 전국교역자선교협의회 조직함. · 1990년 전국원로장로협의회 조직함. · 1990년 전국 시온 기독교(무료) 신학원(100개)을 설립함. · 1994년 예장 통합 제79회 총회에서 이단으로 정죄함. · 1994년 예장 개혁 합신 제79회 총회에서 이단 사이비로 정죄함. · 1995년 예장 합동 제80회 총회에서 신학적 비판가치 없다고 결정함(2007년 제92회 총회에서 유래를 찾기 어려운 무서운 이단으로 재정죄함). · 1999년 기성 54회 총회에서 이단으로 정죄함. · 2002년 예장 고신 제52회 총회에서 이단으로 정죄함. · 2003년 신천지 자원 봉사단 조직함. · 2003년 예장 합신 88회 총회에서 이단으로 정죄함. · 2005년 예장 고신 55회 총회에서 이단으로 정죄함. · 2008년 예장 대신 43회 총회에서 이단으로 정죄함. · 2010년 3월 현재 홈페이지는 해외에 44곳의 지교회를 운영하고 있다고 함.
성경 이외의 경전	· 교리서로 '천국 비밀인한 계시록의 실상'(2005), '계시록의 진상'(1988), '계시록의 완전해설' 등 12권의 책이 있음. · 김건남, 김병희 공저(共著)의 '신탄(神誕)'이 있음.

< 교 리 : 이만희 신격화 교리 >

| 계시론 | · 직통계시 주장 - 하나님의 계시를 보고, 듣고, 깨달아 「성도와 천국」에 실음.
· 마태복음 24장과 요한계시록만이 새언약이라고 주장함.
· 신약과 구약은 무효임.
· 비유나 상징은 실제적인 것으로 실제적인 것은 비유나 상징으로 해석함.
· 자신들만이 비밀의 교의를 받았는데, 이것은 이만희가 받은 것이라고 함. |

신천지 예수교증거장막성전(계속)

구 분	내 용
기독론	• 예수의 성육신과 신성까지 부인함. • 예수는 육신을 입고 오신 하나님이 아니라, 성령이 인간 예수의 육체에 임하심으로 하나님의 아들이 되었음.
구원론	• 예수를 믿음으로 구원을 얻는 것이 아니라 사도 요한적인 사명자를 만나야 하고, 사명자의 말씀을 지켜야만 영생에 이르고 요한을 통하지 않고는 예수께로 올 자가 없다고 함. • 성령이신 예수께서 직접 보여주고 들려주신 것을 전하는 진리의 한 사자가 출현하여 영생의 말씀을 전파하고 있다고 함. • 자신의 책은 성령이 교회에게 하는 말씀이라고 함. • 교주 이만희를 믿어야 구원받는다. - 자신들만이 구원 받는다고 함.
신 론 (보혜사론)	• 구약의 아브라함, 이삭, 야곱을 삼위일체에 비유하여 성부(아브라함)는 성자 예수(이삭)을 낳았고 성령이신 예수(이삭)은 성자 보혜사(야곱)을 낳으니 이것이 삼위라고 함. • 즉, 성령이 예수와 하나 되신 후에 다시 그 성령과 하나 된 예수의 영이 지상의 사명자 육체에 임하므로 삼위일체가 된다고 함. • 계시록의 사건을 성령과 악령의 싸움으로 해석함. • 순교자들의 영혼도 성령이라고 함. • 보혜사를 성령이 아닌 대언자로서의 인간(보혜사가 육체로 온다)이라고 함. - 이만희 자신이 보혜사(이만희의 책 「계시」에 "證人 李萬熙 保惠師 著"라 자칭) • 하나님의 이적을 부인함. • 하나님이 무(無)에서 유(有)를 창조한 것을 부인하고, 가인의 아내를 들어 아담 이전에도 인간이 존재했다고 함. • 이만희의 신관은 결국 범신론이다.
종말론	• 요한계시록의 예언 성취(종말)의 장소를 장막성전이 시작되었던 과천의 청계산이라고 함. • 신천지예수교증거장막성전에서 종말의 사건이 완성될 것임. - 지상천국론 주장. • 말세 심판은 불이 아니라 말씀으로 하고 말씀으로 진리와 비진리를 가려내는 영적 심판을 한다고 주장함. • 이만희가 재림주 - 사용한 호칭 "보혜사, 대언자, 대언의 목자, 새 언약의 사자, 두 증인, 육체의 사명자, 약속한 목자, 사도요한 격인 목자",
교회론	• 만민이 신천지교회에서 복음을 들어야 함. • 재림 때는 기독교가 언약을 배도하므로 없어지고 새 하늘과 새 땅, 새 예루살렘과 새 목자가 있게 됨. • 기성 교회는 구원이 없다고 주장함. • 자신들만이 '참된 신학(神學)'을 했고, 다른 목사들은 '인학(人學)'을 했다고 함.

신천지 예수교증거장막성전(계속)

< 포교 방법 >

구 분	내 용
설문 조사형	• 대학가, 특히 신학기를 전후해 신입생들을 대상으로 설문조사 형식으로 많이 이루어짐. • 설문조사 후에 QT 모임 등 크리스천 모임에 참석하자는 제의를 받고 참석했다가 포교됨.
선교사 빙자형	• '성경을 잘 아는 선교사가 있으니 공부하자'는 '선교사 빙자'형은 여전히 잘 사용하고 있는 포교 방법임. • 기독교인들의 '선교사'들에 대한 경외감 등, 심리를 잘 이용한 전도전략임. • 공부를 하고 나면 이상한데 공부하는 자리에만 가면 성경만 놓고 가르치니 문제를 꼬집어 내기가 어려움.
동아리 활동형	• 기독동아리에서 활동을 같이 하자는 권유를 함. • 신천지측이 대학생들을 미혹하기 위하여 여러 기독교 동아리 같은 것을 만들어 운영. '기독교 문화센터'라는 간판을 내걸고 활동함.
직통계시· 상담가형	• 교회의 교적부 등을 신천지측 교인이 입수한 후 전화를 하여 새벽기도를 하는 중에 이 번호가 보여서 전화를 했다고 하며, 그 집의 문제를 들먹이기도 하고 하나님께서 환상 중에 보여주신 것이라고도 함. • '꿈을 꿨는데 다른 집에는 다 빛이 들어가는데 꼭 이 집만 빛이 들어가지 않았다고 하며, 빛은 말씀이니 말씀을 공부해야 그 집의 문제가 해결된다'고 함.
아르바이트형	• 방학 중 아르바이트 자리를 구하다 어떤 선배를 통해 한 사람을 소개받았는데, 그는 '신학생으로서 들어야 할 강의가 있는데 못 듣고 있다'며 '대신 들어주고 정리를 하면 돈을 준다'고 함. • 그때부터 강의를 대신 들어주는 독특한 아르바이트를 시작했는데 그 강의가 신천지측 교리 강의였음. • 아르바이트로 2달간 공부를 하게 됐고 그 후에는 끊고 싶어도 끊을 수 없는 상태가 돼서 그해에 신천지에 입교하게 됨.
숙제 부탁형	• 친분 있는 사람이 자신이 성경공부를 하는데 워낙 열심히 들어서 담당 선교사님으로부터 칭찬과 함께 강의내용을 정리해 달라는 요청을 받았다며, 그래서 그것을 교재로 만드는 작업을 하는데 도와달라는 부탁함.
기타 전략	• '산옮기기'-50명 미만의 교회에 신천지 교인을 침투시켜서 담임목사를 교체시킴. • '추수꾼 포교전략'-대형교회에 신천지 교인을 침투시켜서 포교하는 전략임.

신천지 예수교증거장막성전(계속)

구 분	내 용
변화하는 포교 방법	• 신천지에서는 포교를 '섭외'라고 말함. 섭외 방법을 열거하면 ①모략이라는 이름하에 꿈, ②우연을 가장한 만남, ③설문조사, ④가가호호 방문. ⑤대학가는 위장 동아리를 설립하여 회원을 모집, ⑥문화 센터와 카페 등을 운영, ⑦최근에는 영어 성경을 가르쳐 주는 것을 미끼로 삼음. • 섭외 장소는 기도원, 집회장소, 공원, 건강기구 시험장, 기독서점, 기독카페, 찜질방, 문화센터, 지하철을 비롯한 대중교통, 추수밭이라 칭하는 정통교회 등 기독교인이 모이는 장소는 어디든 가리지 않고 침투함. • 최근에는 직접 위장교회를 세워서 해외에서 온 목사라고 속여 강사로 초빙한 다음 집회를 개최하고 그곳을 교육장소로 사용하거나 웨딩홀 같은 장소를 빌려 위장 집회를 연 후 신천지측으로 미혹함.
추수꾼들의 정통교회 성도들에 대한 포교와 접근 방법	* 기본 방법(3인 1조) <새신자 관리 시스템><신천지총회교육부>에 나오는 기본방법이다. A 추수밭 팀 인원 →섭외→ B 섭외대상자 ←소개← D 복음방 교사 ↑소개 C 전도 중간자 *신천지 신도 A가 정통교인 B에게 또 다른 신천지 교인 C를 연결시켜 주고 C는 다시 위장 선교사 D를 소개해 주는 역할을 한다. **<추수밭 활동자는 해당 추수밭의 사명과 직분을 맡는 것이 좋음>

※ 정윤석.www.amennews.com. "정통교회 대책 뛰어넘는 포교법 고안" 2007. 01. 09./ "후계 준비? 이만희 씨 영생 안하나?" 2007. 09. 18./ 정윤석. "신천지 추수꾼 포교법 세부 전략", 『신천지 포교 전략과 이만희 신격화 교리』. 서울: 교회와 신앙/(주)한국교회문화사, 2007. 참조.

< 무료 성경신학원의 교재분석 >

학생 모집 홍보 유형	• 초등은 1개월 기간으로 성경 상식, 비유풀이, 사복음서 강해로, • 중등은 1개월 기간으로 이사야, 예레미야, 에스겔, 다니엘, 예언서 등으로, • 고등은 2개월 기간으로 요한계시록 진상 강해 • 재정 및 시간의 제약으로 신학 공부의 기회를 갖지 못한 자들을 위해 "무료"라는 말과 학력제한 없음을 강조하여 국내 월간지 및 지하철 입구, 주택가, 전신주등을 통해 홍보함. • 4-5개월 기간에 성경 전부를 가르쳐 준다고 홍보하고 있는 실정임. • 교재 대금으로 2~3만원을 받는 것으로 되어 있음. • 수강 자격은 남·여 연령제한 없이 하며 부부를 환영함.

신천지 예수교증거장막성전(계속)

구 분	내 용	
초등 교재	* 모든 교육과정은 주제별로 되어 있다. · 1호 - 성경상식(1) · 2호 - 성경상식(2) · 3호 - 비유의 말씀과 예언과 실상의 짝 · 4호 - 비유한 씨, 밭, 나무, 새 · 5호 - 비유한 불, 떡, 돌 · 6호 - 비유한 빛과 인 · 7호 - 비유한 그릇과 누룩과 가마 · 8호 - 비유한 저울, 지팡이, 향료와 향연 · 9호 - 비유한 물, 샘, 강 · 10호 - 비유한 바다, 어부, 그물, 고기, 배 · 11호 - 비유한 섬과 산	* 성경을 비유로 만 풀어야 한다고 왜곡하고 있다. · 12호 - 비유한 눈, 등대, 촛대 · 13호 - 비유한 짐승 · 14호 - 비유한 생물과 바람, 우상, 나팔 · 15호 - 비유한 전쟁과 말, 병거, 검, 철장, 우박 · 16호 - 비유한 죽음, 무덤, 생기, 부활 · 17호 - 비유한 어린양의 피와 살과 재물 · 18호 - 비유한 천지와 해, 달, 별 · 19호 - 비유한 신랑, 신부, 과부, 고아, 딸 · 20호 - 선민 장막 이전과 이방 바벨론 · 21호 - 비유한 새 하늘, 새 땅, 새 이스라 · 22호 - 비유한 머리와 꼬리와 뿔
중등 교재	· 1호 - 세가지 천국비밀, 배도 멸망, 구원과 성취순리 · 2호 - 도의 초보와 사이비 이단과 완전한 정통 · 3호 - 이사야 1 : 1 -24 · 4호 - 예레미아 1장	· 5호 - 겔 1 - 3장 · 6호 - 단 1 - 2장 · 7호 - 마 13장 천국과 추수 · 8호 - 마 24장 · 9호 - 마 22장, 25장 어린양의 혼인잔치
고등 교재 (요한계시록을 내용으로 하고 있음)	· 1호 - 제 1장 · 2호 - 제 2장 · 3호 - 제 3장 · 4호 - 제 4장 · 5호 - 제 5장 · 6호 - 제 6장 · 7호 - 제 7장 · 8호 - 제 8장 · 9호 - 제 9장	· 10호 - 제10장 · 11호 - 제11장 · 12호 - 제12장 · 13호 - 제13장 · 14호 - 제14장 · 15호 - 제15장 · 16호 - 제16장 · 17호 - 제17장 · 18호 - 제18장 · 19호 - 제19장 · 20호 - 제20장 · 21호 - 제21장 · 22호 - 제22장 · 23호 - 요한계시록진상 · 24호 - 신·구약의 성취 요약 · 25호 - 초림과 재림의 뜻

① 자신이 직접 주님으로부터 계시를 받고 보는 자로서 성경저자와 동등자 내지 그 이상의 존재로 자칭하는 자로서 성경의 충족성을 무시하는 자임.
② 자신의 저서만이 참 진리를 담고 있기에 다른 신학자나 목회자의 저서는 일고의 가치가 없는 것으로 매도함.

신천지 예수교증거장막성전(계속)

구 분	내 용
고등 교재	③ 현시대를 신천지 예수교 증거 장막 성전 시대로 어처구니 없는 주장을 하며 자신이 증거한 말씀을 믿지 않으면 생명이 없으므로 죄와 벌을 받되 계22장과 같이 된다고 함. ④ 2,000년 전 사도요한이 증거한 것은 오늘날 주인공이 할 말을 예언으로 빙자하여 예비한 것이라고 가르치면서 계시록의 실제 주인공이 자신이며 예수님의 대언자라고 주장함. ⑤ 144,000인의 수에 들어가려면 이만희를 만나 증거를 받아야 한다고 하는 많은 이단들이 주장하는 것과 같은 어리석은 말을 함. ⑥ 천하 성도는 두 증인을 만나 증거를 받아야만이 혼인잔치에 들어간다고 하는 잘못된 가르침을 하고 있음. ⑦ 땅에 임하는 심판이 하늘에서부터 발동되는데 이만희는 증거 자막 소속 성도의 입을 통하여 쏟아질 것이라고 하는 망상에 빠져 있음으로 하나님의 주권을 침해하고 있음. ⑧ 자신이 사명자로서 메시야인 것처럼 은근 슬쩍 주장함. ⑨ 예언으로 시작해서 성취로 끝나는 알파와 오메가이며 예언이 실상으로 나타남으로 자신이 출현하여 증거 한다는 말을 함. ⑩ 계시록에 나오는 7교회는 소아시아 지방에 실제로 산재해 있는 교회로서 전 세계 모든 교회들의 유형으로 보여 주는 것인데 이만희는 일곱 교회가 이만희를 통해서 익사할 것이라는 주장을 함.("천국 비밀계시록의 실상", 도서출판 신천지 1986년 판).

※대한예수교장로회 총회신학부·심창섭 지음. 『정통과 이단 무엇이 다른가?』 서울 ; 대한예수교총회신학부, 2006. pp.217-222. 인용함.

< 관련 단체 >

무료 성경신학원	• 시온기독교신학원, 기독신학원, 크리스천아카데미, 미션바이블아카데미, 비전바이블아카데미, 크리스천미션아카데미(CMA), 국제선교센터, 당비선교센터, 빛과사랑선교회, 예수사랑선교회, 기독교선교연합회, 성서사랑연구회, 오픈바이블미션(OBM), 총회신학연구원, 로고스신학원 신학교육원, 평신도성경교육원, 기독교신학원, 열린성경신학원, 대한교역자선교협의회, 크리스천아카데미, 영어성경교실(EBS), 사랑하는사람들, 그리스도의향기, 선교사총회신학, 성경신학원, 두란노선교회, 쉐퍼드선교센터 등과 같은 명칭 외 다수임.
문화 센터	• 기독문화센터, 주만나선교센터, CCM교실과 같이 수화, 워쉽, 기타와 외국어 등을 내세워 성경공부를 유인하는 문화센터가 전국에 수십여개 산재함.

※출처 : 현대종교

3. 새일교(이유성) 계열

< 개괄표 >

분류	번호	교주명	명칭	신앙적 문제점	발생시기
이유성 계열	1	이유성	여호와새일교	말일복음	1964.
	2	유진광	신탄새일교	말일복음	
	3	김화복	서울중앙교회	말일복음	1960년대
	4	김인선	스룹바벨	말일복음	1971.

　여호와새일교(www.saeil.org)는 '여호와께서 새 일을 행하신다'는 뜻을 내포하는 의미로 지어진 명칭이다. 지금은 활동이 전무한 상태이나 임박한 종말론을 주장하여 교계(敎界)를 시끄럽게 만들었다. 여호와 새일교의 창설자는 이뢰자(李雷子)이다. 본명은 이유성(李流性)인데, 우뢰의 아들이라는 뜻으로 뢰자(雷子)로 개명(改名)했다. 이들은 통일교의 피가름의 교리를 본받은 생수가름을 주장, 여신도를 농락하고, 말세비밀, 계룡산으로의 예수 강림을 주장했다. 그러나 이유성이 1972년 8월 7일 계룡산의 자신이 설립한 수도원의 계곡에서 목욕하다가 익사하고 만다. 그의 죽음이후에 제자들은 3일 만에 부활한다는 이유성의 생전의 말을 믿고 장례를 거부하다가 경찰의 종용으로 6일 만에 장례식을 치르는 웃지 못하는 촌극이 벌어졌다.

　교주가 허무하게 죽자 이를 따르던 여호와새일교단은 강경파(구완대)와 대한예수교성결선교회(이원만)로 분리된다. 교주에게 동조하던 일부 무리는 세계순금등대교회, 새일수도원말세복음부흥단, 스룹바벨파(김인선, 성신기도원) 등으로 분열 교주의 주장을 전파한다.

　이들의 주요한 주장들은 이유성의 생전에 집필했다는 조직신학 및 선지서 강의(1968년 5월 27일에 이유성의 말씀을 받아서 기록한 것이라고 함, ① 삼위의 완전성. ② 하나님의 역사적 대법. ③ 창조론. ④ 인간타락설. ⑤ 구속론.), 말씀의 칼 (1967년 12월 23일에 발행한 설교집으로 신적 권위가 있음을 주장함), 새일성가(하나님이 직접 들려주신 것을 이유성이 기록했다고 함) 등이다.

　현재 이유성을 추종하는 무리들은 최대광의 스룹바벨선교회(www.headstone.pe.kr), 예장 호헌측 총회장을 지낸 김화복(金化福), 유활천의 스룹바벨선교회(www.newthings.or.kr)등의 소수 인원만이 남아서 명맥을 이어가고 있는 상황이다.

(1) 여호와새일교

< 개 요 >

구 분	내 용
명 칭	• 여호와새일교 • www.saeil.org
창시자	• 이유성(李流性, 1915-1972) ; 우뢰의 아들이라는 '뢰자(雷子)'로 개명.
발생시기	• 1964년
발생과정 및 역 사	• 이유성은 1915년 11월4일 황해도 신계에서 출생함. • 초등학교를 제대로 졸업하지 못하고 7년간 한문 수학을 하던 중 15세에 인생 문제에 대한 생각을 진지하게 했고, 17세에 30여리 떨어진 교회에 찾아가 성경을 읽고 예수를 영접함. • 19세에 처음 설교를 하였고 교역자가 없는 교회에서 집사로서 강단을 지킴. • 해방 후 1949년 12월, 담임 전도사로 피택되어 교역자 생활을 하다가 1949년 4월 월남하여 강원도 지방을 순회하며 개척교회를 세움. • 1955년 12월 강원도 대한수도원에서 예수님이 자신의 기도를 듣고 계신 환상을 보았다고 함. • 1955년 미국 선교사의 소개로 부산 고려신학교에 입학, 영도 빈민촌에서 3년간 전도 활동함. • 1957년 여름 방학에 입산 기도 중 중생을 체험, 종말관과 계시록을 통달, 학교를 중퇴하고 교역자 생활 헌신함. • 1958년 5월 충남 부여 세도교회(독립침례교회)에서 헌신 중, 1961년 11월 목사 안수를 받음. • 1960년 3월 1일부터 3년간 부흥회 인도, 추종세력이 많아짐. • 1964년 여름 계룡산에서 부흥집회 인도, 새일수도원 건립 시작하여 1965년 5월 헌당식. 자칭 '말세의 종'이라하고, '말세복음선교부흥단' 설립함. • 1964년 말세의 비밀 출간함.

여호와새일교(계속)

< 개 요 >

구 분	내 용
발생과정 및 역사	· 1967년 조직신학강의, 선지서 강의, 계시록 강의, 말씀의 칼 간행. · 1967년 6월, 이유성의 스캔들로 '말세복음선교부흥단' 해산하고 초교파 중립교회로 함. · 1968년 1월 1일 강단에서 설교 중 하늘로부터 음성이 내려 '여호와 새일교단'의 교리를 받아쓰라는 지시에 의해 교단 조직결정, 자신이 교단장(교주), 대구의 구완대 목사가 총회장이 되었으며 8월 15일 정기총회일로 함. · 1972년 8월 7일 심장마비로 사망, 3일 만에 부활한다고 주장하여 신도들이 장례식을 거부하여 경찰의 종용으로 6일 만에 장례식 거행함. · 교주 사후에 송진모라는 사람은 교주의 법통을 이어 받았다고 주장하고 멸공진리를 전파하기위해 '멸공새일'을 부착하고 전국 가두방송, 교단 부흥을 시도하고 있음(전국에 40여개 교회). · 새일수도원 건립시 거액을 헌금한 김인영은 계룡산에 1973년 '세계순금등대교회'를 창설함.
신 학 및 경 전	· 조직신학 및 선지서 강의(1968년 5월 27일에 이유성의 말씀을 받아서 기록한 것이라고 함) : ①삼위의 완전성. ②하나님의 역사적 대법. ③창조론. ④인간타락설. ⑤구속론. · 말씀의 칼 : 1967년 12월 23일에 발행한 설교집으로 신적 권위가 있음을 주장함. · 새일성가 : 하나님이 직접 들려주신 것을 이유성이 기록했다고 함. · 주요 도서 : ①인간의 종말(1971.8.10). ②말세비밀(1964.7.1). ③성경해석법과 요한서 강의(1969.8.10). ④인간론(1969.12.1). ⑤계시록 강의(1969.8.1). ⑥월간지 '아름다운 소식' 발행.

여호와새일교(계속)

< 교 리 >

구 분	내 용
이유성의 신격화와 생수설	• 자신을 말세의 유일한 종으로 자칭함. • '생수가름', '생수의 종'이 되는 자신과의 관계가 있어야하며 이를 통해 왕권을 얻어 안식의 세계로 들어간다고 함. • 자기는 하나님의 전권대사이고, 여자는 들림 받는 사람이 적으니 자신을 통하여야 구원을 얻는다고 함.
직통계시	• 자신이 내세운 계시가 이 시대에 전할 복음이라고 함. • 북방의 공산당을 쳐부수어야 가장 적절한 진리운동임. • 말세에 가서는 새 시대로 들어가는 교회는 여호와 새일교단이며, 자신이 말세의 비밀 종, 사명자라고 함. • 사 11:1의 이새의 한 줄기 한 싹이 자신임. • 계 7:2의 인치는 자가 자신임. • 계 10:7의 말세의 비밀을 부여 받은 자가 자신임.
성경론	• 이유성이 기록한 저작물을 성경과 동등하게 취급함. • 이유성의 설교집, '말씀의 칼'(1967년 간행)이 진리임.
천국론	• 지상 천국론을(죽지 않고 살아서 천국에 들어감) 주장함. • 지상 천국은 대한민국이라고 함.
구원론	• 구원 받은 신자를 두 종류의 계층으로 구분함. ①천년왕국 때에 어떤 신자는 그리스도와 함께 왕 노릇한다고 주장함. ②어떤 신자들은 일반 백성으로 들어간다고 주장함. • 은혜 시대, 십자가의 시대는 끝났다고 함.

(2) 스룹바벨선교회/서울중앙교회/새일중앙교회

〈스룹바벨선교회〉

구 분	내 용
명 칭	· 스룹바벨선교회 · www.headstone.pe.kr
창시자	· 최대광(1938-)
발생시기	· 1971년
발생과정	· 1960년대 중반에 새일수도원에 들어가 이유성에게 교육 받음. · 1971년 새일수도원을 이탈하여 독자적인 교회를 세우고 말세복음을 전함.
주요주장	· 최대광 자신이 말세의 종이라고 주장함. · 주요한 교리는 이유성의 새일교와 같음.

〈서울중앙교회〉

명 칭	· 서울중앙교회
창시자	· 김화복(金化福,1926-)
발생시기	· 1960년대
발생과정	· 경북 의성 출생으로 예천지보중학교를 나와 안동의 경안성서학원을 거쳐 대한신학교를 졸업하고 29세에 목사가 됨. · 목사 안수 후에 계룡산의 새일수도원에 들어가 수련함. · 본명은 김오식이었으나 이유성의 권유로 김화복으로 고침. · 1964-1966년에 대구의 팔공산의 한 기도원에 거주함. · 대한예수교장로회 호헌측 총회장 지냄. · 1980년 이후 사회적 일탈 문제는 야기하지 않고 있음.
성경론	· 요한계시록을 성경 중의 성경이라고 함(신구약 성경의 구체적 집약이요 총론). · 은혜시대의 복음은 4복음이지만 환란시대의 복음은 요한계시록임.

스룹바벨선교회/서울중앙교회/새일중앙교회(계속)

구 분	내 용
구원론	• 3시대 구분을 통하여 오실 메시야를 믿는 율법시대, 오신 메시야를 믿는 은혜시대, 메시야의 왕국이 이루어진 때는 심판시대라고 함. • 오실 메시야 시대는 피로 드리는 제사로 구원을, 오신 메시야를 믿는 신앙도 피의 제사를 통해서 구원을 받으나 메시야 왕국을 이룬 심판기에는 예언의 말씀을 듣고 지켜서 진노의 날에 남은 자만 구원에 이르게 됨.
기타 주장	• 자신이 '말세의 마지막 종' 아벨의 줄기에서 나온 '한줄기 역사'라고 함. • 직통 계시와 영감을 주장하면서 말세에 택한 종을 통해 역사하는 시대이므로 사명자가 개봉한 것 외의 다른 해석이 필요 없음.

〈새일중앙교회〉

명 칭	• 새일중앙교회
창시자	• 유활천(? -)
발생시기	• 1968년 1월
주요주장	• 멸공 진리를 가르치는 것이 중점임. • 모든 민족을 환란 재앙에서 구출하는 복음은 말세 복음임. • 모든 선지서는 심판과 새 시대에 대한 비밀임. • 계시록은 성경 중의 성경이고 모든 말씀의 핵심이며, 말세의 비밀임. • 말세에 안식에 들어가는 것은 영육이 함께이며, 왕권으로 들어갈 자도 있고 종족인 백성으로 들어갈 자도 있음. • 천년왕국은 지상에서 이루어지고, 종족이 번성하는 것과 왕권가진 성도의 통치를 주장함.

4. 성락교회(김기동) 계열

< 개 괄 표 >

분류	번호	교주명	명 칭	신앙적 문제점	발생시기
김기동 계열	1	김기동	21세기선교서울성락교회	마귀론	1962. 3. 28.
	2	한만영	그레이스 아카데미	마귀론	1984. 10. 7.
	3	이초석	예수중심교회	마귀론, 성령론	1989.
	4	이명범	레마성서연구원	마귀론, 레마	1981. 7. 20.
	5	이태화	산해원부활의교회	마귀론	1995. 6. 25.

　김기동의 성락교회 계열은 1965년 성락교회(www.sungrak.or.kr)를 설립하고, 1978년 10월에 베뢰아 아카데미를 설립하면서 한국교회에 그 영향력이 지속적으로 증가하고 있다. 김기동의 주장 및 사상적 기조는 초대교회에서 이단으로 지목되었던 에비온파, 아폴리나리우스파와 연관되어있다. 그의 주요한 주장은 귀신론이다. 귀신은 네 가지 조건으로부터 시작되는데 ①제 명(命)이 차기 전에 죽은 ②불신자의 ③사후의 ④영을 말한다는 것이다. 모든 질병은 귀신이 우리 몸에 붙어서(우리 영에는 못 들어온다고 함) 생기는 것으로 이 질병은 약이나 의술로는 궁극적으로 고칠 수 없고 축사를 통해서만 가능하다고 주장한다. 성락교회는 1998년 3월 베뢰아 국제 대학원대학교(www.berea.ac.kr)를 설립하여 신학적인 교육을 할 수 있는 토대를 마련한다.

　성락교회에서 발생한 이단들은 김기동이 설립한 두 교육기관 출신들이다. 현재 사회에서 활발하게 활동하는 이단은 이초석(李楚石)의 예수중심교회(www.hjc.or.kr)와 이명범의 레마성서연구원 (www.yaeil.org, www.yaeil.ac.kr, www.rem.or.kr), 박무수의 부산제일교회(www.church.or.kr)이다. 이들의 특징은 교육적인 부분에 상당히 많은 투자를 한다는 점이다.

　이초석은 1991년 5월 땅끝예수제자훈련원(예수중심신학교)을 설립하여 2008년 3월까지 681명의 제자를 배출하고 있다. 또한 1985년부터 땅끝예수전도단을 설치하여 운영하고 있으며, 89개의 지교회와 82개의 기도처를 전국각지에서 설립하여 운영하고 있다(홈페이지, 2010년 3월 현재).

　이명범은 현재 논란이 되고 있는 '뜨레스 디아스(Tres Dias)' 프로그램을 1984년 7월부터 운영하였으며, 1999년 3월에는 예일신학대학원대학교(http://yaeil.ac.kr/) 설립하여 운영하고 있다.

　박무수는 1994년 3월 삼사신학교를 설립하여 운영하며 제자들을 배출하고 있다. 미국, 중국, 칠레, 아프리카 등지에 삼사신학교 분교와 지교회를 설립하여, 선교사를 각국에 파송하고 있다.

　교육기관의 설치, 운영은 지속적으로 제자들을 배출하여 세력을 안정적으로 확장시킬 수 있다는 장점이 있다. 그러므로 오늘날의 이단들은 합법적인 교육기관의 설립, 운영을 위하여 노력하고 있다. 이러한 노력은 교육기관의 설립으로 나타났고, 이는 정통적인 교단 및 교인들을 혼란에 빠지게 만드는 주요한 요소로 작용한다고 할 수 있다. 교회와 성도들, 모두가 이를 파악하고 대처하는 지식이 요청되는 것은 우리의 신앙을 위해서 너무도 당연한 요소라 하겠다.

(1) 21세기선교 서울성락교회

<개 요>

구 분	내 용
명 칭	· 21세기선교서울성락교회 · www.sungrak.or.kr
창시자	· 김기동(1938-)
발생시기	· 1965년 3월 28일
발생과정 및 역사	· 김기동은 1938년 6월 25일 충남 예산에서 출생함. · 1957년 10월 예산감리교회에 입교함. · 1957년 12월 25일 오경린으로부터 세례를 받음. · 1961년 4월 24일 광시침례교회 오관석으로부터 침례를 받음. · 1962년 3월 31일 강순(姜蕣)과 결혼함. · 1962년 5월 아내가 다니던 광시침례교회 야유회에서 이상(異相)을 체험함. 이후 온갖 이적을 행하고 죽은 사람을 살려냈다고 주장함. · 1963년 3월 비봉감리교회 서리전도사 역임함. · 1963년 7월 경북 김천의 용문산 기도원에서 40일 금식 기도함. · 1963년 9월 비봉감리교회 교인 120명을 침례를 주어 감리교에서 문제가 되어 사임함. · 1964년 3월 대한신학교 입학하고 신유복음전도회 조직 전국 순회 집회, 신학교를 8년 만에 졸업함. · 1965년 3월 28일 서대문에서 예수교성경장로교회 성락교회 설립함. · 1966년 8월 11일 국제독립선교회 하나님의 성회 독립선교회 규정으로 목사 안수 받음. · 1969년 8월, 침례회 연맹에 지 교회 설립 신청을 하고 서울 신남동에 개척, 1971년에 영등포로 이전, 신앙 문제로 인준이 지연되다가 1973년 5월에 한국침례회연맹에서 인준됨. · 1970년 2월 명지대학교 졸업함. · 1971년 2월 대한신학교 졸업함. · 1978년 10월 베뢰아 아카데미 설립함.

21세기선교서울성락교회(계속)

구 분	내 용
발생과정 및 역 사	• 1987년 기독교한국침례회 제77회 총회에서 이단 시비가 일자 9월 30일 교단을 탈퇴하고, 11월 9일 기독교 남침례회 창립, 총회장(후에 '기독교한국침례회(연맹)'을 거쳐 2004년 10월 기독교베뢰아교회연합(www.cbcf.or.kr)으로 바꿈) 엮임. • 1987년 12월 재단법인 기독교 베뢰아 아카데미 진흥재단 이사장. • 1988년 기침 총회에서 이단으로 정죄함. • 기성(43, 44, 46호-사이비성 집단), 기침, 예장, 합신 총회에서 이단으로 정죄함. • 1991년 예장 고신 제41회 총회에서 이단으로 정죄함. • 1991년 예장 합동 제76회 총회에서 이단으로 정죄함. • 1992년 예장 통합 제77회 총회에서 이단으로 정죄함. • 1995년 7월 교회 명칭을 '21세기선교서울성락교회'로 변경함. • 1998년 3월 베뢰아 국제대학원대학교(www.berea.ac.kr)를 설립하고 1~3대 총장을 거쳐 2010년 현재 이사장임. • 2004년 '예장연'에서 '이단 혐의 없다'고 선언, 논란이 됨. • 2010년 3월 현재, 베뢰아 국제대학원대학교, 도서출판 베뢰아, 베뢰아 아카데미를 운영하고 있으며, 기독교베뢰아연합은 14개의 지방회를 설치하고 있음(해외에 27개의 지교회).

< 교 리 >

신 론	• 하나님(성부)은 보이지 아니하는 성품(속성)이시고 보이는 속성으로는 예수 그리스도로 나타나고 우리 안에 거하실 때는 성령으로 나타난다고 주장함(양태론적 삼위일체론). • 마귀의 도전을 받아 피해를 본 자는 인간보다 하나님임. • 구약에 하나님의 신, 하나님이 보내신 영은 천사이지 성령이 아니라고 함.
기독론	• 예수란 이름은 본래 하나님 아버지의 이름이라고 주장함. • 예수님의 생애는 신의 생애가 아니고 사람의 생애인데 오히려 예수님을 신이라 하면 이단이며, 예수님께서 성령님께 존칭어를 쓰는 것은 몸을 입고 계실 때 성령님을 같은 수준에서 말씀하실 수 없기 때문임(에비온파). • 예수님의 육체는 말씀에서 왔고(요 1:14), 그 말씀은 영이기 때문에(요 6:63) 예수님의 육체는 우리의 영과 같은 수준이라고 하며 그래서 예수님이 흘리신 피와 그 살은 영이라고 함(아폴리나리우스파).

21세기선교서울성락교회(계속)

구 분	내 용
성령론	• 창 1:2의 하나님의 신도 천사이며 성령이 오시지 않아도 예수를 인정하면 구원을 받을 수 있다고 함. • 오순절 성령이 임하신 사실도 '성령이 임하면 권능을 받고'라는 말은 '천사를 얻고'라는 말과 동격이라고 하여 모든 부분이 천사일 뿐 성령은 허수아비와 같이 취급함.
계시론	• 성경 못지않게 자기의 경험적 지식이나 이해를 중요시 함. • 성령은 성경의 테두리를 넘어서며 현재의 성경으로는 예수 그리스도를 다 알지 못한다고 하면서 성경의 충족성을 부정함. • 성경은 문틈으로 들어는 빛에 불과하며 현재 성경으로는 예수 그리스도를 다 알지 못한다고 함. • 오늘의 성경에는 성경과 성서가 있는데 성경은 계시이기 때문에 가감할 수 없지만 성서는 계시인 성경을 증거 해주는 것으로 가감할 수 있다고 함. • 자기 설교나 간증문도 성경을 증거 해주니까 성서의 가치를 지닌다고 주장함.
창조론	• 하늘은 세 개의 하늘이 있는데 지구의 하늘(Sky), 궁창의 하늘(Space), 하나님의 하늘(Heaven)로서 지구의 하늘과 궁창을 함하여 우주라고 하고, 이 우주 속에다 마귀를 가두어 두었는데, 이 우주와 하나님의 하늘 사이를 물벽을 쌓아(창 1:2의 '수면'이라고 함) 우주에 갇힌 마귀가 하나님의 하늘에 들어오지 못하게 하였다고 함. • 그러므로 둘째 날 궁창 창조에만 하나님 보시기에 좋았더란 말이 없다고 하여 하나님 창조의 불완전성을 주장함. • 창세기 1장의 인간은 혼과 몸만을 가진 동물의 지능을 칭(稱)하는 용어요, 2장의 인간은 그 중에서 뽑힌 개화된 인간, 즉 영을 가진 존재라고 함.
인간론	• 하나님은 처음에 다른 짐승과 다름없는 인간을 만드셨으며(그 자손이 네피림임), 그 중에서 아담을 택하사 그에게 영을 주셔서 구원의 대상으로 삼았다고 주장함. • 아담이 에덴동산을 지킨 것은 영이 없는 인간들이 들어오지 못하도록 하기 위함임. • 아담이 선악과를 따먹었을 때 죽으리라고 한 것은 아담이 아니라 예수께서 죽으리라고 한 말임.

21세기선교서울성락교회(계속)

구 분	내 용
천사론	• 천사는 권세 권능과 같은 뜻임. • 천사의 도움을 받을 수 있도록 천사를 부려야 함.
사탄론	• 귀신은 네 가지 조건으로부터 시작되는데 ①제 명(命)이 차기 전에 죽은 ②불신자의 ③사후의 ④영을 말함. • 모든 질병은 이 귀신이 우리 몸에 붙어서(우리 영에는 못 들어온다고 함) 생기는 것으로 이 질병은 약이나 의술로는 궁극적으로 고칠 수 없고 축사를 통해서만 가능하다고 함. • 귀신인 영은 인격이 아니므로 자기 스스로 사람의 몸에 들어오지 못하고 미혹의 영의 도움을 입어야 하는데, 미혹의 영은 하나님께서 신자들을 수호하도록 파송한 천사인데, 이 천사가 가변되는 것, 즉 선한 천사가 악하게 변하는 것을 가리켜 미혹의 영이라고 함. • 성경에서 말하는 유혹은 미혹의 영이라는 뜻으로 한 번 기변된 천사는 절대로 다시 환원할 수 없으며 죽을 때까지 따라다니고, 인간의 인격을 지배하는데, 가변된 천사보다 천사의 수가 많아야 우리가 능력 있게 살 수 있다고 함. • 천사가 가변되는 경우는 ①천사가 자기 우두머리를 따라 가변, ②하나님에 의해 가변되는 경우임. 특별히 하나님께서 가변시키는 경우는 천사가 하나님께 과잉 충성할 경우와 수호천사의 대상인 성도가 불의를 행할 때라고 함. • 영적 요소가 없는 인간의 육체를 마귀의 식물로 주었음. • 하나님께서 우주를 창조하신 것은 타락한 천사를 멸하기 위한 방편임
음부론	• 원래 음부란 말은 아래에 있는 장소를 가리키는 말로 땅을 기준하여 아래인 땅 속이 아니라 하나님으로부터 하늘에서 떨어졌으며, 우리가 사는 이곳이 모두 음부라고 주장함.

(2) 예수중심교회

<개 요>

구 분	내 용
명 칭	· 한국예루살렘교회(1985), 예수중심교회 · www.hjc.or.kr
창시자	· 이초석(李楚石, 1951-)
발생시기	· 1984년 9월
발생과정 및 역사	· 이초석은 1951년 11월 21일 서울에서 출생함(본명은 춘석임). · 1969년 2월 선린상고 졸업함. · 회사 운영, 대풍산업 대표이사를 역임함. · 1984년 예장 합동 정통신학교를 중퇴하고, 예장 성합측 비울신학교 졸업. · 1984년 9월 경기 광명시에 예루살렘 교회 설립함. · 1984년 12월 예장 성합측 총회에서 목사 안수 받음. · 1984년 인천 숭의동의 전도관 자리로 이전, 한국예루살렘교회로 명칭 변경함. · 1984년 성합측 총회에서 김기동 귀신론 추종 이유로 제명함. · 1985년 '초석예수전도단' 조직, 후에 '땅끝예수전도단'으로 명칭 변경함. · 1991년 예장 고신 제41회 총회에서 이단 정죄함. · 1991년 예장 통합 제76회 총회에서 이단 정죄함. · 1994년 기성 제49회 총회에서 이단으로 정죄함. · 1997년 12월 예루살렘 기도원 설립함. · 2004년 '예장연'에서 '이단 혐의 없다'고 선언, 논란을 야기함. · 2010년 3월 현재 교회 명칭은 '예수중심교회'이고, 유치원, 인복여자실고, 예수중심신학교(2008년 3월까지 681명의 제자를 배출)를 운영하고 있으며, 89개의 지교회와 82개의 기도처를 전국 각지에서 설립하여 운영하고 있음.

예수중심교회(계속)

< 교 리 >

구 분	내 용
성서론	· 신구약 성경의 정확무오성을 의심함. · 성경을 귀신론에 맞추어 자의적으로 해석함.
신 론	· 성부와 성자와 성령의 이름이 예수라고 하여 삼위일체 신관을 부인함.
창조론	· 우주를 마귀가 갇혀 있는 음부이며, 이 음부는 하나님이 창조하셨다고 함.
인간론	· 하나님은 인간을 만드실 때 영혼을 하나만 지으셨으며, 그 다음부터 영혼은 분리되어 가는 것이라고 주장함.
기독론	· 예수는 영의 육체를 입고 오셨다고 주장함(성육신 부정). · 예수님의 메시아 되심을 나타내 주는데 불과한 귀신 추방을 주님의 주된 일이라고 함.
구원론	· 십자가를 믿으면 영생을 얻는다는 말이 성경에 한군데도 없다고 주장하여 십자가 구속을 부정함. · 이초석의 구원은 인간을 억누르고 있는 귀신의 세력으로부터 자유함을 얻는 것이며, 예수는 이 일을 위해서 오셨다고 함(이신득의 원리 부정).
귀신론	· 귀신의 정체는 불신자의 사후존재라고 함. · 귀신은 사람의 몸에 직접 들어와 병들게 하고 망하게 한다고 함.

(3) 레마성서연구원

< 개 요 >

구 분	내 용
명 칭	· 레마선교회(레마복음선교회, 레마성서연구원) · www.yaeil.org, www.yaeil.ac.kr, www.rem.or.kr
창시자	· 이명범(1938-)
발생시기	· 1981년 7월
발생과정 및 역 사	· 이명범은 1938년 9월 22일 서울 종로구에서 출생함. · 1963년 연세대학교 도서관학과 졸업. · 1983년 2월 이화여대 대학원에서 기독교학 졸업함. · 새문안교회에서 신앙 생활함. · 강신명(姜信明, 작고) 목사의 주례로 조동철씨와 결혼 슬하에 3형제를 둠. · 1970년 말경부터 영등포의 성락교회에 2년간 출석함. · 1980년 5월 10일 베뢰아 아카데미 1기생으로 졸업함. · 1981년 7월 중앙대학교 이사장이던 임철순씨의 부인 이의영씨가 중앙대학교 여교수를 중심으로 성경공부를 시켜달라는 요청에 따라 중앙대학교에서 '현대사회와 기독교'를 강의하던 이명범이 강사를 맡아 진행함. · 당시 '레마선교회(Rhema Erangelical Mission)'란 이름으로 초대회장에 이의영씨를 선출함. · 1982년 2월부터는 신학자들의 특강을 듣기도 하고, 이화여대의 선교회와 선교사들에게 선교비를 지원함. · 1983년 중급반 성경공부 시작함. · 1984년 7월 '뜨레스 디아스(Tres Dias)' 프로그램을 통하여 지원자로 하여금 그리스도의 제자로 결단케 하는 영적 각성운동을 시작함(여성은 85년 3월부터 시작함). · 1989년 9월 '국제 뜨레스 디아스(Tres Dias International)' 조직하고 이명범이 회장에 취임함(2003년 7월 현재 141회 개최). · 레마선교회는 '렘(REM)', '비다뉴바(Vida Nueva)', '뜨레스 디아스'를 통한 은밀한 훈련을 통하여 세력을 확장시키고 있음. · 1990년 '한국레마복음선교회'에서 '서울 Tres Dias' 분리함. · 1992년 예장 고신 제42회 총회는 이명범을 불건전한 단체로 규정함. · 1992년 예장 합동 제77회 총회는 이단 사이비로 규정, 참석금지 결의함. · 1992년 예장 합신 제77회 총회에서 이단으로 규정함.

레마성서연구원(계속)

구 분	내 용
발생과정	· 1992년 예장 통합 제77회 총회는 '극단적인 신비주의 형태의 이단'으로 정죄함. · 1995년 기성 제51회 총회(89년-44회, 92년-48회)에서 김기동 계열의 이단사이비·불건전 단체로 결정함. · 1999년 3월 예일신학대학원대학교(http://yaeil.ac.kr/) 설립, 이사장, 총장 역임. · 1999년 5월 예일교회 설립함(2010년 현재 담임은 조준환임). · 2002년 3월 호주, 몽골 선교 시작함. · 2006년 3월 예일선교회를 종교법인으로 등록함. · 2007년 7월 한국독립교회 및 선교단체연합회 가입함. · 2010년 3월 현재 중국, 몽골 캐나다, 호주 등지에 선교사를 파송, 선교를 강화하고 있음.

< 교 리 >

구분	내용
삼위일체론	· 성부, 성자, 성령의 이름이 예수라고 하며, 또한 삼위일체 하나님은 예수라는 하나님 따로, 여호와라는 하나님 따로 있는 신이 아니라고 함. · 성부 하나님은 하나님의 본질이요, 성자 하나님은 하나님의 본체요, 성신 하나님은 하나님의 본영이라고 함. · 위의 주장은 김기동, 이초석, 이태화가 함께 주장하는 양태적 삼위일체론과 똑같은 것임.
창조론	· 창 1:2의 상태를 눈에 볼 수 없는 안개상태, 즉 원자상태로 창조하였는데, 종말의 심판 후에는 이 땅이 원자 상태로 돌아간다고 하여 불완전한 창조를 말함. · 하나님은 사탄을 멸하려고 인간을 창조했다고 함. · 선악과가 인간을 망하게 한 것 같지만 오히려 인간에게 구원의 길을 열어준 것이라고 함.
인간관	· 사람은 육과 혼과 영으로 되어있는데, 혼에만 지, 정, 의의 인격이 있음. · 하나님이 뱀에게 흙을 먹으라고 저주하신 것은 사탄이 인간의 지상영역(Earth Part)만 지배할 수 있고 사람의 영은 건드릴 수 없다는 뜻이라고 함. · 하나님이 범죄 한 인간에게도 흙으로 돌아가라고 하셨는데, 이는 결국 범죄한 인간의 영속에는 사탄이 못 들어 왔으니 영은 타락하지 않았다는 것이고, 예수 그리스도의 구속은 사탄의 지배 아래 들어간 흙인 육체만을 위한 구원이라고 주장함. · 창세기 1장의 인간은 육과 혼(인격)만 있고, 창 2장의 인간에게는 영이 주어졌다고 하며 이중 아담론을 주장함.
성경관	· 성경은 우리 영에 필요한 영의 양식이므로 이성적으로 평가하는 것은 의미가 없다고 하며, 성경을 반이성적으로 신비주의적으로 이해함.

(4) 부산제일교회(4단계 회개론)

< 개 요 >

구 분	내 용
명 칭	· 부산제일교회 · www.church.or.kr
창시자	· 박무수(1941 -) ; 본명(本名)은 박무용
발생시기	· 1985년 7월
발생과정 및 역사	· 순복음 총회신학교 졸업. · G·M·A 목회연구원 졸업(베뢰아 귀신론으로 면직된 산해원 부활의 교회 이태화 목사가 운영). · 총회 목회 연구원 졸업함. · 1985년 7월 부산제일교회 창립함. · 1988년 8월 임마누엘 기도원 설립함. · 1994년 3월 삼사신학교 설립함. · 도서출판 34 설립함. · 1999년 예장 합동 제84회 총회에서 비성경적이며 사이비성으로 규정함. · 1999년 기성 제54회 총회에서 이단으로 정죄함. · 1999년 예장 통합 제84회 총회에서 '비성경적이요 사이비적'이라고 규정함. · 1999년 3월 서울에 지성전을 설립함. · 2004년 '예장연'에서 박무수의 주장이 '비성경적이고 사이비적인 요소가 많은 것으로 판단된다'고 하면서도 '연구 인물로 규정하여 이단 판별을 보류한다'고 선언 문제가 야기됨. · 2010년 3월 현재 프레이즈 아카데미(음악), 삼사신학교, BLTC(언어교육) 등 교육에 주력하면서 미국, 중국, 뉴질랜드, 남미에도 지교회 설치, 부흥성회를 개최하는 등 선교를 강화하고 있음.
4단계 회개론	① 1단계 : 죄를 깨달음. ② 2단계 : 제단 뿔에 새겨진 죄를 씻어냄(렘 17:1). ③ 3단계 : 마음 판에 기록된 죄를 씻어냄.

부산제일교회(4단계 회개론)(계속)

< 교 리 >

구 분	내 용
4단계 회개론	④ 4단계 : 감사와 찬송인데 입으로만이 아니라 감사헌금을 해야 완성되는 것으로 봄.
귀신론	• 제명에 죽지 못할 불신자의 사후의 영이 귀신이요, 그 귀신이 우리 몸에 붙어서 질병을 일으킨다고 함. • 김기동의 베뢰아 귀신론을 그대로 차용함.
성경관	• 직통계시를 주장함. • 모든 것을 하나님이 시키는 대로 한다고 함. • 설교도 그냥 자신을 말하면 되는데 그 이유는 자신이 성경적으로 살기 때문임. • 신학을 주정하고 교육도 필요 없다고 함. • 성경을 풍유적으로 해석함.
주요주장	• 박무수는 동방의 독수리요, 그 추종자들은 동방의 왕들임. • 하나님이 대한민국을 사랑하셔서 박무수에게 4단계 회개의 복음을 계시함 (엡 3:1-4) • 4단계회개를 하지 않으면 구원받을 수 없고, 중단하면 지옥에 감. • 칼빈의 예정론은 성경적이지 않고 구원을 하나님이 100%책임, 인간이 100%책임이 있음. • 구원은 행위에 따라 취소될 수 있음. • 기성교회는 모두 구원받을 수 없음. • 박무수는 제2의 종교개혁자임. • 예수와 그리스도를 분리하여 예수는 손등이고 그리스도는 손바닥이라고 함, 즉 그리스도를 말하고 예수만 말하면 구원받을 수 없음. • 새 언약이 바로 4단계 회개임.

5. 구원파(권신찬) 계열

< 개 괄 표 >

분류	번호	교 주 명	명　　　칭	신앙적 문제점	발생시기
권신찬 계열	1	권신찬-사위 유병언	기독교복음침례회	구원	1961. 4.
	2	박옥수	대한예수교침례회 기쁜 소식 선교회	구원	1983.
	3	이요한	대한예수교침례회 서울중앙교회	구원	1983.
	4	김갑택	샛별남원교회	구원	1988. 2.

　구원파 계열은 권신찬(權信燦)으로부터 시작된다. 1961년 4월 미국인 독립선교사 "딕 욕(Dik York)"의 영향으로 복음을 깨달은 유병언과 1961년 11월 네델란드 선교사 길기수(Case Glass)씨의 영향으로 죄사함을 깨달은 권신찬이 대구에서 선교함으로 구원파가 시작되는 계기가 되었다. 이들이 구원파로 불리게 된 것은 구원에 지나치게 집착하여 '10개 문답서'를 가지고 선교하면서 인위적으로 구원의 여부를 따지게 된 데에서 비롯된다.

　이들의 질문을 살펴보면 다음과 같다. ①선생님의 이름이 생명책에 기록된 것을 확실히 알고 믿습니까? ②선생님은 거듭나셨습니까? ③성령님이 마음속에 계심을 믿습니까? ④사망에서 생명으로 옮겨진 것을 확신하십니까? ⑤당신은 의인입니까? 죄인입니까? ⑥ 모든 죄가 용서되었습니까? ⑦하나님을 두려워하는 생활을 하십니까? ⑧구원 받은 것이 확신되어집니까? ⑨재림주를 영접할 준비가 되어 있습니까? ⑩구원의 근거가 어디에 있습니까?

　위와 같은 구원파의 질문에 신학적인 기반이 약했던 평신도들은 속수무책으로 당할 수밖에 없었으며, 구원파의 포로가 되어갔던 것이다. 교계를 뒤흔드는 이러한 사태에 교단들은 매우 뒤늦게 대응하는 잘못으로 이들의 세력을 키워주는 형국이 되고 말았다. 이들은 1980년대 초반에 분파되었고, 안정적으로 적응하는 와중인 1985년 기성 제40회 총회에서 이단, 사이비 집단으로 정죄하였고, 1992년 예장 통합 제77회 총회에서 이단으로 지목, 정죄되었다.

　현재 가장 활동적인 구원파의 분파들은 박옥수(朴玉洙)의 대한예수교침례회, 기쁜소식선교회(www.goodnews.or.kr, www.ospark.pe.kr)와 이요한(본명, 이복칠)의 대한예수교침례회 서울중앙교회, 생명의말씀선교회(www.seoul.jbch.org)가 있다.

　박옥수는 대전중앙교회를 창립하고 '죄사함의 비밀'이라는 주제로 지속적으로 체육관 집회를 통하여 세력 확장을 이뤄갔다. 현재 해외에 설립된 교회가 156개에 달하며, 180개의 국내교회들이 있는 상황이다(홈페이지, 2010년 3월 현재).

　이요한은 현재 해외에 설립된 교회가 71개이며, 154개의 국내교회들이 있는 상황이다(홈페이지, 2010년 3월 현재). 해외에서 들려오는 이단들의 지속적인 영향력의 증가는 잘못된 복음이 미치는 영향력과 관련한 심각한 우려와 기존 정통 교단들의 분발을 요구하고 있다.

(1) 기독교복음침례회

< 개 요 >

구 분	내 용
명 칭	· '한국평신도복음선교회'(1963) · '기독교복음침례회'(1981)로 명칭 변경함. · 구원에 대하여 지나치게 집착하여 '10개 문답서'로 구원의 여부를 확인하여 속칭 '구원파(救援派)'로 불림.
창시자	· 권신찬(權信燦, 1923-1996), 그의 사위 유병언
발생시기	· 1961년 4월
발생과정 및 역 사	· 권신찬은 1923년 1월 13일 경북 영덕에서 출생함. · 1937년 영해 보통학교 졸업함. · 1940년 8월 일본 통신 중학교 과정을 중퇴하고 독학으로 검정고시 이수함. · 1951년 예장 총회신학교 졸업함. · 1951년 11월 30일 목사 안수 받음. · 1961년 4월 미국인 독립선교사 "딕 욕(Dik York)"의 영향으로 복음을 깨달은 유병언과 1961년 11월 네델란드 선교사 길기수(Case Glass)씨의 영향으로 죄사함을 깨달은 권신찬이 대구에서 선교함으로 구원파가 시작됨(유병언은 권신찬의 사위임). · 1962년 12월 21일 경북노회에서 이단 문제로 목사 면직 및 제명 처분 받음. · 1963년 선교사들과의 관계를 정리하고 독자 노선을 추구하면서 성경 해석과 교리가 변질되기 시작함. · 1966년 2월 10일 인천의 복음주의 방송국(극동방송)의 전도과장으로 일하면서 세력을 구축 발전시킴, 이 시기 '한국평신도복음선교회' 간판으로 기성교회에 침투함. · 1967년 장신대를 졸업한 소천섭 강도사가 포항 중앙교회에 부임하면서 일부 성도에게 밀실교육을 시켰고, 1968년 1월 교회를 대구 문화교회로 옮겼다가 사임하고, 성도들을 포섭 구원파의 깨달음 교리를 가르치는 행위가 발각되면서(1969년 포항 중앙교회에서 구원파에 속한 성도 11명을 직무 정지시킨 사건) 표면화 됨.

기독교복음침례회(계속)

구 분	내 용
발생과정 및 역사	· 1980년 무인가 신학교 정비가 시작되자 1981년 11월 '기독교복음침례회' 교단 창립함. · 1985년 기성 제40회 총회에서 이단, 사이비 집단으로 정죄함. · 1991년 예장 고신 제41회 총회에서 이단으로 정죄함. · 1992년 예장 통합 제77회 총회에서 이단으로 정죄함. · 2008년 예장 합동 제93회 총회에서 이단으로 정죄함.
분 파	· 1978년 이창범파가 분파됨(복음침례회). · 1983년 이요한파(속칭, 이복칠파)가 분파됨, 대한예수교침례회의 명칭을 사용함. · 1983년 박옥수가 예수교복음침례회라는 명칭으로 분열, 대전의 한밭중앙교회를 중심으로 활동함.

< 교 리 >

성경관	· 혼자서 성경을 많이 알고 남을 가르쳐 보려는 태도를 가지면 이상하게 될 수 있음. · 십계명을 부정함. · 성경이라고 진리는 아니므로 다 믿지 말라고 함(마귀, 사단, 세상 말도 포함되어 있다고 주장함).
신 론	· 하나님이 인간을 창조하신 것은 남자가 여자를 필요로 하듯이 하나님의 짝이 될 수 있는 신부가 필요해서임. · 하나님은 하나님 자신을 위하여 인간의 죄를 사하심. · 하나님은 영이시기 때문에 하나님이 인간에게 나타나실 수 있는 길은 사람의 형체를 가진 몸 안에 하나님이 계셔 나타날 수밖에 없음.
성령론	· 성령이 내림으로 교회가 세워졌지만 그 교회가 어리므로 하나님의 특별한 일이 방언이나 병 고치는 역사로 나타나기도 하나 교회가 성장하면 그런 역사는 없어짐. · 메시야는 이미 오셨는데 부활승천하시고 성령으로 오셨는데 유병언이 예수고 살아있는 성령임.

기독교복음침례회(계속)

구 분	내 용
구원론	• 구원은 율법으로부터 해방이며 영의 구원이지 육신의 구원은 아님. • 진리를 깨닫는다는 것은 알지 못하던 성경구절을 이해하게 된다는 뜻이 아니라 말씀에 의하여 죄가 해결되어 버리는 것을 의미함(단 한 번의 회개만이 필요). • 구원은 진리를 깨닫는 순간 찾아오는 양심의 자유임. • 예수 안에서 서로 친교가 있는 자만이 구원 받는 무리가 된다는 것임. • 거듭남은 양심의 해방이요 영의 구원임, 영혼의 구원은 진리를 깨닫는 순간 찾아오는 양심의 자유임. • 한번 깨달으면 다시 범죄함도 없고 회개할 필요도 없음.
교회론	• 교회란 건물이 아니라 구원받은 사람 그 자체이며, 인격체이고 성도의 교제의 집합체라고 함. • 기존의 교회를 전면 부정하고 구원파 집단만이 영광스러운 교회요 유일한 참교회임. • 구원 받았으므로 교회에 갈 필요가 없다고 주장함. • 하나님은 영이시므로 형식을 갖춘 예배의식이 필요 없음. • 시간을 내어 기도하는 일을 철폐함. 기도는 마음속으로만 하는 것이며 형식이 필요 없음. • 주일성수, 새벽기도, 십일조는 율법의 소산물이므로 배격함. • 구원파 소속 신자들을 서로 모여 교제할 뿐 예배하지 않음.
종말론	• 1948년 5월 14일 이스라엘이 새로운 독립국가로 출범한 것이 1967년 6월 전쟁으로 예루살렘을 탈환한 것임. • 세계정부의 실현 가능성과 적그리스도 666의 출현 징조 등 성경의 예언이 성취되는 것을 볼 때 그리스도의 재림이 1980년 대 안에 있을 것임. • 7년 대환란이 있기 전에 그리스도의 몸(즉, 구원파)이 들림 받게 될 것임.

(2) 대한예수교침례회 기쁜소식선교회

< 개 요 >

구 분	내 용
명 칭	· 기쁜소식선교회 · www.goodnews.or.kr, www.ospark.pe.kr
창시자	· 박옥수(朴玉洙, 1944-)
발생시기	· 1960년대 후반
발생과정 및 역 사	· 박옥수는 1944년 6월 경북 선산에서 출생함. · 중학교 졸업 후 네덜란드인 길기수(Gase Glass)의 금오산 집회에서 크게 감화 받음. · 1962면 7월, 19세에 자신이 거듭났다고 함. 길기수의 제자가 되어 외국 선교사로 나가기 위하여 합천에서 훈련 중 군(軍)에 입대함. · 1968년 6월 군에서 전역 후 김천에서 전도하다가 '믿음의방패선교회'의 '딕 욕(Dick York)'선교사에게 목사 안수 받음. 이 시기에 딕 욕이 운영하던 선교학교를 졸업했다고 함. · 대구중앙교회에서 목회했고, 대전에서 한밭중앙교회를 설립함. · 1976년 자신이 선교학교를 설립, 운영하면서 수많은 선교사를 훈련 배출했다고 함. · '기독교복음침례회'(속칭 '구원파')에 소속되어 있다가 1983년 '예수교복음침례회'라는 이름으로 분파됨. · 1985년 기성 제40회 총회에서 이단, 사이비 집단으로 정죄함. · 1991년 예장 고신 제41회 총회에서 이단으로 정죄함. · 1992년 예장 통합 제77회 총회에서 이단으로 정죄함. · 2004년부터 '기쁜소식 강남교회'를 맡아서 목회하고 있음. · 2004년 '예장연'에서 '이단 혐의 없다'고 선언, 논란을 야기함. · 2008년 예장 합동 제93회 총회에서 이단으로 정죄함. · 2010년 현재 '기쁜소식선교회'에 소속된 교회는 180개 교회이고, 전 세계의 156곳에 선교사를 파견, 해외 선교를 강화하고 있음(인터넷 홈페이지 참조).
간행물	· '기쁜 소식'을 발간함.

기쁜소식선교회(계속)

< 교 리 >

구 분	내 용
주요주장	· 풍유적 성경 해석을 오용, 남용함. · 구원은 깨달음을 통하여 받는데, 우리가 육적 생일을 기억하는 것처럼 영적 생일을 기억해야만 구원 받은 증거라고 함. · 회개를 지속하는 것은 구원받지 못한 증거라고 함(미래의 죄까지도 다 사했다고 함). · 자기가 죄인이라고 고백하면 지옥 간다고 주장함. · 십일조는 율법적이며, 일반 교회는 율법적인 구원관을 가지고 있으므로 그것을 벗어나는 것이 곧 구원이라고 함. · 죄와 범죄, 회개와 자백을 구분하여 반복적 회개는 부인하고 삶에서 나타나는 범죄는 하나하나를 일일이 고백하여 용서를 구할 필요가 없으며, 죄 자체를 인정하기만 하면 된다고 함. · 죄인이라고 말하면 지옥을 가는데, 딤전 1:15에서 사도 바울이 '죄인 중의 괴수'라고 하는 것은 원문에 과거형으로 되어 있기 때문임. · 성화(聖化)가 배제된 중생(重生)의 구원만을 강조하고 거기에 초점을 맞추어 해석함.

(3) 대한예수교침례회 서울중앙교회

< 개   요 >

구 분	내 용
명 칭	· 대한예수교침례회 서울중앙교회 · www.seoul.jbch.org
창시자	· 이요한(본명은 이복칠, 1932?-)
발생시기	· 1983년
발생과정 및 역사	· 중학교 졸업 후 6·25 한국전쟁 중 대구의 임시신학교에서 권신찬에게서 교육 받음. · 1960년대 중반부터 목포에서 권신찬과 합류 활동하다가 1971년 권신찬에게서 목사 안수 받음. · 전남 목포에서 '평신도복음전도회'라는 간판을 걸고 활동하며 기성교회를 비판하고 시한부 종말론을 주장함. · 1974년 말에 구원파가 기업을 헌금으로 운영하면서 잦은 충돌 끝에 1983년 교회 헌금을 사업에 전용하는 것을 문제 삼아 '복음수호파'로 분리하여 '대한예수교침례회'를 설립함(서울교회 설립). · 1985년 기성 제40회 총회에서 이단, 사이비 집단으로 정죄함. · 1991년 예장 고신 제41회 총회에서 이단으로 정죄함. · 1992년 예장 통합 제77회 총회에서 이단으로 정죄함. · 1994년 경기 안양에 예배당을 신축하여 오늘에 이름(서울중앙교회로 개칭). · 1997년 이요한파에 속해 있던 12개의 교회가 이진배를 중심으로 '대한그리스도복음교회'로 분리 이탈함. · 2008년 예장 합동 제93회 총회에서 이단으로 정죄함. · 2004년 '예장연'에서 '이단 혐의 없다'고 선언, 논란을 야기함. · 2010년 3월 현재 서울의 각 지역별로 14개 선교회를 운영, '생명의 말씀선교회'와 국내 154여개의 교회, 해외 71여 곳에 선교사를 파송하여 선교를 강화하고 있음.

대한예수교침례회 서울중앙교회(계속)

구 분	내 용
간행물	• 월간지 '생명의 빛'을 발행함. • '진리의 말씀 출판사'와 '영생의 말씀사'를 운영함.

< 교 리 >

구 분	내 용
주요주장	• 하나님의 은혜를 깨달아야 구원을 얻음. • 깨달음은 믿음과 구별되며 믿음만으로는 구원받는데 부족함. 믿는다고 천국에 들어가는 것이 아니고 반드시 깨달음이 있어야 함. • 기독인과 그리스도인을 구분하고 종교생활과 신앙생활을 구분하며 기성교회와 차별화함. • 주기도문을 외우지 않는데, 이는 주기도문을 외우라고 주신 것이 아니고 주님의 교제 안에 있는 것으로 족하기 때문임. • 성경의 주제 중에 이상 징후, 지진, 전쟁 등의 사례를 들어서 급박한 종말론을 형성함.
예배 의식	• 예배는 형식이 없으며, 집회식으로 1시간 30분 정도 성경을 공부함. • 저녁에는 예배 대신 교제를 함. • 1년에 4번 정도의 사경회를 함. • 교리 전파를 위해 성경 강연회라는 전도 프로그램을 운영함. • 기성교회에서 행하는 예배의식과 십일조와 기타 연보들, 그리고 기도생활과 예배 행위를 율법적이라고 배격함.

6. 안식일 계열

< 개 괄 표 >

분류	번호	교주명	명 칭	신앙적 문제점	발생시기
안식일계통	1	윌리엄 밀러	제칠일안식일 예수재림교회	예수재림주장	1884.
	2	안상홍	하나님의교회 세계복음선교협회	성령 하나님	1964. 4. 28.
	3	박명호	한국농촌복구회	엘리야	1981. 1.

　안식일 계열은 제7일 안식일 예수재림교회(이하 안식교)에서 기원한다. 이는 미국에서 발생한 이단집단이다. 본서에서는 미국의 이단에서 '안식교'로 다루고 있다. 근래에는 미국을 비롯한 서구에서는 안식교를 이단에서 제외시키는 경향이 나타나고 있다. 이는 1844년 미국에서 안식교가 발생한 이후로 주요한 이단적 교리를 포기했음을 의미한다.

　안식교가 한국에 본격적으로 선교하기 시작한 것은 1904년이었다. 한국에 선교를 시작한 이후로 첫 번째로 한국교회의 강경한 반응이 나온 것은 1915년 제4회 예장총회에서였다. 예장총회는 안식교 교리에 옳다하는 자에게는 당회가 권면하고 만일 직분 있는 자에게 권면하여도 듣지 아니하면 면직시키며, 안식교로 가는 자는 제명을 결정함으로 사실상의 이단으로 선포했다. 두 번째 반응이 나온 것은 80여년의 세월이 흐른 1995년 예장 통합 제80회 총회에서였다. 안식교가 초기의 이단적인 주요한 교리를 포기하는 경향으로 나가고, 국내의 일부에서도 정통으로 용인하는 분위기가 형성되자 이에 쐐기를 박고 나선 것이다. 제80회 총회의 연구 결론은 "안식교는 율법주의적 구원론, 토요일 안식일문제, 엘렌 지 화이트의 계시론, 영혼멸절설, 영원지옥부재설, 또는 조사심판 및 2,300 주야문제 등의 비성경적인 교리를 주장하는 이단이다. 그런데도 이들이 건강문제를 앞세우고, 정통교회를 표방하는 요소가 있기 때문에 그 미혹성이 심각하다 할 수 있다."며 결코 용납할 수 없는 이단임을 선포한 것이다.

　안식교 계열의 이단으로는 속칭 '안상홍(安商洪) 증인회'로 불리는 하나님의교회 세계복음선교협회(www.watv.org)와 박명호(朴鳴呼)의 한국농촌복구회(www.hannong.com)가 있다. 이들은 모두 안식교 출신으로 이들의 영향을 깊이 받았다. 안상홍 증인회는 안상홍이 재림주요, 성령 하나님으로 주장하며 공격적인 포교로 인하여 사회적인 물의를 일으키고 있다. 현재 해외에 50여개의 교회와 국내에 400여개의 교회를 세워 활동하고 있다(홈페이지, 2009년 4월 현재).

　한국농촌복구회의 본래의 명칭은 엘리아복음선교원이다. 안식교 출신인 박명호에 의해서 창교되었다. 1991년에 예장 통합총회에서 이단으로 정죄되어 활동이 어려워지자 잠잠하다가 1994년 '한농복구회'라는 명칭으로 집단생활 및 귀농을 위한 단체로 명칭을 변경, 활동 중이다. 현재 이 집단은 '사단법인 돌나라 한농복구회'라는 명칭으로 유기농농산물 등으로 국내뿐만 아니라 해외에까지 영역을 확대시켜 활동 중에 있다(홈페이지, 2010년 3월 현재).

(1) 제칠일 안식일 예수재림교회

구 분	내 용
교육기관	・삼육의명대학 부속유치원, 서울삼육초등학교, 태강삼육초등학교, 광주삼육초등학교, 대전삼육초등학교, 대구삼육초등학교, 동해삼육초등학교, 부산삼육초등학교, 서해삼육초등학교, 춘천삼육초등학교, 원주삼육초등학교, 한국삼육중·고등학교, 서울삼육중·고등학교, 이천여자고등학교, 청암중·고등학교, 호남삼육중·고등학교, 대전삼육중학교, 동해삼육중·고등학교, 동성고등공민학교, 서해삼육중·고등학교, 세원고등학교, 영남삼육중·고등학교, 원주삼육중·고등학교, 삼육재활학교, 삼육대학교, 삼육의명대학, 삼육간호보건대학, 삼육대학교예언의신연구원, 삼육(SDA)외국어학원(전국 35개)
출판사, 잡 지	・시조사, 월간《시조》, 월간《가정과건강》, 《교회지남》, 계간지 《안교교과》, 재림신문사
병 원	・서울위생병원, 치과병원, 부산위생병원, 위생한방병원, 에덴노인전문요양센터(경기도 남양주시), 에덴요양병원, 여수에덴요양병원
복지시설	・두암종합사회복지관(광주시 북구 두암동), 동해시노인종합복지관(강원도 동해), 동대문종합사회복지관(서울 동대문), 정읍시노인종합복지회관(전북 정읍), 평화의 동산(충남 금산)
사업체	・삼육식품(충남 천안시 직산), 삼육식품 봉화공장(경북 봉화)
대학생 관련단체	・SDA 의과대학생협회, SDA 의.치.한의대생회(SMA),SDA대학선교회(ACT-Adventist Collegians with Tidings)
기 관	・국제절제협회, 아드라(삼육국제개발구호기구)
기 타	・청소년 상담실, 건강상담실, 미디어센터, 북한선교문제연구소, 한국생명운동본부, 삼육기술원, 삼육재림연수원, 평신도훈련원, 성경통신학교, 출판전도부연수원, 재림공원묘지(경기 포천), AWR 희망의 소리 방송국
안식교 신도 운영	・별새꽃돌자연탐사과학관(충북 제천), 만나수양원, 삼육여행사, 아침고요수목원, 아침고요입양복지회, 캉스어학원 등

출처 : www.adventistkr.org 2007.9.29.
※개요, 교리 등 자세한 사항은 본서 <미국의 이단> 부분을 참조할 것

(2) 하나님의교회 세계복음선교협회(안상홍)

< 개 요 >

구 분	내 용
명 칭	• '하나님의교회 예수증인회'(1962) • '하나님의교회 안상홍증인회'(1985) • '하나님의교회 세계복음선교협회'(1994) • 약칭으로 '안상홍 증인회'로 불리고 있음 • www.watv.org
창시자	• 안상홍(安商洪, 1918-1985)
발생시기	• 1964년 4월 28일
발생과정 및 역사	• 안상홍은 1918년 1월 13일 전북 장수에서 출생함. • 1937년 일본에 건너갔다가 1946년 10월에 귀국함. • 1947년 7월에 '제 칠일 안식일 예수재림교회'에 입교함. • 1948년 12월 16일 이명덕 목사로부터 침례 받음. • 1953년부터 계시를 받기 시작했다고 주장함. • 1956년에 10년 안에 예수 재림이 있을 것이라는 안식교 목사의 설교에 반박하는 간증문을 통해 초대교회의 진리가 자신을 통해 회복될 것임을 지시 받았다고 주장함. • 1962년 3월 17일 출교당한 후, 24일 23명과 안식교에서 탈퇴하여 1964년 부산에서 '하나님의교회 예수증인회'를 창립하고 선교에 나섬. • 1985년 2월 25일 사망, 3월 22일 본부를 서울로 옮기고 6월 2일 '하나님의교회 안상홍증인회'로 개칭함. • 2000년 한기총 제12회 정기총회에서 이단으로 정죄함. • 2002년 예장 통합 제87회 총회에서 반기독교적 이단으로 정죄함. • 2003년 예장 합신 제88회 총회에서 이단으로 정죄함. • 2008년 예장 합동 제93회 총회에서 이단으로 정죄함. • 2009년 4월 홈페이지에 의하면 국내 400여개 해외 48개의 교회가 설립되었고, 신도는 110만 명이라고 주장함. • 2011년 예장 통합 제96회 총회에서 반기독교적 이단으로 재 확인함.

< 교 리 >

성령론	• 예수님은 다윗의 위로 왔는데(눅 1:32) 공생애 3년 밖에 사역을 하지 못해 다윗의 재위 기간인 40년을 채우지 못했음. • 안상홍은 30세에 침례를 받고 67세에 죽어 부족한 37년간의 사역을 함으로써 예수님에 이어 재위기간 40년을 채웠으므로 재림 예수라고 함.

하나님의교회 세계복음선교협회(안상홍)(계속)

구 분	내 용
성령론	• 요 16:6에 예수님이 보혜사가 오시리라 했는데 그 약속된 보혜사 안상홍이라고 함. 즉, 성부 하나님은 '여호와'요, 성자 하나님은 '예수', 성령 하나님의 이름은 '안상홍'이라고 주장함. • '장길자'라는 여인은 안상홍에 의하여 1981년에 하나님의 신부로 택함 받음. 증인회 측은 장길자를 어머니로 부르는데, 장길자는 계 21:9과 22:17에 나오는 어린 양의 아내요 신부라고 주장하며 안상홍이 하나님의 신부로 지명했으므로 장길자를 하나님으로 받들고 있음.
구원론	• 소위 성령 시대인 이 시대는 예수의 이름만 가지고는 구원을 받을 수 없고 성령의 이름인 벧전 2:4의 흰 돌 위의 새 이름으로 인침을 받아 유월절을 지켜야 구원을 받는다고 주장함. • 성부 시대는 여호와 하나님의 이름으로 구원을 받았고(사 43:10-13), 성자 시대에는 예수 그리스도의 이름으로 구원을 받으며(행 4:12), 성령 시대는 보혜사 성령으로 온 안상홍 하나님의 이름으로 구원을 받는다고 (벧전 2:4, 계 2:7) 주장함.
종말론	• 1988년이 다 가기 전에 늦은 비 성령이 오실 것이며, 144,000명의 인치는 역사가 끝나면 지구는 흔적도 없이 사라지고, 안상홍의 인을 받은 144,000명만 휴거되어 천국에 들어갈 것임. • 144,000명을 인치면 안상홍이 공중재림하고 지구는 흔적도 없이 멸망하게 될 것임. • 현재 기성교회에서 이야기하는 성령의 역사는 모두 마귀의 장난임.
예배관	• 예배실 안에는 신을 신고 들어갈 수 없고 바닥에 앉아서 하며 여자는 수건을 써야 한다고 주장함. • 안상홍의 이름으로 기도함.
주요주장 및 신앙실천	• 여자들은 로마 카톨릭과 같이 머리에 수건을 쓸 것. • 세례를 받지 말고 침례를 받을 것. • 토요일을 안식일로 지켜야 한다고 함. • 성탄절은 태양신의 기념일임으로 지키지 않음. • 구약의 유월절을 지켜야 함. • 십자가는 우상임. • 위의 사항을 지키지 않는 자들이 이단임.

(3) 한국농촌복구회(구 엘리야복음선교원)

< 개 요 >

구 분	내 용
명 칭	• 구 엘리야복음선교원(Elijah Gospel Missionary) • 한국농촌복구회(1994). 약칭 '한농복구회'로 불리움. • www.hannong.com
창시자	• 박명호(朴鳴呼, 1943-)
발생시기	• 1981년 1월
발생과정 및 역 사	• 박명호는 1943년 10월 1일 충남 보령에서 출생함. • 본명은 박광규(朴光圭)인데, 울면서 부르시는 아버지의 심정을 대표한다는 뜻에서 박명호로 개명함. • 어려서부터 안식교에 입교하여 엄격한 율법주의적 신앙교육을 받음. • 중졸 후 고아원에서 지내다가 천호동 뒷산에서 환상을 보았는데 유명한 안식교 목사들이 양떼를 멸망의 길로 인도하는 것을 보고 놀라서 "엘리야의 하나님 나를 보내소서" 외치다가 깨어났다고 함. • 이를 계기로 안식교에서 이탈함. • 38세 때인 1981년 1월부터 경북 상주에서 새로운 신앙운동을 전개함. • 이 시기에 토요일을 안식일로 지키면 구원을 받는다고 주장하면서 학생들에게 학업을 중단시키도록 하고, 육식 조미료 사용을 엄금했으며, 하나님을 '친아빠'라고 부르라고 함. • 1991년 제76회 예장 통합 총회에서 이단으로 정죄함. • 최근에는 '한농복구회'라는 명칭으로 집단생활 및 귀농을 위한 단체로 변신 활동함.
성경 이외의 경전	• 교리서로 '천국사람들'이 있음. • 기본 신조서로 '마지막 남은 자손들의 7가지 신조'가 있음. • 내부 핵심 요원용 교리서로 '영광의 빛'이 있음.

< 교 리 >

성경관	• 제1성경은 천연계(天然界), 제2성경은 66권 성경, 제3성경은 대언의 영(계 19:10), 세 가지가 있다고 주장함.

한국농촌복구회(엘리야복음선교원)(계속)

구 분	내 용
신 론	· 하나님을 하늘에 계신 나의 친 아빠로 부름. · 하나님은 예수 그리스도를 혼자 보내지 않으시고 친히 따라오셨다고 주장함. · 하나님이 인간의 모습을 가졌다는 '신인동형동성설(神人同形同性說)'을 주장함.
기독론	· 예수 그리스도를 하나님이 나시지 않음. · 예수의 중보 불필요론을 주장함. · 예수님을 맏형님으로 부름. · 예수님의 제자들을 제2의 작은 예수로 부름.
성령론	· 성령님을 '엄마', '나의 엄마'라고 부름. · 성령님을 여성신(女性神)으로 주장함.
구원관	· 믿음으로 구원 얻는다는 것은 사탄의 거짓이라고 비난하고, 스쳐가는 생각까지라도 범죄 하지 아니하는 제2의 예수가 되지 않고는 구원 받을 수 없다고 함. · 이방 신선(神仙)들은 예수도 성경도 몰랐지만 예수 재림시 데려가신다고 함. · 사람(人)이 산(山)에서 사는 길이 신선(神仙)이 되는 길이라고 함.
교회관	· 기성교회를 모두 마귀가 만든 것이라고 함. · 기성교회에 침투하려고 선교합창단을 조직하여 활동하면서 카세트와 책을 판매 선전하고 있음.
엘리야론	· 첫번째는 길르앗의 엘리야(왕상 17:1), 둘째는 세례 요한(마 3:1), 셋째는 자신이 엘리야라고 함.
직통계시 주장	· 하나님의 태(胎)에서 인간이 생산됨. · 천사도 하나님의 아들임. · 선악과에 독이 들어 있다고 주장함. · 두 십자가가 있는데 하나님 아버지와 예수그리스도가 다함께 십자가를 졌다고 주장 함. · 예수는 창녀 마리아와 연애를 했다고 함. · 자신이(박명호) 가는 길은 황금고속도로요 영생의 대로(大路)라고 함.

7. 시한부 종말 계열

<개괄표>

분류	번호	교주명	명 칭	신앙적 문제점	발생시기
시한부 종말론 계열	1	이장림	새하늘교회(다미선교회)	1992년 휴거	1988.
	2	권미나	성화선교교회	시한부종말	
	3	하방익	사자교회(다베라선교회)	시한부종말	1993.
	4	전양금	다니엘선교교회	시한부종말	
	5	이재구	시온교회	시한부종말	
	6	오덕임	대방주교회	시한부종말	
	7	유복종	혜성교회	시한부종말	
	8	임순옥	중앙예루살렘교회	직통계시	
	9	공명길	성령쇄신봉사회	시한부종말	
	10	이현석	한국기독교승리제단	시한부종말	
	11	공용복	종말복음연구회	시한부종말	
	12	양도천	세계일가공회	영약, 재림장소	1964. 10.
	13	김성복	일월산기도원	시한부종말	1966. 8.

    시한부 종말과 관련하여 사회적으로 문제가 우려할 수준으로 야기된 것은 1988년에 나타난 이장림(李長林)의 다미선교회에 의해서였다. 교회에서 협동목사로 있으면서 번역을 하던 그는 1990년 '다가올 미래를 준비하라'는 뜻의 '다미선교회'를 설립하였고, 자신의 저서를 통하여 휴거(携擧)를 구체화 시키다가 서서히 단정, 확산시키는 방향으로 나아갔다. 그는 처음에는 1992년 10월10일로 휴거를 주장하다가 나중에 10월 28일로 수정하였다. 수많은 사람들이 재산을 바치고 학업과 직장 포기, 심지어는 휴거 시에 몸이 가벼워진다며, 낙태하는 등의 사회 문제로 확산되는 결과가 벌어졌다. 이러한 사태에 대하여 교계의 대응은 매우 단호하고 엄정했다. 1991년 예장 통합 제76회, 예장 합동 제76회, 예장 고신 제41회 총회는 이장림과 다미선교회를 이단으로 정죄했다. 사회에서의 단죄도 이어졌다. 휴거가 불발로 끝나고, 이장림은 구속, 1993년 5월 사기죄로 징역 1년, 미화 2만 6천불의 몰수 형을 받았다. 이장림이 구속되어 있는 상황에서 1993년 1월 이장림은 '새하늘교회'를 창립하고 담임목사가 되었는데, 현재의 활동상황은 들어나지 않고 있는 상태이다.
    이외에 지금도 꾸준하게 활동하는 단체로는 용문산을 기반으로 활동하여 속칭 '용문산운동'으로 불리는 나운몽(羅雲夢)의 대한오순절성결회, 하방익의 사자교회(www.messenger.co.kr), 서달석의 서울중앙침례교회(www.biblenews.co.kr, http://jesusoflove.org.) 등을 들 수 있다. 이들은 시한부 종말을 주장하였거나 여기에 동조, 용납하는 형태를 취해왔던 것이다.

(1) 세계일가공회

< 개 요 >

구 분	내 용
명 칭	· 세계일가공회(世界一家公會)
창시자	· 양도천(梁道泉, 1924-)
발생시기	· 1964년 10월 10일
발생과정 및 역사	· 양도천은 평북 정주에서 1924년 10월 10일 기독교 가정에서 출생함. · 10세 때까지의 아명(兒名)은 '미륵'이었음. · 7세부터 정주 운전장로교회 주일학교 출석함. · 8·15 해방시에는 다니엘서와 묵시록을 암기할 정도로 열심히 신앙생활을 함. · 해방 후인 1946년 평양신학교에 1년간 수학, 1947년 5월 월남 성결교 계통인 서울신학교에 입학 1950년 5월 졸업함. · 1959년 숭실대학교 3년 수료하고 7년간 교역자 생활함. · 1948년 7월 중생 체험함. · 1950년 6월부터 전남 무안, 신안 등지에서 교역자 생활. · 1952년 11월 음란 제거를 위해 거세(去勢)를 단행함. · 1953년 4월 목사 안수 받음. · 1953년 6월부터 7년 동안 부흥사로 활약함. · 1955년 8월 24명의 목사들과 '한국기독교전도협회' 창설함. · 1964년 10월 신도안에서 '하나님의 집 공회' 창설함. 이 시기에 성결교에서 제명 처분을 당함. · 1965년 3월 서울 삼일당에서 '하나님의 집 공회'의 창설 선포식을 함. · 1968년 1월 계룡산 신도안에서 '하나님의 집 공회' 본부 안에 '세계 평화 건설 운동' 전개 결정함. · 1968년 3월 세계평화 건설운동창립대회, 평화운동자 대회 개최함. · 1969년 3월 '세계일가공회'로 명칭 변경함. 성결교에서 범신론적 혼합주의자, 인본주의자며 신조나 영약을 이설(異說)이라며 제명처분을 당함. · 1970년 6월 가정을 기본으로 하는 세계일가공회 운동 전개하기로 결정, 헌장을 제정함. · 1971년 '정신혁명운동' 전개함.

세계일가공회(계속)

< 교 리 >

구 분	내 용
경 전	· 7신조와 113항의 해설이 있음. · '영약(永約)'이라는 문답집이 있음.
주요주장	· 하나님은 '한님(양도천)'임. · 구약의 율법(律法), 신약의 신법(神法), 영약의 심법(心法)을 주장함. · 세계의 역사적 종말은 6.25전쟁이 분기점임. · 새로운 세계는 시온산(계룡산)으로부터 시작됨. · 1964년 10월 10일이 새 역사의 전환점임. · 하나님은 이미 오셨고(한님=양도천) 계룡산을 중심으로 새로운 사상과 제도로 새 세계를 건설 중임.

(2) 대한예수교 오순절성결회

< 개 요 >

구 분	내 용
명 칭	· 1945년 12월 '대한기독교부흥전도회 연합회'로 시작함. · 1963년 3월 '대한예수교복음전도회'로 개칭함. · 1966년 5월 '한국복음화전도단'을 창설함. · 1979년 '대한예수교오순절성결회'교단 창설함. · 용문산을 기반으로 하였기 때문에 속칭 '용문산 운동'으로 불림.
창시자	· 나운몽(羅雲夢, 1914-)
발생시기	· 1940년 6월 13일
발생과정 및 역 사	· 나운몽은 평북 박천에서 1914년 1월 7일 출생함. · 보통학교를 졸업하고 오산중학교에 입학했으나 중퇴하고 일본으로 건너가 임업학교에 들어갔으나 자퇴, 와세다 대학에 입학했으나 중도에 그만도고 귀국함. · 남비연(南飛燕)으로 개명하여 가명을 사용하며 인생을 방황, 방황 생활을 계속하다가 불교에 입문했으나 얼마 후에 파문당함. · 1940년 5월 용문산에 들어갔으나 경찰에 쫓기는 신세로 불안한 생활을 지속함. · 1940년 6월 애향숙(愛鄕熟)을 설립하였으나 6개월 만에 문을 닫음. · 해방 후인 1946년 서울에서 인쇄업을 하면서 농민성보(農民聲報)를 월간으로 발행함. · 1946년 3월 수표감리교회에서 장로 임직함. · 1947년 4월 5일 용문산에서 애향숙을 재건함. · 1950년 한국전쟁 후에 구금됨. · 구금된 시기에 입신, 방언, 예언, 환상, 진동, 신유 등의 신비적인 체험을 했다고 주장함. · 1954년 양칠년 창립기념대회를 계기로 본격적인 부흥운동을 시작하였고 기도원운동을 주도함.

대한예수교오순절성결회(계속)

구 분	내 용
발생과정 및 역 사	• 1955, 56, 98(40, 41, 83회)년 장로회 총회에서 이단으로 정죄함(박태선, 노광공, 엄애경). • 1954년 12월에 '대한기독교부흥전도회연합회' 조직함. 한국복음신보 발행. • 1963년 3월 '대한예수교복음전도회'로 개칭함. • 1964년 재단법인 애향숙 인가 받음. • 1966년 5월 '한국복음화전도단' 창설함. • 1979년 '대한예수교오순절성결회'라는 교단 창설함. • 1990년 성령운동 50주년 세계대회 개최함.

< 교 리 >

신 론	• 성경에 나타난 하나님을 우리 민족의 고유종교에 나타난 신개념과 동일한 것임. • 하나님이란 우리 조상들이 부르던 '한님', '한울님'이란 어휘의 개념과 같은 뜻으로 봄. • 산당(山堂)에서 섬긴 우리 민족의 시조신(始祖神) 사상을 이스라엘 백성이 하나님을 조물주로 섬기는 신앙으로 보며, 제정일치(祭政一致)를 이스라엘의 사사시대의 신권정치로 봄.
기독론	• 정감록의 정도령을 성경의 예수 그리스도라고 풀이함. • 말세에 한국에 신령의 예수가 진리의 성령으로 나타날 것임.
성령론	• 광희적(狂喜的) 신비주의임. • 개인적인 신앙의 경험과 주관적 체험을 신격화시키고 있음.
천국론	• 현실도피주의적임. • 천국을 셋으로 ①심령의 중생, ②세상에서 떠나 영육이 분리되어 그리스도의 사랑 안에서 지내는 것, ③부활 후의 성인(聖人) 시절의 세계로 구분함. • 천국은 신의 진리와 사랑의 정도에 따라서 형성되는 것임. • 천국의 생활은 세상에서 살던 모습대로 나타난 생활임. • 2000년부터 지상에 낙원이 이루어진다고 주장함.

(3) 일월산기도원

< 개 요 >

구 분	내 용
명 칭	・일월산기도원
창시자	・김성복(金成福, 1934-)
발생시기	・1966년 8월
발생과정 및 역사	・김성복은 1934년 2월 경북 경산에서 출생함. ・1951년 정신착란증 발병으로 고통을 당함. ・모친 이복임(李福任)은 대구의 '구원선평화전도단'이라는 사설 정신병자수용소에서 요양을 하며 안수기도와 안찰 등으로 치료하여 완치시킴. ・1959년 군에 입대했으나 1960년 정신분열증으로 육군병원에 입원함. ・1963년 8월 경북 영양의 일월산(일월산)에서 신도 10명과 금식 기도 중 신비한 체험을 경험함. 일월산이 말세 심판의 피난처요 새 세계의 땅이라는 것을 인식하게 되었다고 함. 이에 전국을 순회하면서 일월산에 말세 하나님의 역사가 임하면 모든 병자를 다 낫게 해준다고 선전하면서 때를 기다리면 데리러 오겠다고 함. ・1963년 말에 모친과 동생 김명복(金命福)과 입산하여 토막(土幕)을 짓고 살기 시작함. ・1966년 8월부터 전국을 순회하면서 미리 예고한 사람들에게 말세 심판이 임하였으니 죽지 않고 잘 살려면 재산을 정리 입산해야만 영생을 누리고 세세토록 왕 노릇하게 될 것이라고 함. ・1971년 9월 신문에 일월산의 기사가 보도되어 경찰이 수사에 착수하자 도피함. ・1971년 11월 20일 건물 철거, 폭파 후 이에 대하여 보고된바 없음.
신앙생활	・돼지고기, 비늘 없는 고기, 복숭아 등 외톨 씨앗의 실과를 금함. ・술, 담배 금지함. ・교주 김성복은 모든 것을 가리지 않았고, 수십 명의 여성을 간음함.

일월산기도원(계속)

< 교 리 >

구 분	내 용
주요주장	· 자신이 기도 중 단 1:44에 의하여 하나님이 큰 사명을 맡겼다고 주장하고 이름을 '한국(韓國)'으로 개명함. · 자신을 하나님의 화신이라고 함. · 자신의 피를 받아 하나님께 기도하면 모든 소원이 성취되고 질병이 낫게 되며, 인류가 멸망할 때 왕의 권좌와 영화를 누리고 살게 됨(피가름 주장함). · 자신의 교회를 '영전(靈殿)'이라고 함.
교회론	· 현실 교회는 마귀 교회요(마 8:44), 사탄 교회라고 함(마 16:23-24). · 강도 교회라고 함(막 11:15-18; 미 3:15; 계 2:14). · 음녀 교회요(계 2:18-20), 우상 교회임(막 13:4; 겔 7:20). · 무법(無法) 교회요(계 3:7-13), 몽학(夢學) 교회라고 함(갈 3:23-25). · 현실 교회는 머리 둘 곳이 없음(고전 6:15).
종말론	· 시한부 말세 심판설을 주장함(1971년 12월 25일경 말세 심판이 시작된다고 함). · 1973년까지는 전쟁이 일어나서 전 인류의 2/3가 죽고 1/3만이 남게 된다고 주장함. · 일월산으로 예수가 재림하여 심판할 것이라고 주장함.

(4) 새하늘교회(다미선교회)

< 개 요 >

구 분	내 용
명 칭	• 새하늘교회
창시자	• 이답게(본명, 이장림(李長林), 1947-)
발생시기	• 1988년
발생과정 및 역사	• 10년 3개월 동안 '생명의말씀사'에서 번역 일을 함. • 신광성결교회 협동목사로 있다가 1990년 '다가올 미래를 준비하라'는 뜻의 '다미선교회'를 설립함. • 자신의 저서를 통하여 휴거(携擧)를 구체화 시키다가 서서히 단정, 확산시킴. • 처음에는 1992년 10월10일로 주장하다가 나중에 10월 28일로 수정함. • 수많은 사람들이 재산을 바치고 학업과 직장 포기, 심지어는 휴거 시에 몸이 가벼워진다며, 낙태하는 등의 사회 문제로 확산됨. • 1991년 예장 통합 제76회, 예장 합동 제76회, 예장 고신 제41회 총회는 이장림과 다미선교회를 이단으로 정죄함. • 휴거가 불발로 끝나고, 이장림은 구속, 1993년 5월 사기죄로 징역 1년, 미화 2만 6천불의 몰수 형을 받음. • 다미선교회는 공식 해체되고, 이장림은 감옥 출소 후 자신의 이름을 '답게'로 개명(改名)함. • 이장림이 구속되어 있는 상황에서 1993년 1월 이장림은 '새하늘교회'를 창립하고 담임목사가 됨. • 2002년 1월 이장림은 사임하고, 이경훈을 거쳐 현재는 조창헌 목사가 담임하고 있음. • 2007년 10월 현재 인터넷 홈페이지는 폐쇄된 상태이며 활동상황이 들어나지 않고 있음.
주요저서	• '다가올 미래를 대비하라(1988)' • '하늘 문이 열린다(1988)' • '경고의 나팔(1989)' • '1992년의 열풍(1991)'
주요주장	• 1992년의 휴거를 부정하는 자는 휴거하지 못하게 되므로 지옥에 가든지 부끄러운 구원을 얻는다고 주장함.

새하늘교회(다미선교회)(계속)

구 분	내 용
주요주장	• 1992년 10월 28일 휴거 주장함. ①성경 마 24:32-35의 무화과나무의 비유, 계 7:25와 12:14, 단 9장의 7년, 단 7:7의 열 뿔과 E.C(유럽공동체);구약 4,000년, 신약2,000년 후의 천년왕국설을 유기적으로 결합하여, 서기 2,000년이면 천년왕국으로 진입한다면서 1999년이면 끝이 되므로 거기서 7년을 빼면 1992년이 되는데, 이 시기에 유럽공동체의 통합이 이루어지니 이는 사실임. ②'예언'과 '직통 계시';노스트라무스와 에드가 케이시가 '1999년 7월'과 1998년과 2,000년 사이를 세계 종말이라고 했고, '어린 종(하방익과 권미나)'을 중심으로 40여건의 직통 계시가 이를 강력하게 뒷받침하고 있다고 함.
현재의 상황	• 새하늘교회의 인터넷 사이트(2004. 5. 21)에 의하면 '교회 소개란'에 자신들의 교회를 아래와 같이 소개하는데 정통교회와 구분이 가지 않음. • 목회 비전을 ①개인적인 비전 : 그리스도의 장성한 분량이 충만한 데까지 이르러 하나님의 성품에 참여하는 성도(엡 4:13, 벧후 1:4). ②공동체 비전 : 사랑과 기쁨이 넘치는 행복한 가정과 성령의 은사와 열매가 풍성한 행복한 교회(엡 5:32)로 소개함. • 목회의 4대 방침은 ①신령과 진정으로 예배하는 교회. ②말씀과 인격으로 교육하는 교회. ③겸손과 섬김으로 봉사하는 교회. ④사랑과 열심히 전도하는 교회. • 4대 복음화를 위한 평생기도는 ①혈육복음화. ②지역복음화. ③민족복음화. ④세계복음화.

< 교 리 >

계시론	• 휴거에 있어서 성경을 자의적으로 해석함. • 일반 예언가들의 예언을 성경 계시와 동등한 수준에서 신뢰함. • 40여명의 아이들이 받은 직통 계시를 성경 계시 위로 보고 있음.
교회론	• 다미선교회와 같은 단체에만 구원이 있는 것처럼 주장함. • 장로교인들은 대부분 휴거되지 못할 것이라고 주장하여 많은 정통교인을 미혹하고 어지럽힘.
구원론	• 휴거 신앙이 구원의 조건임.
종말론	• 이장림은 성경의 재림시기 불언급을 부인하고 재림의 시기를 알아야한다고 함. • 재림의 시기를 알지 못하면 적그리스도라는 암시를 하였고, 시한부 종말론을 절대화함.

(5) 사자교회(디베랴선교회)

구 분	내 용
명 칭	• 사자교회 • www.messenger.co.kr
창시자	• 하방익(1975-)
발생시기	• 1993년경
발생과정 및 역사	• 하방익은 1975년 12월 19일 하재호와 이현정 사이에서 출생함. • 1987년 1월 31일 만 11세가 되던 초등학교 5학년 때의 12시 자정 예배에서 영안이 열려 예수와 마귀를 보았다고 함. • 1992년 10월 28일의 휴거 소동 때 중학생으로 '어린 종', 'H군'으로 불리던 하방익은 '다베랴선교회'를 이끌다 '빛의 소리 선교회'로 바꾸어 활동함. • 1998년 선교회 본부를 하남시로 옮기고, 대한예수교장로회 사자교회로 바꾸어 활동하고 있음. • 1992년 휴거 실패 이후 신도들을 규합 새로운 휴거 시기가 도래할 것임을 주장하며 신도들을 관리했으며, 자신은 1999년 이스라엘 앞에서 순교하는 사자라고 주장함. • 2000년 3월 이후에는 시한부 종말은 없다고 공포하고 이렇다 할 문제는 야기 시키지 않고 있음.
현재 상황	• 사자교회의 인터넷 사이트(2010. 3.)에 의하면, 담임목사는 이현정(모친)이고, 6명의 전도사가 시무하고 있으며, 지 교회가 9곳, 해외에 6곳, 중국 전역에 106개의 처소 교회가 설치되어 활동 중임. • 교회 소개에는 '정통 보수 개혁 신앙을 교회의 기본 신앙으로 삼고 기복신앙, 신비주의, 시한부 종말론 등 시대적 오류를 배제'하며, '땅 끝까지 복음을 전하라는 주님의 말씀에 따라 국내외 지교회에 선교사 파송 및 교회 개척을 통하여 주의 사명을 감당하는 살아있는 교회', '노방전도, 찬양선교, 방송설교, 인터넷 동영상 설교 등 다양한 컨텐츠로 주의 사랑을 전하고 있는' 교회라고 주장함.

(6) 서울중앙침례교회

< 개 요 >

구 분	내 용
명 칭	· 서울중앙침례교회 · http://www.jesusoflove.com
창시자	· 서달석(徐達石, ? -)
발생시기	· 1979년
발생과정 및 역 사	· 서울신학교와 고려신학교 대학원, 아세아 연합신학 대학원 졸업함. · 미국 Ruther Rice 신학대학원, West Coast Baptist Bible 연구원 졸업함. · 1979년 서울중앙침례교회 설립함. · 1990년 기장에서 유사 이단으로 정죄함. · 1992년 예장 통합 제82회 총회에서 이단으로 정죄함. · 현재 국내 4곳의 지 교회와 해외에 2곳의 지 교회를 두고 있음.

< 교 리 >

종말론	· 1992년 10월 28일 이장림의 시한부 종말론의 사상적 토대가 되는 책을 번역, 집필하여 출판, 보급함. · 이장림이 이단으로 규정되고 여론의 질타를 받자 과거 오류를 인정하고 수정하겠다고 함. · 수정 의사 이후에도 지속적으로 '세계정부 음모', '현실로 나타난 666'등등을 출판 보급하고 있음.
구원과 회개	· 회개를 계속하는 것은 예수를 십자가에 다시 못 박는 것이라고 함. · 죄사함을 깨닫고 거듭나는 순간 구원을 받으며, 모든 죄는 십자가에서 이미 용서받았으므로 반복해서 회개할 필요가 없음. · 계속해서 회개하면 죄를 사함 받은 것을 믿지 낳는 것이므로 구원과 영생이 없으며, 심판과 지옥이 기다리고 있다고 함. · 주기도문 암송을 거부함.
교회의 의식과 절기 문제	· 유아세례, 부활절, 성탄절을 성경에 없는 것으로 바알숭배에서 나온 것이므로 버려야 함. · 유아세례는 바벨론에서 행한 '인신희생 제물의식'이며, 부활절행사, 명칭, 계란 먹는 풍습도 바벨론의 음란한 풍습이며, 성탄절은 태양신 축제일로 바알숭배 의식이라고 함. · 로마 카톨릭은 죽은 바벨론 의식으로 가득 차 있고, 개신교 역시 바알 신을 섬기는 죽은 의식을 행하고 있다고 함.

8. 직통 계시 계열
< 개 괄 표 >

분류	번호	교주명	명 칭	신앙적 문제점	발생시기
직통계시계열	1	김민석	만교통화교	직통계시	1974. 3. 14.
	2	이교부	주현교회	직통계시	1969. 8. 26.
	3	김기순	아가동산	직통계시	1982. 12.
	4	황판금	대복기도원	직통계시	1990년 초
	5	곽성률	서울평강교회	직통계시	2000.
	6	김계화	할렐루야기도원	직통계시	1981. 2. 21.
	7	엄명숙	명인교회	직통계시	1989. 10.
	8	이재록	만민중앙교회	직통계시	1982. 7. 25.
	9	김은혜	영복기도원	직통계시	
	10	원경수	천국중앙교회	직통계시	
	11	김기업	혜성교회	직통계시	
	12	김옥순	광복교회	직통계시	
	13	안병오	마라나타선교교회	직통계시	
	14	정용근	서울 그리스도교회	직통계시	
	15	김정순	대한예수교복음교회	직통계시	
	16	소계희	서초제일교회	직통계시	
	17	김바울	강북제일교회	직통계시	
	18	장수진	한빛대학생선교회	직통계시	
	19	정보화	대구밀알기도원	직통계시	
	20	이양원	에덴공동체	직통계시	

　직통계시는 기독교인들이 가장 빠지기 쉬운 함정 중의 하나라고 할 수 있다. 이것을 주장하여 문제가 된 단체들이 20여개에 이르고 있고, 이단으로 몰려있는 단체들 거의가 직통계시의 혐의에서 벗어나있지 못한 것을 보면 이의 위험성이 어느 정도인가를 가늠해 볼 수 있다고 하겠다.
　현재 직통계시를 무기로 활동하는 주요한 이단적 단체로는 김계화(金桂花)의 할렐루야기도원(www.hallelu.net.), 엄명숙의 명인교회, 이재록의 만민중앙교회(www.manmin.or.kr), 곽성률의 서울평강교회 등이다.
　김계화는 자신의 말과 행위를 계시화하며, 신격화하고 있으며 총회를 구성하고 교육기관 진출, 사회복지, 주식회사 설립 등 활동을 광역화하고 있다. 이재록은 1999년 방송에서 자신이 다루어지자 방송을 점거하는 등의 실력행사를 하면서 2006년 9월 GCN(Global Christian Network) 지상파 방송을 개시하는 등의 활발한 활동을 전개하고 있다. 엄명숙은 용인에서 활동하고 있으나 2000년 제85회 예장 통합 총회에서 이단으로 정죄되었다. 곽성률은 자신의 어머니를 신격화하고 직통계시를 주장하다가 2005년 한기총과 예장 통합에서 정죄를 당하였다.

(1) 만교통화교(에덴문화연구원)

< 개 요 >

구 분	내 용
명 칭	· 에덴문화연구원(1975년), 만교통화교(1976년)
창시자	· 김민석(金旼奭, 1934-2002)
발생시기	· 1974년 3월 14일
발생과정 및 역사	· 김민석은 본명이 김윤렬(金允烈)로 1934년 4월 20일 제주에서 김태순(金太順)과 유정애(劉正愛) 사이에서 장남으로 태어남. · 최종 학력이 고려대학교 졸업이라고 주장함. 설악산 신흥사 주지 1년, 불국사 총무 2년, 해인사 교무 2년의 경력을 가졌다고 주장함. · 신흥사 주지 시절인 1960년 3월 1일 입산 기도 중 300일째 되는 날 하늘로부터 '민석'이란 이름을 받았으며 신비한 경험을 함. · 1974년 3월 '해인기도원'을 건립하여 운영하다가 1975년 8월에 '에덴문화연구원'으로 개칭함. · 1976년 서울로 이전하여 '만교통화교(萬敎統和敎)'로 개칭함. · 2002년 6월 김민석은 사망함.
성경 이외의 경전	· 1974년 '민석성서(旼奭聖書)'를 발행함. · 찬송가는 기독교식 찬송가를 토대로 '예수'나 '주님'이라는 칭호에 '민석'을 대치하여 사용함.

< 교 리 >

주요주장	· 지금까지 세상에 존재했던 모든 종교의 경전은 오직 '민석성서'를 위한 준비적인 복음서이며 자신이 우주의 주인이라고 함. · 인간의 원죄를 성적 타락으로 보며, 통일교의 문선명은 민석대왕을 위해 외치는 세례요한과 같은 자임. · 13-15세의 남자는 정관 수술을 해야 하고, 생후 10개월 내로 사내아이는 거세를 해야 함. · 12층 이상의 고층 건물은 신축 불허, 개인 소유금지, 서울 인구 500만 이상 규제, 14만 4천명 이상의 집회 금지를 주장함. · 만교통화를 반대한 자와 정부는 심판을 받으며, 국가 원수라고 할지라도 민석대왕의 지배하에 있게 되며 자신은 전 세계를 다스리는 만왕의 왕이 될 것이라고 주장함.

(2) 주현교회/아가동산
〈주현교회〉

구 분	내 용
명 칭	· 주현교회(일명, 삭발교)
창시자	· 이교부(李敎夫, 1940-)
발생시기	· 1969년 8월 26일
발생과정 및 역사	· 이교부는 1940년 7월 18일 전북 김제에서 출생함. · 고향에서 초등학교 졸업 후, 전주고등성경학교 2년 중퇴함. · 익산의 기산교회 임시 전도사로 시무함. · 1968년 8월 서울의 김현봉 목사 초청 사경회하면서 영향 받음. · 김현봉은 고신측에 속해 있다가 탈퇴하고 독립교회를 운영하고 있었음. · 김현봉은 항상 머리를 깎고 검소하게 살면서 철저한 성경 중심의 생활을 함. · 이교부는 김현봉과 같이 머리를 깎고 검정 바지저고리에 검정 고무신을 신고 금욕, 극기 생활함. · 1969년 8월 익산 주현동에 독립교회인 '주현교회'를 설립함. · 현재 이교부는 자신의 교회를 재건하려고 흩어진 신도를 모으고 재조직하고 있는 상태임.
주요주장	· 1979년 자신이 심판주 만왕의 왕, 완전한 창조권이 있는 하나님이며 정죄권과 저주의 권세와 사죄권이 있고 자신의 이름으로 구원을 얻을 수 있다고 함. · 세례와 성만찬을 거부하고 축도를 반대함. · 무식한 사람, 가난한 사람, 헐벗은 사람만이 참다운 인간임. · 1980년대가 오면 세상 끝이 온다고 주장함.
생 활	· 현대식 교육을 거부함. · 금욕, 극기 생활 주장함.

주현교회/아가동산(계속)
〈아가동산〉

구 분	내 용
명 칭	· 아가동산
창시자	· 김기순(1940-)
발생시기	· 1982년 12월
아가동산의 발생과정	· 1980년 이교부가 감옥에 들어간 사이, 김기순과 주현교회의 일부 신도가 1982년 12월 아가동산 설립. · 1983년 '협업농장'이라는 간판으로 공동체 형성, '신나라레코드사' 설립함. · 김기순은 이교부의 열렬한 추종자였음. · 아가동산의 명칭은 '아가야'라는 김기순을 호칭하는 것임. · 신도들의 노동력을 착취하였고, 살인사건까지 발생하여 사회적 문제가 야기됨. · 1996년 12월 사회적 문제 야기한 김기순 사법 심판 당함.
주요주장	· 성부, 성자, 성령은 노래, 춤, 웃음임. · 예수는 근본이 쌍것이고 노예 신분에 불과함. · 김기순을 '아가야'(죄가 없는 자)라고 함. · 영생불멸 행복한 삶을 주장함. · 영생(永生) 뜸 시술 행위를 함. · 지구 종말을 주장하고 자신이 재림주라고 함. · '아가야'는 하나님임. · 물질선, 인정선, 정욕선, 이 세 가지를 끊어야 신나라가 되고 죽지 않고 영생함. · 김기순과 동침해야 신이 되고 영생하고 하나가 됨. · 김기순과의 동침은 하나님과의 동침이므로 영광과 축복임.

(3) 대복기도원/서울평강교회

〈대복기도원〉

구 분	내 용
명 칭	· 대복기도원
창시자	· 황판금(1948-)
발생시기	· 1990년대 초
발생과정	· 1948년 경북 경주에서 출생함. · 1990년대 초에 기도원 설립함. · 방언, 영서(靈書), 예언, 계시에 치우치고 계시 축복을 빙자한 신앙으로 주변 교회들과 갈등 야기함. · 1993년 예장 통합 제78회 총회에서 '사이비집단'으로 정죄함.
주요 문제점	· 황판금의 계시와 환상에 전적으로 의존함. · 비성경적인 예언과 방언, 안찰, 투시, 영서, 입신 등의 방법으로 집회를 인도함.

〈서울평강교회〉

명 칭	· 서울평강교회(장안교회)
창시자	· 곽성률
주요주장	· 어머니 이판님(1920-1999)의 예언의 능력, 병 고침의 신비성을 자주 발언, 모친을 우상화 함. · 2000년 10월경부터 이미 고인이 된 모친 이판님 권사가 곽 목사에게 지시를 한다고 하면서 이런 것은 이렇게 저런 것은 저렇게 하라고 한다고 공언함. · 주의 종들이 영적인 하나님을 알지 못한다고 주장함. · 이판님 권사의 영이 살아서 직접 계시해주심을 따라 전하라 하는 것만 전할 것인데 그렇지 않으면 자기는 죽는 다고 함. · 이판님 권사 재림 예수의 이름으로 기도해야 한다고 말하면서 2000년 11월 4일 새벽기도회 설교 가운데서 "이판님 권사는 재림 예수다"라고 선포하였고 11월 12일(주일)에는 "이판님 권사는 재림 예수요 영으로 살아계시므로 그 이름(이판님)으로 기도해야 한다고 함. · 2001년 5월경 곽성률씨는 장안교회당에서 쫓겨난 후 점거하고 있던 사택에서 저들끼리 예배하는 가운데 찬송가 444장의 '예수가 거느리시니'의 부분 중 예수 대신 이판님을 넣어 부르게 함. · 1999년 5월 25일 밤 10시경 병원에 입원해 있는 모친 이판님 권사 앞에서 "저희 죄와 죽음과 형벌을 친히 몸으로 담당해 주시고 새 교회를 피로 세워서 맡겨 주신 어머니의 사랑과 은혜를 진심으로 감사드립니다.... 등의 자필로 작성한 서약서를 작성함. · 모친인 이판님을 재림주라고 주장, 설교 때마다 성경 중심이 아닌 모친 이판님 권사를 우상화 함.
조 치	· 2005년 예장 통합 제90회 총회에서 비성경적 이단 사이비로 정죄 받음. · 2005년 11월 25일 한기총에서 이단으로 정죄함.

(4) 할렐루야기도원

< 개 요 >

구 분	내 용
명 칭	· 할렐루야 기도원 · www.hallelu.net.
창시자	· 김계화(金桂花, 1947-)
발생시기	· 1981년 2월 21일
발생과정 및 역 사	· 김계화는 전북 군산에서 1947년 3월 21일에 김춘길의 2남 1녀 중 둘째로 태어남(후처의 소생). · 본처는 남편과 이혼 후 원불교 수녀원에 들어감. · 부친은 국군으로부터 학살되고 김계화의 어머니는 열차에 치어 숨짐 · 김계화는 수녀원에 있던 큰어머니의 수양딸로 원불교에서 원불교 교리를 배우며 중학교 졸업함. · 서울로 상경한 김계화는 '남묘호랑게교'의 구역장의 일을 맡아서 함, 온갖 어려움 끝에 기독교 집안의 사람과 결혼을 했으나 어렵게 얻은 아들이 끊는 물속에서 죽는 고통을 당함. · 도깨비 점쟁이 여인과 의형제를 맺고 영매술을 배움. · 1980년 6월 15일 소명을 받았다고 주장함. · 1981월 2월 21일 서울 성북구 동선동에서 할렐루야 기도원을 시작함. · 1986년 2월 한남신학교 졸업함. · 1991년 예장 고신측 불건전 기도원으로 규정하고 교인들로 참석 삼가도록 함. · 1993년 대한예수교장로회 통합측 제77회 총회에서 이단으로 정죄함. · 1995년 복지재단 실로암(소망원) 이사장. · 1996년 대한예수교장로회 합동 제81회 총회에서 이단성이 있다고 규정함. · 1997년 목사 안수 받음. · 1998년 화성고등학교 이사장. · 1998년 10월 1일 교단 할렐루야 총회 설립함. · 2000년 12월 한국기독교총연합회에서 이단으로 정죄함. · 2004년 '예장연'에서 '이단이 아님'을 선언하여 문제가 야기됨. · 2007년 현재 교육, 사회복지, 주식회사 등 영역을 광역화하여 활동하고 있음.

할렐루야기도원(계속)

< 교 리 >

구 분	내 용
성령 수술	• 자기가 환자의 환부에 손을 대면 손에서 불덩어리가 나가 살이 찢어져 상처가 나고 그 자리를 통하여 암 덩어리가 녹아 나오게 하여 이를 끄집어내는 것을 성령수술을 행하는 것이라고 주장함. • 성령수술을 행하면서 사 1:25과 행 19:11의 성경구절을 근거로 삼는데 이는 성경을 자기 편의에 따라 해석하고 왜곡한 행동임.
생수병 치료	• 기도원의 '생수터'에서 나오는 물 자체에 말씀이 들어있어서 능력이 나타난다고 주장함. • 박태선씨의 생수 문제도 그가 행한 은사도 하나님이 주셨는데 박씨가 하나님을 버림으로 하나님도 박씨를 버렸다고 주장함.
계시론	• 자신의 입에서 나가는 말은 말씀이라고 하는데 이는 자기 안에 하나님의 말씀이 있기 때문에 말이 아닌 말씀을 선포한다고 함. • 병을 낫기 위해서 말씀이 필요한 것이 아니라 말씀을 위해서 병의 치유가 일어난다고 하며 할렐루야 기도원에서 벌어지는 일들을 말씀이 육화되는 사례라고 까지 함. • 자신의 특수체험(환상, 환청)을 계시화 함. • 모든 자기의 행하는 행위를 하나님의 지시하여 일어나는 것이라고 주장함.
자신을 신격화	• 주의 천사가 자신을 안마해 준다고 함. • 자신이 우는 것은 성령님이 자신의 안에서 우는 것임. • 자신이 자는 사이 옷자락을 잡고 자다가 병이 나음. • 자신이 의식을 잃고 죽으려다가 살아난 것을 기념하여 '응답의 날'이라는 축제를 개최함. • 기도원에서 자신을 '어머니'라 하여 만세 삼창을 함. • 정초에 백 원짜리 동전에 '하나님이 주신 세배 돈'이란 문구를 붙여 나누어 줌.

(5) 명인교회

< 개 요 >

구 분	내 용
명 칭	・명인교회(www.wrch.or.kr)
창시자	・엄명숙(1927-)
발생시기	・1989년 10월
발생과정 및 역사	※<박인선(? -1961)> ・박인선은 김백문(1916-1990)의 아내였던, 김인호의 딸(한동옥)의 남편으로 김백문에게 지대한 영향을 받았을 것으로 추측됨. ・1956년 5월부터 복음전도, 고아, 과부, 양로, 실망자의 구호기관 설치를 주장하며, '대한그리스도구원선 에덴수도원', '에덴사랑원', '대한기독교 전도 순회복음전도단'을 세우고 대표로서 단체를 이끌어 옴. ・절박한 예수의 재림, 지상 성도의 변화승천, 지상대환란을 외치며 1960년 3월 28일 새벽 3시에 종말이 온다고 주장함. 이의 준비를 위하여 전국의 100여명의 수도생들에게 이를 선전케 하고 비행기까지 동원하여 200만부의 전단지를 공중 살포함. 또한 3월 1일에서 20일간 종로에서 '긴급 신성 변화체 대성회'를 개최함. ・1961년 8월 30일 관 속에 들어가 9월 1일 죽었다가 2일 밤 12시에서 새벽 3시 사이에 부활한다고 주장했으나 수면제 과다 복용으로 사망함. ※<엄명숙(1927-)> ・엄명숙은 박인선이 사망하기 직전 전국 순회 전도 때에 만나 그의 교리에 심취됨. ・박인선 사망 이후 미미하게 명맥을 유지하던 이 단체는 1986년경부터 박인선의 수제자였던 이금택에 의하여 본격적인 활동이 전개됨. ・안식교에 출석하던 엄명숙은 1979년 서울로 이주하면서 본격적으로 신앙생활함. ・신월동에서 거주하면서 '무의탁자를 위한 구제 사업' 명목으로 자신의 세를 확장하기 시작함. ・1989년 1월 이금택이 돌연 자신이 주장해왔던 교리를 전면 부정하고 잠적하므로 조직이 와해되기 시작함. ・1989년 10월, 강서구 화곡동에 '성만교회 화곡선교회'란 간판을 걸고 전도사로 불리며 활동을 본격적으로 시작함. ・동대문구 휘경동에 동인교회를 설립하고, 1993년에 '명인교회'로 개칭하는

명인교회(계속)

구 분	내 용
발생과정 및 역사	• 한편으로 지속적인 이단 시비에서 벗어나기 위하여 아들 박용우를 담임목사로 하여 예장 합동 중앙총회에 가입함. • 교단 가입 후에 그동안 달지 않았던 십자가를 달고 정통 신앙으로 돌아온 것처럼 위장함. • 1998년 9월 경기도 용인으로 이전하여 건물 신축함. • 2000년 예장 통합 제85회 총회는 엄명숙과 그가 속한 명인교회를 이단으로 정죄함. • 2001년 엄명숙은 은퇴를 선언하고, 아들 박용우를 미국으로 보내고, 최지훈 목사에게 일임을 했다가 다시 당회를 일방적으로 해산하고 자신이 복귀하는 등의 혼란을 겪음. • 2008년 4월 교회 명칭을 우리교회(www.wrch.or.kr)로 바꾸고 박용우가 당회장으로 시무하고 있음. • 2010년 3월 현재 전국에 6개의 지 교회와 해외에 3곳의 지 교회를 가지고 있으며, 필리핀과 브라질 등에 선교를 강화하고 있음.

< 교 리 >

주요주장	• 엄명숙은 '할머니', '전도사', '인자', '제4대 멜기세덱'으로 불림. • 명인교회의 깃발은 에덴수도원의 상징 표지를 그대로 사용함. • 성가집 1장의 '원가'와 20장의 '항공전도가'는 '에덴수도원가'와 에덴수도원의 교리를 담은 '항공전도가'를 그대로 사용함. <박인선의 교리를 그대로 주장하는데 그 내용은 아래와 같음> • 인간 영육의 타락이 복귀되기 위해서는 예수님을 영접해서는 완전하지 않고, '신랑 예수'를 다시 영접함으로서 완전한 영육의 변화와 구원을 받을 수 있음. • 만일 예수님만 영접하면 곧 닥칠 환란 날에 신령체가 되지 못하여 들림 받지 못함. • 십자가에서 예수의 죽음이 영적 구원만을 이룬다는 불완전성을 전제로 하여 예수와 같은 위(位)로서 '신랑 예수'를 믿어야만 완전 구원에 이를 수 있음. • 구원의 3단계설을 주장하는데 ①주 예수를 믿으라(행 16:31), ②성령을 받으라(요 21:22), ③신랑을 맞으라(마 25:16)는 말씀이 있으므로 우주적 시대 구분에 따라 주 예수부터 신랑 예수까지 단계적으로 영접해야 함. 그 단계에 따라서 인간도 여러 종자로 나누어 질 수 있어 그 형체가 다르다고 주장함. • 한국에는 계급이 있어 해, 달, 별의 수준에 따라 다르며, 이 세상에서는 빛의 정도에 따라 그 정도의 양만큼 말씀을 깨달을 수 있다고 함.

(6) 만민중앙성결교회

< 개 요 >

구 분	내 용
명 칭	· 만민중앙성결교회 · www.manmin.or.kr, www.manmintv.org, www.drlee.or.kr.
창시자	· 이재록(1943-)
발생시기	· 1982년 7월 25일
발생과정 및 역 사	· 이재록은 1943년 전남 무안에서 출생함. · 초등학교 때에 교사에게 뺨을 맞은 후 청각장애, 양쪽 귀 중이염 발병함. · 1964년 한양대학교 토목과 입학했으나 중퇴함. · 부모 유산 사기사건 후 조카 소개로 이복님과 3년의 펜팔 후 동거하다가 1968년 결혼함. 서울 상경하여 해외신문사 입사했으나 결혼잔치에서 술을 먹고 어지럼병이 발생한 것을 시발로 각종 질병으로 7년간 고통당함. · 혁신신학교 졸업 후 예수교대한성결교회 혁신에 소속되어 있다가 1984년 예성과 합동될 때 예성에 가입됨. · 1982년 7월 25일 만민중앙성결교회 창립함. · 1990년 5월 1일 예수교대한성결교회 제69회 총회에서 이단으로 정죄, 목사 파직과 함께 제명됨. · 1991년 7월 1일 '예수교 대한 성결교회'라는 교단을 조직하고 총회장 취임. · 1992년 3월 25일 연합성결교신학교 설립, 이사장. · 1999년 대한예수교장로회(통합) 제84회 총회에서 이단으로 정죄함. · 1999년 4월 16일 한국기독교총연합회에서 이단으로 정죄함. · 1999년 5월 12일 'MBC PD수첩'에 이재록을 방영하자 방송사 점거하여 사회적 물의 야기함. · 2000년 예장 합신 제85회 총회에서 이단으로 정죄함. · 2001년 기성 제95회 총회에서 이단으로 정죄함. · 2004년 '예장연'에서 '이단 혐의 없음'을 선언, 문제가 야기됨. · 2006년 9월 GCN(Global Christian Network) 지상파 방송 개시함.

< 교 리 >

신 론	· 자신이 하나님을 부르시면 오시는 분으로 묘사하는데, 이는 하나님의 편재성을 제한하는 발언임.

만민중앙성결교회(계속)

구 분	내 용
기독론	• 자신이 예수님과 하나 되고 동일하게 되었다고 주장함. • 모든 선지자들, 주님의 제자들을 부르면 나타난다고 주장함.
인간론	• 부모로부터 받은 모든 피는 다 쏟아버렸고, 주님과 같은 죄성(罪性)이 없는 새 피를 받아 자신은 원죄도 자범죄도 없다고 주장함. • 원죄도 자범죄(自犯罪)도 없다는 것은 자신을 신격화시키는 것에 해당함.
성령론	• 어떤 이들은 자신의 간증책만 읽어도 막 치료된다고 함. • 사진만 안고 자도 치료되고 꿈속에 자신이 나타나서 안수해도 치료되고, 자신이 기도한 손수건만 만져도 치료된다고 주장함.
교회론	• 만민중앙교회에 하나님의 보좌가 내려왔다고 함. • 2천년 전의 성경의 인물들이 내려왔다고 함. • 만민중앙교회에서 예배드리면 하늘의 천군천사들도 똑같이 예배드림. • 보편적 교회론에 위배됨.
종말론과 내세론	• 자신에게 재림과 휴거를 알려주셨다고 함. • 심판 때에 자기가 심판장 되시는 하나님 우편에 앉는다고 함. • 내세관에서 5단계 천국관을 이야기 하면서 믿음의 따라 상급과 거하는 처소가 다르다고 함.
지나친 신비주의	• 자신의 책 "죽음 앞에서 영생을 맛보며"에서 40일 금식 기도를 하면서 대언자를 보내주시라고 기도했더니 1982년 5월 하나님은 대언을 통하여 태양이 작열하는 때에 개척되리라 하셨고, 그대로 되어 7월 25일 개척되었고, 하나님은 여종 한정애를 통하여 대언해 주셨고 부흥집회도 대언을 통하여 대언해 주셨다고 주장함.

9. 영성훈련 계열

< 개 괄 표 >

분류	번호	교주명	명 칭	신앙적 문제점	발생시기
영성훈련계열	1	이선아	밤빌리아추수꾼훈련원	영성치료	1978.
	2	박철수	새생활영성훈련원, 아시아교회	영성훈련	1978. 8.
	3	심재웅	예수왕권세계선교회	양태론적 일신론	2003. 4.
	4	변승우	큰믿음교회	신비주의적/직통계시 등	1995.

　영성(靈性,spirituality)의 의미는 그 용어에서 보여주는 것처럼 '그가 어떠한(또는 누구의) 정신을 가지고 살아간다'는 의미이다. 타종교에도 물론 영성은 있다. 기독교만의 고유한 전유물이 아닌 것이다. 기독교적인 의미의 영성은 그리스도를 따르는 모든 진정한 방법들을 포괄한다. 물론 이것은 성서적인 밑바탕을 전제해야한다. 기독교에서 영성훈련은 필수적이라고 할 수 있다. 인터넷에서 이와 관련한 용어를 검색해보면 이의 중요성이 들어난다. 그러나 필수적이라고 할 수 있는 영성훈련은 그 해석과 관련하여 오용과 남용의 가능성이 존재하며, 또한 다양하게 해석될 수 있으므로 잘못 사용되었을 때에는 그의 피해는 매우 심각하다.

　근래에 문제가 되어 이단이나 참여금지로 단죄 받은 뜨레스디아스나 빈야드운동도 다 영성훈련과 관계가 있다. 여기에서는 국내에서 문제가 된 단체만을 다루고 앞의 두 단체는 외국에서 발생하여 유입 되었으므로 '국외계열'에서 다루기로 한다.

　우리나라에서 영성훈련의 문제가 사회문제로 본격 제기된 것은 이선아(李仙兒)에 의해서 발생한 세계추수꾼훈련원에서부터였다. 이선아는 1980년대 초반에 자신의 집이 있었던 개봉동에서 은밀하게 영성화를 진행하다가 이것이 노출되어 문제가 되자 과천에서 주사랑교회를 세우고 박영규(朴泳圭)와 함께 본격적인 훈련에 들어간다. 영광교회를 1978년에 설립하고 목회하던 허영만은 이선아, 박영규를 영입하여 자신이 시무하던 교회에서 본격적으로 영성화 훈련을 시행한다. 그러나 허영만의 소속 교단인 기성(1987년 제42회 총회에서 밤빌리아를 사이비성이 있는 집단으로 규정, 1991년 제46회 총회에서 대한기독교연합교회와 함께 이단, 사이비집단으로 재 정죄), 개신교교단협의회(1990년 3월 이단으로 정죄), 예장 통합(1990년 제75회 총회에서 이단으로 정죄) 등에서 정죄 당한다. 더군다나 정신적인 기둥이었던 이선아가 1995년 사망하자 집단의 세력은 급속하게 약화되고 말았다.

　다음으로 문제가 된 것은 박철수(朴哲洙)의 아시아교회, 새생활영성훈련원(www.asiach.org)이다. 박철수는 절대 방언 강조와 영성체험을 강조하고 자신으로부터 다섯 차례 개인 상담을 통하여야만 올바른 목회를 할 수 있다고 주장하는 등 교계에 문제를 일으켰다. 그로 인하여 2000년 예장 합동 총회를 필두로 참석금지, 위험한 신비주의 문제 등으로 제재를 당하기 시작했다. 2005년 예장 통합 제90회 총회는 박철수에 대하여 이단을 해제하였으나 박철수에 대한 의혹이나 다른 교단의 제재는 완전하게 해소된 상황이 아니다.

　심재웅의 예수왕권세계선교회(http://cafe.daum.net/JESUSK)는 2003년에 발생한 문제 단체이다. 목회자들을 주요 대상으로 하여 밀의적이고 은밀하게 진행된다. 또한 예수와 자기를 동일시하고, 기성교회를 비판하며 교리적인 일탈의 문제점들이 발견되고 있다. 이 단체는 예장 합동과 통합, 합신에서 2005년, 2006년 교류금지와 사이비성이 농후하다고 주시하고 있는 상태이다.

(1) 밤빌리아추수꾼훈련원

구 분	내 용
명 칭	· 밤빌리아추수꾼훈련원, 세계추수꾼훈련원
창시자	· 이선아(李仙兒, 1948~1995)
발생시기	· 1978년
발생과정 및 역사	· 1978년 서울신학대학에 재학 중이던 허영만이 자택에서 대한기독교성결교회를 개척하면서 시작됨. · 허영만은 1985년 교인들의 영성화 훈련을 위하여 이선아를 영입하였음. · 이선아는 아동문학가이자 크리스챤 문인협회 회원이었고 1980년대 초반 자신의 집이 있던 구로구 개봉동에서 영성화 훈련을 진행하다 외부에 이 사실이 노출되자 과천에서 주사랑교회라는 이름으로 모임을 가지고 있었음. · 이선아는 평택대학교(구, 피어선신학교) 신학과장으로 있던 박영규 목사와 함께 영성훈련을 전개했음. · 이선아와 박영규를 영입한 허영만은 자신이 시무하는 '영광교회'에서 영성화 훈련을 하다가 문제가 되어 소속교단인 대한기독교성결교회에서 1987년 제42회 총회에서 밤빌리아를 사이비성이 있는 집단으로 규정하여 파직, 출교 처분을 하자 이에 반발 탈퇴함. · 교단을 탈퇴한 허영만은 '대한기독교연합교회총회'를 조직하고 교회명을 밤빌리아교회로 개칭함. · 1990년 3월 개신교교단협의회에서 이단으로 정죄함. · 1990년 예장 통합 제75회 총회에서 이단으로 정죄함. · 1991년 기성 제46회 총회에서 대한기독교연합교회와 함께 이단, 사이비집단으로 재 정죄함. · 2006년 이들의 본거지였던 철산동의 교회는 재개발과 함께 흩어진 상황임.

밤빌리아추수꾼훈련원(계속)

구 분	내 용
발생과정 및 역사	※<박영규> • 박영규(朴泳圭, 1938-)는 경북 문경에서 1938년 4월 18일 출생함. • 서울대 문리대 종교학과를 졸업하고 장로회신학대학에서 신학을 전공함. • 신학생 때에는 연동교회에서 전도사, 목사 안수 받고 새문안교회에서 시무하다 미국으로 유학, 아이리뜨 신학교와 맥코믹 신학교에서 신학석사, 목회학 박사학위를 받음. 평택대학교(구, 피어선신학교) 신학과장 역임.
주요주장	• 영성치료를 통해 인간이 완전해진다고 주장함. • 영성치료는 ①변질(감각의 단계), ②변력(감정의 단계), ③변혁(학인의 단계), ④변신(확신의 단계), ⑤변형(신뢰의 단계), ⑥변화(침묵의 단계)의 6단계로 이루어짐. • 4차원 즉 변신 이후의 단계를 영의 교통의 단계로 보고, 6단계는 온전해지는 무아의 경지 같은 것으로 침묵으로도 통할 수 있는 투명인식이 가능한 단계요 호수처럼 맑은 단계라고 함. • 바울은 2-3차원이고, 박영규는 4차원, 이선아는 5~6차원으로 유일하게 온전해진 여인이라고 주장함. • 영성화 치료의 단계인 제4단계에서부터 영을 통한 교통의 단계가 시작되는데, 여기에는 비유의 틀과 신적 지혜로 인식하는 단계로 초월적인 삶을 살 수 있다고 함. • 성경은 온전하지 못한 책으로 성경의 문자는 입체적인 지구 위를 평면적 세계지도로 도식화 한 것과 같으며, 영이 온전해지면 주석이나 설교를 기록할 필요도 없다고 함. • 집단생활로 인하여 많은 가정이 파괴되는 사건이 일어남.

(2) 새생활영성훈련원, 아시아교회

< 개 요 >

구 분	내 용
명 칭	· 새생활영성훈련원, 아시아교회 · www.asiach.org
창시자	· 박철수(朴哲洙, 1942-)
발생시기	· 1978년 8월
발생과정 및 역 사	· 박철수는 1942년 충북에서 출생함. · 1971년 11월 이만신 목사의 집회를 통하여 은혜를 받고 8개월 동안 영안이 열리는 체험을 함. · 워치만 니의 '자아가 죽을 때'와 토레이의 '두 종류의 성령 충만'을 읽고 영적 체험을 함. · 1978년 총회 신학부 입학, 8월에 새영교회 개척함(방언, 방언 통역, 예언의 은사를 경험했다고 함). · 1979년 한얼산기도원에서 기도 중 아홉 가지 은사를 경험하였고, 자신에게 있던 53마리 귀신을 쫓아냈다고 주장함. · 합동신학원 졸업하고, 1981년 12월 예장 호헌 총회에서 목사 안수 받음. · 절대 방언 강조와 영성체험을 강조하고 자신으로부터 다섯 차례 개인 상담을 통하여야만 올바른 목회를 할 수 있다고 주장함. · 1987년 서울 신사동으로 교회 이전하고 영성훈련원 개원함. · 1988년 12월 교회를 청담동으로 이전하면서 명칭을 '아시아교회'로 개칭함. · 1994년 11월 영성 교육 세미나 개최 시작함. · 1996년 8월 경기 남양주 시내산기도원으로 교회와 영성훈련원 이전함. · 1997년 11월 노원구 상계동으로 이전했다가 답십리로 다시 이전함. · 호헌 총회 한남노회에 소속되어 있던 박철수에게 노회는 여러 차례 권면(勸勉)을 해도 듣지 않자 1998년 6월 총회 탈퇴를 권면함. · 1998년 8월 노회를 탈퇴하고, 자신이 시무하던 아시아교회도 10월 탈퇴하고 예장 서울노회(독립)를 세우고 본격적으로 영성훈련원을 시작함. · 2000년 예장 합동 제85회 총회는 비성경적인 영성사상이라고 규정하고 교류금지조치를 발표함.

새생활영성훈련원, 아시아교회(계속)

구 분	내 용
발생과정 및 역사	• 2001년 예장 합동 제86회 총회에서 참석금지 결의함. • 2001년 예장 합신 제86회 총회는 풍자적 성경해석과 위험한 신비주의로 규정하고 참석 및 도입금지 조치를 발표함. • 2001년 기성 95회 총회는 경계의 대상·참여 금지 결정함. • 2001년 예성 제56회 총회는 이단성 조사를 시작하고 경계령 결의, 조사서 보고서 나올 때까지 참여금지를 발표함. • 2002년 예장 통합 제87회 총회는 박철수에 관하여 면밀한 검토를 위하여 연장연구를 결정함. • 2004년 '예장연'에서 '신학적으로 교리적으로 전혀 문제가 없으며 아주 건전하고 바람직한 영성 사역을 펼쳐가고 있다'고 하여 문제가 됨. • 2004년 예장 통합 제89회 총회는 박철수에 대하여 이단을 해제함. • 2010년 예장 통합 제95회 총회에서 '참석 엄히 금지' 결정함.

< 교 리 >

주요주장	• 1일 5-10시간씩 기도하고 방언을 꼭해야 함. • 박철수 자신의 상담을 받아야 하는데, 자신의 영성훈련을 3년간 잘 받고 신앙상담을 다섯 차례를 받아야만 올바른 목회와 바른 신앙생활을 할 수 있음. • 하나님이 헌금하는 방법을 지시하심. • 자신이 귀신 53마리를 쫓아냄.
성령론	• 두 종류의 성령 충만이 있는데, 내적 충만은 생명적인 사역이고, 외적 충만은 성령의 은사적 사역임. • 함께 계신 성령과 속에 계신 성령은 다름.
직통 계시와 영서(靈書)	• 성령에게서 모든 행동의 거처를 지시 받고 움직인다고 함. • 하나님은 영서를 통하여 예언을 주신다고 주장하고(영서는 방언, 통역, 예언의 복합적인 은사), 훈련원에서 가르치기도 함.
구원론과 천국론	• 현세천국과 구원 : 현세천국은 사탄이 지배하는 현재의 나라와 공존하는 나라임. 현세의 천국은 하나님이 계획하고 이루시는 구원을 구체적으로 실현시켜주는 곳임. • 내세천국 : 내세천국은 ①영혼만 가 있는 낙원 ②예수 재림시 우리가 부활하여 주님과 함께 왕 노릇하는 천년왕국 ③영원한 천국이 있음. • 예수 재림 때 이 세상의 천국에 들어간 자만 천년왕국과 영원한 천국에 들어가게 될 것임.

새생활영성훈련원, 아시아교회(계속)

구 분	내 용
귀신론	• 자신 속에 있던 53마리의 귀신을 내쫓았다고 주장함. • 사람에게 귀신이 들어가는 것은 ①태어날 때 들어가 자기화된 귀신(성격 형성, 개성), ②죄를 지음으로 들어가는 귀신, ③지나가다 슬쩍 들어가는 귀신(거리 귀신) 등이 있음.
방언론	• 일곱 가지 방언이 있는데, ①기초방언, ②나라방언, ③만국방언, ④대신방언, ⑤대인방언, ⑥대물방언, ⑦천국방언이 있음. • 대물방언은 자연과 대화하는 방언인데, 자신은 참새, 비둘기, 나무와 대화 방언했다고 함.
인간론	• 인간은 본체론적으로 구분할 때는 몸과 혼과 영이고, 인격적으로 구분할 때는 영혼과 몸이라고 함. 이 때 몸은 육체 혼을 말하고 영혼은 영을 말한다고 함. • 인간은 두 인격이 있어 혼의 인격과 영의 인격이 있다고 함. • 영혼에도 몸이 있는데 투명하며 지능 지수가 육체보다 만 배나 고차원적이라고 주장함.
성경 해석	• 역사적 문자적, 문법적으로 해석해야 함. • 성경은 비유, 혹은 미래의 될 일, 예언, 계시 등으로 설명하는데, 구속사적 견지에서 해석해야 함. • 성경을 성경으로 이해하는 성경 신학적으로 이해해야 함. • 영적 비유로 영적 실제로 해석해야 함(자의적으로 해석).

(3) 예수왕권세계선교회

< 개 요 >

구 분	내 용
명 칭	• 예수왕권세계선교회 • http://cafe.daum.net/JESUSK
창시자	• 심재웅
발생시기	• 2003년 4월
발생과정 및 역 사	• 40대에 순복음신학교를 졸업하고, 여의도 순복음교회에서 전도사로 사역함. • 그 이후에 잠깐 개척교회도 하고 기존교회 부임목회도 한 것으로 알려짐. • 2003년 4월경에 부천시에서 지금 형태의 사역을 시작함. • 경기도 안산시 단원구 고잔동으로 이전했고, 현재는 경기도 안산시 단원구 원곡동에서 사역함. • 2005년 예장 통합 제90회 총회에서 이단성, 사이비성이 농후하여 예의주시 선포함(2008년 제93회 총회에서 비성경적 반기독교적 이단으로 정죄함). • 2005년 예장 합동 제90회 총회에서 이단성, 사이비성이 농후하다고 함 (2006년 제91회 총회에서 재확인함). • 2006년 예장 합신 제91회 총회에서 교류 및 참여금지를 결의함. • 2006년 기성 제61회 총회에서 성경왜곡, 교주신격화의 문제로 이단성이 있다고 정죄함. • 2008년 예장 고신 제58회 총회에서 극단적 신비주의가 있는 집단으로 규정함. • 2009년 예장 대신 제44회 총회에서 참여 금지 결정함.
집회방식	• 집회는 월요일에서 수요일에 정기적으로 이루어지며 시간은 오전 10시에 시작하여 오후 11시까지 열림(2010년 3월 현재 회원수 2,200여명). • 등록비는 없으며 식비도 무료임. • 집회는 월~수는 심재웅이 인도하고 목, 금은 자기에게서 배운 목사가 인도(회집 수 100여명)하며 또 기수 과정을 수료한 강사들이 각 지역별로 개교회에서 강의를 하는데 책을 읽는 형식으로 진행됨(집회에 참석하기 위해서는 지부에서 미리 2주 이상의 훈련을 받고 인정된 후 표찰을 받아야 함). • 기수는 9주간씩 성경공부를 하는데 성경적 부부론, 생명의 성령의 법, 은혜와 율법, 신앙의 현주소 등을 가르치고 있음. • 교재는 일반목회자가 습득할 수 없고 강사들만이 가지고 있음(절대로 외부노출을 시켜서는 안 된다고 함). 또한 이 교재는 심재웅 방식의 성경해석의 교재임. • 2005년 "가정이 천국이 되는 비밀(도서출판 베들레헴)"이라는 책이 처음으로 출간함.
핵심주장	• 예수 그리스도는 왕이시나 우리 속에 갇혀 아무 일도 못하심. • 그러므로 예수가 우리를 지배하도록 왕권을 회복시켜 드려야 함.

예수왕권세계선교회(계속)

구 분	내 용
핵심주장	· 왕권회복을 위해 신자는 생명을 받아야하며 예수 믿는 것만으로는 부족함. · 생명을 받기 전에는 구원이 없고 옛사람뿐이니 하는 모든 일들은 다 죄뿐임. · 생명을 받기 위해서는 왕권선교회에서 교육과 훈련을 받아야 함. · 생명의 불을 주는 심재웅이 하는 모든 일은 그 안의 예수가 하시는 것임. · 영의 모양도 육의 모양과 똑같음(육은 겉사람이고 영은 속사람, 엡 4:22-24).

< 주요 문제점 >

구 분	내 용
흡수 통합론	· 예수왕권은 사람의 개체를 인정하지 않고 예수님께 완전히 흡수 통합되는 것으로 봄. · 자신을 껍데기로 보며 모든 것을 예수님이 하신다고 주장하여 자신을 예수님과 동일시하는 경향이 나타남.
과대광고	· 예수왕권은 과대광고를 통해 사람들을 현혹시킴.
무장해제 -세뇌화	· 예수왕권은 자신의 사상을 잘 주입시키기 위해 참석자들을 무장해제 시킴. · 지식과 지각을 내려놓게 함으로 옳고 그름을 판단하지 못하게 함.
잘못된 창조론	· 하나님이 아담을 불완전하게 창조함으로써 고의로 죄를 짓도록 장치한 것은 하나님의 사랑을 알도록 하기 위해서라고 함. · 그렇게 되면 하나님이 죄의 원인자가 되어 죄의 책임을 하나님이 져야 하는데 이는 상식에도 맞지 않는 소리임. · 이는 심 목사가 주장하는 하나님의 경륜, 즉 사랑의 나라를 완성하기 위해 사랑을 아는 백성이 필요하다는 자신의 사상을 입증하기 위한 방편으로 성경을 왜곡한 것임.
비성경적 부부론	· 남편이 죽어야 아내가 변한다고 하면서 일방적으로 남편이 죽기를 요구함. · 성경의 말씀을 무시하고 아내는 남편에게 복종할 존재가 아니라 대등한 존재며 하나의 존재라고 주장함. · 남편과 아내의 개체를 인정하지 않음.
양태론적 일신론	· 성령은 예수 자체임.
직무유기	· 내가 하면 불법(내가 하면 구약시대로 돌아가며, 내가 하는 것은 다 불법임). · 하나님의 뜻을 내가 하면 하나님의 뜻이 아니며 주님이 시키는 대로 한다고 해도 내가 하면 불법임. · 우리는 아무 것도 할 것이 없는데 이는 입만 열고 있으면 다 이루어지 때문임.
은사 부인	· 바울은 한번도 은사를 쓴 적이 없음. · 은사와 예언은 100% 틀리며, 예언과 환상도 100%로 틀림.

예수왕권세계선교회(계속)

구 분	내 용
목사 비하	• 위임 목사제도 부정함-위임 목사는 예수님이 위임한 적이 없으며, 목회는 목사에게 위임된 것이 아님. • 한국의 목사 99.9%가 가짜이며 제일 영이 어린 사람이 목사임. • 대한민국 목사들이 하나님 알기를 우습게 앎. • 목사들은 천국에 가기 힘들며, 거의 지옥으로 곤두박질칠 것임. • 목사를 먹사, 개털로 지칭함.
구원론	• 하나님의 나라는 (사람을)미워하는 사람은 들어갈 수 없음. • 생명이 채워지지 않으면 천국에 못 갈 것임.
극단적 초월주의와 이기주의	• 자신은 4차원에 산다면서 "예수님이 다 하시는데 무엇을 걱정하겠는가?"라고 모든 것을 내려놓기를 요구함. • 참석자들에게 현실을 초월한 허황된 소망을 가지게 함으로써 자신의 할 일을 망각하게 함.
회개론	• 중생 이전의 회개와 중생 이후의 회개를 구분함. • 생명이 차면 회개할 필요가 없는데 이는 주님이 다 하셨기 때문임.
신학, 지식 부정	• 신학이란 영과 육이 혼합된 것임. • 신학이 어쩌고 저쩌고 하니까 예수님이 답답하실 것임. • 지식은 하나님과 원수가 되며 아무 소용이 없음. • 신학을 많이 할수록 하나님과 원수가 됨. • 내가 아는 지식, 상식이 있으면 주님이 통치하지 못함. • 신학박사 천 개 받아도 소용없으며 완전히 돌파리임.
교인의 성경화	• 내가 생각해서 쓴 것이 아니라 주님이 이렇게 쓰라 해서 썼음. • 결론장은 하나님이 주셨음. • 성경적 부분론을 하나님이 보여주시는데 기절할 뻔했음.
죄론	• 생명이 있는 자는 절대로 죄를 짓지 못함. • 믿고 구원받았다 해도 생명의 성령의 법에 따른 약속이 없었다면 죄성을 해결할 수 없음.
예수왕권에 다니는 사람들에게 나타나는 현상	• 기존교회와 목사들에 대한 부정적인 시각을 가지는데, 생명이 없고 율법적 설교를 한다고 비판하게 됨. • 극단적 초월주의자가 됨-예수님이 다 하시므로 현실에 무관심 하며, 가정과 교회는 안중에 없고 자기 혼자의 평안과 현실초월을 누림(심령천국이라 함). • 할 일을 하지 않음-주님께서 다 하시기 때문에 손을 놓아버림. 주님께서 하실 때까지 기다림. 집회에 참석하느라 교회 일을 할 시간이 없음(월-금까지 집회 참석). • 가정의 질서가 무너짐-남편이 아내에게 복종하는 역전현상이 일어나는데, 예수 왕권은 그러한 현상을 가정천국이 이루어졌다고 말함. • 목사에게 태만을 야기시킴-설교를 준비하지 않고 예수왕권 메시지를 전하는데, 그들은 그것을 성령님이 하신다고 함.

(4) 큰믿음교회

< 개 요 >

구 분	내 용
명 칭	· 큰믿음교회 · http://www.gfctv.org/(인터넷방송국) · http://cafe.daum.net/Bigchurch(카페) · http://cafe.daum.net/Bigchurchyouth · http://www.gfcbook.com(큰믿음천국의 도서관, 인터넷쇼핑몰)
창시자	· 변승우
발생시기	· 1995년
발생과정 및 역 사	· 자신이 초등학교 때부터 줄곧 장로교회에서 신앙생활을 했다고 밝힌바 있음. · 변승우씨의 신학적 배경은 잘 알려져 있지 않음. · 1995년 울산에서 큰믿음교회를 교회를 개척함. · 2004년 5월 <지옥에 가는 크리스천들>을 출판하면서 이단성 논란이 시작됨. · 2005년 서울 논현동 인근으로 교회를 옮겨 목회하고 있음. · 2007년 4월 큰믿음출판사 설립함. · 2008-2009년 예장 고신 제58-59회 총회에서 불건전하고 위험한 신앙 사상을 가지고 있으므로 산하교회에 저술 탐독 및 집회 참여 금지를 결정함. · 2009년 예장 백석측(구 합동정통) 제94회 총회에서 제명·출교 처리함. · 2009년 예장 합동 제94회 총회에서 '신율법주의에 해당한다'며 개혁주의 입장에서 엄히 경계, 집회참석 금지함. · 2009년 예장 통합 제94회 총회에서 비성경적 기독교 이단, 참여금지. · 2009년 예장 합신 제94회 총회에서 이단성(참여금지 및 교류금지). · 2009년 10월 성령신학교, 성령신학연구원 설립 공고함. · 2009년 12월 6일 대한예수교장로회 부흥총회 설립 공고함(기독교신문, 7일 설립). · 최근 물의를 많이 일으키는 소위 <신사도 운동>의 영향을 받은 자로 직통계시를 강조함. · 천국과 지옥을 경험하는 입신, 예언과 방언 등 신비적인 사상을 강조하고 심지어 이를 훈련시키는 학교까지 운영하고 있음. · 2010년 3월 현재 카페에 의하면 국내 본성전 외에 10개 지교회, 해외에 5개 지교회 설립, 운영하고 있음.
주요저서	· 『사도와 선지자들을 잡는 위조 영분별』, 2008. 『지옥에 가는 크리스천들(수정증보판)』, 2009. 『좋은 씨와 맑은 물』, 2006. 『하나님의 나라』, 2008. 『여호와의 입에서 나오는 말씀』, 2004. 『대 부흥이 오고 있다』, 2006. 『그 시에 주시는 그 말을 하라』, 2009. 『정통의 탈을 쓴 짝퉁 기독교』, 2009. 『가짜는 진짜를 핍박한다』, 2008. 『지옥에 가는 크리스천들』, 2005. 『그 시에 주시는 그 말을 하라』, 2009. 『양신역사』, 2009. 『긴급수혈』, 2009. 『예수빵』, 2009.

큰믿음교회(계속)

구 분	내 용
주요저서	• 『하나님의 인자와 엄위 그 가운데 생명의 좁은 길이 있습니다』, 2007. 『보이지 않는 적 귀신』, 2008. 『성령이 교회들에게 하시는 말씀』, 2008. 『특별히 예언을 하려고 하라』, 2006. 『명목상의 교인인가 미성숙한 신자인가』, 2009. 『우리의 사명은 많은 사람을 옳은 데로 돌아오게 하는 것입니다』, 2007. 『주 달려 죽은 십자가』, 2007. 『주여』, 2007. 『열방이 너희를 복되다 하리라』, 2007. 『진짜 구원받은 사람도 진짜 버림받을 수 있다』, 2004. 『다림줄』, 2007. 『하늘나라에서 온 이메일』, 2005. 『목사님 어떻게 해야 마음이 청결한 자가 될 수 있나요』, 2006. 『아무도 너희를 미혹하지 못하게 하라』, 2005. 『지혜와 계시의 영』, 2007. 『구원에 이르는 지혜』, 2008.

< 교 리 >

교회론	• 기성교회를 비판하고 그 반사적 이득을 통해 자신의 교회를 성장시키고 있음. • 『지옥에 가는 크리스천들』이란 저서를 시작으로 『진짜 구원받은 사람도 진짜 버림받을 수 있다』 『하늘에서 온 이메일』 등 많은 저서에서 기성교회를 비판하고 역으로 자신의 교회는 온전한 교회임을 암시함. • '크리스천이 지옥에 가며, 구원받은 사람도 버림을 받는다'고 주장하고 있음. • 자신을 비판하는 자들에 대하여 "이단 사냥꾼", "정통의 탈을 쓴 짝퉁 기독교", "바리새파 사람들" 심지어 "영적 기생충"이라고 공격함. • 자기 자신은 존 웨슬레, 조나단 에드워드, 찰스 피니, 등 부흥을 이끈 교회의 위대한 목회자들과 같은 반열에 올려놓음. • 정통교회가 '짝퉁 기독교'라며, "큰믿음교회에 대적함으로 하나님께 범죄하고 있다"고 주장함. • 자신이 '사도적 교사'라며 신사도운동을 반대하는 이단사역자들을 향해 '이단 사냥꾼', '사탄의 충견', '마귀의 하수인'이라고 독설을 퍼붓음.
계시론 성령론	• 자신이 '계시적인 설교'를 한다며 앞으로는 초성경적인 새로운 계시도 주어질 것이라고 주장함. • 성령이 직접 자신에게 책을 저술하라든지 또 어떠어떠한 내용으로 설교하라고 지시한다고 강조함. • "하나님께로부터 듣지 않으면 설교하지 않습니다! 이것이 제 설교의 좌우명입니다"라고 말함. • 자신의 저서나 설교에 대해 초월적인 권위를 부여함. • 그의 직접 계시성은 기성 교회에 대한 강한 비판과 자기 교회를 특수화하고 있음. • 변 씨의 직접계시 주장은 결과적으로 성경의 권위를 약화시키는 효과가 있 • 성경관과 계시관은, 비 성경적임은 물론 본 교단의 계시관과 성경관과 배치되는 것으로, 하나님의 말씀인 성경의 권위를 훼손시킴.

큰믿음교회(계속)

구 분	내 용
구원론	• '행위구원론' 내세우며, "내가 이단이면 예수님도 이단"이라고 주장함. • 변 씨의 기성교회 비판과 자신의 차별화 또는 우상화는 그의 구원론에서도 잘 나타나는데, 『지옥에 가는 크리스찬들』, 『진짜 구원받은 사람도 진짜 버림받을 수 있다』란 그의 핵심적인 저서에서 모순점들이 잘 나타남. • "예수를 믿고 입으로 고백하면 구원받는다는 것은 본래 이단 사설입니다." 이라고 말함. • "많은 사람들이 한 번 구원은 영원한 구원이라고 생각합니다. 그러나 이것은 진리가 아닙니다....'진짜 구원받은 사람은 죽기 직전 하나님이 억지로라도 회개시켜서 천국에 데리고 간다'는 맹신에 빠져 있습니다. 이것은 이중으로 속는 것입니다." 라고 말함. • '구약시대 때는 율법을 지킴으로 구원받았는데, 율법을 온전히 지키지 못하면 구원 못 받았는데, 신약시대 때는 예수만 믿으면 구원을 받으니 얼마나 감사한 일이냐.' "이렇게 설교하는 목사들이 많았습니다. 무지하게 무식한 이야기입니다."고 함. • "신약시대에도 90%이상이 거짓선지자들은 목사들입니다."고 말함. • 변 씨는 하나님의 은혜로 믿음으로 구원받는다는 성경의 주장과(엡2: 8) 정통 교회의 주장과 달리 행위로 구원을 받는다고 강조함. • "보통 사람들은 십자가 외에 다른 소리를 하면 모두 잘못된 것인 양 얘기합니다. 구원에 대해서 말할 때 오직 십자가에 대해서만 말해야 한다고 생각합니다. …그러나 우리는 그런 생각이 얼마나 편협하고 비성경적인지를 깨달아야 합니다"고 함. • "...마치 십자가를 신뢰하기만 하면 죄에서 돌아서는 회개나 행함이 따르는 참 믿음이나 예수님 안에서 선한 일을 위하여 새로 지음 받는 거듭남이 없이도 죄 용서 받고 천국에 갈 수 있는 양 가르치고, 자신들만이 정통인 것처럼 착각하고 있는 사람들이 많습니다."고 함. • 이렇게 변 씨는 예수 그리스도를 믿는 믿음 이외에도 회개와 선한 일을 행해야 한다고 하며, 구원받은 사람도 헌신하는 생활을 해야 한다고 강조함으로 성령의 선물로 인한 믿음으로 얻는 구원을 반대하고 행위와 공덕에 의한 구원을 강조함.
신비주의적인 사역의 문제점	• 변승우는 『특별히 예언을 하려고 하라』는 등의 저서와 설교들 통하여 천국을 갔다 온 입신의 경험, 개인의 미래에 대한 예언, 방언, 쓰러지는 현상 등 신비주의 형태의 목회를 활발히 하고 있음. • 집회 시간에 방언을 훈련시키고 있으며, <큰믿음교회> 내에는 예언 사역팀, 방언 통변 팀, 신유 축사 팀 등 신비주의를 조장하는 목회가 큰 비중을 차지하고 있음.

※ 전정희, [이단성 핵심체크] 변승우(큰믿음교회), http://www.amennews.com, 2010년 02월 26일.
※ 큰믿음교회(변승우 목사)에 대한 연구보고서(제94회), http://.pck.or.kr, 2010년 3월 10일.

10. 단일 계열

< 개 괄 표 >

분류	번호	교주명	명 칭	신앙적 문제점	발생시기
단일계열	1	이송오	말씀보존학회	KJV 성경	1992. 4.
	2	이유빈	예수전도협회	공개죄 자백사상	1981.
	3	이윤호	가계저주론	조상의 죄 유전	1988. 12.
	4	류광수	세계복음화다락방전도협회	천사동원권	1987. 8. 2.
	5	지운길, 김종덕	예장합동혁신총회 (남서울신학교)	새로운 교리 주장, 신비주의	1988
	6	전태식	진주초대교회	알미니안주의 구원관	1992. 3.
	7	이흥선	기독교평론신문	이단을 옹호함	

　단일 계열은 특별한 계파나 영향을 받아서 형성된 것이 아닌 별도의 주장과 사상을 전파하는 집단을 말한다. 여기에는 이송오, 이유빈, 이윤호, 류광수, 지운길과 김종덕, 전태식, 이흥선을 들 수 있다. 이들은 지금도 활발하게 활동하는 집단이다.

　이송오의 말씀보존학회(www.kjv1611.co.kr)는 그 주장하는 내용이 매우 간단, 명료하다. KJV (King James Version)만이 영감된 유일한 하나님의 말씀이며, 자신이 운영하는 성경침례교회만이 유일한 교회라고 주장한다. 또한 칼빈주의자를 이단이라고 하며, 전통적인 절기를 부인하며, 재창조설을 주장한다. 매우 활발하게 문서를 발행, 활동하는데, 이러한 서적들이 기독교 전문서점에서도 거의 제한 없이 판매되고 있으므로 주의할 필요가 있다.

　이유빈(李裕彬)의 예수전도협회(www.eafj.org)는 공개된 장소에서 '예수천당, 불신 지옥'을 외치며, 공개 죄자백을 강조한다. 기성교회와 목회자에 대하여 신랄하게 비판하며, TV시청, 세상 친구의 사귐을 정신병자로 매도하는 등의 반문화적인 태도를 고수한다.

　이윤호의 가계저주론(http://dream4god.org)은 조상의 죄는 후손에게 유전되며, 죄에 대한 하나님의 저주도 유전된다는 주장이다. 따라서 가계점검표를 사용하여 조상들의 죄를 알아내어 그 저주를 풀어야한다고 하며, 가계의 저주를 차단하는 치유기도 및 가계의 영적 뿌리를 찾는 기도가 필요하다고 주장한다. 류광수의 세계복음화 다락방전도협회(www.darakwen.net)는 천사동원권, 성경 외적 계시, 사단보상설, 기성교회를 사단의 교회로 주장하는 등의 교리적 일탈 및 과격한 주장을 일삼고 있다. 1998년에 전도총회를 창립하고 국내외에 전도학교를 130여개를 세우는 등 활발한 활동을 지속하고 있다.

　지운길, 김종덕의 예장합동혁신총회, 남서울신학교는 이단을 연구하는 단체들에 의하여 오래 전부터 문제제기가 있어왔다. 그러던 것이 2002년 예장 합동 제87회 총회에서 이단성 있는 단체로 정죄된 것이다. 연옥을 인정하는 등의 새로운 교리 및 주장을 일삼고, 신비주의적인 경향을 보이는 등의 문제가 있다.

　전태식의 진주초대교회(www.fgcdc.org)는 알미니안주의 구원관을 주장하고 중생한 그리스도인의 구원도 상실될 수 있다고 주장한다. 또한 날마다 교회에 모이는 것이 규범이며 이렇게 가르치지 않는 것을 이단 사상이라 주장한다. 뿐만 아니라 교회가 아닌 곳에서의 예배를 일체 부정하는 등의 사상을 전파하고 있다. 이흥선은 이단을 옹호하는 행위로 이단으로 정죄되었다.

(1) 말씀보존학회

< 개   요 >

구 분	내 용
명 칭	· 말씀보존학회 · www.kjv1611.co.kr
창시자	· 이송오(1937?-)
발생시기	· 1992년 4월
발생과정 및 역 사	· 연세대학교 정치외교학과 중퇴. · 대한항공 조종사. · 미국 Pacipic Coast Baptist Bible College, 신학사. · 미국 Liberty University 대학원 상담심리학 석사 과정. · 미국 Califonia Greduate School of Theology 신학석사, 박사. · 1992년 4월 송탄에 성경침례교회 설립함. · 1998년 예장 합동 제83회 총회에서 성경침례교단과 함께 이단으로 정죄함. · 2002년 예장 통합 제87회 총회에서 '이단이며 반기독교적 주장'이라고 정죄함.
주요주장	· 재창조설(再創造說, 중조론, The Gap Theoly) 주장함. · 칼빈주의자를 이단으로 규정함. · 보편적 교회를 부정하며 성경침례교회만이 성경의 교리를 실천하는 교회임. · 전통적인 절기인 성탄절, 부활절, 추수감사절 및 새벽기도, 철야기도, 사도신경, 주기도문이 비성경적임. · 침례만을 세례로 인정하며, 유아세례는 인정하지 않음. · 개역 성경을 사용하는 교회는 말씀을 깨달을 수 없음. · 교단은 필요 없다고 주장함. · 이 땅에 참된 교회는 성경침례교회이며 이전에는 교회가 없었음. · 성경침례교회 외에 다른 교회는 가지 말라고 함. · 구약시대에는 성령이 임하지 않았다고 주장함.

< 교   리 >

성경론	· 하나님은 당신의 말씀을 특별한 섭리로 변개되지 않게 보존함. · TR(Textus Receptus)만이 그렇게 보존된 것이라고 함. · 비잔틴 계열의 사본을 중시함. · TR에서 번역된 KJV(KJVD외에서 TR에서 번역된 성경)만이 하나님의 말씀임. · 한글 개역판은 하나님의 말씀을 많이 삭제함. · KJV는 영감된 유일한 하나님의 말씀임.

(2) 예수전도협회

< 개 요 >

구 분	내 용
명 칭	· 예수전도협회 · www.eafj.org
창시자	· 이유빈(李裕彬, ? -)
발생시기	· 1981년
발생과정 및 역 사	· 평양에서 출생함. 청년시절 대전 인동교회(통합)에서 신앙 생활함. · 1974년 군복무 중 회심함. 1975년 KBS 입사. 1976년 매스컴 선교회 총무. · 1981년 교통사고 계기로 공원, 터미널에서 노방 축호 전도 시작함. · 1983년 7월 '기드온 프로덕션' 창립함. · 1985년 '기드온 전도협회'로 개칭함. · 1988년 2월 '예수전도협회'로 개칭함(만수감리교회 장로). · 1990년 목회자 전도훈련 시작함. 1991년 8월 KBS 사직함. · 1999년 예장 합동 제84회 총회에서 참여금지 결정함. · 1999년 기성 제54회 총회에서 경계집단으로 결정함. · 2000년 예장 합신 제85회 총회에서 참여금지 결정함. · 2001년 예장 통합 제86회 총회에서 참여금지 결정함. · 2004년 '예장연'에서 이단성을 발견하지 못했다고 선언, 문제가 되고 있음. · 2004년 예장 고신 제54회 총회에서 공개죄자백 금지함. · 2010년 3월 현재 국내뿐만 아니라 외국에서도 지속적으로 세미나를 진행함.

< 주요 문제점 >

기성교회와 목회자에 대한 비판	· 설교강단 - 영적 피폐의 상황이 처참함. · 교회가 총체적 부패 - 교인들과 목회자들의 영적 절망감. · 반문화적 - 목사들의 육적 건강 생활과 성도의 교제 비판함. · 청소년의 문화를 교회에서 포용하는 것 비판함. · TV시청, 세상 친구의 사귐을 정신병자로 매도함.
공개 죄 자백 사상	· 죄의 문제를 해결하는데 하나님께 회개하는 것만으로는 충분하지 않으며 사람들 앞에서 행해지는 공개적인 자백이 반드시 있어야 함. · 자백이 없으면 그 자체가 오히려 죄가 된다고 까지 주장함. · 공개 죄 자백은 세 가지 요소로 구분되는데, '회개+자백'과 죄책감, '죄의식 제거', 그리고 '죄자백=신앙고백=전도'임. · 요일 1:9의 '자백하면'을 자신의 공중죄(公中罪) 자백 사상과 연결시킴. · 요 13:5~10의 발 씻는 문제를 공중죄 자백 사상과 연결시킴. · 요일 1:5~7의 하나님은 빛이고 우리가 빛의 자녀이므로 죄를 자백해야 한다고 주장함.
전도 방법의 특징	· 공개된 장소에서 '예수천당, 불신 지옥'을 외침. · 사람들에게 회개를 촉구할 뿐만 아니라 자신의 죄를 공중 앞에서 고백함.

(3) 가계저주론

< 개 요 >

구 분	내 용
명 칭	・가계저주론
창시자	・이윤호(? -), 메릴린히키, 타키모토 준
발생시기	・1988년 12월
발생과정 및 역 사	・1976년 서강대학교와 동대학원 경제학과 졸업. ・1979년 The World Task Force(WTF) 선교회를 창설함. ・1996년 미국 남침례회 서남침례신학대학원(M. Div)을 거쳐 풀러신학교에서 신학석사(Th. M) 및 철학박사(Ph. D)를 받음. ・풀러신학교에서 교회성장 및 능력선교를 전공함. ・1986년 그의 여자친구의 갑작스런 죽음에 대한 묵상에서 가계저주론이 시작됨. ・1988년~1999년 인도네시아에서 선교사 사역함. ・인도네시아 자카르타 Harvest International 신학교 교수로 재직함. ・현재, 교회 개발원 및 기독교 치유상담원 국제대표임. ・1988년 베다니 출판사에서 "가계에 흐르는 저주를 끊어라"를 발행하면서 문제화 됨. ・2001년 예장 합신 제86회 총회에서 비성경적 사상, 위험한 사상이라고 규정하고 참여금지를 결정함. ・2001년 기성 제95회 총회 경계집단 규정함. ・2006년 예장 통합 제91회 총회에서 사이비성이 농후하다고 규정함. ・2007년 10월 꿈의 축제교회(www.dream4god.org) 담임함. ・2012년 예장 고신 제62회 총회 집회참석금지(타키모토 준)

< 주요 문제점 >

주요내용	・조상의 죄는 후손에게 유전됨. 죄에 대한 하나님의 저주도 유전됨. ・조상의 죄를 후손이 반복하는 이유는 유전인자를 통해 죄의 성향이 유전되기 때문임. ・유전적 죄는 죄의 뿌리를 끊지 않는 한 가계를 타고 계속 이어감. ・예수를 믿어 구원 받았다고 모든 저주에서 해방되는 것은 아니라고 함.
가계저주의 성경적 근거 주장	・출 20:5, 민 14:18, 렘 32:18의 근거를 들어서 하나님은 조상의 삶이 자손에게 반드시 긍정적 혹은 부정적 영향을 미치는 영적 법칙을 설정하셨다고 주장함. ・이 법칙은 하나님의 정한 법칙으로 십자가 사건 이전과 이후의 모든 인간에게 예외 없이 적용된다고 함. ・율법의 자유에서 해방되었다는 말은 영의 자유지 혼과 육은 해방되지 않았다고 함.
가계의 저주에서 해방	・가계점검표를 사용하여 조상들의 죄를 알아내어 그 저주를 풀어야한다고 함. ・가계의 저주를 차단하는 치유기도가 필요함. ・가계의 영적 뿌리를 찾는 기도가 필요함. ・사단을 대적하며 추방하는 치유기도가 필요함. ・죄의 고백 및 죄의 사슬을 차단하는 기도가 필요함.

(4) 세계복음화다락방전도협회

< 개 요 >

구 분	내 용
명 칭	· 세계복음화 다락방전도협회 · www.darakwen.net
창시자	· 류광수(1951-)
발생시기	· 1987년 8월 2일
발생과정 및 역 사	· 류광수는 1951년 10월 경남 밀양에서 출생함. · 고등학교를 졸업하고 상업에 종사하다 고신대학에 입학하여 졸업, 대학원에 진학했으나 중퇴함. · 1985년 총신대학교 대학원 78회로 졸업함. · 1986년 예장 합동 총회에서 목사 안수 받음. · 1987년 부산도성교회 부목사로 시무하던 류광수에게 동삼교회의 장로가 교인 37명과 올바른 신앙생활을 해보자고 찾아와서 모임을 시작함. · 1988년 다락방 훈련원 창립함. · 1991년 예장 합동 총회 부산노회에서 도덕성 문제와 이단성의 문제로 목사 직을 면직당하고 출교 당함. · 1995년 4월 9일 부산노회 앞으로 비공개 사과성명서 보내고 목사면직의 무효소송 제기함. · 1995년 9월 예장 고신 45차 총회에서 이단성을 지적하고, 1997년 47차 총회에서는 이단이라고 정죄함. · 1995년 예장 고려 제45회 총회에서 비개혁주의, 비복음주의인 이단 사이비로 정죄함. · 1996년 예장 통합 제81회 총회에서 '성도를 혼란케 하는 사이비성'이 있다고 정죄함. · 1996년 예장 합동 제81회 총회에서 이단으로 정죄함. · 1996년 예장 합신 제81회 총회에서 위험한 사상, 참여금지 규정함. · 1997년 기성 제52회 총회에서는 사이비운동으로 기침에서는 이단성이 있다고 정죄함. · 1998년 기감 제23차 연회에서는 이단이라고 정죄함. · 1998년 1월 대한예수교장로회 전도 총회를 창립함. · 현재 국내 120여 곳의 전도학교와 해외에 10개를 운영하고 있으며, 20여만의 교인으로 추정되고 있음. · 2004년 '예장연'에서 '이단 혐의 없음'을 선언하여 문제가 야기됨.

세계복음화다락방전도협회(계속)

< 교 리 >

구 분	내 용
계시관	• 성령은 지금도 환상, 꿈, 말씀 등으로 인도한다는 성경외의 계시를 주장함. • 마귀가 계시하는 것을 알아야 한다고 함. • 성경의 계시는 마귀의 일을 멸망시키는 핵심이 있다고 함(성경 66권이 마귀 진멸을 조명함).
신 론	• 우리 안에 하나님이 계시는데 이를 삼위일체 하나님이라고 함. • 천사 동원설과 죄와 사단의 일체설, 그리고 성도와 삼위 하나님의 연합을 강조함.
사단 보상설	• 예수 그리스도의 십자가의 죽으심은 우리의 실패의 대가를 사단에게 갚는 것이라고 주장함. • 즉, 예수님의 죽으심은 우리의 죄를 대신 보상하는 것이라는 것임.
구원론	• 사단에게서 해방을 구원으로 생각함. • 기성 성도들로 하여금 다시 예수를 영접하게 하는 것은 요 1:12을 잘못 이해하여 믿음과 구원을 시차적으로 나누는 우를 범하여 '구원을 두 번 받아야 하는 이중 3원론을 말함. • 구원받은 사람이 하나님의 뜻대로 하지 않으면 육체는 멸하고 영혼만 구원받는 반 구원설을 주장함.
교회관	• 기성 교회를 전도가 없는 종교, 혹은 사단의 교회로 간주함. • 다락방 전도 운동에 동참하지 않는 기성교회는 사단이 역사하는 교회라고 주장함. • 류광수씨의 인장이 찍힌 일련번호가 부여된 핵심 요원만이 진정한 복음의 일꾼이라고 말하고 교회를 무시함.
성도의 권세	• 사단의 결박권(막 3:14~15). • 천사 동원권(출 14:19, 왕하 19:35, 히 1:14). • 축복권과 저주의 권세권. • 그리스도의 대행권. • 세계복음화의 권세. • 하나님의 자녀된 권세(롬 8:14). • 기도 청구권(요 16:24).

(5) 예장합동혁신총회(남서울신학교)

< 개 요 >

구 분	내 용
명 칭	· 예장합동혁신총회 · 남서울신학교
발생시기	· 1988년
연 혁	· 예장합동혁신 총회(2001년 총회장 : 지운길 목사, 학장 : 김종덕 목사)는 1988년에 창립된 총회로 현재 서울 금천구 시흥본동 870-10호 A동에 총회본부와 남서울 총회신학교를 두고 있음. · 『성서의 핵심진리 강해』(1988년 7월 1일 발행 p. 797)를 주요 교재로 가르침. · 2002년 예장 합동 제87회 총회에서 이단성 있는 단체로 정죄함.

< 주요 주장 >

종말론	· 한 이레조약, 적그리스도, 천년왕국
영계의 구조와 실상	· 영계는 이 세상 문명과 흡사한 구조를 가짐. · 연옥을 인정함.
죄 론	· 죄성과 정욕이 밀접한 관계를 가짐. · 삼위일체와 기독론적 오류를 가짐-예수를 두 인격을 가진 존재로 묘사함.
영적 성장론	· 예수님의 형상을 닮는 성도들, 즉 완덕의 경지에 도달한 성도들은 이 세상에서 더 살지 않고 천국으로 들어가게 됨. · 2차 연단과정을 통과하게 하시는 목적 천로역정을 많이 이용함.
신비적 체험론	· 명예, 권세, 물질, 고급스런 생활, 남녀관계, 부부관계 등등 모든 것들을 용감히 포기함. · 하나님의 절대주권 등을 인정하기보다는 인간의 훈련과 노력을 그릇되게 강조함.
요한계시록 강해	· 요한계시록을 지나치게 비유화하며(육체가 아닌 영체의 눈으로 재림하시는 예수님, 24장로 : 하나님의 비서관, 일곱 천사장 : 하나님의 정부 장관들과 같은 역할, 천사들 : 공무원과 같은 역할) 무리한 해석을 시도하여(일곱머리 : 이스라엘 백성들을 일곱 번 정복하고 지배한다는 것을 상징, 열뿔 : 재생로마제국의 열나라, 적그리스도의 자격 : 재생로마제국의 통치자) 절대화함.

※ 총회신학부·심창섭. 「기독교 정통과 이단, 무엇이 다른가」. 서울: 대한예수교장로회 총회신학부, 2006. 참조

(6) 진주초대교회

< 개 요 >

구 분	내 용
명 칭	· 진주초대순복음교회 · www.fgcdc.org
창시자	· 전태식
발생시기	· 1992년 3월
발생과정 및 역사	· 경남 삼천포에서 출생함. · 1992년 3월 순복음신학교 3학년 때에 경남 진주에서 교회를 개척함. · 서울로 이전하여 기도원을 하기도 함. · 2005년 예장 합동 제90회 총회에서 참여금지 조치를 취함(이단과 사이비 성이 선명하게 드러나지는 않았으나, 교단이 수용할 수 없는 구원관과 예배관을 담고 있기 때문에 교류를 금지함). · 2006년 예장 고신 제56회 총회에서 교류 및 참여금지를 결의함. · 2010년 3월 현재 진주의 본성전 외에 청원, 서울에 지성전을 가지고 있으며, 이경은이 담임하고 있음.

< 주요 주장 >

구원론	· 알미니안주의 구원관을 주장함 · 믿음으로 구원을 받으나, 행함이 없으면 구원을 상실함. · 사랑의 열매를 맺는 사람이 마지막 때 부활함. · 2005년 "가정이 천국이 되는 비밀(도서출판 베들레헴)"이라는 책이 처음으로 출간함. · 중생한 그리스도인의 구원도 상실될 수 있음.
예배론	· 에덴동산과 광야와 가나안 땅은 교회로 간주하고, 에덴동산 밖과 애굽과 갈대아 우르는 세상으로 봄. · 날마다 교회에 모이는 것이 규범이며 이렇게 가르치지 않는 것을 이단 사상이라 함. · 교회가 아닌 곳에서의 예배를 일체 부정함. · 세상에서는 마귀가 우리를 죽게 하고 하나님의 보호를 받을 수 없음.

(7) 기독교평론신문

<개 요>

구 분	내 용
명 칭	· 기독교평론신문
성 명	· 이흥선(李興善, 1960~)
주요 이력사항	· 충남 서산에서 출생함. · 1982년 2월 하나님의교회신학교 수료함. · 1984년 2월 방배동에 위치한 총회신학교 졸업함. · 1993년 『기독저널』 창간, 발행인 및 편집인 겸임함. 개신교문제연구소장. · 1995년 4월 평화통일 희년 상임 부위원장 역임함. · 1996년 1월 5일 예장 합동 함남노회에서 탈퇴했으나 제명당함. · 1996년 8월 주사랑교회 담임함. · 1998년 9월 『나라일보』 운영 중, 사이비 언론 일제 단속에서 구속됨. · 2003년 10월 『기독평론신문』 창간하여 운영함. 한국교회문제연구소장.

<주요 행적>

주요저서 및 이단옹호행적	· 1995년 7월 26일 『기독저널』 제66호에서 김기동, 안식교 등을 옹호함. · 2004년 6월 『정통과 이단』을 사단법인 대한예수교장로회연합회라는 단체를 통하여 발행하여 이단을 옹호함. · 2004년 7월 1일, 8일 자신이 운영하는 『기독평론신문』을 통하여 구원파를 지지 옹호함(2009년 1월 폐간). · 2006년 6월 『목사님 이단이란 무엇인가요』를 한국교회이단사이비대책협의회를 통해서 발행하여 이단을 옹호함. · 2007년 7월 『한국교회 이단논쟁 그 실체를 밝힌다』(예영수 감수)를 사단법인 한국기독교총연합을 통해 발행하여 이단을 옹호함.
한국교회의 조치	· 1995년 예장 통합 제80회 총회에서 『기독저널』이 이단을 옹호하여 이단옹호언론으로 규정 당함. · 1996년 예장 합동 제81회 총회에서 『기독저널』의 행태와 관련하여 사실상 이단으로 정죄 당함. · 2007년 9월 한기총 제 18-2차 실행위에서 이단을 옹호, 지지한 행적으로 이단으로 정죄 당함. · 2008년 예장 합신 제93회 총회에서 이단으로 정죄 당함.
자신의 대처	· 2008년 3월 29일 국민일보에 "한국교회에 드리는 사죄의 말씀"을 발표하여 자신의 이단 옹호 행적을 하나님과 한국교회 앞에 사죄한다고 함.

10. 국외 계열

< 개 괄 표 >

분류	번호	교주명	명 칭	신앙적 문제점	발생시기
국 외 계 열	1	위트니스 리	지방교회	신인합일주의, 기성교회 부정함	1920년대
	2	존 윔버	빈야드 운동	비성경적인 현상들	1977.
	3	예태해	미국엠마오선교교회	영지주의적인 주장	1989. 3.
	4	진헤르바스, 보닌 신부	뜨레스디아스	카톨릭적 요소	1949. 1. 7.
	5	에디부인	크리스챤 싸이언스	신유은사	1879년.
	6	요섭 스미스	예수 그리스도 후기 성도 교회	몰몬경, 백인주의	1830년
	7	럿셀	여호와의 증인	1914년 그리스도의 재림	1844년.
	8	스웨덴 벌그	새예루살렘교회	천국	
	9	바하올라	한국바하이전국정신회	인류의 통합, 하나의 종교	
	10	마하 라이지	신빛집단	우주의 구세주	
	11	애플 화이트	천국의 문	자살, 광적 신비주의	
	12	필모레	기독교단일파	신유은사	
	13	알 에머슨	유니테리안	일위론(一位論)	
	14	요한 폭스	강신술	영매(靈媒)	1848년.
	15	존 윔버	빈야드 운동	광적 신비주의	1977년.
	17	엘리스 베일리	뉴에이지 운동	환상예술	1910년대.
	18	에디르	하나님의 왕국교회	영약과 영생	

　우리나라에 영향을 미치는 국외계열의 종교는 주로 미국이나 일본에서 들어왔으나, 근래에는 중국에서도 유입되고 있는 상황이다. 대체적으로 일별하여보면 미국에서 유입된 것으로는 안식교, 몰몬교, 여호와의 증인을 들 수 있고, 일본에서 들어온 것으로는 신도교(神道敎) 계통의 천리교, 창가학회, 일연정종, 구세교 등 30여개 단체가 있다. 중국에서 들어온 것으로는 건강을 매개로 하여 1992년 리홍즈(李洪志)가 불교와 도교의 원리에 기공(氣功)을 접목시켜 파륜공(波輪功)이라는 수련법을 창시하였는데, 국내에서도 수천 명이 이 수련법을 활용, 수련하고 있다.
　이단과 사이비적인 단체로는 신인합일을 주장하는 지방교회, 존 윔버의 빈야드운동, 예태해의 미국엠마오선교교회, 카톨릭적 요소가 접목된 뜨레스디아스 등을 들 수 있다.

(1) 지방교회

<개 요>

구 분	내 용
명 칭	· 지방교회 · http://www.hightruth.or.kr/
창시자	· 윗치만 니(Wachman Nee, 1903-1972) · 윗트니스 리(Witness Lee, 1905-1988) : 실제적인 창시자임.
발생시기	· 1920년대 중국에서 시작됨.
창시자의 일생	· 윗치만 니는 1903년 11월 4일 중국 복건성 푸조우에서 '니웽슈'의 9명의 자녀 중 셋째로 출생함. · 부모들이 하나님께 서원기도를 하고 얻은 아들임. 중국어로 '니토쉥'(징 치는 자라는 뜻)의 이름을 가지고 있음. · 18세 때 복음을 접하고 열정적으로 가두 전도를 함. · 그의 신앙생활에 큰 영향을 미친 것으로는 죠지 뮬러와 허드슨 테일러의 서적이었음. · 1923년 윗치만 니는 작은 무리운동(The Little Flock Movement)이라는 경건주의 신앙운동을 시작함. · 이 운동은 16년 만에 7만 명을 전도하고 700개가 넘는 지역 모임을 만들어 윗치만 니는 훌륭한 복음주의 운동가로 평가받게 함. · 2차 세계대전이 끝나고 중국 본토가 공산화되자 1952년 4월 10일 국가안전보장부에 의해 자본주의의 앞잡이, 첩자 등의 죄목으로 체포됨. · 1956년 6월 21일 상하이의 중국 대법원에서 중노동을 포함하여 15년의 감금이 선고됨. · 1972년 4월 12일 20년 복역을 마친 그는 6월 1일 세상을 떠남. · 윗치만 니에게는 두 명의 동역자가 있었는데, 한 사람은 스티븐 강이고, 다른 하나는 현재의 지방교회를 창설하여 교주가 된 윗트니스 리(Witness Lee, 1905-1988)임.

지방교회(계속)

구 분	내 용
발생과정 및 역사	• 윗트니스 리는 중국 체후 지방에서 출생하여 1927년 '윗치만 니' 그룹이 발간하는 잡지를 연구하기 시작했고, 체후지역에서 '작은 무리'를 인도하다가 후에 윗치만 니를 돕기 시작함. • 상하이와 필리핀을 담당하는 대표사역 2인 윗트니스 니는 1950년대 교인을 이끌고 독자적인 교회를 개척함. • 1962년 윗트니스 리는 미국으로 이주하여 LA 근교에서 윗치만 니의 사상을 변개(變改)시켜 미국에서 최초의 지방교회를 설립, 포교할 때부터 실제적인 그 기원이 됨. • 윗트니스 리의 사상적 변화는 1950년을 기점으로 '신인합일(神人合一)'이라는 사상으로 표출됨.
한국에서의 지방 교회	• 1966년 윗치만 니의 직계 제자라고 자처하는 '왕중생'(한국명, 권익원)이 처음으로 '회복의 복음'을 전파할 사명을 가지고 파송됨. • 권익원은 일제시대 때 19세의 나이로 부친을 따라 중국에 갔다가 중국군에 입대, 중국군 연대장을 지냄. • 중국의 공산화 이후 대만으로 건너 갔다가 폐병으로 입원해 있던 중 복음을 듣고 신앙생활을 하다가 1965년 조국인 한국에 올 결심을 하게 됨. • 폐쇄적이고 권위주의적인 왕씨의 성향은 외국의 지방교회와의 교류를 어렵게 했으나 왕씨의 사망 후인 1980년대부터 외국의 지방교회와 교류 위트니스리의 영향을 받음. • 1991년 예장 고신 제41회 총회는 이단으로 정죄함. • 1991년 예장 통합 제76회 총회는 이단으로 정죄함(제77회 총회에서 추가 연구보고서 채택함). • 2004년 '예장연'에서 이단 규정에 '재론의 필요성이 있다'고 선언하여 파장이 확산됨. • 2006년 예장 통합에 재심을 요청하였으나 제91회 총회에서 거부됨. • 한국복음서원(www.kgbr.co.kr)이 서적을 보급하고 있음. • 현재 전국에 90여개의 집회소에 3만 명 정도의 교인이 있는 것으로 알려짐.

지방교회(계속)

< 교 리 >

구 분	내 용
신 론	• 하나님이 사람을 창조한 목적이 하나님 자신을 사람 속에 넣어서 사람과 연합하여 하나님 같이 되게 하기 위해서였다고 함(神人合一主義). • 하나님 자신을 대량으로 생산할 계획이며 자신을 제품으로 생산하는 것이라고 함. • 구약에서의 하나님은 신성만 있었고, 성육신의 과정을 통과하여 '사람과 함께한 하나님' 즉 '하나님-사람'이 되었다가 부활을 통하여 인성을 포함한 영으로 변형됨으로써 하나님의 세 인격은 세 영들이 아닌 하나의 영으로 세 인격이 한 영 안에 있는 '삼일(三一) 하나님'이 되었다고 주장함.
기독론	• 부활 이전의 그리스도는 그의 신성에 따르면 하나님의 아들이었으나 그의 인성에 따르면 하나님의 아들이 아니었다고 함. • 인성을 입은 그리스도는 거룩하게 될 필요가 있었는데 부활을 통하여 완성되었다고 함.
인간론	• 인간은 영, 혼, 육으로 나뉘는데 인간의 타락은 육적인 것만으로 이해하고 영은 타락하지 않았다고 함으로써 전인적 타락을 부정함. • 인간의 타락은 하나님께 대한 불순종이 아니라 아담이 '하나님 자신인 생명나무'를 취하지 않고 사탄인 선과 악과 지식의 나무 열매를 먹음으로 사탄을 몸속에 받아들였기 때문이라고 함. • 하나님에 의하여 창조된 순수한 사람은 중립이었음. • 몸도 선한 것이었으나 사탄을 몸에 받아들임으로 몸이 사탄의 거처가 되었고 따라서 부패되어 흉하고 악마 같은 육이 되었다고 함. • 사탄은 육신에 거처를 정하고 혼에 영향을 준 다음 혼을 통해 영을 죽이려 하기 때문에 성령이 사람의 영에 들어와 하나님과 사탄이 매일 우리 안에서 싸우고 있다고 함.
구원론	• 사탄과 연합된 인간에게서 죽음을 통하여 사탄을 제거하고, 부활을 통하여 하나님과 연합된 인간이 되는 것이 구원임. • 침례가 구원의 조건임.
교회론	• 기성교회는 바벨론의 음녀이며, 따라서 기성교회의 목사와 예배 등 대부분의 제도를 부정함. • 성령 충만을 위하여 '오, 주 예수여!'를 반복적으로 외워야 함.

(2) 빈야드(Vineyard) 운동

< 개 요 >

구 분	내 용
명 칭	• 빈야드(Vineyard) 운동
창시자	• 존 윔버(John Wimber, 1934-)
발생시기	• 1977년
발생과정 및 역 사	• 존 윔버는 1934년 미국 켈리포니아주 로스엔젤레스에서 출생함. • 청소년 시절은 재혼한 어머니와 의붓아버지의 슬하에서 보냄. • 음악을 좋아하여 음악 전문대학을 졸업함. • 1960년대 미국에서 인기를 끌었던 음악 그룹, Righteous Brothers를 조직하여 운영함. • 1962년 말에서 1963년 초 윔버는 결혼 생활이 파국으로 치닫고 있을 무렵, 아내와 퀘이커(Quaker)교회 신도가 인도하는 성경공부 모임에서 개인적인 회심 체험을 하게 되었고 목회자가 되기로 결심함. • 아주사 퍼시픽 성경 대학에 입학 성서신학 분야에서 학위 취득함. • 1970년 형제교단(Friends)에서 목사 안수 받고, 퀘이커 교단 소속인 '요르바 린다 프렌드 교회(Yorva Linda Friend Church)'에서 협동목사로 5년간 사역함. • 1975년 '교회성장연구소'의 전신인 '풀러전도협회'에서 피터 와그너와 함께 사역함. 교회성장연구소 설립 관여함. • 1977년 오늘날의 애너하임(Anaheim) 빈야드 교회의 모체인 '요르바 린다 갈보리 채플(Calvary Chapel of Yorba Linda)'을 직접 설립하여, 1983년까지 풀러에서 배운 것을 목회에 접목시키는 일에 주력함. 척 스미스(Chuch Smiths)의 갈보리 채플 펠로우쉽(Calvary Chapel Fellowship)에 속함. • 1983년 윔버는 갈보리 교단에서 탈퇴, Kenn Gulliksen의 예수 운동에 소속되어 있던 젊은 청년들을 중심으로 하여 세운 '빈야드(Vineyards) 교회 펠로우쉽'에 가입함(당시 소속교회 6개). • 빈야드 교회에 가입한 윔버 목사는 탁월한 지도자로 부상하였고, 성령운동, 예수 사역운동, 하나님 나라운동 등을 이 시대에 재현하자는 운동을 일으킴. • 1985년 빈야드 교회 연합체를 조직함. • 13년이 지난 1996년에는 '빈야드교회연합'(Association of Vaineyard Churches)은 6개의 교회가 550개로 늘어났고, 윔버가 개척한 애너하임 빈야드교회는 6,000명이 회집하는 교회로 성장, 국제 빈야드 교회에 모교회의 역할을 하게 됨.

빈야드(Vineyard) 운동(계속)

구 분	내 용
토론토 브레싱	<토론토공항빈야드교회(Toronto Airport Vineyard)-존 아노트(John Arnott)> • 1960년대 말과 1970년 초 캐드린 쿨만(Kathryn Kuhlman)의 사역과 베니 힌(Benny Hinn)의 영향을 받음. • 1986년 존 윔버 목사의 세미나 참석하고 영향 받음. • 1987년 빈야드 교단 소속됨. • 1992년 베니 힌 목사의 집회에 참석하여 도전 받음. • 1993년 남아프리카의 오순절 부흥사인 로드니 하워드 브라운(Rodney Howard Browne)의 집회에 참석하였는데, 그 집회의 특징은 '거룩한 웃음(Holy Laughter)'이었음. • 그 후 아르헨티나에서 클라우디오(Claudio)의 영향을 받았고, 미국 미조리 주 세인트루이스의 빈야드교회의 설립자 '랜디 클락(Randy Clark)'의 영향을 받음. • 1992-1993까지 성령의 새 술에 취해 '거룩한 웃음'과 성령의 능력으로 인식하는 현상들이 발생함. • 1994년 1월 20일에 이 교회에 20만 명 이상이 모임. • '토론토 축복', '토론토 브레싱'(Toronto Blessing)은 존 아노트(John Arnott)가 개척한 토론토공항교회를 중심으로 일어나는 현상을 언론들이 그렇게 불렀기 때문임. • 토론토공항교회는 자신들의 교회를 '하나님과 만나는 장소'라고 선전하여 관광 명소화 됨. • 현재 존 윔버의 빈야드 교회와 존 아노트의 토론토공항교회는 분리됨.
한국의 상황	• 1980년 온누리 교회의 경배와 찬양에서 찬양곡 인도함. • 1991년 존 윔버의 '능력 치유'가 번역 소개됨. • 1993년 4월 목회와 신학이 '제3의 물결'로 소개함. • 1995년 6월 목회와 신학이 '능력 목회의 파도가 몰려오다'의 특집과 대담기사를 게제 하여 한국에 본격 도입되는 계기가 됨. • 1995년 예장 통합 제81회 총회에서 도입을 금지하는 결정 내림. • 1996년 1월 광림수도원에서 제1회 성령세미나 개최함으로 한국교회에 본격적 영향을 주게 됨. • 1996년 예장 고신 제46회 총회에서 참여금지 결정 내림. • 1997년 합동 제82회 총회에서 참여자 및 동조자 징계 결정 내림. • 1998년 기성 제53회 총회에서 사이비성이 강하다고 정죄함. • 2007년 예장 고신 제57회 총회에서 참여금지 결정 재확인함.

빈야드(Vineyard) 운동(계속)

< 교 리 >

구 분	내 용
성령의 사역	• 초자연적인 은사들과 능력, 그리고 신비현상이 지나치게 강조됨. • 상대적으로 말씀, 사랑의 삶, 공동체 안에서의 교제, 사회에 대한 책임적인 행위가 간과되거나 약화됨.
비성경적인 현상들	• 짐승소리와 관련하여 계 5:5과 암 3:8을 인용하는데 억지적인 해석임(요 18:6, 마 28:4). • 은혜 체험하고 쓰러지는 현상을 겔 1:28과 단 8:17을 말하는데 빈야드의 경우와 맞지 않음. • 거룩한 웃음과 관련하여 아브라함과 사라의 웃음(창 17:17, 21:6)을 인용하는데 이는 광적 웃음이 아님. • 떠는 현상과 관련하여 사 66:5, 렘 5:22, 막 5:33, 눅 8:47, 행 16:29 등등을 인용하는데 이들은 빈야드처럼 주체할 수 없는 주관적이며 신비적인 감정이 아님.
예 배	• 무질서한 예배는 공적 예배로는 부적절함. • 개인적인 상황은 문제가 없을지 모르지만 공동체가 함께 교류하며 드리는 예배에는 엄숙하고 질서 있는 예배가 필요함.

(3) 미국엠마오선교교회

<개 요>

구 분	내 용
명 칭	· 미국엠마오선교교회(Emmaus Mission Church) · www.emmauschurch.com
창시자	· 예태해(1936 -)
발생 시기	· 1989년 3월
발생과정 및 역 사	· 예태해는 1936년 11월 15일 기독교장로회 목사의 가정에서 3남으로 출생함. · 계명대학교 영문과를 졸업하고 대구에서 교사로 재직하다 도미함. · 새벽기도 시간에 자신을 부르시는 하나님의 음성을 듣고 소명을 깨달아 목회자의 길에 들어섬. · 켈리포니아 신학교 졸업, 파사데니 대학에서 종교학을, 버클리 소재 아메리칸 침례 신학교에서 신학을 공부하고 석사, 목회학 박사 학위 취득함. · 신학교 재학 중인 1970년 교회를 개척함. · 1974년 LA 제일 회중교회에서 목사 안수 받음. · 저서로는 속사람(Immer Man)과 하나님의 능력(God's Empowering)이 있음. · 1979년 목사 안수를 받고도 목회에 큰 진적이 없어 심적 갈등을 겪던 중 LA의 작은 기도원에서 금식하며 기도하던 과정에 은사와 은혜를 체험함. · 이후 집회를 인도할 때 방언과 신유, 쓰러지는 현상이 일어남. · 1980년 자신이 개척한 LA 한인중부교회와 미연합장로교회인 베다니 교회를 통합 담임목사가 됨. · 1985년 예언사건으로 사무 중이던 베다니 교회가 분규에 휩싸이자 1986년 2월 노회는 강단권과 당회장직을 정지시켰고, 3월 예태해에게 권고와 결의로 교회를 사임시킴. · 1989년 3월 현재의 교회를 미국 뉴저지에 개척함.

미국엠마오선교교회(계속)

구 분	내 용
발생과정 및 역사	・1992년 10월 '목양세계선교회' 주최의 제1회 목회자 영성수련회 주강사. ・1992년 예장 개혁 제77회 총회 부정적인 평가를 내림. ・1994년 예장 합동 제79회 총회 이단성 혐의가 있다고 판정함. ・1996년 기장 제81회 총회 단호 대처하기로 함. ・1999년 예장 통합 제84회 총회 예의 주시하기로 결정함. ・2004년 '예장연'에서 신학적으로 전혀 문제가 없다고 하여 문제가 됨. ・2004년 예장 통합 제89회 총회 예의 주시를 철회하기로 결정함.

< 교 리 >

계시론	・환상이나 음성이나 예언이 지금도 하나님이 주신 계시로 받아들임(주관적인 체험이나 느낌을 성경보다 앞세움.
성령론	・성령의 능력을 강조하는 은사주의 사역에 중점을 둠. ・방언, 축사, 치유, 기쁨 등이 나타나는데 성령의 권능에 압도되는 것이라고 주장함. ・성령에 포괄적인 역사를 제한시키는 모습으로 나타나고 있음.
인간론	・인간은 영과 혼과 몸으로 이뤄졌다는 삼분설을 주장함. ・영은 하나님과 교통하는 기관이 되고, 인격이 말할 수 있는 혼은 정신세계와 교통하는 기관이 되고, 우리 육신은 물질세계와 접촉하는 기관임. ・영은 죄를 범하지 아니하고 육이 죄를 범하며 영이 혼, 육을 구원한다고 함.
구원론	・영이 구원 받은 후에 우리의 혼도 구원받아야 한다고 함. ・영지주의적이고 비성경적인 주장을 함. ・하나님은 우리의 영만 구원하시므로 혼과 육을 우리의 노력으로 훈련시켜 구원해야 한다고 함. ・전인적 구원이 아니라 부분적 구원으로 인식하게 만듦.

(4) 뜨레스디아스(Tres Dias·TD)

구 분	내 용
명 칭	• 뜨레스디아스(Tres Dias · TD)
창시자	• 잔 헤르바스(Juan Hervas), 보닌(Eduardo Bonnin)신부
발생 시기	• 1949년 1월 7일
발생과정 및 역사	• 스페인의 '성 야고보의 무덤'에서 순례자를 안내하는 일에 종사하는 봉사자들이 초기에는 그 일을 기쁨과 즐거움으로 감당했으나 반복되는 일을 계속하다 보니 싫증을 느끼고 매너리즘에 빠지자 이들에게 활력을 불어넣어 주기 위하여 개발됨. • 이 프로그램은 '꾸르시요(Roman Catholic Cursillo, 스페인어로 '기독교세미나'라는 뜻을 가짐)'라는 명칭으로 불리움. • 이 프로그램은 33회의 시행을 거쳐 1951년 3월에 완성되었고, 1966년 당시의 교황 바울 4세(Paul IV)가 전 세계의 교구에서 실시하도록 지시하게 됨. • 제수이트(Jesuit) 선교사들이 남미에 전파함. • 남부의 텍사스(Texas)에서 훈련 중이던 스페인 군인 몇 사람이 평신도 공동체 모임이라는 그룹 활동을 갖던 중 꾸르시요 운동 시작함. • 텍사스에서 시작된 꾸르시요 운동은 곧바로 미국 전역에 퍼져 1960년 초 처음 영어로 시작됨. • 1972년 11월 뉴욕에서 꾸르시요 운동이 개최되었고 개신교도들도 참석, '뜨레스 디아스(스페인어로 '사흘')'로 불리워지기 시작함. • 1980년 7월 미국 전역에 TD운동의 연합체가 조직됨.
한국의 상황	• 1967년 5월 필리핀에서 열린 꾸르시요에 천주교인들 참가. • 1971년 8월 여성신도들이 꾸르시요 운동에 참가, 매년 20여 차례 훈련 진행함. • 한국에서는 이단으로 지목된 '레마성서연구원'의 이명범이 1984년 7월 신도 56명이 훈련 받음으로 시작됨.

뜨레스디아스(Tres Dias·TD)(계속)

구 분	내 용
한국의 상황	· 1985년 미8군 교회와 미국의 한인교회를 통하여 소개됨. · 베리아 아카데미 졸업생(제7기, 1980년 5월)인 LA한인교회 김광신 목사는 김기동의 귀신론을 가르치다 자신이 속해있던 교단으로부터 제명(1989년 1월), 1989년 10월 남가주 기독교교회협의회로부터 이단으로 규정되었으나 뜨레스디아스를 '사랑의 불꽃운동'이란 이름으로 비밀리에 LA교계에 보급함. · 1992년 예장 고신 제42회 총회에서 불건전한 운동으로 규정함. · 1994년 예장 통합 제80회 총회, 2002년 제87회 총회에서 연이어서 목회자의 추천을 받고 참여하도록 권고함. · 현재 한국에서는 서울 뜨레스디아스(Seoul TD), 아가페 뜨레스디아스(Agape TD), 골든 뜨레스디아스(Golden TD), 여의도 뜨레스디아스, 레인보우 뜨레스디아스 등 백여 곳에서 프로그램이 진행되고 있음. · 2004년 '예장연'에서 '권장해야 할 프로그램'으로 선언하여 문제를 야기함. · 2006년 예장 합동 제91회 총회는, 1993년 제78회 총회의 결의를 재확인하여 참가를 제지하여 엄히 경계함.
프로그램의 내용	· 신학적인 핵심인 메시지의 선포. · 회개와 직접적으로 연결되는 호소력 있는 선포. · 하나님이 인간을 사랑하는 체험의 기쁨. · 믿음과 소망과 사랑을 실생활에서 증거 하는 삶. · 3박4일 동안(청소년을 위한 2박3일의 과정도 있음)외부와 완전히 차단된 상태에서 실시함. · 카톨릭에서 처음 전수될 때는 강의, 그룹토의, 찬양, 섬김 훈련과 각종 독특한 프로그램으로 구성되어 있었음. · 개신교로 전개되면서 용어는 물론 강의내용, 프로그램이 자의적으로 변형 실시되고 있음. · Rollo라고 하는 15개의 주제별 강의 제목 : ①삶의 이상 ②은혜 ③교회 ④성령 ⑤경건한 신앙 ⑥성경공부 ⑦성례전 ⑧그리스도 안에서의 행동 ⑨은혜의 방해요소 ⑩지도자 ⑪환경 ⑫은혜안의 생활 ⑬크리스챤의 공동체 생활 ⑭새 공동체 모임 ⑮네 번째 날(4th Day)

뜨레스디아스(Tres Dias·TD)(계속)

구 분	내 용
프로그램의 내용	• 주제별 강의 외에도 한국에서 실시되는 프로그램은 묵상기도, 성찬식, 편지보내기, 선물보내기, 특별기도회, 세족식, 회개한 죄목 태우기, 촛불길 걷기, 신랑의 포옹, 아침 만남의 시간, 침묵훈련, 개인고백의 시간, 간증시간 등이 있음.
긍정적인 면	• 3박4일의 훈련을 통하여 신앙의 감격과 섬김 훈령의 경험, 봉사와 충성의 결단을 높여줌. • 카톨릭에서 시작된 프로그램이지만 내용의 수정보완을 통하여 한국교회에 영성 훈련의 자극과 도전이 되었음.
부정적인 면	• 카톨릭적 요소의 제거라는 명분으로 내용과 형식을 자의적으로 변형시켜 운영하고 있으므로 복음적, 신학적 검증이 힘듦. • 이단으로 규정되었거나 지목받고 있는 불건전한 단체들이 세력 확장의 도구로 활용하고 있음. • 별도 그룹의 형성이나 교육받은 자들을 이용하여 교회를 개척하거나 자신들의 교회로 유인하여 기성교회에 분란을 주는 경우가 있음. • 훈련에 참석한 경험자들이 교회 내에서 파당을 형성, 개 교회의 모임에 지장을 주는 경우가 있음. • 재정운용을 불명확하게 하는 경우가 있음. • 세례 받지 않은 초신자의 참석, 세례의식의 거행, 아브라죠(포옹), 무분별한 카톨릭 용어의 사용, 시각적 효과를 위한 지나친 장식에 의존하여 참석자들로부터 거부감을 일으키게 하는 경우가 있음. • 고도로 형식화된 구조와 극단적으로 외부와 차단된 밀폐공간에서의 훈련은 개인에 따라 억압적인 분위기로 영성 훈련에 대한 나쁜 선입관을 줄 수 있음.

제3장 한국교회의 이단 대응
〈개설〉· 한국교회와 이단

우리나라에 기독교가 처음 전래된 이후 처음 등장했던 이단들의 영향력은 아직까지도 지속되고 있다. 물론 소멸된 이단들도 있지만 초기의 큰 틀과 영향력은 아직도 지속되고 있는 상황이다. 초기의 이단들은 세월이 흐르면서 그 세력이 조직화되고 교의화되어 일정한 체계를 갖추기 시작했다. 그러면서 국내에 머물러 있지 아니하고 해외에까지 그 영향력을 확장하고 있는 중이다. 이러한 이단들의 행태에 동조하고 있는 세력들도 나타나고 있는 사실은 심히 우려스럽기까지 하다.

2004년에 국내의 정통교단이 이단으로 규정해 놓은 개인, 단체를 대한예수교장로회연합회라는 군소교단의 연합체가 이단을 해금, 옹호하고 나섰다. 이단으로 정죄 받은 단체와 개인이 이를 대대적으로 홍보하고 자신들의 이단성이 면책 받은 것처럼 행동했음은 물론이다. 심지어는 이단으로 정죄 받은 한 대형교회는 국내의 유수한 주요교단에 가입을 시도하는 사태까지 벌어졌다. 이는 정통교회에 대한 심각한 도전이요 도발이다.

근래에 들어와 이단으로 정죄 받았다가 해금된 단체나 개인들도 나타나고 있다. 교단의 정밀한 심사와 검증을 거치고 관리, 감독을 한다고는 하지만 개운치 않은 뒷맛과 무성한 뒷말이 횡행하는 잡음을 낳고 있다. 이와 관련하여 우리는 이단의 규정과 검증이 철저했는지, 또한 원칙이 제대로 적용됐는지에 대한 치열한 자기반성이 필요하다. 이단의 규정이나 해금은 정치적인 흥정이나 거래로 이루어져서는 안 될 일이다. 왜냐하면 이단으로 정죄된 당사자 본인이나 그곳에 소속된 성도들의 영혼에 중대한 영향을 미치는 문제이기 때문이다. 복음이 그야말로 값싼 복음이 되지 않기 위해서는 이런 문제에서부터 세심한 주의가 필요하다고 할 것이다.

이단으로 정죄되었다가 해금된 단체나 개인들은 주로 예장 통합에서 이루어졌는데 명단은 아래와 같다. 만약 본서의 내용에서 아래의 명단이 게제 되어 있다면 다른 교단에서 해제되지 않은 것이므로 참고하면 된다.

- 이옥희(소원의 항구 기도원)-1993/78 비성경적. 2004/89 문제 삼지 않도록 함.
- 들소리신문-1994/80 이단옹호언론. 2005/90 해제함.
- 예태해(미국 엠마오선교회)-1999/85 예의주시. 2004/89 예의주시 철회함.
- 박영균(말씀권능복음선교회)-2001/86 비성경적 사이비. 2005/90 더 이상 문제 삼지 않음.
- 최삼경(삼신론)-2001/86 성경을 부정하는 이단적 주장. 2004/89 문제가 없음.
- 박철수(기독교영성본부)-2002/87 연장연구. 2004/89 더 이상 문제 삼지 않음.

1. 현재의 이단 종파 현황

분류	번호	교주명	명칭	신앙적 문제점	발생시기
문선명 집단 계통	1	문선명	세계평화통일가정연합	재림주, 혼음, 문선명왕국	1954. 5. 1.
	2	정명석	기독교복음선교회	M. S. 메시야	1980. 2.
	3	진성화	생령교회	참메시야	1960.
	4	박윤식	평강제일교회	생령, 아버지	1962.11.10.
	5	이창환	우주신령학회	성경해석	
	6	변찬린	성경의 원리파	성경해석	
	7	김건남	생수교회	생수	
	8	장영창	구세영우회	영통	
	9	장문국	통일원리파	새진리	
박태선 집단 계통	10	박태선	한국천부교	동방의인, 신앙촌	1955. 7. 1.
	11	조희성	영생교승리제단	재림주	1981.10.10.
	12	이영수	한국기독교에덴성회	재림주	1973.11.17.
	13	김종규	대한기독교이삭교회	재림주	
	14	유재열	대한기독교장막성전	재림주	1966. 4. 4.
	15	구인회	천국복음전도회	재림주	1972.
	16	김풍일	새빛등대중앙교회	재림주	1979. 9.
	17	이만희	대한예수교신천지교회	무료기독신학	1980. 3.14.
	18	이현석	한국기독교승리제단	재림주	1980.
	19	노광공	기독교대한개혁장노회	재림주	1954.
	20	김순린	한국중앙교회	재림주	

현재의 이단 종파 현황(계속)

분류	번호	교주명	명 칭	신앙적 문제점	발생시기
박태선 집단 계통	21	천옥찬	대한기독교천도관	재림주	1974. 5. 19.
	22	계정렬	산성기도원	재림주	1960. 5. 11.
	23	장영실	백마십자군	백마	
	24	최규원	천사마귀교	천사	
	25	최총일	하나님의 장막	재림주	1979.
이유성 계통	26	이유성	여호와새일교	말일복음	1964.
	27	유진광	신탄새일교	말일복음	
	28	김화복	서울중앙교회	말일복음	1960년대
	29	김인선	스룹바벨	말일복음	1971.
김기동 계통	30	김기동	21세기선교서울성락교회	마귀론	1962. 3. 28.
	31	한만영	그레이스 아카데미	마귀론	1984. 10. 7.
	32	이초석	예수중심교회	마귀론, 성령론	1989.
	33	이명범	레마성서연구원	마귀론, 레마	1981. 7. 20.
	34	이태화	산해원부활의교회	마귀론	1995. 6. 25.
권신찬 계통	35	권신찬	기독교복음침례회	구원	1961. 4.
	36	박옥수	대한예수교침례회 기쁜 소식 선교회	구원	1983.
	37	이요한	대한예수교침례회 서울중앙교회	구원	1983.
	38	김갑택	샛별남원교회	구원	1988. 2.
토요일 계통	39	안상홍	하나님의교회 세계복음선교협회	성령 하나님	1964. 4. 28.
	40	박명호	한국농촌복구회	엘리야	1981. 1.

현재의 이단 종파 현황(계속)

분류	번호	교주명	명 칭	신앙적 문제점	발생시기
시한부 종말 계통	41	이장림	새하늘교회(다미선교회)	1992년 휴거	1988.
	42	권미나	성화선교교회	시한부종말	
	43	하방익	사자교회(다베라선교회)	시한부종말	1993.
	44	전양금	다니엘선교교회	시한부종말	
	45	이재구	시온교회	시한부종말	
	46	오덕임	대방주교회	시한부종말	
	47	유복종	혜성교회	시한부종말	
	48	임순옥	중앙예루살렘교회	직통계시	
	49	공명길	성령쇄신봉사회	시한부종말	
	50	이현석	한국기독교승리제단	시한부종말	
	51	공용복	종말복음연구회	시한부종말	
	52	양도천	세계일가공회	영약, 재림장소	1964. 10.
	53	김성복	일월산기도원	직통계시	1966. 8.
기 타	54	원인종	예루살렘교회	직통계시	
	55	이선아	세계추수꾼훈련원	직통계시	1978.
	56	김은혜	영복기도원	직통계시	
	57	원경수	천국중앙교회	직통계시	
	58	김기업	혜성교회	직통계시	
	59	김민석	만교통화교 (에덴문화연구원)	직통계시	1974. 3. 14.
	60	김백문	이스라엘 총회	대제사장	1953.

현재의 이단 종파 현황(계속)

분류	번호	교주명	명 칭	신앙적 문제점	발생시기
기 타	61	나운몽	대한예수교오순절성결회	성경해석	1940. 6. 13.
	62	김용기	호생기도원	직통계시	1964. 1. 4.
	63	이교부	주현교회	나체춤	1969. 8.
	64	김계화	할렐루야기도원	신유은사	1981. 2. 21.
	65	류광수	세계복음화 다락방전도협회	다락방전도	1988.
	66	김기순	아가동산	아가동산	1980.
	67	박무수	부산제일교회	4단계 회개	1985. 7.
	68	정보화	대구밀알기도원	신유은사	
	69	김동열	그리스도님의교회	보내신 자	
	70	박동기	시온산성일제국	재림주	1944. 4.
	71	방수원	세계종교연합법황청	법황	
	72	강제헌	광야교회	세례요한	
	73	박인선	에덴수도원	시한부종말	
	74	안영숙	삼광수도원	도피성	1968.
	75	김동현	영생천국본부	영생	
	76	박연룡	그리스도 구원선신생원	구원	
	77	신상철	조선기독교회	교회	1918. 12. 6.
	78	이현래	대구교회	구원	
	79	임택순	아델포스 성경원어연구원	성경	
	80	이송오	말씀보존학회	성경	1992. 4.

현재의 이단 종파 현황(계속)

분류	번호	교주명	명 칭	신앙적 문제점	발생시기
기 타	81	한정애	시해선교회	직통계시	
	82	김광신	은혜교회	마귀론	
	83	예태해	미국엠마오선교교회	성령론	1989. 3.
	84	이옥란	감림산 기도원	시한부종말론	1980년대.
	85	황판금	대복기도원	시한부종말론	1990년대초
	86	이옥희	소원의항구기도원	시한부종말론	
	87	선신유	에스겔교회	신유	
	88	김옥순	광복교회	직통계시	
	89	안병오	마라나타선교교회	직통계시	
	90	정용근	서울 그리스도교회	직통계시	
	91	김정순	대한예수교복음교회	직통계시	
	92	소계희	서초제일교회	직통계시	
	93	엄명숙	명인교회	직통계시	1989. 7.
	94	김바울	강북제일교회	직통계시	
	95	장수진	한빛대학생선교회	직통계시	
	96	정보화	대구밀알기도원	직통계시	
	97	이양원	에덴공동체	직통계시	
	98	박철수	새생활영성훈련원, 아시아교회	교회론	1997.
	99	이유빈	예수전도협회	죄자백	
국외	100	화이트	안식일예수재림교회	1884년 그리스도의 재림	1844년.

현재의 이단 종파 현황(계속)

분류	번호	교주명	명 칭	신앙적 문제점	발생시기
국 외 계 통	101	에디부인	크리스챤 싸이언스	신유은사	1879년.
	102	요섭 스미스	예수 그리스도 후기 성도 교회	몰몬경, 백인주의	1830년
	103	럿셀	여호와의 증인	1914년 그리스도의 재림	1844년.
	104	스웨덴 벌그	새예루살렘교회	천국	
	105	조지폭스	퀘이커교	무교회주의	1647년.
	106	바하올라	한국바하이전국정신회	인류의 통합, 하나의 종교	
	107	마하 라이지	신빛집단	우주의 구세주	
	108	애플 화이트	천국의 문	자살, 광적 신비주의	
	109	필모레	기독교단일파	신유은사	
	110	알 에머슨	유니테리안	일위론(一位論)	
	111	요한 폭스	강신술	영매(靈媒)	1848년.
	112	워치만 리	지방교회	교회론	1920년대.
	113	존 윔버	빈야드 운동	광적 신비주의	1977년.
	114	엘리스 베일리	뉴에이지 운동	환상예술	1910년대.
	115	에디르 마세도	하나님의 왕국교회	영약과 영생	
	116	테드 파트리크	이단감별집단	테러, 폭행, 치사	

※ '한국기독교이단종파연구소'가 1998년 6월 발표함.
※ 정행업, 『한국교회사에 나타난 이단논쟁』, 한국장로교출판사, 1999, pp.69~72인용, 발생시기와 일부 명단은 저자가 추가함.

2. 한국 주요 교단의 이단 판정표
(1) 대한예수교장로회 고신

단 체 명	연도/회기	결의 / 연구 내용
·지방교회, 구원파, 다미선교회, 대방주교회, 애천교회	1991년/41회	·이단.
·김기동, 이초석, 이태화(부활의 교회)	1991년/41회	·이단.
·김계화(할렐루야기도원)	1991년/41회	·불건전한 기도원/경계하고 교인들의 참석 삼가.
·레마선교회	1992년/42회	·불건전한 단체/교회의 분리 및 불협화음이 일어날 소지가 있으므로 교회와 교역자는 관계금지.
·뜨레스디아스	1992년/42회	·불건전/연구결과 있을 때까지 관계 금지.
·벧엘기도원(나충자)	1994년/44회	·불건전 기도원/교역자 기도 및 설교 금지, 교인 출입삼가.
·빈야드운동	1996년/46회	·교회와 성도 참여금지.
·류광수 다락방운동	1994년/44회 1995년/45회 1997년/47회	·강단교류금지 ·관계금지/이단적 성격을 띤 불건전한 운동/신대원 교수들에게 연구 위임, 관련자 권징.
·박용기(장안중앙교회)	2000년/50회 ~ 2003년/53회	·연구보고 ·출입삼가 ·집회참석, 저서, 성경공부 참여금지
·감림산기도원(이옥란)	2002년/52회 2003년/53회 2008년/58회	·출입삼가 ·참여금지/해제유보
·연세중앙교회(윤석전)	2002년/52회	·예의주시
·이유빈(예수전도협회) 최온유(화정복된교회)	2003년/53회 2004년/54회	·출입삼가, 집회참여금지
·신천지증거장막성전(이만희)	2005년/55회	·이단
·전태식(진주초대교회)	2006년/56회	·교역자/성도참여금지
·주종철(새생명영성훈련원, 주안교회)	2006년/56회	·양태론적 삼위일체론의 이단성이 있음.
·빈야드운동 신사도적 운동	2007년/57회	·참여금지, 불건전운동
·예수왕권선교회(심재웅)	2008년/58회	·극단주의적 신비주의, 참여금지
·큰믿음교회(변승우)	2008년/58회	·신앙사상이 불건전하므로 산하교회에 주의 요청함
·강병국(생애의 빛)	2009년/59회	·이단성(극히 위험한 주장임)
·몰몬교, 여호와의 증인, 안식교, 문선명, 안상홍증인회, 이초석, 이현래, 스웨덴보리	2009년/59회	·한기총『이단사이비 종합연구자료Ⅱ』의 연구보고서와 규정을 받아서 모두 이단으로 규정함.

(2)대한예수교장로회 합동

단체명	연도/회기	결의 / 연구 내용
• 안식교	1915년/4회	• 면직 제명/ 안식교 교리가 옳다 하거나 그 교회로 가면 치리.
• 이용도, 백남주, 한준명, 이호빈	1933년/22회	• 이단/각 노회에 통첩하여 주의시킴.
• 나운몽(용문산 기도원)	1955년/40회	• 이단/장로교 신경에 맞지 않음.
	1956년/41회	• 이단/강단에 세우는 것 엄금, 집회에 교인 참석 금지.
• 박태선(전도관, 현 천부교)	1956년/41회	• 이단/비성경적이요, 본 장로교 교리와 신조에 위반됨.
• 동방교(노광공, 염애경)	1956년/41회	• 이단/강단에 세울 수 없고 집회 참석도 금지.
• 김화복, 박덕종, 양춘식	1969년/54회	• 집회참석금지
• 문선명(통일교)	1983년/68회	• 호칭문제/문선명 혹은 문집단으로.
	1984년/69회	• 불매운동/문선명 집단에서 생산하는 물품 불매 운동.
• 김기동(베뢰아)	1987년/74회	• 근본적으로 이단임.
	1991년/76회	• 김기동/이단, 베뢰아/이단집단/신학적인 연구, 기독신보(현, 기독신문)에 발표.
	1996년/81회	• 이단 재확인함. • 이재록, 이흥선, 홍재철, 유복종, 안성억 등의 이단성 및 이단 연루 사실을 확인함.
• 이장림(다미선교회)	1991년/76회	• 이단
• 예태해(미국엠마오선교교회)	1991년/76회	• 신학이 문제가 있음. 신학부에서 조사하여 보고.
	1994년/79회	• 불건전 신비주의 및 이단성의 문제가 있으므로 강단교류 금지, 일체의 교제 금지.
• 뜨레스디아스	1993년/78회	• 엄히 경계하여 제지하도록 함.
	2006년/91회	• 78회 결의를 재확인하며 참가를 제지하여 금함.

대한예수교장로회 합동(계속)

단 체 명	연도/회기	결의 / 연구 내용
·신천지교회(이만희)	1994년/79회	·5인 위원회 조직.
	1995년/80회	·일고의 신학적 신앙적으로 가치가 없는 집단.
	2007년/92회	·유래를 찾기 어려운 무서운 이단임. 모든 교회가 최선을 다하여 대처하여야 함.
·할렐루야기도원(김계화)	1991년/76회	·기도원 생수와 신유능력 건은 비성경적임.
	1996년/81회	·이단성. 총회산하 교회 성도들의 기도원 출입을 금지함.
·다락방(류광수)	1996년/81회	·이단으로 규정하고 관련자 노회별로 시벌함.
·평강제일교회(박윤식)	1996년/81회	·이단성이 있음.
	2005년/90회	·총신대 교수 일동의 '평강제일 박윤식 연구보고서'를 채택, 명백한 이단임을 다시 확인함.
·빈야드 운동	1997년/82회	·참여자 또는 동조자는 징계.
·이송오(말씀보존학회)	1998년/83회	·이단.
·이유빈(예수전도협회)	1999년/84회	·참여금지.
·박철수(새생활영성훈련원)	2000년/85회	·연구조사.
	2001년/86회	·교단관계금지, 회기 연장하여 관찰함.
	2002년/87회	·교류금지.
·예장합동혁신총회, 남서울신학교	2002년/87회	·이단성이 있는 단체로 규정함.
·박주형(새벧엘교회)	2002년/87회	·강단교류금지, 신비주의, 주관적 성경해석.
·강은숙(세계신유복음선교회)	2003년/88회	·한 회기 주시관찰함.
·심재웅(예수왕권세계선교회)	2005년/90회	·사이비성과 이단성이 농후함으로 계속주시, 강의와 예배참석금지.
·전태식(진주초대교회)	2005년/90회	·교류 및 집회참석금지
·크리스챤신문	2005년/90회	이단옹호언론
·알파코스, G12	2008년/93회	·사용 극히 주의, 이단성이 있음.
·심상용 (월드크리스챤성경학연구소)	2008년/93회	·엄히 경계.
·정명석, 안상홍, 구원파	2008년/93회	·이단 재확인.
·변승우(큰믿음교회)	2009년/94회	·개혁주의 입장에서 엄히 경계, 집회참석 금지.
·손기철(왕의 기도)	2011년/96회	·교류 삼가, 집회 참석 금지.

(3) 대한예수교장로회 통합

단 체 명	연도/회기	결의 / 연구 내용
・문선명 (세계평화통일가정연합)	1971년/56회 1975년/60회 1976년/61회 1979년/64회 1988년/73회 1989년/74회	・사이비 종교/ 전통적인 신학사상과는 극단적으로 다름. ・가입금지/ 관련 신문, 잡지에 투고 금지. ・교단 화합, 교회 사명에 장애를 줌, 단호히 경고. ・기독교를 가장한 사이비 종교 집단임. ・문선명 집단 관련 제품 조사하여 불매 운동 전개. ・통일교와 관련자 철저히 조사 색출하여 치리.
・권신찬 (구원파, 기독교복음침례회)	1974년/59회 1983년/68회 1992년/77회	・제명, 강단 집회 금지/본 장로회와는 신앙이 맞지 않음. ・참된 복음 운동에 광신적 혼미 가져올 우려 농후. ・깨달음 구원 회개, 죄인문제 시한부적 종말론.
・소천섭 (구원파, 기독교복음침례회)	1974년/59회	・제명, 강단 집회 금지/본 장로회와는 신앙이 맞지 않음.
・김기동 (21세기선교 서울성락교회)	1987년/72회 1988년/73회 1990년/75회 1992년/77회 1994년/80회	・지침서 발행/교계 혼란 초래. ・참석금지/신학적 목회적 문제점 있음. ・집회 금지/김기동식 축사 금지, 김기동 및 유사 집회 금지. ・신론, 기독론, 계시론, 창조론, 인간론, 사탄론. ・교계언론의 이단시비 재연에 대한 대책 촉구.
・이선아(밤빌리아추수꾼)	1990년/75회	・이단/영성치료로 인간이 온전하게 된다고 주장.
・박윤식(평강제일교회)	1991년/76회	・이단/기독론, 타락관, 계시관, 창조론.
・박명호(엘리야복음선교원)	1991년/76회	・이단/안식교 계열, 이신득의 진리거부, 인간이 신이 된다는 교리.
・이장림(다미선교회)	1991년/76회	・이단/구원론, 계시론, 교회론, 종말론.
・이초석(한국예루살렘교회)	1991년/76회	・이단/김기동 계열, 성서론, 신론, 창조론, 인간론, 기독론, 구원론, 귀신론.
・윗트니스 리 (지방교회, 한국복음서원)	1991년/76회	・이단/신론, 기독론, 인간론, 교회론(연구보고서는 77회).
	2006년/91회	・재심 청구했으나 서류미비로 반려함.
・이명범(레마선교회)	1992년/77회	・이단/김기동 계열, 삼위일체, 창조론, 인간관, 성경관, 극단적 신비주의.

대한예수교장로회 통합(계속)

단 체 명	연도/회기	결의 / 연구 내용
• 이요한, 박옥수 (구원파, 대한예수교침례회)	1992년/77회	• 이단/권신찬 계열, 깨달음 구원, 회개, 죄인문제.
• 김한식(한사랑선교회)	1993년/78회	• 재정 및 협력금지/선교회인지 교회인지 진로가 불투명함.
• 서달석 (강서중앙교회, 서울중앙침례교회)	1993년/78회	• 이단/구원관(구원파와 같음) 종말론 교회의식 절기.
• 김계화(할렐루야기도원)	1993년/78회	• 비성경, 비기독교적/성령수술 생수치료 계시론.
• 황판금(대복기도원)	1993년/78회	• 사이비 집단/기복적 무속적 형태의 방언 영서 예언 직통계시.
• 이옥희(소원의 항구 기도원)	1993년/78회	• 비성경적/방언과 통역을 통한 예언, 눈을 찌르는 안수.
	2004년/89회	• 더 이상 문제 삼지 않기로 함.
• 이만희(신천지중거장막성전)	1994년/80회	• 이단/계시론 신론 기독론 구원론 종말론.
• 뜨레스디아스	1994년/80회	• 목회자 추천 받도록/카톨릭적 요소 인위적 요소 파당형성 이단이 활용.
• 이단옹호 언론	1994년/80회	• 이단옹호 언론/기독저널, 들소리신문, 주일신문, 교회연합신문, 교회와 이단.
	2005년/90회	• 들소리신문-이단옹호 언론해제.
• 빈야드 운동	1995년/81회	• 도입금지, 참여 삼가/성령론, 특이 현상의 비성경적, 무질서한 예배.
• 류광수(다락방전도운동)	1995년/81회	• 사이비성/마귀론, 기성교회 부정적 비판, 다락방식 영접.
• 안식교	1995년/81회	• 이단/구원론, 안식일, 계시론, 영혼멸절, 영원지옥 부재 등. 1915년/4회에도 규정함
• 이재록(만민중앙교회)	1999년/85회	• 이단.
• 박무수(부산제일교회)	1999년/85회	• 사이비성.
• 예태해(미국엠마오선교교회)	1999년/85회	• 예의주시.
	2004년/89회	• 예의주시 철회함.
• 이유빈(예수전도협회)	2000년/85회	• 목회자나 신도들 참석금지.
• 엄명숙(명인교회)	2000년/85회	• 이단.
• 박영균 (말씀권능복음선교회)	2001년/86회	• 비성경적이며 사이비적임.
	2005년/90회	• 더 이상 문제 삼지 않도록 함.
• 안상홍(하나님의교회 세계복음선교협회)	2001년/86회	• 비성경적이고 반기독교적인 이단.
	2011년/96회	• 이단 재 규정함.
• 이송오(말씀보존학회)	2001년/86회	• 반기독교적임.
• 뜨레스디아스	2001년/86회	• 담임목사의 추천을 받고 참가.

대한예수교장로회 통합(계속)

단 체 명	연도/회기	결의 / 연구 내용
· 정명석(기독교복음선교회)	2001년/86회 2002년/87회	· 성경관, 교회관, 기독론, 삼위일체론, 부활론, 재림론 등 전 분야에 걸쳐서 반기독교적인 이단임.
· 최삼경(삼신론)	2001년/86회	· 성경을 부정하는 이단적 주장임.
	2004년/89회	· 문제가 없음. · 2012년/97회-이단 아님.
· 원세호(기독교이단사이비연구대책협의회)	2001년/86회	· 비성경적이며 이단적인 주장임.
· 박철수(기독교영성본부)	2002년/87회	· 면밀한 검토를 위하여 연장 연구를 결정함.
	2004년/89회	· 더 이상 문제 삼지 않기로 함.
	2010년/95회	· 참석 엄히 금지.
· 크리스챤신문	2005년/90회	· 이단을 옹호하는 글과 광고 게재.
	2009년/94회	· 재심 요청 기각함.
· 곽성률(서울평강교회)	2005년/90회	· 비성경적이며 이단 사이비임.
· 심재웅(예수왕권세계선교회)	2005년/90회	· 이단성과 사이비성이 농후함, 집회와 강의참석 금지.
· 김민호(열방교회)	2006년/91회	· 비성서적 치유사역과 투시능력의 과시와 위협, 귀신신앙과 의료행위 거부는 사이비성이 있으므로 교류나 참여금지.
· 이윤호(가계저주론)	2006년/91회	· 성서의 가르침과 교회의 신앙과 신학에 위배됨이 현저하고 사이비성이 농후함.
	2007년/92회	· 재심 요청 기각함.
· 우희호(마음수련)	2007년/92회	· 참여금지.
· 박용기(장안중앙교회)	2007년/92회	· 이단성.
· 장길섭(하나님의 비밀을 간직한 사람들)	2008년/93회	· 참석, 교류, 후원금지.
· 전태식(진주초대교회)	2009년/94회	· 참여자제, 주시.
· 알파코스, 셀, D12, G12	2009년/94회	· 엄격배제
· 변승우(큰믿음교회)	2009년/94회	· 비성경적 기독교 이단, 참여금지.
· 기독교초교파신문(올댓뉴스, 천지일보), 크리스챤신문, 세계복음화신문, 크리스챤투데이, 교회연합신문	2009년/94회	· 구독, 기고, 광고금지.
· 장재형(예장 합동복음 전총회장/ 한국 〈크리스천 투데이〉 설립자)	2009년/94회	· 예의주시, 경계.
· 김풍일(실로등대중앙교회)	2009년/94회	· 신천지 이만희 사상과 유사한 이단사상임. · 회개하겠다고 했으나 그 결과는 더 지켜보아야 할 것임.
· 이영수(에덴성회)	2011년/96회	· 이단으로 정죄함.
· 인터콥(대표 최바울)	2011년/96회	· 예의주시, 참여자제.
· 주종철(주안교회)	2012년/97회	· 이단성 농후.

(4) 대한예수교장로회 합신

단체명	연도/회기	결의 / 연구 내용
· 몰몬교	1995년/80회	· 이단(삼위일체, 예수의 신성, 대속, 지옥부인).
· 이유빈(예수전도협회)	2000년/85회	· 참여금지(죄공개 자백 등 성경해석과 신학에 중대한 오류).
· 윤석전(연세중앙교회)	2000년/85회	· 이단 내지 이단성 짙은 주장, 관계금지(성령론, 예지예정론, 기독론, 지나친 권위주의적인 목회관에 있어 성경의 주된 내용과 다름).
	2003년/88회	· 조건부 이단 해제함.
· 이재록(만민중앙성결교회)	2000년/85회	· 이단.
· 박철수(새생활영성훈련원)	2001년/86회	· 위험한 신비주의, 참석금지(성령상담, 영서, 인간론, 구원론, 성경해석, 귀신론에 있어 위험한 사상운동을 하는 자임).
· 이윤호(가계저주론, 꿈의 축제교회)	2001년/86회	· 위험한 사상.
· 안상홍(하나님의교회 세계복음선교협회)	2003년/88회	· 이단.
· 이만희 (신천지예수교증거장막성전)	2003년/88회	· 이단.
· 심재웅(예수왕권세계선교회)	2006년/91회	· 교류 및 참여금지(성경왜곡, 주관적 신앙체험 일반화, 기성교회 부정, 교주우상화).
· 유복종(유자현, 녹산교회)	2007년/92회	· 교류 및 참여금지(이중아담론, 시한부종말론, 자의적 성경해석, 녹산교회에만 구원이 있다는 주장).
· 이승헌(홍익문화운동연합회, 단월드, 단학)	2007년/92회	· 참여금지(기<氣>관련프로그램-유사종교성이 있음).
	2008년/93회	· 사이비 단체.
· 알파코스	2008년/93회	· 예의주시.
	2009년/94회	· 참여금지.
· 조현주(성경100독사관학교)	2008년/93회	· 이단(신천지 이단에 준함).
· 이흥선 (전 기독교평론신문 발행인)	2008년/93회	· 이단.
· 장재형(예장 합동복음 전총회장/ 한국 <크리스천 투데이> 설립자)	2009년/94회	· 이단요소에 있어서 극히 경계, 교류금지.
· 오성삼(한우리교회)	2009년/94회	· 이단성(참여금지 및 교류금지).
· 김용두(인천 주님의 교회)	2009년/94회	· 이단(2009년 4월 13일 예장 대신측 인천노회에서 이단행위로 제명 처분).
· 변승우(큰믿음교회)	2009년/94회	· 이단성(참여금지 및 교류금지).
· 신사도개혁운동 (New Apostolic Reformed Church)	2009년/94회	· 참여금지 및 교류금지.

(5) 기독교대한성결교회

단체명	연도/회기	결의 / 연구 내용
・문선명 (통일교)	1982년/37회	・불매운동/제조판매 품목 공개하여 교단적으로 불매 운동 전개.
・구원파	1985년/40회	・이단 사이비집단.
・밤빌리아추수꾼 (박영규, 이선아)	1987년/42회	・사이비성이 있는 집단.
	1991년/46회	・이단 사이비 집단.
・새벽종말론연구회	1988년/43회	・사이비성이 있는 집단/전국교회에 연루되지 않도록 계몽.
・박윤식 (평강제일교회)	1989년/44회	・연구시작.
・이초석(예수중심교회)	1994년/49회	・이단 사이비 집단.
・이명범(레마선교회)	1995년/50회	・이단성 책자 발간.
・류광수(다락방)	1997년/52회	・사이비운동/집회참석 책자사용 가담자는 교단 특별법 따라 엄중 처벌.
・빈야드 운동	1998년/53회	・사이비성 있음/전국교회 경계공문 발송.
・박무수 4단계회개론	1999년/54회	・이단.
・이만희(무료성경신학원)	1999년/54회	・이단
・이유빈(예수전도협회)	1999년/54회	・경계해야 할 집단.
・심재웅(예수왕권세계선교회)	2006년/61회	・성경왜곡과 교주신격화로 이단성이 있다고 규정함.
・알파코스	2009년/64회	・복음적이나 가계치유는 경계.

(6) 한국기독교 총 연합회 - 2010년 기준 / 한국교회 연합

단 체 명	결의 / 연구 내용
·구원파/기독교복음침례회 (권신찬,유병언),대한예수교침례회, (이요한, 박옥수)	·성경의 가르침에 위배되는 명백한 이단임.
·할렐루야기도원(김계화)	·성령수술과 생수치료는 성경적으로나 교회사적으로 지지 받을 수 없는 이단 사상임(2000년).
·21세기선교서울성락교회 (김기동)	·신론, 기독론, 계시론, 창조론, 인간론, 사탄론 등 모든 곳에 비성경적인 요소를 광범위하게 드러내는 무서운 이단임.
·대한예수교오순절성결회 (나운몽)	·성경해석이 편향적이고 주관적, 비역사적이며 알레고리칼(Allegorical)하며 가르침은 혼합주의적으로 명백한 이단임.
·뜨레스디아스	·프로그램을 운영하는 단체와 교회의 성격과 내용을 신중하게 연구하고 분석하여 반드시 담임목사의 추천으로 참여해야 함.
·세계복음화다락방선교회 (류광수)	·예장 고신, 예장 고려, 예장 통합의 참여금지 지지함.
·몰몬교	·이단.
·세계평화통일가정연합(문선명)	·이단.
·한국농촌복구회(박명호)	·이단.
·부산제일교회(박무수)	·비성경적이고 사이비적인 요소가 많음으로 그의 주장을 경계심을 갖고 관찰, 교인들에게 현혹되지 않도록 지도 요함.
·평강제일교회(박윤식)	·기독론, 타락관, 계시관, 창조론 등 각 측면에서 이단성이 명백함.
·빈야드운동	·성령과 그 사역의 이해가 편파적이고 무질서한 예배로 바람직하지 않음. 빈야드 도입 자제와 참가를 삼가야 함.
·새일파(여호와새일교단, 스룹바벨선교회)	·비기독교적인 주장임.
·시한부 종말론(이장림 등)	·구원론, 계시론, 교회론, 종말론 등에서 이단성이 명백히 밝혀짐.
·안상홍증인회 하나님의교회	·성경적으로 비판할 가치조차 없는 이단임(2000년).
·제칠일안식일예수재림교회	·비성경적 교리를 주장하는 이단임.
·여호와의 증인	·이단.
·미국엠마오선교교회(예태해)	·영지주의적인 비성경적인 주장임.
·신천지교회(이만희)	·대부분의 교리가 도저히 기독교적이라고 볼 수 없는 이단.
·레마성서연구원(이명범)	·극단적인 신비주의 형태의 이단.
·말씀보존학회(이송오)	·단호한 대처.
·예수전도협회(이유빈)	·목회자나 신도들의 참석금지.
·만민중앙교회(이재록)	·극단적인 신비주의 형태의 무서운 이단(1999년).
·예수중심교회(이초석)	·신비적 열광주의와 극단적 주관주의를 바탕으로 물질적인 축복과 귀신축출을 강조함. 기존 교회 교인들을 미혹시켜 교회의 혼란을 초래하는 이단임.

한국기독교총연합회 / 한국교회연합(계속)

단체명 및 개인	결의 / 연구 내용
· 기독교복음선교회(정명석)	· 성경관, 교회관, 기독론, 삼위일체론, 부활론, 재림론 등 전 분야에 걸쳐서 반기독교적인 이단임.
· 영생교(조희성)	· 일고의 가치가 없는 이단임.
· 지방교회	· 한국교회의 많은 이단을 낳게 하는(김기동, 권신찬, 이명범 등) 모태가 되는 명백한 이단임.
· 이흥선 (전, 기독교평론신문 발행인)	· 이단옹호 책자 발간 보급에 관여, 한국교회 주요 교단들로부터 규정된 이단들을 옹호함. 이에 따라 한기총은 그가 이단사상을 가지고 있는 것으로 판단하여(2007년, 제18-2차 실행위원회), 이단으로 규정함.
· 서울평강교회(곽성률)	· 이단(2005년 11월 25일).
· 대구교회(이현래)	· 이단(2005년 11월 25일).
· 월드크리스챤성경학연구소 (심상용)	· 반기독교적 인사(2001년).
· 크리스챤신문	· 이단옹호언론(2003년).

< 한국기독교 총 연합회 / 한국교회 연합 소속교단 및 단체 >

※ www.cck.or.kr.-2012.11.1.현재 / ※ www.ccik.kr.-2012.11.1.현재

한국기독교총연합회	소속교단 74개	대한예수교장로회 총회(합동), 기독교대한성결교회 총회, 기독교한국 침례회 총회, 대한예수교장로회 총회(고신), 대한예수교장로회 총회(개혁-1), 대한예수교장로회 총회(개혁-2), 대한예수교장로회 총회(합동보수A), 대한예수교장로회(합동보수 망원측), 대한예수교장로회 총회(합동 보수 보수), 대한예수교장로회 총회(합보), 대한예수교장로회 총회(대신), 예수교대한성결교회 총회, 기독교대한하나님의성회 총회, 기독교대한하나님의성회(여의도순복음) 총회, 대한예수교장로회 총회(호헌A), 대한예수교장로회 총회(호헌B), 대한예수교장로회(국제합동)총회, 대한예수교장로회 총회(합동복음), 대한예수교장로회 총회(보수개혁), 대한예수교장로회 총회(개혁국제), 대한예수교장로회 총회(고려), 대한예수교장로회 총회(개혁합동), 대한예수교장로회 총회(성합측), 대한예수교장로회 총회(합동중앙), 대한예수교장로회 총회(성장), 대한예수교장로회 총회(중앙), 대한예수교장로회 총회(회측), 대한예수교장로회 총회(합동복구), 대한예수교장로회 총회(보수), 대한예수교복음교회 총회, 대한예수교장로회 총회(근본), 기독교한국루터회 총회, 대한예수교장로회 총회(합동진리), 대한예수교장로회 총회(개혁정통), 대한예수교장로회 총회(개혁정통), 대한예수교장로회 총회(합동개신), 기독교대한감리회 총회(연합), 대한예수교장로회 총회(진리), 대한예수교장로회 총회(보수합동), 대한예수교장로회 총회(합동보B), 대한예수교장로회 총회(예장), 그리스도의교회협의회 총회, 대한예수교장로회 총회(합동연합), 대한예수교장로회 총회(선교), 대한예수교장로회 총회(브니엘), 대한예수교장로회 총회(웨신), 그리스도의교회교역자협의회 총회, 대한예수교장로회 총회(합동동신), 대한예수교장로회개혁 총회, 대한예수교장로회 총회(합동총신측), 대한예수교장로회 피어선 총회(평택측), 대한예수교장로회 총회(고려개혁), 대한예수교장로회 총회(합동한신), 기독교대한하나님의성회 총회(순복음), 대한예수교장로회총회(개혁진리), 대한예수교장로회 총회(합동보수C), 대한예수교장로회 총회(합동선목), 대한예수교장로회 총회 (합동개혁B), 대한예수교장로회 총회(개혁예음), 대한예수교장로회 합동개혁 총회, 대한예수교장로회 연합 총회, 대한예수교장로회 총회(정통보수), 대한예수교장로회 피어선 총회(오류동측), 대한예수교장로회 총회(합동총신), 대한예수교장로회(총회 합동개혁), 대한예수교장로회 총회(합동장신), 대한예수교장로회 총회(국제연합), 대한예수교장로회 합동총회
	단체	한국장로회 총연합회, 사)한국기독교실업인회, 한국기독교교회청년회의, 한국기독교여성협의회, 사)한국기독교직장선교연합회, 사)한국외항 선교회, 한국복음주의협의회, 사) 한국세계선교협의회, 한국대학생선교회, CTS기독교TV, 사)세선회, 한국시각장애인기독교연합회, 사)세계태권도선교협회, 한국기독교평신도세계협의회, 사)북한어린이돕기국민운동협의회, 인터콥 선교회, 사)대한예수교장로회연합회.-19개 단체
한국교회연합	소속교단 28개	대한예수교장로회 총회(통합), 기독교한국침례회 총회, 대한예수교장로회 총회(고신), 대한예수교장로회 총회(개혁A), 대한예수교장로회 총회(개혁B), 대한예수교장로회 총회(개혁C), 대한예수교장로회 총회(대신), 예수교대한성결교회 총회, 기독교대한하나님의 성회 총회, 기독교대한하나님의성회 (여의도순복음)총회, 대한예수교장로회 총회(합신), 대한예수교장로회 총회(보수개혁), 대한기독교나사렛성결 총회, 대한예수교장로회 총회(개혁동), 대한예수교장로회 총회(총회측), 대한예수교장로회 총회(합동복구), 대한예수교복음교회 총회, 대한예수교장로회 총회(연합), 대한예수교장로회 총회(백석), 대한예수교장로회 총회(개혁선교), 대한예수교장로회 총회(진리), 대한예수교장로회 총회(합동보수B), 대한예수교장로회 총회(한영), 대한예수교장로회 총회(합동개혁A), 대한예수교장로회 총회 (합동선목), 예수교장로회 총회(정통보수), 예수교장로회 총회(피어선).
	단체	한국교회평신도단체협의회, 한국기독교교회청년협의회, 사)한국기독교직장선교연합회, 사)한국외항 선교회, 한국복음주의 협의회, 한국시각장애인기독교연합회, 기독시민운동중앙협의회, 사)세계태권도선교협회, 한국기독교평신도세계협의회.-9개 단체

(7) 대한예수교장로회 연합회(이단옹호 단체)

단체명	결의 / 연구 내용	주요 정통 교단의 결의 사항
• 21세기선교 서울성락교회 (김기동)	• 이단아님.	• 1987년 기침 총회 이단. 1991년 고신 제41회 총회 이단. 1991년 합동 제76회 총회 이단. 1992년 통합 제77회 총회 이단.
• 새빛등대 중앙교회 (김풍일)	• 중심 교리는 이단적 요소가 없으며 다만 일부 성경 해석이 독특함. 자신의 성경 해석을 절대화하지 말도록 권고함.	• 2009년 통합 제94회 총회 신천지 이만희 사상과 유사한 이단사상임. 회개하겠다고 하나 그 결과는 더 지켜보아야 할 것임.
• 할렐루야기도원 (김계화)	• 이단아님.	• 1991년 고신 제41회 총회 불건전단체. 1993년 통합 제78회 총회 비성경적, 비기독교적이라고 함. 1996년 합동 제81회 총회 이단성 있다고 함. 2000년 한기총 이단.
• 기쁜소식선교회, 대한예수교침례회 (박옥수)	• 이단아님.	• 1985년 기성 제40회 총회 이단으로 사이비 집단이라고 함. 1991년 고신 제41회 총회 이단. 1992년 통합 제77회 총회 이단. 2008 합동 93회 총회 이단.
• 대한예수교 오순절성결회 (나운몽)	• 이단.	• 1991년 고신 제41회 총회 이단. 1992년 통합 제77회 총회 이단.
• 대한예수교침례회 (이요한)	• 이단아님.	• 1985년 기성 제40회 총회 이단으로 사이비 집단이라고 함. 1991년 고신 제41회 총회 이단. 1992년 통합 제77회 총회 이단. 2008 합동 93회 총회 이단.
• 세계복음화 다락방전도협회 (류광수)	• 이단아님.	• 1995년 45회, 1997년 제47회 고신 총회 이단. 1995년 통합 제81회 사이비성 규정. 1996년 제81회 합동 이단. 1997년 기성 제52회 사이비운동으로 규정. 1998년 기감 제23차 연회 이단. 1997년 기침 이단성 규정.
• 말씀보존학회 (이송오)	• 매우 위험한 신학 사상으로 이단임.	• 1998년 예장 합동 제83회 총회에서 성경침례교단과 함께 이단으로 정죄. 2002년 예장 통합 제87회 총회에서 '이단이며 반기독교적 주장'이라고 정죄함.

대한예수교장로회 연합회(계속)

단체명	결의 / 연구 내용	주요 정통 교단의 결의 사항
· 부산제일교회 (박무수)	· 연구 인물로 규정하여 이단 판별을 보류함.	· 1999년 고신 제49회 총회에서 관계금지. 1999년 기성 제54회 총회에서 이단. 1999년 통합 제84회 총회에서 비성경적, 사이비적이라고 규정함. 2001년 예장 합신 제86회 총회에서 비성경적 사상이라고 규정하고 참여금지를 결정함.
· 평강제일교회 (박윤식)	· 이단아님	· 1991년 통합 제76회 총회에서 이단 정죄함. 1996년 합동 제81회 총회에서 이단성 있다고 함. 2005년 합동 제90회 총회에서 이단재확인.
· 예수전도협회 (이유빈)	· 이단아님.	· 1999년 합동 제84회 총회 참여금지. 1999년 기성 54회 총회 경계집단. 2000년 합신 제85회 참여금지. 2001년 통합 제86회 참여금지. 2004년 고신 제54회 참여금지.
· 만민중앙교회 (이재록)	· 이단아님.	· 1990년 예성 제84회 총회 이단. 1999년 한기총 이단. 1999년 통합 제84회 총회 이단. 2000년 합신 제85회 총회 이단.
· 이대복 (이단연구가)	· 이단성이 있는 매우 위험한 인물임.	
· 예수중심교회 (이초석)	· 이단아님.	· 1991년 고신 제41회 총회 이단. 1991년 통합 제76회 총회 이단. 1994년 기성 제49회 총회 이단.
· 원세호 (기독교이단사이비연구대책협의회)	· 이단성이 있음.	· 2001년 예장 통합 제86회 총회에서 '비성경적이고 이단적인 주장'으로 정죄함.
· 제칠일안식일 예수재림교회	· 이단아님.	· 장로교 1915년 제4회 총회 안식교 교류자는 면직 제명 결정. 1994년 통합 80회 총회 이단.
· 삼신론 (최삼경)	· 신학사상이 이단적이며 최삼경도 이단성이 있음.	· 2001년 예장 통합 제86회 총회 성경을 부정하는 이단적인 주장임(2004년 제89회 총회 문제가 없음).
· 레마성서연구원 (이명범)	· 이단 결정 여부 보류함	· 1992년 예장 고신 제42회 총회는 이명범을 불건전한 단체로 규정함. 1992년 예장 통합 제77회 총회는 '극단적인 신비주의 형태의 이단'으로 정죄함.
· 뜨레스디아스	· 이단적 또는 신학적 의미를 담고 있지 않는 일반적 프로그램으로 오히려 권장함.	· 고신 1992년 제42회 총회 불건전. 통합 1994년 제80회, 2002년 제87회 목회자 추천 받고 참여 권고함.

대한예수교장로회 연합회(계속)

단체명	결의 / 연구 내용	주요 정통 교단의 결의 사항
• 빈야드 운동	• 교리에 문제가 있지는 않으나 예배의 거룩성에 혼란을 야기하고 있음.	• 1996년 예장 고신 제46회 총회에서 참여금지 결의 내림. 1997년 합동 제82회 총회에서 참여자 및 동조자 징계 결의 내림. 1998년 기성 제53회 총회에서 사이비성이 강하다고 판정함.
• 지방교회	• 신학적으로 전혀 문제가 없으며 이단으로 정죄할 수 없음.	• 1991년 고신 제41회 총회 이단. 1991년 예장 통합 제76회 총회 이단.
• 미국엠마오 선교교회 (예태해)	• 신학적으로 문제없으며 이단아님.	• 1994년 합동 제79회 총회 이단성 혐의. 1996년 기장 제81회 총회 단호히 대처. 1999년 통합 제84회 총회 예의주시(2004년 제89회 철회).
• 새생활 영성훈련원, 아시아교회 (박철수)	• 이단시비 운운은 온당치 못하며 보수적이고 건전한 신학사상을 가지고 있음.	• 2000년 예장 합동 제85회 총회는 비성경적인 영성사상이라고 규정하고 교류금지조치를 발표. 2001년 예장 합신 제86회 총회는 위험한 신비주의로 규정하고 참석금지 조치를 발표함. 2002년 예장 통합 제87회 총회는 박철수에 관하여 면밀한 검토를 위하여 연장연구를 결정함(2004년 통합 제89회 총회는 문제 삼지 않기로 함).

※ 대한예수교장로회 연합회의 성격

　1) 120여개의 교단과 9개의 단체의 연합체로 구성되어 있고, 산하 신학교가 84개인 이 단체의 정체성과 순수성이 의심스럽다. 사단법인이라고 하면서 사단법인으로 등록이 안 된 것으로 드러나고 있으며, 거대 단체가 여기에 소속된 교단의 명단을 전혀 밝히지 않고 있고 또한 밝히기를 거부하고 있으며, 『정통과 이단』의 일부의 집필 감수자나 집필위원 등이 이에 관여한 바가 없다고 주장하고 있다(임희국 교수 등). 또한 현재 이 책은 면죄부를 받은 주요 이단의 선전도구 및 전도용으로 활용되고 있어 심각한 우려가 되고 있다.

　2) 『정통과 이단』의 발간의 실무적 총괄책임을 맡은 것으로 알려진 이홍선의 전력이 문제가 되고 있다. 그는 1995년 자신의 주간신문 『기독저널』을 통하여 베뢰아아카데미의 김기동, 안식교 등이 이단이 아니라고 발표했고, 그 사건으로 예장 통합측은 1995년의 80회 총회에서 기독저널을 '이단옹호언론'으로 규정했으며, 자신이 소속된 합동측에서 노회를 탈퇴했으나 제명된 전력이 있다. 1998년에는 '나라일보'라는 소규모 일반 신문을 운영하다가 검찰의 사이비 언론 행위의 일제 단속에 구속되기도 했다(www.newsnjoy.co.kr 참조).

　이홍선은 한국기독교총연합회, 예장 합신 등으로부터 이단사상을 가지고 있는 것으로 판단되어, 이단으로 정죄되었다.

제5부
현대인에게 영향을 미치는 종교·사상

⟨개괄표⟩ · 세계종교의 주요연표

연 대	주 요 내 용
B.C. 1000	· 카스트제도 확립됨(힌두교 성립).
B.C. 604	· 도교(道敎)의 창시자 노자(老子) 출생함(~B.C.570).
B.C. 563	· 불교(佛敎)의 창시자 석가모니(釋迦牟尼) 출생함(~387).
B.C. 540	· 자이나교 창시자 마하라비 출생함(~B.C.468).
B.C. 552	· 유교(儒敎)의 창시자 공자(孔子) 출생함(~B.C.479).
B.C. 425	· 에스라의 율법선포로 현재의 유대교가 성립됨.
B.C. 365	· 장자(壯子) 출생함(~ ?).
B.C. 4경	· 예수 그리스도 탄생함.
A.D. 30	· 예수 그리스도 죽음과 부활, 승천, 제자들의 복음전파.
241	· 마니(Mani,215~277)에 의해서 마니교 발생함.
325	· 니케아 회의. 아리우스 정죄함. 니케아 신경 작성됨.
381	· 콘스탄티노플회의. 아폴리나리우스 정죄함.
431	· 에베소회의. 네스토리우스, 펠라기우스 정죄함.
451	· 칼케톤회의. 유티케스주의 정죄함.
553	· 콘스탄티노플회의. 단성론을 정죄함.
570경	· 마호멧 출생함(~632).
610	· 마호멧 신비한 경험 후에 신앙운동(이슬람교) 시작함.
680–681	· 일의론을 배격함.
787	· 니케아 회의. 성상숭배를 합법이라고 선포함.
927	· 불가리아에서 이원론적 보고밀파 발생함.
1324	· 롤라드파의 창시자 존 위클리프 출생함(~1384).
1123	· 제1차 라테란회의. 성직자 결혼금지. 십자군 면죄부 승인함.
1139	· 제2차 라테란회의. 분열주의 집단을 정죄함.
1179	· 제3차 라테란회의. 카타리파를 정죄함.
1215	· 제4차 라테란회의. 화체설을 표명함. 카타리파와 왈도파를 정죄함.
1311–1312	· 비엔나 회의. 베긴수녀회와 베가르수도회를 정죄함.
1369경	· 후스파의 창시자 존 후스 출생함(~1415).
1414–1418	· 콘스탄스 회의. 존 후스를 재판하여 처형함.
1431–1449	· 바젤회의. 후스파와의 타협을 모색함.
1469	· 시크교 창시자 나아낙 출생함(~1538).
1717	· 프리메이슨 본격적으로 시작됨.
1824	· 최제우 출생함(~1864).

세계종교의 주요연표(계속)

연 대	주 요 내 용
1830	・조셉 스미스 2세에 의하여 몰몬교 시작됨.
1844	・윌리엄 밀러에 의하여 재림운동 시작됨. 존 토마스에 의하여 그리스도의 형제회 시작됨.
1860	・천도교 시작됨. 제7일안식일예수재림교회 시작됨.
1863	・나철 출생함(~1916).
1871	・강일순 출생함(~1909).
1879	・크리스챤 사이언스 시작됨.
1884	・여호와의 증인, C.T.러셀에 의하여 시작됨.
1985	・마크 프로펫 우주승리교회 시작함.
1889	・강대성 출생함(~1954).
1891	・박중빈 출생함(~1943).
1902	・증산교 시작됨.
1909	・대종교 시작됨.
1915	・로시크루셔니즘 시작됨.
1916	・원불교 시작됨.
1918	・박한경 출생함(~1996).
1929	・갱정유도 시작됨.
1931	・에드가 케이시(1877~1945)에 의하여 연구계몽협회 시작됨.
1942	・빅터폴 워어윌(1916~1985)에 의하여 세계도 시작됨.
1945	・국제연합오순절교회 시작됨.
1950	・윌리암 S. 세들러(1875~1969)에 의하여 유란시아세계제단 시작됨.
1954	・통일교(문선명, 1920~) 시작됨.
1955	・전도관(박태선, 1917~1990) 시작됨.
1957	・초월명상(T.M) 시작됨.
1961	・구원파(권신찬, 1923~1996) 시작됨.
1964	・새일교(이유성, 1915~1972) 시작됨.
1965	・엑칸카르 시작됨. 성락교회(김기동, 1938~) 시작됨.
1968	・데이비드 버그(1919~1994)에 의하여 하나님의 자녀 시작됨.
1969	・대순진리회, 태극도에서 이탈하여 독립함. 알라모기독교봉사회 시작함.
1988	・다미선교회(이장림, 1947~) 1992년 10월 10일(후에 10.28로 수정) 휴거 주장하며, 시한부종말론 주장함.
1991	・예장 합동, 통합, 고신측이 총회에서 이장림과 다미선교회를 이단으로 정죄함.

제1장 세계의 종교
<개설>・종교의 본분

　종교는 '근본이 되는 가르침'을 지칭하는 불교어였다. 일본 메이지시대(明治時代)에 서양의 'religion'의 번역어로 쓰이게 되면서 일반화되었다. 'religion'의 어원은 라틴어의 'religio'로서, 초자연적인 존재에 대한 외경의 감정과 그것을 표현하는 의례 등의 행위를 의미한다. 고대 유럽에서는 기독교의 성립과 함께 교의(敎義)와 의례의 체계를 갖춘 종교 집단을 가리키는 개념이 되었고, 중세에는 비세속적인 수도원 생활까지도 이 개념으로 불렸다. 현재 'religion'의 번역어로서의 '종교'는 불교・기독교・이슬람교・유교 등의 개별 종교들을 총칭하는 유(類)개념으로 사용되고 있다.
　종교는 인류의 역사만큼이나 오래되었다. 인류의 창조이래로 종교가 인간과 분리되어진 적은 단 한 번도 없었다. 종교는 정치, 경제, 사상, 예술, 과학 등 사회의 전 영역에 궁극적이며 절대적인 가치체계로 기능해왔다. 그러나 이러한 종교의 뚜렷한 행태에도 불구하고 종교는 역사의 발전단계와 사회적인 현상을 반영한다. 사회와 분리된 종교는 존립근거가 사라진다. 그러므로 종교의 역사를 보면 사회의 현상을 알 수 있으며, 그런 면에서 종교는 사회의 거울이다.
　종교는 원시시대에서 현대사회에 이르기까지 역사의 발전과 함께 그 사회적・문화적 기능을 달리하면서 전개되어 왔다. 현상적으로만 보면, 문화와 사회의 거의 모든 영역에 관여했던 봉건사회 이전에 비해서, 현대사회에서 종교는 그 활동 범위가 좁아졌고, 종교 본래의 영역에 한정되어 온 경향이 있다.
　종교는 무한(無限)・절대(絶對)의 초인간적인 신을 숭배하고 신앙하여 선악을 권계하고 행복을 얻고자 한다. 통상의 방법으로는 해결이 불가능한 인간의 불안・죽음의 문제, 심각한 고민 등을 해결하려는 것이며, 그 동안 많은 질적 변천에도 불구하고 오늘날에도 인간의 내적 생활에 크게 영향을 미치고 있다.
　사회에서의 지배적인 종교를 볼 때, 사람들이 태어날 때부터 가입하는 경우와, 자기 의사에 따라 가입하는 경우가 있다. 세계적인 여러 사상이 나타난 시기에 발전한 종교 사상 중에서 후세에 가장 크게 영향을 끼친 것은 현세 부정의 사상이다. 인간은 영원히 이 세상에 전생(轉生)하며 고통을 경험하여야 만 된다든지, 타고난 죄(원죄)의 관념 등을 가르쳤다. 이와 같은 문제의 해결에는 이미 현세의 인간관계에 의지할 수 없기 때문에 그 구제는 초자연적인 힘에 의하여 내세에서 달성된다고 생각하게 되었다. 이리하여 민족 특유의 종교로부터 세계적・보편적인 종교가 출현하였다. 그 중에서도 B.C 5세기에 힌두교에서 나온 불교, 1세기에 유대교에서 출발한 그리스도교, 7세기에 아라비아의 민족종교에서 발생한 이슬람교가 가장 세력을 떨쳤다. 석가, 예수 그리스도, 모하메드와 같은 교조가 있어서 각기 교단을 형성하고 민족의 테두리를 넘어서 전도(포교)활동을 활발히 하였다. 그 내부에서는 여러 가지 변천이 있었으나 현재에 이르기까지 그 조직은 존속되어 정치적 집단에 비해 훨씬 오랜 연속성을 지니고 있다.

(1) 기독교(基督教, Christianity)

< 개 요 >

구 분	내 용
명 칭	• 기독교(基督教, Christianity)
명칭의 유래	• '그리스도를 따르는 사람'이라는 의미를 가진 헬라어 '크리스티아노스(christianos)'에서 유래함.
창시자	• 예수 그리스도(Jusus Christ, B.C.5,4?-A.D.30?)
경 전	• 신·구약 성서 66권(구약 37권, 신약 27권)만을 경전으로 인정함. • 1,600여 년간 40여명의 저자들이 집필함. • 그리스도인의 생활과 행위의 규범으로서의 최종 권위를 가짐.
발생과정	• 예수의 출생년도에 관하여는 B.C.5-4, B.C.4-3, A.D.6-7년 등의 여러 가지의 설(設)이 존재함. • 전통적인 성경학자들은 예수의 탄생을 B.C.4-3년으로 보고 있음. • 동정녀 마리아를 통하여 탄생함(마 1:18, 사 7:14). • 어린 시절에 관하여는 12살에 당시의 성경학자들과 성전에서 토론한 사실(눅 2:41-52) 이외에는 알려진 바가 없음. • A.D.27년경 요한으로부터 요단강에서 세례를 받으심(마 3:1-12). • 12제자들을 선정하시고 하나님 나라의 복음을 전하심. • A.D.27년경 1차 갈릴리 사역을 함. • A.D.28년경 2차 갈릴리 사역을 함. • A.D.28년경 3차 갈릴리 사역을 함. • A.D.29년경 유대 사역을 함. • A.D.30년경 십자가 처형을 당하셨으나, 3일 만에 부활하시고, 40일 동안 제자들을 가르치시고 후에 승천(昇天)하심. • 오순절에 성령이 임하였고(행 2장), 성령을 받은 제자들이 예수의 '부활의 복음'을 전하기 시작함.
주요 가르침	• 하나님 나라(Kingdom of God) : 성경 전체에 162회 언급되었으며, 그 중에 공관복음에만 126회 언급되어 복음의 핵심임을 알게 해줌. • 사랑 : 예수가 인류에게 전한 복음의 본질은 사랑으로 예수가 친히 명령한 대 계명(The Great Commandment)으로 선포됨. 이는 하나님 사랑과 이웃 사랑을 말함(마 22:34-40).

기독교(Christianity)(계속)

구 분	내 용
주요 가르침	• 인간의 용서(容恕)와 죄 사함 : 예수는 자신이 성육신(成肉身, Incarnation)하여, 인간의 죄악을 용서하고자 죽었다가 부활하심. • 섬김의 도(道) : 예수 자신은 인간을 섬기기 위해서 왔다고 하심(막 10:45). 실제로 대속적 죽음을 통하여 섬김의 본을 보여 주심.
주요 역사	• 사도시대-312년 : 신약의 정경의 범위를 확정함. 영지주의 등 이단들의 등장과 영향으로 교리가 완성되어감. • 313년-604년 : 313년 로마의 국교가 됨. 수도원운동이 일어남. • 604년-1054년 : 성상 파괴 논쟁으로 1054년 동서 교회 분열함. • 1054년-1517년 : 십자군운동(1096-1270)과 수도원 개혁운동, 신비주의 운동, 문예부흥운동(Renaissance) 등이 일어남. • 1517-현재 : 1517년 루터(M. Luther, 1483-1546)에 의한 종교개혁으로 개신교(Protestant) 등장함. 장로교, 감리교, 침례교, 성결교, 오순절 등 수많은 기독교의 종파들이 생성, 분열함.
한국의 주요교단	• 장로교 : 1884년 알렌(H.N. Allen, 1858-1932)이 의료 선교 활동 시작함. 1948년 성경장로회에서 김치선 대신측 구성함. 1950년 고신측 분열, 1953년 기장측 분열, 1959년 합동측과 통합측 분열함. 이후에 수많은 군소 교단 분열, 생성됨. 2005년 9월 합동측과 개혁측 합동함. • 감리교 : 1885년 아펜젤러(E. Appenzeller, 1889-1953)에 의한 선교로 활동 시작함. 감독제에 의한 정치제이며, 웨슬리신학을 기본 바탕으로 함. • 성결교 : 1907년 김상준, 정빈이 도쿄성서학원을 마치고 귀국, '동양선교복음전도관'을 설립하여 선교 시작함. 1961년 '기성'과 '예성'으로 분열함. 중생, 성결, 신유, 재림을 요체(要諦)로 함. • 오순절교회 : ①1928년 미스 럼시(Miss Mary C. Rumsey)에 의하여 선교가 시작됨. '기하성'에서 1985년 '예하성'이 분리되었다가 2007년 5월 합동 선언했으나 일부가 잔존, 분열상태 유지함. ②1963년 '미국하나님의교회'의 잭슨(Jackson)의 선교에 의하여 '한국하나님의교회'가 시작, 2007년 9월 대한예수교장로회 한영측으로 정체성(正體性)를 변경시킴.

기독교(Christianity)(계속)

구 분	내 용
한국의 주요교단	• 침례교 : 1889년 말콤 펜윅(Malcolm C. Fenwick, 1863-1935)에 의한 선교에 의하여 시작됨. • 구세군 : 1908년 로버트 호가드(Robert Hoggard) 등 7명이 내한하여 선교를 시작함으로 구성됨. • 루터교 : 1956년 한국 선교를 시작함. 루터의 개혁정신을 계승함.

< 교 리 >

구 분	내 용
신 론	• 하나님이 천지를 창조하심(창 1:1). • 하나님은 오직 한분이심(신 4:35). • 하나님은 이 세상의 주관자가 되심.
기독론	• 마리아를 통하여 성육신하심. • 예수는 인성과 신성을 가지고 계심. • 인간을 구원하고 살리기 위하여 십자가에서 죽으셨다가 3일 만에 부활하심. • 다시 재림하시며 인간을 심판하실 것임.
성령론	• 성도들을 도우시고 온전한 구원으로 인도하시는 보혜사이심. • 하나님의 창조 사역에 동참하심.
인간론	• 인간은 하나님이 창조하심. • 인간은 죄악 가운데 타락하여 죽을 수밖에 없는 존재임. • 모든 사람들이 죄를 범하였고 의인은 하나도 없음. • 인간은 스스로가 구원할 수 없는 존재임.
구원론	• 오직 예수를 믿음으로 구원에 이르게 됨. • 거듭남과 새로운 소망을 가지게 됨. • 예수를 믿는 자에게는 대속함을 받고 의롭다 함을 받고 하나님의 자녀가 되는 권세를 주심. • 모든 사람은 자신의 행위에 따라 하나님의 심판을 받게 될 것임.

기독교(Christianity)(계속)

구 분	내 용
교회론	• 교회는 보편적이며 지역적임(유형교회와 무형교회). • 교회의 주요한 기능은 말씀과 권면과 교육과 친교와 성례, 성만찬, 구제와 봉사가 행하여 짐.
천사론 (초월적 존재들)	• 천사는 선한 천사와 악한 천사가 있음. • 선한 천사들은 하나님의 임재 가운데 거처하며 성도들을 도우심. • 악한 천사는 심연(abyss)에 거주하며 하나님의 백성을 대적하고 사단을 지원함. • 마귀는 사람을 악으로 이끌며 구원의 역사를 훼방함. • 성도는 마귀에 대적해야 함(엡 4:27,6:11-18; 약 4:7; 벧전 5:8, 9).
종말론	• 죽음은 인간의 죄악의 결과임. • 죽음은 모든 인류에게 보편적임. • 예수 재림 후에 모든 자들은 부활할 것이며 최후의 심판이 행하여질 것임. • 악인은 지옥으로 의인은 영원한 천국에 들어가게 될 것임.
도 덕	• 거듭남을 강조함. • 자신을 의의 병기로 하나님께 드려야 함. • 고아와 과부를 돌보고 자신을 세속에 물들지 않도록 해야 함. • 근신과 의로움과 경건함으로 살아야 함. • 하나님께 의지하고 선한 일을 해야 함.
예 배	• 오직 하나님께만 예배해야 함. • 우상을 만들지 말고 섬기지 말아야 함. • 예배는 신령과 진정으로 드려야 함. • 하나님께 나아가야 함. • 하나님을 찬송하고 감사해야 함. • 자신을 산제사로 드려야 함. • 모든 행동을 하나님의 영광을 위하여 해야 함. • 찬송과 존귀와 영광을 하나님께 드려야 함.

(2) 유대교(Judaism)

<개 요>

구 분	내 용
명 칭	· 유대교(Judaism)
명칭의 유래	· 민족적 관점: ①야곱의 12아들 중 유다(지파)에게서 유래 　　　　　　　②구약성서의 에스더에 3번 언급됨(에 8:1,9,17). · 종족적 관점: 유대 나라에 거주하는 유대인의 특별한 신분 · 유다이즘(Judaism)은 유대 종교문화의 통칭: 　　①성서적으로 갈 1:13-14에 2번 언급됨 　　②역사적으로 B.C.587년 솔로몬의 성전 파괴 이후에 모든 유다 종교에 적용됨
유대교의 기원	· 민족적 관점: 아브라함(Abraham)이 다신교(多神敎)에서 여호와 하나님의 유일신교(monotheism)를 받아들였기 때문이라고 주장함. · 유대교의 계약사상과 선민의식: 애굽에서의 출애굽(Exdos)과 시나이 산의 십계명(Ten Commantment)으로 희생제물(the Sacrifice), 제사장(the Priesthood), 성막(the Tabermacle) 제도가 계시되었기 때문임. · 유일신관의 토대를 마련하여 준 예언자적 전통: 짐멜리(W.Zimmerli)는 예언자의 발단은 인간의 삶이 십계명과 상치될 때 보게 되는 것으로 제사 제의의 발단점에 있는 것이 아니라 종교적 내지 윤리적 관점에서 보아야한다고 함. · 유대교의 제도와 경전과 의례가 확립된 시기: 에스라와 느헤미야의 대대적 개혁이 시작된 B.C.E.414년에 사제 계급을 출범시켜 제의 의례를 확립, 회당의 원형이 형성됨.
경 전	· 히브리 성서(The Hebrew Bible) : 　　　토라(Torah), 예언서(The Prophets), 성문서(The Writings). · 탈무드(The Talmud) : 　　　미쉬나(the Mishnah), 게마라(The Gemara), 미드쉬(Midrash). · 다수의 외경(外經)

유대교(Judaism)(계속)

구 분	내 용
역 사	• 유다 왕국의 멸망 후 바벨론에서 70년간의 포로생활을 함. • 페르시아왕 고레스(Cyrus, B.C.559-B.C.530) 원년(B.C.536)에 본국 귀환함(스1:10이하). • 스룹바벨과 예수아의 인솔로 1차 귀환하고 성전건축 시작함(스3:8이하). • 느헤미야가 성전을 건축하고 에스라가 B.C.425년 율법을 선포함. • 에스라의 율법 선포로 모세의 율법을 기초로 한 유대교가 성립됨. • A.D.100년경 얌니아(Jamnia) 특별회의에서 히브리 정경의 한계가 결정됨.
교 파	• 랍비적 유대교: ①구약의 전통을 준수하고 토라의 율법을 준수함. ②2세기경부터 랍비들에 의해서 형성된 삶의 방식임. ③현존하는 유대교의 모든 형성의 근간을 이룸. • 개혁파 유대교: ①19세기 초 독일에서부터 시작됨. ②공중예배를 혁신하기위하여 노력함. ③1818년 함부르크에 최초로 개혁파 성전 건립함. ④오실 메시아에 대한 기도를 포기하고 성경을 포함한 유대 텍스트를 비평적 역사적 관점으로 이해함. ⑤19세기 후반 이삭 와이즈의 지도로 미국의 개혁파는 급성장함. ⑥20세기 여성의 지위 향상으로 여성 랍비가 안수되어짐. • 정통파 유대교: ①1807년 개혁파에 의해 반대파인 전통주의자를 정통파로 규정함. ②유대법을 자신들과 하나로 생각함. ③토라의 신적 계시 신앙을 강조함. • 보수주의 유대교: ①자카리아스 프랑켈(1801-1875)이 이데올로기의 제공자임. ②솔로몬 쉐크터(1850-1915)가 발전시킴. ③변화하는 사회적·경제적 환경에 적절한 대응함. ④성서 외의 다른 문서는 현대 역사 비평의 조사 결과를 인정함. ⑤여성들의 랍비 안수에 부정적임.

유대교(Judaism)(계속)

구 분	내 용
교 파	· 재건주의자 유대교: ①모르데카이 카플란(1881-1983)의 철학에 기초함. ②1968년에 걸립된 재건주의자 랍비 칼리지에 의해 주도됨. ③유대교에 대한 재평가, 재검토를 요구함. ④근본적인 개념 및 회당과 같은 기구들이 현대 사상과 사회의 빛 아래 재검토가 필요하다고 함. ⑤여성들이 동등한 지위를 인정받았고, 1968년 이래로 부모 한쪽이 유대인이면 자녀들도 유대인으로 인정함.
종교생활	· 회당(Sunagogue)을 세워서 토라와 교육, 예배의 모임의 장으로서 생활의 중심이 됨. · 안식일의 준수 : 왕정시대 이후로 본격적으로 지킴. · 음식 규례 : 신 14:1-20의 성민(聖民)이 금지해야 할 음식 규례를 설명하는데, 이에 근거하여 지킴. · 3대 절기 : 유월절(무교절), 칠칠절(맥추절, 오순절), 초막절(수장절)을 3대 명절로 지킴. · 의식(儀式)과 예식을 매우 중요하게 생각함. · 절기 의식의 대부분은 하나님의 구원역사를 교훈하게 위한 것임. · 하나님의 구원 설화들은 예배에서 지속적으로 반복되어짐.

< 교 리 >

신 론	· 이스라엘의 하나님(particularism)이시며 역사를 주관하는 창조자 하나님(universalism)이심. · 하나님은 인간의 영역에서 경험되어지고, 동시에 초월적인 하나님(pen-en-theism)으로 언급됨. · 능력 있고 정의로운 통치자이며 자비롭고 사랑을 베푸시는 구원자이심. · 최고의 권능자이시며 분노하고 슬퍼하며 기뻐하는 인격체임. · 원격성(遠隔性)을 지니시어 세상을 초월해 계시며, 인간이 측량할 수 없게 행하심. · 하나님은 창조적인 방법으로 끊임없이 행동하고 계신 분으로 이해함.

유대교(Judaism)(계속)

구 분	내 용
인간과 우주	• 인간은 하나님의 형상(image of God)으로 창조됨(창 1:26-28). • 탈무드에서는 인간을 천사보다 우월한 존재로 묘사함. • 물질세계는 전체적으로 '심히 좋은(창1:31)'것으로 이해되며, 인간은 하나님의 뜻에 따라서 세계를 다스릴 독특한 책임을 가짐. 몇몇의 유대인은 인간뿐 아니라 동물과 사물들조차 사랑의 행동을 통하여 온전함에 이르도록 인간에게 주어진 신적인 깨달음의 지혜를 가지고 있다고 주장함. • 역사는 하나님의 계획 있는 행동이 펼쳐지는 마당이며, 유대인들은 종종 역사적인 사건 속에서 하나님의 동의와 심판의 표적을 구함. • 인간은 나약함과 사악함뿐만 아니라 그의 위대한 책임성도 강조되는데, 인간들이 가진 가장 구별된 표징은 윤리적인 선택을 할 수 있는 능력임.
구원과 사후세계	• 영광스러운 미래를 위한 메시아(Messiah) 사상을 가지고 있음. • 죽음 후 인간의 영생은 그의 도덕적인 행위와 태도에 따라 결정됨. • 기독교의 구원의 은총 개념은 없지만 하나님은 가장 악한 자에게도 회개의 가능성을 항상 주심. • 모든 사람에 대해 영원한 심판과 상급을 주실 메시아의 오심을 아직도 소망하는데 이는 공동체적 바람임. • 마지막 심판은 전적으로 하나님의 권한에 속함. • 탈무드에 묘사되는 내세는 먹지도 마시지도 않고, 아이의 출산, 상거래도 없으며, 시기심과 증오도 경쟁도 없고, 의인은 오직 왕관을 쓰고 즐길 것이라고 언급함. • 토라의 백성은 간 에덴(Gan Eden)에 갈 것이며, 악인은 게힌놈(Gehinnom)에 가서 징벌을 받을 것임. 의인조차도 일단 게힌놈에 들어가서 12개월을 머무르며 지상의 죄를 씻어야한다고 함.
도 덕	• 토라가 모든 국민의 공동체 생활과 개인 생활에 적용됨. • 하나님과의 계약 관계에서 인간이 토라를 지키는 유무에 따라서 죄의 유무가 발생함. • 십계명의 규정처럼 유대도덕의 대부분은 공동체의 선(善)에 관한 것임. • 물질의 소유가 악이 아니라 많은 사람이 부(富)를 소유해야 한다고 생각함. • 결혼과 자녀에 대한 관심이 지대하여, 독신은 경멸시 되고 자녀에게 신앙을 가르치는 것은 매우 중요하게 생각함.

(3) 천주교(天主敎, Roman Catholic Church)

< 개 요 >

구 분	내 용
공식 명칭	· 신성 공동 사도적 로마 교회(Holy Catholic Apostolic and Roman Church). · 보편, 공동, 공동단체, 세계 교회가 하나의 단일교회라는 뜻임. · 이그나티우스(Ignatius of Antioch, ?-110)가 최초로 사용함. · www.cbck.or.kr
경 전	· 신·구약 성서 66권 · 외경(外經, Apocrypha)-토빗서, 유딧서, 에스델, 지혜서, 집회서, 바룩서, 다니엘(세아이의 노래, 수산나서, 벨과 용), 마케베오 상하
역 사	· 사도 베드로(Peter)에 의해서 교황제가 시작되었다고 주장함. · 325년 니케아공의회(公議會)와 381년 콘스탄티노플공의회에서 삼위일체(三位一體) 교리가 확립됨. · 레오 1세가 로마의 주교가 마 16:18을 근거로 하여 전(全)카톨릭교회에 대한 수위권(首位權)이 있다고 주장함. · 313년 로마 황제 콘스탄틴(Constantinus)이 기독교를 공인함. · 카놋사의 굴욕사건을 계기로 교황제는 공고한 위상을 확립함. · 1054년 로마 교황의 수위권을 불인정, 동방정교회(東方正敎會)가 분리됨. · 중세시대(313-1517)에 국가와 밀착되었고, 교황의 도덕적인 부패, 수도회의 타락, 교회의 부패 등 전반적으로 타락함. · 1517년 마르틴 루터(Martin Luther, 1483-1546)의 면죄부(免罪符)논쟁을 통한 종교개혁을 기점으로 개신교(Protestant)가 분리됨. · 루터의 종교개혁에 대하여 반동종교개혁(The Counter Reformation)이 시도됨. 트렌트공의회(1545-1563)가 이를 뒷받침하여 종교개혁자들을 반박하는 교리를 확정하고 천주교내의 부패를 방지하기 위한 대책을 강구하고 교황의 권한도 증대함. 이를 통해 근대 카톨릭주의가 출발됨. · 16세기 이후에 유럽의 근대 국가가 탄생되자 카톨릭교회는 이들 국가와 정교조약(政敎條約)을 체결함. · 제1차 바티칸 공의회(1869-1870)가 열려 교황권의 강화를 합법화하는 시기였으나 인문사회과학의 발달에 천주교회가 경직되고 소극적인 입장을 취함. · 1929년 이탈리아 정부와 라테란조약 체결, 교황을 수장(首長)으로 하는 세계에서 가장 작은 바티칸 시국(市國)이 탄생됨. · 제2차 바티칸 공의회(1962-1965)가 열려 종교다원주의 등 현대적 신학의 입장을 정리하고 세속적인 물결을 용인함.

천주교(天主敎, Roman Catholic Church)(계속)

구 분	내 용
한국의 천주교	• 1784년 이승훈(李承薰), 한국인 최초로 영세 받음. • 1785-1887년 동안에 끊임없는 박해가 이어짐. • 1795년 중국인 신부 주문모(周文模)가 한국에 파견됨. • 1831년 그레고리 16세에 의하여 조선교구가 설정됨. • 1845년 김대건(金大建)이 한국인 최초로 신부가 됨. • 1962년 자립교구로 승격, 교구가 증설됨(현재 14개 교구). • 1968년 김수환(金壽煥) 서울대교구장이 추기경에 서임됨. • 1984년 한국 천주교 200주년을 기념하여 교황 요한 바오로 2세가 내한하여 순교자 103인에 대한 시성식(諡聖式)이 개최됨. • 2006년 정진석(鄭鎭奭), 한국인으로는 두 번째로 추기경에 서임됨. • 2009년 2월 김수환 추기경 선종(善終)함.
조 직	• 교황: ①1869-1870년에 열린 바티칸공의회에서 교황이 절대적인 권위를 가지며, 말할 때조차 무오류성(無誤謬性)을 가진다고 선언함. ②라테란 조약(1929)에 의거해 바티칸 시국(市國)의 통치자임. ③추기경들 가운데서 선출되며, 전 카톨릭 교회를 통치할 대표자요 수반임. • 성직의 직급: 교황직(敎皇職)→성직자단(교황청과 추기경단)→주교단(主敎, 교구의 책임자)→공의회(公議會)→사제직(본당 신부)→수도단체들→평신도

< 교 리 >

성경론	• 66권의 성경 외에 11권의 외경(外經)을 정경(正經)에 포함시킴. • 외경은 구약성서 70인역(LXX)에는 포함되었으나 얌니아 회의(A.D 1세기 말)에서 정경으로 불인정됨. • 70인역을 라틴어로 번역한 제롬(Jerome, 347-420)도 불가타역(Vulgata)에서 외경을 제거함. • 천주교는 연옥설, 공덕설, 천사들의 중보사역 등의 교리를 보존하기 위해 외경을 포함함. • 성경이 하나님 말씀인 것은 교회가 그렇게 선언했기 때문이라고 함.
구원론	• 믿음을 하나님이 계시한 진리에 대해 지적으로 동의하는 것으로 규정함. • 칭의(稱義)는 단순히 믿음만으로 이루어지는 것이 아니라 초자연적인 힘으로 사람을 의롭게 만드는 하나님의 일이라고 함.

천주교(天主敎, Roman Catholic Church)(계속)

구 분	내 용
구원론	• 따라서 올바르게 행하는 선행이 특별한 보상뿐만 아니라 영생도 가능하게 한다고 함(공덕축적설). • 연옥설(煉獄說)-확실한 구원의 확신이 없거나 공덕(功德)이 부족하고 소죄(小罪)를 지은 사람들은 연옥에 가게 되는데, 그런 사람들을 위하여 미사와 기도와 헌금 등의 공덕을 쌓으면 천국에 이르는 시간을 단축할 수 있다고 함. • 영세를 받는 것이 하나님의 자녀로서의 인침을 받는 것이며 구원에 필수적인 것이라고 함. • 대죄(大罪)를 범하면 구원받은 자도 다시금 구원을 잃은 상태로 전락할 수 있다고 주장하여 고해성사(告解聖事)를 합법화함.
교회론	• 교회를 그리스도 안에서 이루어지는 하나님과 인간과의 친교(親交)의 신비라고 규정함. • 참 교회는 하나이며 이 하나의 교회는 거룩하며 이 세상 사람이면 누구든지 믿을 수 있게 공평하고 정당하며 사도로부터 계승되어 오는 천주교회가 참 교회라고 함. • 구원은 교회를 통해서만 이루어진다고 주장함.
종말론	• 사람이 죽으면 영혼이 죽지 않고 그 행실대로 상이나 벌을 받는다고 함. • 심판에는 사심판(私審判)과 공심판(公審判)이 있음. • 사심판은 ①이 세상에서 보속(補贖)할 죄가 하나도 없는 영혼은 천국에 감. ②구원에 영향을 미칠만한 치명적인 대죄를 짓고도 고해성사로 해결 받지 못한 영혼은 곧바로 지옥에 감. ③소죄나 보속할 죄벌이 남아 있으면 연옥에 감. • 공심판은 세상 끝에 예수가 재림하시면 받는 심판임. • 그리스도 초림 이전의 성도들이 머무는 선조(先祖) 림보(Limbo)와 세례 받지 않고 죽은 유아(幼兒)들이 머무는 림보가 있다고 가르침.
우상숭배적인 요소	• 마리아 숭배: ①예수를 낳기 전에도 처녀였고, 낳는 동안은 물론 낳은 후에도 동정을 유지했다고 함. ②431년 에베소공의회에서 성자 하나님의 어머니(神母)라고 함. ③1868년 바티칸공의회에서 마리아 무죄잉태설 주장함. ④1950년 교황 피우스 12세가 마리아 부활승천설을 주장함. • 성인(聖人), 성상(聖像) 숭배 • 교황권의 극대화-교황무오설(敎皇無誤說), 면죄권(免罪權) 주장함.

(4) 이슬람교(Islam)

< 개 요 >

구 분	내 용
명 칭	• 이슬람교(Islam) : ①아랍어 살람(Salam, 평화)에서 파생되어진 이슬라마의 명사형. ②Islam의 뜻이 승인하다, 봉헌하다, 의탁하다, 복종하다의 뜻을 가진 도사의 부정형에서 파생함. ③순종과 복종을 의미함. ④Islam은 동사적인 명사형이므로 정적이고 종결적이 아니라 지속적인 행위와 전진을 의미함. • 회교(回教) 또는 회회교(回回教) : ①서역의 위구르인이 이슬람인들을 회흘인(回纥人), 이슬람의 력(曆)을 회회력(回回曆)으로 칭한 데서 유래됨. ②이슬람 자체에서는 청진교(淸眞敎)로 명명함. • 무슬림(Muslim) : 정통 이슬람 교인들이 불러주기를 원함. 유럽에서 흔히 사용하는 마호메트교(Mohammedanism)라는 말은 이슬람교도가 거부하는 용어임. • www.koreaislam.org
창시자	• 무함마드(Muhammad, 570?-632) • 무함마드의 본명(本名) : 아부 알 카심 무함마드 이븐 아브드 알라 이븐 아브드 알 무탈리브 이븐 하심(Abūal-Qāsim Muḥammad ibn ʿAbd Allāh ibn ʿAbd al-Muṭṭalib ibn Hāshim).
경 전	• 코란(Koran), 회교법, 하디스(Hadith, 전통), 순나(Sunna, 관습).
발생과정 및 주요역사	• 무함마드는 아라비아 반도의 중심도시인 메카(Mecca)에서 570년경 출생함. • 아버지 압둘라(Abdullah)는 무함마드가 출생 전에, 어머니 아미나(Amina)는 여섯 살 되던 해에 죽음. • 처음 조부(祖父)에 의해 양육되다가 숙부 아브 달리브(Abu Talib)의 집으로 옮겨서 성장함. • 장성해서는 아라비아 지방의 대상(隊商)을 따라다니며 상업 기술을 배움. • 해디자(Hadijah)라는 부상(富商)의 미망인이었던 40세의 카디아(Khadijah)와 결혼하여 가정을 이룸. • 메카의 신당(神堂)에서 3명의 촌장 분쟁 사건을 해결한 것을 계기로 민족의 종교적 지도자가 되기로 결심함. • 610년경 히라산(Mt.Hira) 은거와 명상을 자주하던 중 40세에 절대 신인 알라(Allah)를 환상 중에 보게 됨. • 이에 대하여 확신치 못했지만 아내의 격려로 자신이 알라의 선지자임을 확신하고 전파하기 시작함. • 새로운 신앙 운동은 고향 메카에서부터 거센 반발에 부딪혀 박해를 받기 시작했고, 이를 피하기 위하여 메디나(Median)로 이거함(622년).

이슬람교(Islam)(계속)

구 분	내 용
발생과정 및 주요역사	• 메디나로의 이전은 이슬람교에 있어서 중요한 전환점이 됨. • 메디나에서 마호메트는 아카바(Akaba)서약 6조(The sixfold pledge of Akaba)를 제정함. • 메디나에서 얼마 후에 무함마드는 유대인과 기독교인을 박해했고, 이 사건으로 다시 메카로 옮기는 계기가 됨(630년). • 메카로 옮기고 아브라함이 천사 가브리엘에게서 받았다고 주장하는 검은 돌(黑石, Kaaba)을 메카에 안치시킴. 그리고 카바 외의 모든 우상을 제거하고, 카바가 있는 곳이 유일한 알라의 제단임을 선포함. 이로 인하여 기도하는 얼굴 방향을 메카로 향하는 키블라(qibla)의 풍습이 시작됨. • 유대인들이 속죄일에 지키던 금식을 변형시켜 금식일인 라마단(ramadan)을 제정하여 지키게 함. • 한국은 1950년 6·25 한국전쟁에 터키군이 참전한 것이 계기가 되어 1955년 '한국이슬람협회'를 결성하여 현재에 이름.
주요 가르침	• 유일신 알라(Allah) : 지존하고 전지전능하며, 심판자이고 인간을 초월하는 절대적인 신임. • 정령(精靈)에 대한 믿음 : 인간이나 동식물에 잠정적으로 깃들어 있다고 보는 영혼을 말함. • 천사들에 관한 믿음 : 코란의 계시를 전달하는 가브리엘, 사람들에게 두 천사가 따라다니며 선한 일과 악한 일을 기록한다고 함. • 경전에 관한 믿음 : 모세의 율법(Torah), 다윗의 시편(Zabur), 예수의 복음서(Injil), 코란 • 선지자들에 관한 믿음 : 인류에게 보낸 예언자가 총 12만 4천 명인데, 25명을 선별하여 거명함. • 내세(來世)에 대한 믿음 : 종말과 최후 심판, 부활 등에 관한 믿음을 언급함. • 정명(定名)에 관한 믿음 : 숙명(宿命)이라고도 하는데, 이는 인간의 행위와 존재를 포함하여 우주의 삼라만상은 모두 정해졌다고 함.
종교적 의무	• 신앙고백(Kalima) : '알라 외에는 신이 없다. 그리고 무함마드는 알라의 선지자이다'를 공개적으로 시인하고 매일 암송함.

이슬람교(Islam)(계속)

구 분	내 용
종교적 의무	• 예배, 기도(Salat) : ①성지 메카를 향하여 해 뜰 때, 정오, 오후, 중반(퇴근 직전), 해질 때, 잠들기 전에 5회 기도함. ②기도의 방법은 서서, 무릎을 꿇고, 손과 얼굴을 땅에 대고 하는 세 가지가 있음. • 구제(Zakat) : 자발적으로 수입의 40분의 1을 가난한 자나 고아를 위해 바치도록 함. • 금식(Ramadan) : 자기 절제와 신에의 헌신을 의미하는데, 낮 동안에 물과 음식을 금하고 담배나 성적(性的) 쾌락도 금함. • 성지순례(Hajj) : 이슬람교도는 일생 중 한번은 메카를 순례할 의무가 있는데, 늙거나 병든 사람일 경우는 다른 사람이 대신 해줄 수 있으며 구원을 위한 필수적 요소임. • 거룩한 전쟁(聖戰, Jihad) : 거룩한 전쟁에 참여할 의무가 있는데 여기에서 전사하면 낙원에서 영생을 선물로 받는다고 함.
삶의 양식	• 남자는 결혼과 할례가 필수적임. • 여자는 차도르(chaddor, 얼굴 가리개)를 써야 함. • 모세의 율법에 따라 돼지고기를 금하고, 술과 도박을 절제할 것을 가르침. • 낙태와 이혼, 사형제도가 허용됨. • 노예제도, 자살, 석상숭배, 부정한 행동이나 변태적 성(性) 행위를 금지함.
주요종파	• 하와지리파(Khawajri) : ①움마를 떠난 사람들, 분리주의자의 의미임. ②오직 알라만이 심판자이며, 코란 이외에는 어떠한 권위도 인정치 않음. ③중대한 과실을 범하고 회개치 않으면 무슬림이 될 수 없으며, 신앙은 반드시 의로운 행위가 수반되어야 함. ④만민 평등을 주장하고 인종과 민족을 넘어서 신앙이 고결하면 모두 하나가 될 수 있다고 함. ⑤부당한 통치자에 대하여는 반드시 투쟁을 해야 한다고 함. • 수니파(Sunnaites) : ①코란만으로 교의상의 판단이 안 되는 경우에 순나(마호메트의 언행)에 의해 보완되었는데, 이 순나를 이상(理想)으로 삼는 사람들을 수니파라고 지칭함. ②종교와 정치의 두 영역의 분리를 신봉함. ③이슬람교의 대부분을 차지함.

이슬람교(Islam)(계속)

구 분	내 용
주요종파	• 시아파(Shi'ites) : ①무함마드의 혈통은 딸 파티마와 제4대 칼리프인 그의 조카 알리와의 사이에 태어난 하산과 후세인에 의해 전해짐. ②시아 알리(Shia Alli), 즉 알리를 따르는 무리에서 유래됨. ③후세인 계열을 추종하는 유파를 시아파라고 함. ④종교적인 지도자가 정치적인 통치자가 되어야 한다고 생각함. ⑤많은 지파(支派)로 분열되었고, 극단파들이 등장함. • 수피파(Sufis), 수피즘(Sufism) : ①이슬람의 신비주의 종파임. ②본래 원시 이슬람은 금욕과 고행을 주로 하는 종파였으나 사치와 호화로 변질되자 그 타락을 막기 위해서 일어난 종파임. ③유대교, 불교, 기독교의 신비주의를 유입하여 사상계의 혁신을 이룸. ④험난한 극기(克己)의 길을 통하여 알라와 하나가 된다고 가르침. ⑤형식주의와 행위의 표현만을 문제 삼는 이슬람법에 대한 반동으로 시작됨.

< 교 리 >

예 배	• 무함마드를 숭배하지 않으며 알라를 인간의 모양으로 묘사하는 엄격한 규제가 있고 권능과 위엄이 칭송됨. • 알라조차도 구원에 있어서 인간이 의지할 대상이 아닌데, 그것은 구원은 인간의 책임이기 때문에 알라의 인도가 강조됨. • 이슬람의 예배 행위는 전술한 종교적 의무(신앙고백, 기도, 구제, 금식, 성지순례)에 의하여 행하여 짐.
신 론	• 알라(Allah)는 하나님(The God)이라는 뜻으로 급진적인 일신교 사상을 의미함. • 우리는 하나님 외에 누구도 섬기지 아니하며, 그와 더불어 누구와도 연합하지 아니한다(코란3:64). • 코란에서는 알라의 위험과 힘이 종종 묘사되는데 그의 의도는 항상 뜻 깊은 것임이 강조되고 정의(正義)는 알라의 가장 중요한 특성임. • 알라는 또한 자비하며 긍휼히 여기는데, 그의 자비는 주로 그가 사신들(Messengers)을 보내는 것에서 나타남.
우주론	• 우주는 인격적이고 편재한 알라의 뜻 깊은 행동에 의하여 창조됨. 이는 인간의 유익을 위해 주어진 본질적으로 선한 것이라고 생각함.

이슬람교(Islam)(계속)

구 분	내 용
우주론	• 무함마드는 기적을 행치 않으며 단지 알라의 메시지만을 선포하며, 일반적으로 고통으로부터 구원을 기대하지 않고 선한 행위는 내세에서 보상받으리라고 생각함.
인간론	• 인간은 하나님의 권위 아래서 피조세계를 책임진 일종의 부섭정자(副攝政者)로 이해되고, 하나님의 뜻, 곧 이슬람의 목표는 이 세계에 도덕적인 질서를 세우는데 있음. • 인간은 타크바(taqwa), 곧 그로 하여금 진리를 이해하게 하고 그 위에서 행할 수 있게 하는, 그의 양심 속에 나타난 일종의 신적인 깨달음의 지혜를 가짐. • 사람은 자신의 타크바를 개발할 수 있고 또 그렇게 함으로 알라의 도(道)를 따라 살 수도 있고, 혹은 그 양심을 억압하여 살 수도 있음, 이에 의하면 인간은 개인에 따라서 하나님의 인도를 받을 가치가 있게도 되고 또 없게도 됨.
구원과 종말	• 코란은 대속의 개념을 거부하는데 이는 구원이 인간의 행동과 태도에 기인한다고 보기 때문임. • 타우바(tauba, 회개)를 통해서 악인은 구원받을 수 있는 덕행으로 옮겨지고, 하나님의 인도를 받아들이도록 인간은 초청됨. • 마지막 날에 모든 인간은 자신들의 행한 바에 의하며 운명 지워질 것임. • 심판은 각자의 형편에 따라서 심판받을 것이며, 이슬람의 진리를 거부한 자에게는 자비가 주어지지 않을 것임. • 천국은 이 세상의 기쁨을 누리는 것으로 지옥은 끔찍한 고통을 받는 것으로 묘사됨.
도 덕	• 이슬람교는 분명한 의미와 계명의 정도(正道)를 제시하는데, 도덕은 사랑과 정의, 율법의 준수가 결합된 것임. • 코란 속의 무함마드는 가난한 자를 도와주고 복수하기에 더딘 자비로운 사람으로 묘사되는데, 그럼에도 불구하고 이슬람교도들은 자신들만이 유일한 진리를 가지고 있다는 확신 때문에 여러 세대 동안에 알라를 위한다는 명분의 전쟁을 일으켰음. • 코란이 여성들의 지위를 높였다고는 하지만, 실제로는 여성들은 남자로 하여금 죄에 빠지게 하는 유혹자로 여김을 받았고, 일부다처제는 여성의 고통을 가중시켰음(두 명 이상의 여성과 결혼하는 것은 특별한 경우의 예외적인 사항임).

(5) 불교(佛敎, Buddhism)

< 개 요 >

구 분	내 용
명 칭	· 불교(佛敎, Buddhism) · www.buddhism.or.kr
명칭의 의미	· 범어(梵語)로 Buddha-Sasana인데, '부처님의 교설'의 의미임. · 힌두교나 자이나교에서는 'Bauddha' 또는 'Bauddha-dharma'라고 함
창시자	· 고타마 싯다르타(Gautama Siddhartha, B.C.563?-B.C.483?)
경 전	· 소승불교 : 3장(三藏, Tripitaka)으로 알려진 교리서. 　①수타피타카(Sutta Pitaka, 經藏)-평신도 교육용. 　②아비담마 피타카(Abhidhamma Pitaka, 論藏)-형이상학적 경전으로 불교 원리, 내용. 　③비나야 피타카(Vinaya Pitaka, 法藏)-수도승의 훈련용. · 대승불교 : 팔리어, 산스크리트어, 네팔어, 티벳어, 중국어 등으로 기록됨. 　①대표적으로 반야경(般若經) 계통의 경전이 있음. 25,000송(頌) 반야까지 다양하게 구성됨. ②5,000권이 넘는 중국 경전도 포함됨. ③대장경(大藏經)은 1,929부로 구성된 8,537권이 있음.
발생과정 및 주요역사	· 석가모니(釋迦牟尼)는 B.C.563(또는 B.C.436)년 네팔 남부에서 대평원으로 이어지는 카필라성(Kapila城)을 중심으로 한 사캬족의 국왕인 정반왕(淨飯王,Sudd hodana)의 장남으로 출생함. · 석가모니란 이름은 석가(Sakya)족의 사람이란 뜻임. · 어머니는 마야(Maya) 부인이었고, 탄생 장소는 왕국에서 본가로 가던 도중에 룸비니(Lumbini)라는 동산의 보리수나무 아래였다고 함. · 마야는 석가를 출생한지 7일 만에 사망하고, 마야의 동생 마하프라자파티(Mahaprajapati)가 둘째 부인이 되어 석가를 양육함. · 17세 때 외사촌인 야소다라(Yasodhara)와 결혼하여 아들 라훌라(Rahula)를 출생함. · 성문(城門)앞에서 생노병사(生老病死)를 본 석가는 끝임 없이 출가를 희망, 결국 29세에 시종을 데리고 성을 빠져나가 출가를 결행하여 선정(禪定)과 고행(苦行)으로 수행함.

불교(佛敎, Buddhism)(계속)

구 분	내 용
발생과정 및 주요역사	• 6년 동안을 고행하고, 보리수나무 아래에서 7일 동안의 깊은 명상을 통해서 35세에 득도(得道)함. • 득도하여 부처(올바른 자각(自覺)으로 깨달음을 얻은 사람)가 된 싯타르타는 45년 동안 각 지방을 순회하여 설법(說法)으로 많은 제자를 얻음. • 죽음을 앞두고 가르침을 정리했는데, 이것이 소승불교의 자력구원(自力救援)의 교리가 됨. • 80세인 B.C.387(또는 483)년에 열반(nirvana)함.
한국의 불교	• 372년 소수림왕 때 북중국의 전진에서 승려 순도(順道)를 보내면서 고구려에 불교가 전래됨. • 384년 침류왕 때 인도의 승려 마라난타에 의해 백제에 전래됨. • 417년 눌지왕 때 고구려의 승려 묵호자(墨胡子)에 의하여 전래됨. • 고려는 숭불정책(崇佛政策)으로 불교가 흥왕하여 불교문화가 꽃피움. • 조선은 숭유억불정책(崇儒抑佛政策)으로 불교가 억제, 위축됨. • 1906년 최초의 근대적 교육기관인 명진학교(明進學校)가 설립됨(동국대학교 전신).

종 파	• 소승불교(小乘佛敎, Hingayna) : 스리랑카, 미얀마, 타이, 라오스, 캄보디아 등, 동남아시아에 분포함.
	  ① 부처의 가르침대로 철저한 자기훈련과 자기 수양을 통해 스스로 열반에 이르러야 함.
	  ② 부처는 고뇌를 피하는 방법을 가르쳐 준 선생일 뿐임.
	  ③ 아라한(고뇌를 없이하고 고상한 지혜를 얻어 세상 사람의 공양을 받을 만한 성자)이 되는 것이 소승불교의 목적임.
	  ④ 부처의 언행을 연구하며 그것을 본받아 해탈을 얻는 개인주의적 인격 도야임.
	• 대승불교(大乘佛敎, Mahayana) : 중국, 한국, 일본, 베트남, 티베트에 분포함.
	  ① 부처를 신적인 존재, 중생을 구원해줄 구주로 숭배함.
	  ② 출가해서 수행하지 않고서도 이 세상에서 진정한 해탈을 얻을 수 있다고 함.
	  ③ 보살사상(菩薩思想)을 강조함.
	• 라마교 : 티벳의 불교로 가장 극단적인 형태를 띠고 있으며, 달라이라마를 숭배함.
	• 선종(禪宗) : 대승불교에서의 한 분파로서 B.C.600년경에 인도의 보데달마(Bodhidha-rama)로 시작되었으며, 명상을 중시함.

불교(佛敎, Buddhism)(계속)

구 분	내 용
주요 가르침	• 삼보귀의(三寶歸依) : 불교도가 되고자 하는 자는 불법승(佛法僧)의 3보에 귀의해야 함. ① 귀의불(歸依佛)-부처는 진리를 깨달은 자임. 불교도는 스스로 부처가 되기를 바람. ② 귀의법(歸依法)-법은 세상을 구원하고 사람을 인도하는 것으로서 여기에는 4체(四諦)와 8정도(八正道), 12인연(十二因緣) 등이 있음. ③ 귀의승(歸依僧)-불교도는 부처의 언행을 배우고 그 교화를 전해야 하는 것임. ④ 삼보귀의의 효과-귀의불은 지옥에 떨어지지 않고(不墮地獄), 귀의법은 아귀에 떨어지지 않고(不墮餓鬼), 귀의승은 생명을 놓지 않게 되는 것임(不墮放生). • 사성제(四聖諦) : 고체, 집체, 멸체, 도체의 4가지가 있음. ① 고체(苦諦)-외고(外苦)와 내고(內苦)가 있음. ② 집체(集諦)-모든 고뇌의 원인은 인간의 탐욕으로 시작되는데, 쾌락을 위한 욕망, 존재를 위한 욕망, 번영을 위한 욕망을 의미하고, 이것을 세분한 것을 108번뇌라고 함. ③ 멸체(滅諦)-불교도가 되면 탐욕을 극복하고 자아를 멸하여 무아의 존재가 될 때 고뇌를 멸할 수 있다는 것, 곧 고뇌의 근원인 업(業)을 멸하여 중생들이 당하는 고를 멸해 주는 것을 말함. ④ 도체(道諦)-고(苦)를 불러오는 집(集)을 멸하는 수단을 도제 또는 팔정도(八正道)라고 함. 팔정도는 정견(正見), 정사유(正思惟), 정어(正語), 정업(正業), 정명(正命), 정정진(正精進), 정념(正念), 정정(正定)을 의미함. • 삼법인(三法印) : 이 세계를 이루는 세 가지 법이란 의미임. ① 제행무상인(諸行無常人)-세상에 존재하는 것은 영원불변한 것이 없으며 무상(無常)함. ② 제법무아(諸法無我)-인간은 항상 변하는 현상적 존재이며, 세상에 존재하는 모든 법도 생멸을 거듭하여 세상에는 상주 불변하는 것은 없음. ③ 일체개고(一切皆苦)-세상의 모든 것은 무상성(無常性)에 대한 괴로움으로 고(苦)는 고고(苦苦, 육체), 괴고(壞苦, 정신적), 행고(行苦, 현상의 법)가 있는데, 행고는 깨달은 선자(先者)에게는 고가 아니나 미혹하는 범부에게는 일체의 현상이 고임. ④ 열반적정(涅槃寂靜)-위의 현실 세계의 세 가지에 대한 이상 세계를 열반(涅槃, Nirvana)이라고 하는데, 열반적정은 무고안온(無苦安穩)의 이상경이며 깨달은 사람의 마음의 상태를 가리킴.

불교(佛敎, Buddhism)(계속)

구 분	내 용
주요 가르침	• 오온설(五蘊說) : 신체를 구성하는 요소들(色)과 신체의 감각 기관인 육근(六根)-안근(眼根), 이근(耳根), 비근(鼻根), 설근(舌根), 신근(身根), 의근(意根)-을 통하여 느끼는 수(受, 느낌), 상(想, 생각), 행(行, 의지적 작용), 식(識, 식별)을 오온설이라고 함. 오온은 항상 변하는 무상이며, 이에 대한 집착과 번뇌를 끊을 때 진정한 열반에 도달할 수 있음.

< 교 리 >

구 분	내 용
예 배	• 조상(彫像)이라 화상 앞에서 예배하는 것처럼 보이는 행위는 존경심을 표현하는 것임. • 불교에서 참선은 사람의 호흡, 자신의 태도, 보살들을 초점으로 함. • 참선의 목적은 자신을 욕망과 이기심에서 해탈시키는 것임. • 몇몇 종파에서는 보살이 자신의 공덕을 자기에게 간구하는 자에게 전이(轉移)시켜서 그로 하여금 열반에 이르도록 도울 수 있다고 생각함.
신 론	• 절대적인 하나님 개념이 없음. 부처는 하나님의 존재를 전적으로 부인하지는 않았지만 신의 존재에 대한 질문은 인간을 교화되지 못하게 하는 경향이 있다고 함. • 부처는 자신이 신성을 지녔거나, 자신의 가르침이 신적인 기원을 가진 것이 아니며 가르침의 강 저편에 도달하면 버려야하는 뗏목에 비유함. • 많은 불교 신자들은 이승에서의 고통과 악의 존재는 바로 하나님을 믿음을 배치(背馳)하는 증거하고 생각함. • 대승불교는 부처의 개념을, 인간을 위해서 상존(常存)하는 것으로 발전시켰고, 많은 반(半)신적 존재들, 곧 보살들의 존재를 주장함.
창조론	• 세계의 기원과 궁극적인 본질은 부처에 의해서 설명되지 못함. 대승불교는 별 체계 없이 방대한 일련의 하늘, 열반에 이르는 노중(路中)에 있는 중간 처소의 종류들을 생각함. 그러나 결국 마지막에 있어서는 이 하늘조차도 환상임.
인간론	• 불교는 현상세계, 특히 인간세계에 대한 분석으로 시작되는데, 환생(還生)은 고통을 통해서 사출(射出)된 것으로 봄. 그것은 인간의 생(生)자체가 무상함을 특징으로 하고 있기 때문임. • 부처는 인간을 포함하는 모든 피조물은 허구하고 생각함. 나(我)는 없으며, 오직 개별적인 사람들과 사물들로 나타내는 일련의 우연만이 있기 때문임.

불교(佛敎, Buddhism)(계속)

구 분	내 용
구원론	• 인간의 구원을 가로막은 장애물은 죄가 아니라 무지라고 봄. 세계와 자아가 실제로 존재하고 있다는 확신 때문에 윤회하는 환상적인 굴레가 계속된다고 보며, 이 확신을 깨뜨려 버림으로 이러한 세계의 그릇된 순환을 멈출 수 있다고 생각함. • 불교의 교리는 사성체(四聖諦)로 요약되는데 ①생(生)은 고(苦)요 ②고(苦)의 기원은 탐욕 때문이요 ③이것에서 해탈하는 길은 욕심을 버림으로써만 가능하고 ④욕심을 버리고 윤회에서 벗어나는 것은 팔정도(八正道)로 불리우는 부처의 수행을 따름으로 가능함. • 부처와 소승불교는 절제와 참선을 통하여 탐심으로부터 벗어날 수 있음. • 대승불교는 자기 개인의 구원을 위해서만 애쓰는 수도의 이상은 이기적이며, 대부분의 사람들을 위하여 거의 아무런 유익도 주지 못한다고 생각함. 방대한 수의 불타와 보살들을 두었는데, 이들은 자기네들에게 도움을 구하는 사람들에게 구원에 이르는 도움을 줄 수 있다고 함. • 열반은 문자적으로 마치 촛불을 끄는 것처럼 '꺼버리는 것(blowing out)'이며, 그 열반은 초월적이고 영원한 상태임.
도덕론	• 불교의 일반신도는 오계(五戒), 즉 살생을 금하고, 도둑질하지 않으며, 부정한 육체관계를 맺지 않으며, 그릇된 말을 하지 않으며, 마약이나 술을 금하는 것임. • 수도승과 여승들은 절제된 금욕주의를 지킴. • 불교의 원래 가르침과 소승불교의 교훈은 참선과 극기(克己)를 위해 헌신하는 본을 보여줌으로써 그들의 이웃을 도울 수 있다고 함. • 대승불교는 긍휼을 강조하는데, 그것은 비록 그러한 도움을 통해서 열반에 이르게 할 수는 없을지라도 이웃의 삶의 모든 영역에서 그들을 돕는 것을 포함함.

(6) 힌두교(Hinduism)

< 개 요 >

구 분	내 용
명 칭	• 힌두교(Hinduism), 힌두인들은 힌두교나 힌두종교라는 명칭이 아니라 윤회로부터 해탈에 이르는 '사나타나 다르마(Sanatana Dharma, 영원한 법 또는 진리)'와 '사다나(Sa-dhana, 최고의 목표에 도달하는 길)'라고 부름. • '힌두의 힌두적인 삶과 사고방식'이란 의미의 '힌두 다르마(Hindu dharma)'를 많이 사용함.
특 성	• 다신교-시바, 비쉬누 등 수많은 신들이 존재함. • 범신론적 사상-브라마(우주창조), 비쉬누(유지), 시바(창조를 위한 파괴)가 각 영역을 담당하는데, 이 셋이 함께한다는 삼신일체설(三神一體說)을 발전시킴. • 다양성을 인정하면서도 통합성을 유지함. • 사상적 포용성을 가짐. • 인도의 철학과 밀접한 상호 관계를 가짐.
기 원 및 발전과정	• B.C.1,800~B.C.2,000년경 북서쪽 유목민인 아리안족(Aryans)이 인도에 유입되어 갠지즈강 중류에 정착함. • 아리안족은 자기들의 유일신 디아우스(Diaus) 신앙을 인도 전래의 다신교(多神敎)적 관념에 융합시켰고, 차별적 신분 개념인 카스트 제도(Caste system)라는 독특한 사회 제도를 형성함. • '카스트'는 포르트칼어인 카스타(Casta)에서 유래된 '혈통'을 뜻하는 인도어임. • 인도의 원주민 드라비다족에게도 통치자, 사제, 상인, 농노의 구별이 있었으나 아리안족의 유입 이후 B.C.1,000년경부터 구체적인 4성(四性) 제도로 확립됨. • 4성은 사제 계급인 브라만(Brahman), 왕족과 무사 계급인 크샤트리아(Kshatriya), 서민 계급인 바이샤(Vaisha), 노예계급인 수드라(Sudra)로써 출생과 더불어 숙명적인 제도로 일생을 좌우함. • 힌두교는 오랜 세월을 거치면서 수많은 종파를 수용하였고, 주물 숭배, 주술, 악령 신앙을 흡수하면서 혼합 종교적인 특성을 가지게 되었고, 신성한 것이라면 무엇이나 받아들이는 관용성을 가지고 있음.

힌두교(Hinduism)(계속)

구 분	내 용
경 전	• 베다(Veda) : 최고의 경전으로 구전되던 것이 B.C.1,400년경 산스크리트어로 집성됨. ①주요 내용은 주문과 제문, 예배의식에 쓰이는 찬가와 기도문임. ②신에 대한 찬송인 만드라, 예배의식의 지침인 브라마나, 진리를 가르치는 우파니샤드로 구성됨. • 우파니샤드(Upanishads) : 베다 속의 우파니샤드와 구분하여 신(新)우파니샤드라고 부르는 경전으로 B.C.800년부터 약 200년간 힌두교의 스승들에 의하여 제자들에게 비밀스럽게 전수됨. • 마하바라타(Mahabharate) : 호전적인 부족인 바라타족의 활동과 역사를 그린 대서사시로 10만개 이상의 노래가 18장(章)으로 구성됨. • 라마야나(Ramayana):라마의 기행이라는 뜻으로 비쉬누의 신봉자인 라마(Rama)왕의 일대기를 다룬 서사시임. 발미키(Valmiki)라는 선인(仙人)이 기록했으며 7편에 걸쳐 3만 4천여 개의 노래로 구성됨. • 바가바드 기타(Bhagarvad Gita) : '성스러운 신에 대한 송가'라는 뜻으로 신에 대한 믿음과 실천이 신의 은총을 받을 수 있다는 내용으로 반(反)카스트적이며 비정통 브라만교 사상을 나타냄. • 푸라나(Purana):고전(古典)이라는 뜻이며, 신들에 대한 설화와 악마와 조상들에 대한 전설이 포함되어 있음. A.D.5세기에 기록됨. • 샤크타교의 탄트라(Tantra), 시바교의 아가마(Agama)가 있음.
주요종파	• 베다교(Veda) : 힌두교의 가장 오래된 형태로 아리안족이 가지고 왔음. 베다(Veda)라고 알려진 경전에서 유래했는데, 경전은 지금은 4개의 단편만이 남아있음. • 브라만교(Brahman) : 베다교가 점차 성장하여 형성됨. 사제 계급인 브라만, 혹은 그들이 숭배했던 최고신 브라마의 이름을 따서 브라만교로 불리움. 베다교와 함께 힌두교 최대 종파를 이룸. • 비쉬누교(Vishnu) : 베다교가 발전하는 과정에서 신앙을 다소 달리하는 집단들이 분리되어 형성됨. 이 종파는 비쉬누와 여러 화신(化身)들에 대한 숭배를 위주로 함.

힌두교(Hinduism)(계속)

구 분	내 용
주요종파	• 시바교(Siva) : 시바를 지고(至高)의 존재로 섬김. 베다교 이전 시대부터 존재하던 인도 대륙원주민들의 자생적(自生的) 금욕주의 신앙집단으로부터 시작됨. 생식기를 숭배하는데, 시바신의 배우자는 우마, 두르가, 칼리 등으로 이 여신들과의 성애(性愛)를 중시함. • 탄트라교(Tantra)와 샤크타교 : 성기숭배와 여신숭배가 관련되어 성력(性力)을 숭배하는 종파임. • 시크교(Shikh) : 나아낙(Nanak, 1469-1538)에 의하여 창시됨. 이슬람도 없고 힌두도 없다고 하면서 힌두교와 이슬람교를 혼합, 조화하여 유일의 신 '사트남(Satnam)'을 주장하며 업(業)에서 해방되는 것을 구원이라고 함.
주요개념	• 업(業, Karma) : 본래 '행동'의 의미였으나 점차적으로 인과(因果)의 연쇄적 관계하에 놓인 행동을 뜻하게 되어 불교에서도 주요한 개념이 됨. 인간의 숙명성과 행위에 대한 사회적 책임을 규정하는 역할을 함. • 윤회(輪回, Samsara) : 인간이 이생에서 쌓은 업(보)에 따라서 끊임없이 세상에 다시 태어난다는 지속적 재생을 의미함. • 달마(Duty) : 자기의 본분을 지키는 생활 태도로서 이에 충실하면, 시간의 순환 속에서 더 좋은 생애가 약속된다고 믿음. • 해탈(解脫, Moksha, mukti) : 업보(業報)의 굴레에서 인간의 영혼이 해방되어 윤회의 부담에서 벗어나게 되는 상태임. 해탈의 경지는 우주의 본질을 스스로의 지식으로 깨우치는 지나나(jiana), 신들에게 헌신하는 바크티(bhakti), 의식과 예배를 통하여 업적을 쌓는 카르마(karma)의 방법이 있음. • 브라만(Brahman) : 우주 창조의 이치를 카르키는 개념으로 원인과 결과 없이 존재하고 사물의 외부나 내부에 존재하는 것이 아닌 신비한 법(法)을 말함. • 호흡, 영혼(Atman) : '삶의 원리', 또는 '하나로 간주되며 몸의 분리된 구성체들에 반대되는 인격 혹은 전체적인 몸'을 의미함. 인간은 소우주로 자신을 앎으로 대우주의 본질을 파악할 수 있다고 생각함.

힌두교(Hinduism)(계속)

구 분	내 용
현대의 힌두교 운동	• 브라모 협회(Brahmo Samaj) : 람 모함 로이(Ram Moham Roy, 1773-1833)에 의해서 창설됨. 기독교와 서구의 도전에 대하여 힌두교의 유일신을 옹호하고 다신교적 성격과 우상숭배 제거에 노력하고 인도 사회의 악습제거에 노력함. • 아리아 협회(Arya Samaj) : 다얀안다 사라스와티(Dayaanande Sarasvaii, 1824-1883)에 의해서 1875년 봄베이에서 창설됨. 신상(神像) 숭배, 아바타라에 대한 믿음은 타락이므로 베다로 돌아갈 것을 주장하고 타종교로 개종한 사람을 다시 개종시키는 슈디(Shuddi) 운동을 주창함. • 신지학회(神智學會) : 1875년 러시아인인 H.P. 블라바츠키와 C.H.S. 올코트에 의하여 뉴욕에서 창설됨. 1882년 인도로 유입되어 차별 없는 사회와 피부색의 구분을 없애는 보편적인 인류애의 형성을 목적으로 함.

< 교 리 >

구 분	내 용
예 배	• 모든 종류의 성스러운 사물이나 사람들과 접촉함으로 어떤 영적인 점수(points)를 딸 수 있다는 마술적이고 율법적인 개념을 가지고 있음. 교육받지 못한 사람들이 가족신(家族神)의 형상과 지방신(地方神)의 화상(畫像)을 가지고 있음. 어떤 강들(특히 갠지스 강)은 거룩하다고 생각하여 거기서 목욕하면 자신의 카르마를 개선할 수 있다고 생각함. • 지식적인 힌두교도들도 경전을 암송하고 영창하며, 설화를 연극과 노래로 공연하고 성인들을 공경함.
신 론	• 많은 신들과 신들의 화신(化身)을 섬기고 있음. 신성의 창조적인 모습과 파괴적인 모습을 한 시바(Shiva)와 인간에게 구원의 메시지를 전하는 비쉬누(Vishnu), 자비로운 왕 라마, 충동적이고 격정적인 크리쉬나 등이 있음. • 힌두교의 신은 비도덕적이기도 하고 인간에게 요구되는 도덕적 제약으로부터 해방되어 종종 성(性)을 묘사하는 조상(彫像)으로 표현됨. • 작은 종파들은 다양하고 복잡한 신들을 섬기고 있는데, 그 신들 모두는 지고(至高者)인 브라만(Brahman)의 현현(顯現)으로 여겨짐. • 많은 힌두교인들은 브라만을 인간의 구원을 소망하는 인격적인 사랑의 신으로 보는데, 통상적으로 브라만은 지고자로서 모든 피조 세계위에 완전히 초월하여 지상의 삶에 관여하지 않는 비인격적인 존재로 묘사됨.
창조론	• 물질적인 우주는 인격적인 하나님의 창조로 된 것이 아니며, 오히려 신적인 것으로부터의 일종의 무의식적인 유출로 말미암은 것임. • 우주는 시작이 없는 존재이며, 따라서 끝이 없다고 말할 수 있고 또한 비실재적인 존재로서 환상적임. • 우주는 맥동(脈動)하고 있으며, 40억년을 주기로 재창조되는 것으로 보고 있음. 세상은 이러한 주기들의 거대한 시리즈이며 각자의 주기는 전의 것의 복제판에 불과함.

힌두교(Hinduism)(계속)

구 분	내 용
인간론	• 인간은 거대하고 환상적이며 피곤한 우주에서 어느 한 역할을 하도록 강요되고 있으며, 각 사람의 영혼은 시작이 없고 일련의 환생을 겪어 왔음. • 인간에게 있어서 모든 현존하는 고통은 받아 마땅한데, 이는 전생에서 행한 업(業)의 누적, 즉 그의 카르마(Karma)를 되갚는 것이기 때문임. • 현존하는 악(惡) 역시 내생(來生)에서 고통의 형태로 정확하게 갚음이 될 것이므로 사람을 고통의 문제에서 구할 필요가 없다고 생각함. • 생(生)은 근본적으로 고통스러운 것이며 세상적인 즐거움도 일시적으로 가면을 쓴 괴로움으로 가득 찬 것임. 이러한 비실재와 비참함 아래 있지만, 인간의 영혼은 지고자인 브라만과 여일(如一)한 것인바 그에게는 슬픔 많은 우주의 어떤 부분도 없음.
구원론	• 구원의 최종적인 목표는 출생과 죽음, 그리고 환생의 끝없는 순환으로부터 벗어나는 것임. 순환에서 벗어난다는 것은 전 존재가 브라만이라는 상상할 수 없는 심연 속으로 해체되는 것을 의미함. • 네요가(四瑤伽), 혹은 구원의 도는 ①이나나 요가(jnana yoha)-인식의 도(道)는 우주의 실재적인 본질을 이해하기 위하여 철학과 인간의 마음을 이용함. ②바그티 요가(bbakti yoga)-헌신과 사랑의 도(道)는 신적인 존재들을 무아의 경지에서 유익과는 무관하게 일을 함으로 구원을 찾아가려 힘씀. ④라야 요가(raja yoga)-왕의도(royal road)는 요가의 명상술을 이용함. • 최종적인 구원을 얻기까지 많은 화신(化身)을 겪게 된다고 생각함. 몇몇 종파는 자비로운 신이 여러 번 화신하는 과정을 빨리 통과하도록 한다고 생각함.
도 덕	• 누구든 엄청난 환생을 겪으므로 대부분의 사람들이 영적인 진전의 미흡으로 평범한 수준의 삶을 이어가게 된다고 생각함. 사람이 영적으로 성숙하게 되면 실재의 온전한 포기에 근접하여 부(富)와 이성(異性)에 대하여 포기하고 수도승의 길을 가기도 함. • 인생의 과정이 어느 단계에 있든 간에 "너의 수고의 열매를 포기하라"는 가르침을 최상의 율법으로 인식하고 있음. • 여러 세기를 거치면서 환생과 카르마 개념은 대다수의 국민들을 가난과 굴종으로 몰아넣었던 카스트 제도를 지지해 주는데 사용됨.

힌두교(Hinduism)(계속)

구 분	내 용
인도 철학과 힌두교	• **인도철학의 시작** - B.C. 15세기경 인더스강 유역에 침입한 아리안족이 형성한「베다」에서부터 시작됨. •「베다」- 신화적 요소와 철학이 담겨져 있는 인류역사상 가장 오래된 문헌. •「브라흐마나」가 형성 - B.C. 10세기경 브라흐만을 최고 원리로 하는 베다의 하나임. •「우파니샤드」가 형성 - 브라흐만계급을 최고 계급으로 하는 카스트제도가 확립되면서 브라흐만교가 성립, 그 후 이를 더 깊이 체계화 한 것임. • **육파철학** - B.C. 3C - A.D. 1C: 정통 브라흐만 철학, 인도철학의 정수. • 육파: (1) 상키야 학파(數論學派) (2) 요가 학파 (3) 미맘사 학파(前思惟學派) (4) 베단타 학파(後思惟學派) - 바다라야나(Badarayana)가 일으킨 것인데,「우파니샤드」를 연구, 실행하는 학파이다. 유일한 정신적 실재인 브라흐만에서 허공→공기→불→물→흙이 생기고 이 오원소(五大)가 만물을 이루는 것이라고 함. 개별적인 아트만은 브라흐만에서 비롯된 것으로 윤회를 계속하고 있음. 윤회로부터 해탈하는 것이 인생의 목적인데, 이 목적달성을 위해서는 요가수행이 필요하다고 함. (5) 바이세시카 학파(勝論學派) (6) 니냐야 학파(正理學派) 등 임. • **인도철학에 큰 공헌한 3대 학파** - 상키야 학파, 요가 학파, 베단타 학파. • **인도철학의 특징** - (1) 염쇄적, 사색적, 인종적이며, 이는 인간존재에 대한 관심의 반영임. (2) 인도철학의 경향성은 서양철학과 다름. ① 인도철학 경향성 - 윤회로부터 해탈로 삶의 노정 그 자체임. 또한 인도철학은 전 시대의 철학을 부정하지 않고 전통과 새로운 사상을 병행하므로 그 생명을 유지하는 것이 특징임.② 서양철학 경향성 - 지(知)의 탐구에 있으며, 특질은 전 시대의 철학을 부정하는 것임. • B.C. 3세기 후 육파철학 중에 베단타학파(힌두교의 이론적 지주)와 브라흐만교가 결합, 힌두교라는 새로운 종교로 발전하여 인도의 민족종교가 되었음.. • 주신으로 브라흐마(Brahma:창조신)·비슈누(Vishnu: 유지신)·시바(Siva: 파괴신)를 숭배하면서도, 이외에 종파마다 특정한 신을 숭배하지만 배타적인 경향이 적어, 다른 여러 신을 모두 존경함. • 힌두교 사상의 밑바탕이 되는 우파니샤드 철학의 핵심은 범아일여(梵我一如) 사상임. 즉 전체는 개체를 떠나지 아니하고 개체는 전체를 떠나지 아니하는 一如不異 관계에 있다고 보는 것임. 이는 "당신은 神이다" 하는 말이 됨. • 힌두교는 그 교리가 모든 계층에 쉽게 이해될 수 있어서 불교를 압도하고 인도 전역에 전파되었음. • 힌두교가 성립된 이후 인도에서 자이나교와 불교는 쇠퇴하고 힌두교가 인도인의 종교로 뿌리를 내렸음.

(7) 유교(儒敎, Confucianism)

< 개 요 >

구 분	내 용
명 칭	· 유교(儒敎, Confucianism) · 인의도덕교(仁義道德敎)
창시자	· 공자(孔子, B.C.552-B.C.479)
공자의 생애	· 공자는 B.C. 551년(주영왕, 周靈王 21년) 노(魯)나라 창평향 추읍(산동반도 남쪽)에서 부친 숙량흘(叔梁紇)과 모친 안징재(顔徵在) 사이에서 출생함. · 어렸을 때 공자의 이름은 구(丘)라 하고 자(字)는 중니(仲尼)였음. · 공자의 이름과 관련하여 공(孔)의 성(性) 다음에 존경의 상징인 자(子, 학덕과 지위가 높은 남자의 별칭)를 붙이거나 자(子) 대신에 부(夫)를 넣어 부자(夫子)라고 하는 것은 선생님으로서의 존칭을 표한 것임. 영어권의 Confucius라고 부르는 것은 공부자(孔夫子)의 음역임. · 19세에 결혼, 아들 공리(孔鯉)를 출생함. · 공자의 관직은 19세에 노(魯)의 위리(委吏)라는 관직, 21세에는 승전리(乘田吏, 가축을 기르는 직책), 51세에는 중도재(中都宰, 중도를 다스리는 벼슬), 53세에는 국토를 관장하는 사공(司空), 54세에는 나라의 법을 다스리는 사구(司寇), 55세에는 재상(宰相)을 맡음. · 55세부터 자신의 정치적 이상을 실현하기 위하여 13년 동안 유랑함. · 68세에 다시 노(魯)에 돌아와 역경(易經)을 공부하였고, 전통에 입각한 새로운 교육체제를 세우고 젊은이들을 가르침. · 학문에 뛰어난 공자를 따르는 제자가 3,000이 되었고, 그 중에서 10제자가 특별히 뛰어남. · 69세에 아들 공리와 제자 안연(顔淵)이 사망함. · 74세에 죽어 그의 고향 사수(泗水) 근처에 매장됨.
발전과정 및 역 사	· 주대(周代) 이전에도 유교의 근본적인 개념은 존재하였음. · 상(商, B.C.1766-B.C.1222) 시대에 유교 정치사상의 중심인 천(天)과 지상의 집권자인 천자(天子)의 개념 등 기본적인 개념이 태동하고 있었음. · 공자는 당시 정치, 도덕, 사회적으로 몰락해 가는 국가 사회의 기강을 확립하기 위하여 유교의 기틀을 마련했다고 함. · 인(仁)을 중시하는 고자는 인의 근본이 가족 윤리에서 시작하여 인간 사회의 질서와 조화적 결합을 추구하는 원리라고 주장함.

유교(儒敎, Confucianism)(계속)

구 분	내 용
발전과정 및 역 사	• 선한 본성에서 나오는 덕치(德治)를 강조하는 왕도론(王道論)을 정치윤리로 제시함. • 맹자는 내면적으로 심화된 정치 이론과 인간 본성에 대한 성선설(性善說)을 주장하여 유교의 기틀을 확고히 함. • 순자(荀子, B.C.298-B.C.238?)는 맹자에 반대하는 성악설(性惡說)을 주장하여 예(禮)에 의한 수양을 강조함. • 춘추시대(春秋時代)에 공자, 맹자 등을 통하여 기틀을 마련함. • 진(秦)의 시황제(始皇帝, B.C.259-B.C.210)에 의하여 분서갱유(焚書坑儒)의 박해(B.C.213년)로 학문이 퇴보함. • 한(漢)의 무제(武帝, B.C.140-A.D.87) 때에 오경(五經)이 관리의 필독서가 되면서 융성함. • 2세기 통일 중국의 붕괴로 도학(道學)이 융성함. • 당(唐)의 한유(韓愈, 768-824)에 의하여 유교 회복됨. • 남송(南宋) 시대에 주자(朱子, 1130-1528)에 의하여 주자학(朱子學)으로 집대성됨. • 명대(明代)에 왕양명(王陽明, 1472-1528)에 의하여 지행합일(知行合一)의 양명학(陽明學)으로 발전됨. • 청대(靑代)에 실사구시(實事求是)를 표방하는 고증학(考證學)으로 발전함. • 근대 이후 몰락하였다가 현재의 중국에서 다시 부활되고 있는 상태임.
한국의 유교	• 한국에 유교가 전래된 연대(年代)는 확실치가 않음. • 고구려(高句麗) 영양왕 11년 대학(大學)을 설치, 이문진(李文眞)을 박사로 하여 유교를 장려함. • 고려(高麗) 태조(太祖) 6년 경학박사를 두고 유교를 장려함. • 성종(成宗) 때는 유학자 최충(崔冲)이 제자를 훈련함. • 충렬왕(忠烈王) 때는 7사람을 교수국자(敎授國子)로 두어 경사(經史)를 가르치게 하여 유교를 장려함. • 충숙왕(忠肅王)때에 이성(李晟)을 성균제주(成均祭主)로 임명, 정몽주(鄭夢周)는 예문관 제학으로 임명되어 주자(朱子)의 가례(家禮)를 보급하였고, 사당(祠堂)을 만들어 선사(先祀)의 신주(神主)를 모심. • 조선시대(朝鮮時代)에는 숭유억불정책(崇儒抑佛政策)으로 유교가 활기를 띠게 됨.

유교(儒教, Confucianism)(계속)

구 분	내 용
한국의 유교	• 성종(成宗) 때는 왕이 성균관에 행차하여 공자에게 제사를 지냈고, 명종(明宗) 때는 성균관 대학에 행행(幸行), 유교를 장려함. • 선조(宣祖) 때에는 퇴계 이황(李滉)과 율곡 이이(李珥) 같은 대학자를 배출함.
경 전	• 사서(四書) : ①논어(論語)-공자의 제자들이 편집한 20편 1권의 정치, 도덕에 관한 문답집. ②맹자(孟子)-맹자(孟子,B.C.372-289?) 자신이거나 그의 제자들이 쓴 책으로 공자의 교훈을 주석하고 변증한 내용임. ③중용(中庸)-공자의 가르침을 그의 손자 자사(子思)가 정리한 책임. ④대학(大學)-공자의 제자인 증자(曾子, B.C.506-B.C.436)의 저술로 밝은 덕을 밝힘(明德), 백성을 새롭게 하는 것(新民), 최고의 선에 머무름(至善) 등 삼덕(三德)을 통한 수신제가치국평천하(修身齊家治國平天下)의 바른 정치를 가르침. • 오경(五經) : ①시경(詩經)-중국 고대의 3,000여 편의 시(詩) 중 공자가 자신의 사상과 합치되는 311편만을 골라 제자들에게 읽히도록 편집한 피지배층 교육서임. ②서경(書經)-고대의 역사와 전설에 근거한 고자의 정치적 교훈서임. ③역경(易經)-주역(周易)이라고도 하는데, 8괘(八卦)의 점을 치는 역서(易書)로 우주의 변화를 팔괘의 원리로 설명하고 있음. ④예경(禮經)-주례(周禮)와 의례(儀禮), 예기(禮記)의 세책을 합쳐 놓은 것임. ⑤춘추(春秋)-공자의 자필 저술.
기본적 교의	• 오륜오상(五倫五相) : 삼강오륜의 신분 혈연적 관계를 인륜질서로 보고 가족 조직에서 정치체제까지 관철하는 구체적 규정을 구비함. 이러한 인간관계를 지지하는데 필요한 도덕이 오상(仁, 義, 禮, 智, 信)이며, 그 습득을 위한 인간론, 의식론이 반복됨. • 수기치인(修己治人) : 오상을 수양하고 오륜 질서의 실현에 노력하는 부단한 교화가 통치층 사인(士人, 君子)의 임무임. • 천인합일(天人合一) : 맹자, 순자를 거친 유가사상은 인(仁), 예(禮), 즉 안과 밖의 세계를 모두 천(天, 자연의 이법)에 근거 지으며, 맹자는 천의 부성의 실현을 인간의 선으로 보고, 순자는 인간의 예(禮)의 체계를 천에 합치해야 하는 것으로 봄. • 세속적 합리주의 : 이들 교의(敎義)는 정교적 문명을 포괄하는 고성(古聖)의 길로서 기록한 경서(經書)에 서술되며, 한대(漢代) 춘추학(春秋學)의 명분주의와 음양오행사상이 더해져서 고대 제국주의에 적용되며 역전(易典)의 우주론에 의해서 삼강적 가부장제의 관념이 무한하게 확대되어 국교로 성장함.

유교(儒敎, Confucianism)(계속)

구 분	내 용
주요한 개념	· 군자(君子) : 고상한 사람으로 겸양, 넓은 도량, 정직, 근면, 정중함을 행할 수 있는 사람임. · 덕(德) : 문자적으로는 '힘'이지만 외부적인 완력 이상의 것으로, 요(堯)와 순(舜)이 덕으로 다스린 자의 모범임. · 예(禮) : 예의범절, 공경심, 공손함, 제사 등을 말하며, 이상적인 행실의 모범을 말하기도 함. · 악(樂) : 음악, 시, 예술적인 재능 등을 포함하는 평화의 예술임.

< 교 리 >

구 분	내 용
신 론	· 다신론적인 범신론(조상신, 귀신, 천신, 백신, 만물, 천체의 신 등)임. · 하늘(天)의 개념이 주로 상제(上帝)로 표현되는데, 상제는 천상에서 제왕을 통제하고 인간의 길흉화복을 지배함. · 상제는 인격성과 초월성 및 내재성을 가지나 매우 모호함.
인간론	· 인간은 천지(天地)의 중간에서 이 둘을 매개하는 가장 이성적이고 존엄한 존재임. · 천지의 조화에 참예하는 존재로서 단지 생물학적 인간이 아니라 윤리적인 존재로서 성실성이 요구됨.
귀신론	· 무속(巫俗)적인 관점이 많이 유입되어 무속과 공통성과 공존성을 가지고 있음. · 사람의 신령성을 강조함. 사후(死後)의 혼(魂)은 세상 속에 배회하면서 4대(代)까지 존재하며 생자(生者)와 접촉을 가지며 그 혼이 서서히 하늘로 돌아간다고 생각함. · 죽은 조상을 숭배함으로 후손들이 복을 받는다고 함. · 사람이 죽으면 혼은 올라가 신이 되고 형체는 땅으로 돌아가 양신이 되며, 형체의 주재인 넋은 귀(鬼)가 된다고 함. · 귀신은 인격신이 아니고 덕성(德成)이라고 보며 따라서 인간 그 자체가 덕성을 갖춘 생존신(生存神)이라고 주장함.
우주론	· 역경(易經)에 상하사방을 가리켜 우(宇)라고 하고 시간을 주(宙)라고 함. · 우주는 그 자체에서 시공이 질서 있게 운행되는 것을 의미함. · 인간이 천지의 중심이며 소우주임.
윤리론	· 인(仁)을 비롯하여 군자(君子), 정명(正名), 덕(德), 예(禮), 악(樂)이 중심이 됨.
구원론	· 논어(論語) 9권 자한(子旱)편 2장에 구세주의 재림에 관한 구절이 있다고 주장함.
내세관	· 현세 중심의 삶을 강조하고 내세(來世)에 대하여는 침묵함. · 조상숭배나 음덕을 강조하는 것으로 보아 죽음 이후의 세상이 있음을 알고 강조함.

(8) 도교(道敎, Taoism)

< 개 요 >

구 분	내 용
명 칭	· 도교(道敎, Taoism)
창시자	· 노자(老子, B.C.604-B.C.570)
경 전	· 노자(老子)의 도덕경(道德經) · 장자(莊子, B.C.365?-?)의 장자(莊子) · 갈홍(葛洪)의 포박자(抱朴子) · 상청파(上淸派)의 대동경전(大同經典), 황정경(黃庭經)
발전과정 및 역 사	· B.C.206-220에 농촌 사회에서 민간 도교가 등장함. · 2세기초 태평도(太平道)와 그보다 늦게 태동한 오두미도(五斗米道)의 성립으로 본격적인 종교종단으로서의 형태를 갖춤. · 진대(晉代, 265-420)에 이르러 갈홍(葛洪)이 교리를 확정함. · 갈홍은 자신의 저서 포박자(抱朴子)에서 점성술과 연단술(煉丹述), 귀신 구사술 등을 집대성하여 도교 발전의 전기를 마련함. · 5세기 초에 구겸지(寇謙之, 363-448)가 불교에서 과의(科儀=의식)와 재초(齋醮=기도법) 등을 받아들여 신천사도(新天使道)를 설립함. 도교 사원이 새기면서 불교의 수도승과 비구니에 해당하는 도사(道士)와 여관(女冠)이라는 직제가 새기고, 이 시기부터 도교(道敎)라는 명칭이 사용됨. · 5세기 중엽 도홍경(陶弘景, 452-536)이 도교의 신학을 확립하고 신들의 위계표를 작성함. 그의 종파는 모산파(茅山派) 또는 상청파(上淸派)로 불림. · 당대(唐代, 618-907)에는 국가 주도적인 종교가 됨. 황제나 귀족 계급이 도교에 귀의함. · 12세기 여진족의 금(金)이 들어서면서 주술적인 성격이 약해지고 불교와 유교의 교리를 대폭적으로 수용한 전혀 새로운 형태의 교단인 전진교(全眞敎)와 태일교(太一敎), 진대도교(眞大道敎)가 성립됨. 특히 왕중양(王重陽)의 전진교는 선종(禪宗) 사상을 받아들여 성명쌍수(性命雙修, 심신을 함께 닦음)를 실행, 지식 계급의 광범위한 지지를 받음. 왕중양의 후계자인 구장춘(丘長春=長春眞人)은 몽골제국의 칭기즈칸으로부터 전진교를 공인받아 원(元)에까지 영향을 줌.

도교(道敎, Taoism)(계속)

구 분	내 용
발전과정 및 역사	• 원대(元代, 1271-1368)에 도교는 최전성기를 맞이했으나, 그 후 점차 쇠퇴하기 시작 함. • 명대(明代, 1368-1644)에 정부는 도교를 전진교(全眞敎)와 정일교(正一敎) 두 종파로 분리 통제함. • 1949년 중화인민공화국(中華人民共和國) 수립과 문화대혁명(文化大革命, 1966-1976)을 거치면서 다른 종교와 마찬가지로 쇠퇴를 거듭했으나 개혁개방 이후 조금씩 복원되어가고 있음.
분 파	• 전한(前漢) 시대 말에 성립된 분파 : ①태평도(太平道);간길(干吉)에 의해서 성립되어 부수(符水, 부적을 태워서 그 물을 마셔 병을 낮게 하는 의술 행위). ②오두미도(五斗米道);장릉(張陵)에 의해서 성립되었으며, 참회를 특징으로 함. ③천사도(天使道);오두미도의 조직체계를 세운 장릉의 조부인 장도릉을 천사라 부른데서 유래함. • 3세기 전후 생성된 분파 : ①상청파(上淸派);양의(揚義)에 의한 것으로 왕실 중심의 포교를 함. ②신천사도(新天使道);구겸지에 의한 것으로 도교 개혁과 불교로부터 방어적 성격을 가짐. • 당, 송, 금대의 개혁적 분파 : ①태일교(太一敎);소포진(簫抱抮)이 일으킨 것으로 부적, 중도를 존중하며 음주를 삼감. ②진대도교(眞大道敎);유덕인(劉德仁)에 의하여 시작된 것으로 주술행위금지, 신선술과 금단을 멀리하며, 실천적 도덕을 중시함. ③전진교(全眞敎);왕중양이 창도한 것으로 유(儒), 불(佛), 선(仙)의 합일이며, 선(禪)과 접목, 전통적 도교의 장생불사(長生不死)의 사상을 거부함.
도교의 신들	• 전설상의 천자(天子)가 89신, 불교에서 온 신이 33신, 자연신이나 서민신이 31신, 통속 신앙에서 온 신이 79신, 기타 신이 320신이 됨. • ①처음부터 신격으로 받아들여진 신(원시천존 元始天尊, 옥황상제 玉皇上帝 등). ②사상, 철학적 지도자(노자 老子 등). ③ 전설적인 영웅(관우 關羽, 정화 鄭和 등). ④영원한 생명을 얻은 신선(좌자 左慈, 동방삭 東方朔 등). ⑤신화상의 신(황제 黃帝, 신농 神農 등). ⑥자연 숭배의 대상(용왕 龍王, 뇌신 雷神 등). ⑦이야기나 소설의 주인공(손오공 등).

도교(道教, Taoism)(계속)

< 교 리 >

구 분	내 용
우주관	• 우주는 무(無)에서 유(有)로 생겼다고 함. • 무(無)는 도(道)라는 힘에 의하여 이루어졌는데, 이 도가 우주만물 생성의 근원임.
신 론	• 처음에는 무신(無神)적인 관념이었음. • 후대로 내려오면서 수많은 신들이 언급되면서 점차로 다신교적인 색채를 띠게 됨. • 전설상의 천자(天子)가 89신, 불교에서 온 신이 33신, 자연신이나 서민신이 31신, 통속 신앙에서 온 신이 79신, 기타 신이 320신이 됨.
윤리관	• 노자의 도덕경은 도(道)와 덕(德)을 강조하는데, 이것이 생활 실천윤리의 핵심임. • 도의 원리는 무위(無爲)에 두고 있는데, 인간의 온갖 욕심이나 인위적인 마음에서 떠나 자연의 도, 즉 무위의 세계로 두는 것, 그 자체가 인간이 욕심에서 떠난 근원적인 윤리임을 강조함. • 후대에 들어와 유교의 가르침인 충(忠), 효(孝)를 강조함. • 인간의 죄를 감시하는 사과신(司過神)이 있음. • 갈홍이 지은 '포박자'에는 금단술을 통해도 덕(德)을 쌓지 못하면 불사(不死)할 수 없다고 함. • 도교의 개혁파인 전진교(全眞敎)는 청규(淸規)라는 벌칙 규정을 통해서 계율을 철저히 지키게 함.
장생법 (長生法)	• 조식법(調息法) : 숨을 고르게 쉬는 연단으로 10년 동안수행하면 천상세계(天上世界)에 이른다고 함. • 선약(仙藥) : 여러 가지 약을 먹음으로 신체가 변한다고 하며, 나중에는 천신(天神)이 된다고 함. • 방중술(房中術) : 성욕(性慾)을 사용하여 신선(神仙)에 이르는 방법을 말함.

(9) 조로아스터교(Zoroastrianism)
< 개 요 >

구 분	내 용
명 칭	• 조로아스터교(Zoroastrianism), 배화교(拜火敎, Parisis)
창시자	• 조로아스터(Zoroaster, B.C.630-B.C.553?): 출생연도는 B.C.5000년-660년까지의 다양한 설이 있음.
창시자의 일생	• 북페르시아의 아제르바이얀(Azerbaijan)에서 부유한 대상(隊商)인 스피다마 가계의 부르샤스바의 아들로 출생함. • 어려서부터 페르시아 최고의 가정교사에게 교육을 받았고, 15세 때에는 쿠스티(Kusti)라는 성스러운 노끈을 받았다고 함. • 수많은 신(神)들을 섬기는 환경이었으므로 소년 시절부터 종교심이 깊었고 삶과 죽음, 신비에 대한 관심이 각별함. • 20세가 되어서 부모가 맺어준 부인을 떠나서 진리를 깨닫기 위한 종교적인 방랑을 시작함. • 30세가 되었을 무렵에 다이티아(Daitya) 강변에서 사람의 9배나 되는 거인이 나타나 스스로를 '보후 마니흐(Vohu Manah, 선한 생각)'라고 하면서, 물질적인 껍데기를 벗어던지고 순수한 영혼의 옷을 입도록 전능한 유일신인 '아후라 마즈다(Ahura Mazda, 현명한 주)'에게 인도함. • 아후라 마즈다는 조로아스터에게 예언자의 소명을 부여하고 진정한 종교의 도리와 진리를 가르쳐 줌. • 이후 8년 동안 6번의 계시를 받았는데, 그 내용은 선한 생각(Vohu mana), 의로움(Ashu), 나의 충순(忠順, Kshathra)의 기대, 인간의 구원(Haurvatat, 운명), 영혼의 불멸(Ameretat), 조화(調和)임. • 이러한 계시 이후에 악령 '앙그라 마이니우(Angra Mainyu)'의 시험을 받고 이겨냄. • 조로아스터는 이란 동부의 아케메니아(Akaemenia)의 왕조인 비쉬타스파(Vishtaspa)라는 아리아인의 궁정에서 2년간 포교를 했으나 실패하고 사제(司祭)들에게 투옥되기도 함. 그러나 비쉬타스파가 아끼는 흑마(黑馬)의 병을 고친 것을 계기로 풀려나고, 그의 부인 후타오사(Hutaosa)의 도움으로 왕을 신앙으로 이끄는데 성공함. 이후 왕궁을 중심으로 20년간 포교하다가 77세의 나이로 전사함.

조로아스터교(Zoroastrianism)(계속)

구 분	내 용
역 사	• 조로아스터의 개혁 : 당시의 각종 마술을 정리하고, 우상숭배를 제거하려고 시도함. 여러 가지 종교 이론들을 체계화하기 시작함. 유일신 사상을 정립하여 최고 신의 이름을 '아후라 마즈다(Ahura Mazda, 현명한 주)'라고 부름. • 아르사키드 시대(B.C. 1세기) : 조로아스터교가 공식 종교로 인정되었고, 종교 월력이 보급되어 널리 사용됨. • 사산왕조 시대(A.D.3세기-A.D.4세기) : 국교로서 인정되어 크게 번창함. 여러 사본들이 수집되었고, 정경을 확정하는 작업이 이루어짐. • 이슬람 이후의 시대(A.D.635-) : 635년에 사산 왕조의 마지막 왕 야츠데제르드 3세와 이슬람교도들 사이에 일어난 전쟁에서 사산 왕조가 패배하면서 사양길로 접어들게 됨. • 현재는 이란에 1만여 명, 인도와 파키스탄 지역에 10만여 명 정도의 무리가 흩어져 명맥을 유지하고 있음.
경 전	• '지식의 주해(註解)'를 의미하는 '젠드-아베스타(zend-Avesta)'가 있음. • 아베스타는 기원전 400년경에 21권으로 편찬된 것으로 추측되나 알렉산더 왕의 동방정벌 때에 소실된 것으로 추측됨. • 부분적으로 전해지는 아베스타의 내용은 ①야스나(yasna):제의의식에 사용되는 기도송임. ②비스파르드(Vispard):절기에 따라 제사를 드리는데 사용하는 기도문으로 천상 권위자들에게 경의를 표하는 24시간의 기도문이 포함. ③벤디다드(Vendidad):각종 율법과 제사 법전. ④콜다-아베스타(Colda-Avesta):사생활 기도문의 일종. ⑤야슈트(Yasht):고대 이란인들의 역사와 설화가 담겨져 있음.
주요한 실천사항	• 정당한 것, 즉 충만한 진리성, 정의의 실천, 농지 경작을 강조함. • 거짓, 강도, 관개 시설의 파괴, 가축의 약탈을 금지함. • 윤리적 이원론의 종교로 행위와 고상한 윤리생활에 강조점을 둠. • 시체를 '침묵의 탑(Tower of Silence)'에 안치했다가 살이 제거된 뒤에 매장함. • 행위의 종교로 인간은 자신의 운명을 결정할 수 있음. • 악인은 지옥에 가고 선인은 천국에 가게 됨. • 심판 날에는 모든 사람들이 자기의 행한 대로 보응을 받게 됨. • 마지막 날에는 모든 사람이 뜨거운 용광로의 쇳물을 통과하는데, 의인에게는 따뜻한 우유 속과 같을 것임. • 불은 성스러운 것으로 최고 신의 상징이므로 신전에서는 매일 불의 의식이 행하여짐.

조로아스터교(Zoroastrianism)(계속)

< 교 리 >

구 분	내 용
신 론	• 윤리적 유일신으로 '아후라 마즈다(Ahura Mazda, 현명한 주)'를 섬김. • 스스로 존재하는 절대자로서, 유일무이한 높은 신임. • '아후라 마즈다'는 불멸의 신성으로 불림. • '아후라 마즈다'를 돕는 신으로 가축, 동물, 불, 금속, 땅, 물, 식물을 보호하는 7보조신이 있음.
창조론	• '아후라 마즈다'와 악의 신인 '앙그라 마이니우(Angra Mainyu)' 사이의 투쟁 속에서 우주가 생겨났다고 함. • '아후라 마즈다'를 따르는 자는 낙원에, '앙그라 마이니우(Angra Mainyu)'를 따르는 자는 지옥에 갈 것임(이원론적임).
인간론	• 인간은 '아후라 마즈다'에 의해서 창조됨. • 인간 스스로가 취할 선택의 자유를 부여함. • 최초의 인간은 '앙그라 마이니우(Angra Mainyu)'에 의해서 타락함. • 인간은 죽은 후에도 지배자에게 방어적이고 보호적 능력을 갖게 됨.
세계관	• 세계의 역사를 12,000년으로 보고 이를 3,000년씩 4기로 나눔. • 제1기는 아후라 마즈다의 정신적 창조 활동의 시기로서 아후라 마즈다는 영체로 존재함. • 제2기는 물질적 창조의 시기를 말함. • 제3기는 악신(惡神) 아리만이 인간 사회에 나타나 온갖 악을 자행함. 선신(善神)이 창조한 광명에 흑암을, 건강에 질병을, 평화 대신에 전쟁을 선포함. • 제3기 말년에 성자 조로아스터가 세상에 태어나 3,000년 동안 세상을 구원하게 될 것임.
종말론	• 정의의 화신인 '아스트바트-에제타'가 '구세주(Saoshyans)'로서 재림함. • 악한 자들에게는 심판을 거쳐 4단계의 지옥으로, 의로운 자들에게는 그 보상으로 4단계의 낙원으로 들어가게 될 것임. • 최후에는 지옥은 영원히 밀봉되고 악의 신 '아리만(Ahriman)'은 멸절하게 될 것임.

(10) 자이나교(Jainism)

< 개 요 >

구 분	내 용
명 칭	• 자이나교(Jainism) : '승자(勝者)의 가르침'을 의미하는데, 제자들(Jains)이 마하라비와 같은 승리자(Jinas)가 되기를 열망하는 마음에서 유래됨. • 마하비라가 원래 '니가간타(Nigantha)'라는 종파에 들어가서 이를 재정비하고, 그 설(設)을 고치고 자이나교를 성립시킴으로 '나타족 출신의 무리'라는 뜻으로 '니가간타 나타풋타의 자이나교'로 불리움.
창시자	• 마하비라(Mahavira, B.C.540-B.C.468) : 본명은 '나타푸타 바르드하마나(Nataputta Vardhamana)'인데, '대오(大悟)' 이후 '위대한 영웅'의 의미인 마하비라로 존칭됨. • 석가, 공자, 노자, 예레미야, 에스겔 등과 동시대의 인물임.
경 전	• 전체적인 명칭은 '아가마스(Agamas, 교훈들)'인데, 12편으로 구성된 것으로 B.C.514년경에 발라비에서 열린 회의에서 결집됨.
창시자의 일생	• 바이사리(Vaisali, 지금의 비하르, Bihar) 지방에서 출생함. • 아버지는 라자흐(rajah)이며, 호화로운 궁전의 생활을 한 것으로 알려짐. • 보모가 다섯 사람(유모, 옷, 목욕, 놀이, 놀이 장소를 이동시킴)이었으며, 다섯 가지의 감각(소리, 촉감, 맛, 색깔, 냄새)의 쾌락을 느끼면서 호화로운 생활을 함. • 결혼하여 슬하에 딸도 있었음. • 마하비라는 쾌락의 생활에 만족할 수 없었고 인생의 고통과 불행의 문제가 늘 따라다님. • 부모가 타계하자 왕자의 자리를 버리고, 파르쉬바가 설립한 수도원에서 수도자가 됨. • 이후 인도 중부의 마을과 평원을 떠돌면서 12년 동안의 고행을 통해 출생, 죽음, 재생의 사슬로부터의 해방을 추구하여 깨달음을 얻음. • 12년간의 체험을 30년 동안 자신의 추종자들에게 가르쳐 자이나교로 집대성하여 교리화시킴. • 72세 되던 해에 스스로의 단식의례, 즉 살라카(sallakhana)를 행함으로 해탈하여 고통에서 벗어남.

자이나교(Jainism)(계속)

구 분	내 용
역 사	• 마하비라의 30년의 포교는 성공적이어서 1,400여명의 승려가 있었음. • 마하비라의 사후(死後) 마우르야(Maurya)의 찬드라굽타 황제(Emperor Chandragupta) 및 아소카 황제의 손자인 삼프라티(Samprati), 그리고 쿠마르팔라(Kumarpala) 왕 등의 후원으로 교세를 확장시킴. • 찬드라굽타 황제 시대에는 자이나교의 중심지가 벵골라였고, 후에는 구자라트로 이전됨. • 삼프라티 때에는 아프가니스탄에 전파되었고, 쿠마라팔라 시대에는 구자라트의 국교가 됨. • 쿠마라팔라 사후 이슬람의 침공으로 쇠퇴의 길로 접어들게 됨. • 주요 종파는 백의파(白衣派, 흰옷을 걸치고 다님)와 공의파(空衣派, 무소유의 교리를 신봉하여 나체로 수행함)가 있음. • 현재 인도 전역에 180만 명의 신도가 있음.

<교 리>

구분	내용
신 론	• 초기 마하비라는 초월적 존재에 대하여 알려고 하거나 예배하며 기도하는 것을 반대했으며, 신을 부인하고 힌두교의 신관을 배척하였으며 사람 외에 숭배할 대상이 없다고 함. • 후기에는 초월적 존재에 대하여 예배하고 기도하는 것을 반대하던 자신이 신성화되어 경배를 받게 됨. • 힌두교의 여러 신들과 의식적인 부분을 수용, 무신론적 요소와 다신론적 요소가 혼재함.
구원관	• 복이나 재앙 같은 카르마적인 요소에서 자유로워지는 상태를 열반(涅槃, Nirvana)이라고 하는데 이것이 구원임. • 구원의 방법으로 '삼보(三寶)', 즉 '바른 지식(正知)', '바른 신앙(正信)', '바른 행동(正行)' 또는 '미리 앎(先見)'을 강조함. 이를 위해 '고행(Tapas, 금식을 포함)'을 통해 욕망과 투쟁해야 한다고 함.
5대 계율	• 아힘사(Ahimsa) : 어떤 형태의 생명 살상도 금지함. • 거짓을 버리고 진리만을 말해야 함. • 탐욕을 떠난 자족의 생활을 해야 함. • 성적 쾌락에서 떠나야 함. • 업(業, Karma)의 근원이 되는 모든 집착에서 떠나야 함.

(11) 시크교(Sikhism)

<개 요>

구 분	내 용
명 칭	• 시크교(Sikhism) : 나아낙이 신을 찬양하는 노래를 부를 때 제자 마르다나(Mardana)가 반주를 하였음. 이 때 선생을 '구루(Guru)'라 하고 제자를 '시크(Sikh)'라 칭하였는데 여기에서 명칭이 유래된 것으로 보임.
창시자	• 나아낙(Guru Nanak, 1469-1538)
발생시기	• 1500년대.
발생과정 및 역사	• 나아낙은 인도 파쟈프(오하) 지방에 사는 힌두교도인 카알루오의 농부의 아들로 출생함. • 어린 시절 베다에 능통했고, 명상을 즐기면서 당시의 고승들과 많은 교제를 하면서 성장함. • 30세 정도에 강변에서 목욕을 하는 중에 신의 모습을 보고 소명을 받음. • 이슬람과 힌두교는 근본적으로 하나임을 인식하고, 이슬람도 힌두도 없다고 하면서 두 종파의 통합을 시도하는 운동을 전개함. • 가는 곳마다 힌두교의 고행적 행위와 의식을 정죄했고, 이슬람교의 외식적 허위를 공격함. • 나아낙은 그의 친구이자 제자이도 한 시인 마르다나(Mardana)와 공동체를 창설하고 그와 여행하며 발견한 진리를 전파함. • 네 차례에 걸친 이 여행은 효과적이었고, 카르타르푸르(Kartarpur)라는 공동체를 창설하는 계기가 됨. • 나아낙은 이 공동체에 정착하여 가르치다가 69세인 1538년 사망함. • 나아낙의 시기에는 종교적이라기보다는 정치적이었음. • 5대 구루 아르전 이후에 정치적, 군대적인 조직으로 변모해 감. • 18세기 무굴제국이 쇠약해졌을 때 나흘 지방을 중심으로 독립된 국왕까지 세우고 세력을 확장했으나 19세기 초엽 시크전쟁이 일어났고, 19세기 중엽 영국에 패배하여 속국이 됨. • 현재 300만 명 정도의 신도가 인도의 편잡주를 중심으로 있음.
분 파	• 우다시스(Udasis) : 힌두교와 불교, 자이나교의 금욕적인 가르침을 따름. 불교의 승려들처럼 노란색의 옷을 입거나 자이나교의 승려처럼 나체로 다님.

시크교(Sikhism)(계속)

구 분	내 용
분 파	• 사하즈다리스(Sahajdaris) : 시크교가 군대식으로 변화되는 것을 거부함. • 싱스(Singhs) : 고빈드 싱(Govind Singh, 1666-1708)의 가르침을 따르는 자들임.
경 전	• '아디 그란트(Adi Granth; The Original Book)', 또는 '그란트 사히브(Granth Sahib; 주의 책)'로 불리움. • 그 내용은 신과 인간 생활에 대한 잡다한 묵상집으로 29,480개의 압운시로 구성됨.

< 교 리 >

구 분	내 용
신 론	• 모든 존재를 통치하는 절대 신은 하나뿐이라고 함(수많은 명칭으로 불림). • 시크교의 신은 아버지(Pita), 사랑하는 자(Pritam), 주인(Khasam, Malik or Sajib)이며, 수여자(Data)임. • 신은 우주를 창조한 이후에 자신의 속성과 기능을 바꾸었다고 함. 그는 선하나 악도 그에게서 나옴. • 신은 단일한 존재로 진리나 실재로 간주되어짐.
구원관	• 윤회(Transmigration)와 업보의 교리를 가르침. • 힌두교와 이슬람의 의식을 거부하므로 의식이나 순례, 고행은 필요치 않다고 가르침. • 구원은 신을 아는 지식과 신비한 명칭인 사트남을 묵상하고 부르는 것을 통해 이루어진다고 주장함. • 구루는 신의 뜻을 알고 인간을 안내하는 자로 그가 없이 구원을 얻는 것은 불가능함. • 신에 대한 완전한 순종은 구원에 절대적인 요소임.
윤리관	• 인간은 창조에 있어서 최고의 위치를 차지함. • 아힘사의 교리를 거부하고 인간은 동물을 죽이거나 먹는 것에 있어서 자유롭게 할 수 있다고 가르침. • 세상에 살지만 세속화 되어서는 안 되며 거짓말, 도둑질 등을 통한 동료를 해치는 것을 금함. • 사회적 계급제도를 거부하며 모든 사람은 인종이나 성별, 지위에 관계없이 동등하다고 가르침.

(12) 신도교(神道敎, Shinto)

< 개 요 >

구 분	내 용
명 칭	· 신도교(神道敎, Shinto)
명칭의 의미	· 이 명칭은 일본서기 제31대 천황인 요메이(用明)천황의 즉위 전기에 처음 등장함. · 중국 도교(道敎)의 '신들의 도'를 의미하는 '신도(神道)'를 차용한 것으로 보임. · 오늘날 이 의미는 '카미(神, Kami)의 마음을 따르는 길', '카미의 뜻에 일치하는 삶'으로 해석함. · 태양, 신화적 존재, 사람, 짐승, 식물 등에 깃들어 있는 성스러운 힘.
중심사상	· 외래의 신들은 수용하지 않고 일본의 신들만 숭배하는 정신을 가짐. · 철저하게 일본의 충성과 관련지음. 신도의 유일한 미덕(美德)은 국가에 충성하는 것임. · 일본인은 영원한 일본인으로 순결을 지키는 것임.
경 전	· 일본 고대사의 기록인 고지키(古事記, Kojiki)와 역대기인 일본서기(日本書記, Nihonshoki)가 있음. · 고지키는 일본 열도 및 일본 왕족, 황실과 관계된 신화와 전설, 역사적 기록이 있으며, 일본서기는 1,300년 전의 일본의 태동기 역사로부터의 사건이 기록되어 있음. · 위의 둘은 720년경에 완성되었음.
유 형	· 가정신도(家庭神道) : 일본의 도처에 설립되어 있는 신사(神社)가 있고, 소규모의 신사, 혹은 카미다나(Kamidana, 神柵)가 각 가정의 중심이 되는 방의 선반에 설치되어 있음. 이 카미다나에는 태양여신을 상징하는 거울과 그 신(神)의 이름을 기록한 명패가 들어 있으며 부적이 부착되어 있는데, 꽃과 제물을 바치며 가정을 결합시키는 역할을 함. · 종파신도(宗派神道) : 신도의 종파는 142종파가 있음. 대표적인 종파로는 한국에도 들어와 있는 천리교(天理敎, Tenrikyo), 부상교(扶桑敎), 실행교(實行敎)가 있음.

신도교(神道教, Shinto)(계속)

구 분	내 용
유 형	• 국가신도(國家神道) : 1889년 국가 헌법은 '천황은 신성하여 불가침하다'고 주장함. 국가신도는 국가가 관리하는데, 내무성 아래에 있으며 신관들은 정부의 임명과 지원을 받음. 신사참배는 애국적 행동으로 취급함.
종 파	• 도꾸가와막부(덕천막부) 시대에 성립한 부상교(扶桑教), 흑주교(黑住教), 실행교(實行教), 천리교(天理教) 등이 있음. • 명치 이후에 성립한 대성교(大成教), 신습교(神習教), 어악교(御嶽教), 신리교(神理教), 수성교(修成教), 신도본국(神道本局) 등이 있음.
종교적 의식	• 통과제의 : 출생 후 30-100일 된 아기가 신자로 새롭게 출발하는 의미로 신사를 방문함. 11월 15일에는 3, 5, 7세가 된 아이들이 건강한 성장을 위하여 기도하는 753축제를 함. 1월 15일은 20세가 되는 청년들을 위한 기념일임. • 봄의 춘제(新年祭, 풍년을 기원), 가을의 추제(新嘗祭), 연례 제사(例祭)가 있음. • 신자조합(神子組合) : 지역 사회의 모든 사람을 신자(神子)라고 하는데, 2차 대전 이후에 조합을 형성함.

< 교 리 >

신 론	• 다신론적 범신관임. 이 범신사상은 사령(私靈)숭배와 정령사상, 그리고 도교의 사상이 혼합된 형태를 띠고 있음. • 일본의 신의 계통은 수장(首長)격인 '천조대신(天照大神)'이라는 태양여신(太陽女神)임. • 천조대신의 손자가 B.C.660년부터 지금까지 계승통치하여 온 황조(皇朝)의 창업주인 '짐무덴노(神武天皇)'임. • 황실(皇室)의 조령(祖靈), 나라의 영웅들, 훌륭한 성현(聖賢)들이 신으로서의 숭배의 대상임.
인간론	• 인간은 신의 자식이므로 신의 본성을 가지고 있음. • 인간의 본성은 거룩하며 인간의 인격과 생명은 존중할 가치가 있음. • 거룩한 본성의 유지를 위하여 정화의 계율을 통하여 마음의 불순물을 제거해야 함.

제2장 한국의 종교
<개설> · 민족과 함께한 종교

우리나라에서는 오래 전부터 단군에 대한 신앙심이 있었던 것으로 문헌들은 소개한다. 그러나 종교로서의 형태를 갖춘 민족종교가 본격적으로 대두되기 시작한 것은 19세기 후반에서부터라고 할 수 있다.

1860년에 최제우(崔濟愚)에 의하여 창교(創敎)되어진 천도교(天道敎)는 처음 서학(西學,天主敎)에 반대하여 동학(東學)이라고 할 만큼 민족적인 성향을 드러냈다. 천도교는 3년 만에 3,000명에 이르는 등 당시의 민중으로부터 폭팔적인 반응을 이끌어냈다. 그러나 정부는 최제우를 사도난정(邪道亂政)으로 죄목으로 효수형(梟首形)에 처한다. 1892년부터 일어난 교조신원운동은 1894년 동학혁명(東學革命)으로 이어진다. 천도교는 최제우의 시천주(侍天主), 최시형(崔時亨)의 사인여천(事人如天),을 계승, 발전시켜 손병희(孫秉熙)의 인내천(人乃天)을 종지(宗旨)로 삼는다.

1902년 강일순(姜一淳)에 의해 창교된 증산교(甑山敎)는 예수, 강일순, 진묵대사를 포함한 115종의 신을 섬기며, 음양합덕(陰陽合德), 신인조화(神人調和), 해원상생(解寃相生), 도통진경(道通眞境)를 종지로 삼는다.

1909년 발생한 대종교(大倧敎)는 단군설화(檀君說話)를 기반으로 탄생한 종교이다. 나철(羅喆)이 창교하였고, 단군을 신앙의 대상으로 삼으며, 교의(敎義)는 홍익인간(弘益人間)이다. 환인, 환웅, 환검은 삼신일체의 한얼, 곧 하느님으로 하느님은 우리의 생부(生父)이며 한민족은 천민(天民)이라고 주장한다.

1916년 발생한 원불교(圓佛敎)는 박중빈(朴重彬)에 의하여 창교되었다. 모든 존재를 서로 가능하게 하는 큰 힘과 법칙과 불생능멸과 인과응보를 표현하는 ○으로 표시하는데, 이를 일원상(一圓相)이라 한다. 사은(四恩), 사요(四要), 삼학(三學), 사대강령(四大綱領), 팔조(八條)를 교리로 한다.

현재 우리나라에 퍼져있는 민족종교 계열은 동학계, 단군계, 증산계, 단일계에 속한다. 이들은 분파와 협력을 거듭하면서 오늘의 기층민중에 뿌리를 내리고 있는 것이다.

(1) 원불교(圓佛敎, wonbuddhism)

<개 요>

구 분	내 용
명 칭	· 원불교(圓佛敎) · www.wonbuddhism.or.kr
창시자	· 박중빈(朴重彬, 1891-1943), 호(號)는 소태산(少太山)
발생시기	· 1916년 3월
경 전	· 교전(敎典) - 정전(正典), 대종경(大宗經). · 원불교전서(圓佛敎典書), 정산종사법어(鼎山宗師法語), 불조요경(佛條要徑)
발생과정 및 역 사	· 박중빈은 1892년 3월 26일 전남 영광에서 출생함. · 소년 시절부터 자연과 인간의 여러 문제를 풀기 위해 구도생활을 함. · 1916년 3월 우주와 인생의 궁극적인 진리를 깨달음. · 깨달음을 얻은 후 몇 달 후에 40명의 신자를 규합, 9명의 표준 제자를 선택함. · 제자들과 함께 저축조합운동, 영산방언공사(간척사업), 혈인기도(血印祈禱, 봉사의 정신을 살리기 위한 기도)를 통해서 교단 창립의 기틀을 다짐. · 1919년 가을 전북 부안 봉래정사에서 원불교의 교리와 제도를 제정·구상함. · 1920년 사은사요(四恩四要)와 삼학팔조(三學八條)의 교강(敎綱) 발표함. · 1924년 전북 익산에 총부를 건설, '불법연구회기성조합(佛法硏究會期成組合)' 구성함. · 1924년 동선(冬禪)과 하선(夏禪)의 정기훈련실시, 인재 양성함. · 1943년 6월 1일 박중빈 열반함. · 1946년 원광대학교의 전신인 유일학림(唯一學林) 설립함. · 1948년 현재의 명칭인 원불교로 새롭게 출범함. · 1960년부터 종교연합운동, 해외 포교 강화 13개국 30여개의 교당 설립함. · 1971년 '진리는 하나 세계도 하나, 인류는 한 가족 세상을 한 일터, 개척하자 일원세계'로 반백년 대회 개최함. · 1991년 4월 소태산(小太山) 대종사 탄생 100주년 기념대회를 개최함. · 1960년부터 종교연합운동, 해외 포교강화 13개국 30여개의 교당 설립함.

원불교(圓佛敎, wonbuddhism)(계속)

< 교 리 >

구 분	내 용
일원상 (一圓相)	· 모든 존재를 서로 가능하게 하는 큰 힘과 법칙. · 불생능멸과 인과응보를 표현하는 ○으로 표시함.
사은(四恩)	· 천지은(天地恩), 부모은(父母恩), 동포은(同胞恩), 법률은(法律恩)으로 모든 존재를 살아있게 하는 힘의 관계.
사요(四要)	· 자력양성(自力養成), 지자본위(智者本位), 타자녀 교육(他子女敎育), 공도자 숭배(公道者崇拜)로 사회개혁을 위한 실천 요목임.
삼학(三學)	· 정신수양, 사리연구(事理硏究), 작업취사(作業取捨)로 성숙한 인격에 이르게 하는 수행 요목임.
사대 강령 (四大綱領)	· 정각정행(正覺正行) : 바르게 깨달아 올바르게 행동함. · 지은보은(知恩報恩) : 근본적인 은혜를 알고 그 은혜에 보답함. · 불법활용(佛法活用) : 불제자가 됨으로 개인, 가정, 사회, 국가 세계에 유용한 사람이 됨. · 무아봉공(無我奉公) : 개인이나 가정만을 위하려는 사상과 자유 방종(放縱)하는 행동을 버리고 오직 이타적(利他的) 공익 활동을 함.
팔조(八條)	· 진행사조(進行四條), 사연사조(捨捐四條)로 삼학과 함께 인생에서 반드시 수련해야하는 공부의 요도(要道)임.

(2) 천도교(天道敎, the religion of Cheondo)

<개 요>

구 분	내 용
명 칭	· 동학(東學, 1860년), 천도교(天道敎, 1905년) · www.chondogyo.or.kr
창시자	· 최제우(崔濟愚, 1824-1864), 호(號)는 수운(水雲)
발생시기	· 1860년 4월
발생과정 및 역 사	· 최제우는 1824년 10월 24일 경북 월성군에서 출생함. · 아명(兒名)은 복술(福述), 제선(濟宣)이었고, 호(號)는 수운(水雲), 수운제(水雲濟)임. · 6세에 어머니를 여의고, 8세에 서당에서 수학(修學)함. · 13세에 울산 출신의 여성과 결혼함. · 17세에 아버지를 여의고, 3년 상(喪) 후에는 여기저기 떠돌며, 장사와 의술, 복술(卜術) 등에 관심을 보임. · 1855년 3월 금강산(金剛山) 유점사의 승려에게서 을묘천서(乙卯天書)를 얻고 수련에 힘씀. · 1857년 양산의 적멸굴(寂滅窟)에서 49일 기도함. · 1859년 고향인 경주에서 구미산 용담정(龍潭亭)에서 수련을 계속함, 이 무렵 어리석은 세상 사람을 구제하겠다는 결심을 다지기 위하여 이름을 제우(濟愚)로 고침. · 1860년 4월 5일 양산 천수산에서 한울님의 계시로 교명(敎名)과 영부(靈符), 주문(呪文)을 받았고, 전통적인 무속에서의 신병체험(神病體驗)과 유사한 강신(降神)을 경험함. · 1861년 포교(布敎)를 시작함. · 1861년 11월 서학(西學, 天主敎)으로 오해받아 전북 남원으로 피신, 은적암에 은거(隱居)함. · 피신하는 3개월 동안 '논학문(論學文)'을 써서 서학을 비판하고 안심가(安心歌), 교훈가(敎訓歌), 도수가(道修歌) 등을 지음. · 1862년 9월 이술(異術)로 사람들을 속인다는 죄목으로 체포 되었으나 수백 명이 몰려와 석방 요구, 무죄로 석방됨. · 1863년 교세가 더욱 성장하여 신도가 3,000명, 접소(接所)는 13개소에 이름.

천도교(天道敎, the religion of Cheondo)(계속)

구 분	내 용
발생과정 및 역사	· 1863년 7월 정부의 탄압을 예상하고 최시형(崔時亨, 1827-1898)을 북접주인(北接主人)으로 정하고, 해월(海月)이라는 도호(道號)를 내린 후 8월 14일 도통(道統)을 전수 2대 교주로 삼음. · 1863년 11월 경주에서 체포, 1864년 3월 사도난정(邪道亂正)의 죄목으로 효수형(梟首形)에 처해짐. · 1892년 교조신원운동(敎祖伸寃運動)을 전개함. · 1894년 전봉준(全捧準, 1855-1895)의 지도로 반봉건(反封建), 반침략(反侵略)의 기치 아래 동학혁명(東學革命)으로 불리는 갑오농민전쟁(甲午農民戰爭) 일어남. · 1897년 손병희(孫秉熙, 1861-1922)에게 도통(道統) 전수, 3대 교주가 됨. · 1905년 12월 천도교(天道敎)로 개칭함, 이후 분열과 합동의 과정을 겪음. · 1940년 최종적으로 합동하여 오늘에 이름. · 현재 수운(水雲)의 가르침을 계승하는 종단은 천도교, 수운교, 동학천진교(東學天眞敎), 동학교본부(東學敎本部) 등이 있음.
경 전	· 동경대전(東經大全, 1880) - 최시형의 암송하고 있던 내용을 구술(口述)로써 완간함. · 용담유사(龍潭遺詞, 1860-1863) - 최제우가 한글로 지은 포교 가사집.
종교의식	· 동학에서는 체계화되지 않았고, 최제우는 21자(字)의 주문이 강조되었고, 최시형은 자기 자신 속에 천(天)과 조상, 스승의 정령이 있으므로 자신을 향하여 제사 드려야 한다는 향아설위(向我設位)가 제창됨. · 천도교에 와서는 누구나 의무적으로 행해야하는 5관(五款)이 제정됨. · 5관은 주문(呪文), 청수(淸水), 시일(時日), 성미(誠米), 기도(祈禱)를 말함. ①주문-최제우가 한울님으로부터 받은 시천주(侍天主)와 수도에 도움이 되는 여러 가지 주문임. ②청수-민간 신앙의 정화수(井華水)로써 수도 시에 마음을 정화하기 위함임. ③시일-매주 일요일에 공동으로 행하는 의례. ④성미-교단의 운용을 위해 물질적으로 보답하는 행위. ⑤기도-한울님에게 마음을 고하는 의식.

천도교(天道敎, the religion of Cheondo)(계속)

구분	내용
종교의식	• 특별한 기념일로 최제우의 득도(得道) 기념일인 천일(天日), 최시형의 승통(承統)기념일인 지일(地日), 손병희의 승통기념일인 인일(人日)이 있음.

< 교 리 >

구분	내용
신론	• 최제우의 시천주(侍天主, 하나님을 내 마음 속에 모심) 사상과 최시형의 사인여천(事人如天)을 계승, 인내천(人乃天)을 종지(宗旨)로 삼음. • 최제우는 초월적, 인격적 성격이 강한 '천주(天主)'로써 하느님을 숭배 대상으로 함. • 최시형은 내재적이고 비인격적 신으로 전환하여 '천주(天主)'에서 '주'자(字)가 빠짐. • 이돈화(李敦化), 백세명(白世明)에 의하여 하느님이 '한울님'으로 개칭, 범신론적 형태를 취함. • 한울님은 우주 자체이고 변화발전하는 생명체로서, 인간을 자신 안에 내재한 한울님을 스스로 발견하고 깨우치면 한울님처럼 된다고 주장함.
인간론	• 하늘의 영(靈)은 무극무한(無極無限)에 있고, 사람은 유극유한(有極有限)에 있는데, 각도자(覺道者)는 천(天)과 일체이위(一體二位)로서 유형(有形), 무형(無形)의 구별만 있다고 함. • 인간은 그 본성에 신성을 내포하고 있으므로 신을 섬기듯 존경과 존엄과 평등의식을 가지고 모든 사람을 대우해야 함.
구원론	• 우주의 원리를 깨달아 알게 되면 그것이 곧 '극락심(極樂心)'이요 '해탈심(解脫心)'이라고 주장함. • 선가(仙家)적인 지상신선(地上神仙)을 강조함. • 장생(長生)을 강조하는데, 육적장생(肉的長生), 영적장생(靈的長生), 덕업장생(德業長生)을 들고 있음.
윤리론	• 사람을 섬기기를 하느님처럼 섬기라고(事人如天) 함. • 인류평등의 사상을 강조함.

(3) 대종교(大倧敎, the religion of Daejonggyo)

< 개 요 >

구 분	내 용
명 칭	· 대종교(大倧敎) · www.daejonggyo.or.kr
창시자	· 나철(羅喆, 1863-1916)
발생시기	· 1909년 1월 15일
발생과정 및 역 사	· 나철은 전남 보성에서 1863년 12월 2일 출생함. · 본명은 인영(寅永), 호(號)는 홍암(弘巖)임. · 29세에 문과에 급제, 승문원권지부정자를 거쳐, 33세에 징세서장을 발령받았으나 사퇴함. · 1904년 오기호(吳基鎬, 1865-1916), 이기(李沂, 1814-1909)와 유신회(維新會) 조직함. · 을사조약(乙巳條約) 체결에 협조한 매국노를 저격하려다 실패함. · 1906년 서울역 근처에서 백전(伯佺)으로부터 삼일신고(三一神誥)와 신사기(神事記)를 전해 받음. · 1908년 동경(東京)의 한 여관에서 두일백(杜一百)으로부터 단군교포명서(檀君敎布明書)를 받음, 12월 동경에서 이기호, 정훈모와 함께 두일백으로부터 영계(靈戒)를 받음. · 1909년 1월 15일 단군대황조신위(檀君大皇祖神位)를 모시고, 제천의식을 거행한 뒤 단군교(檀君敎)를 선포함, 이 날을 중광절(重光節)이라고 함. · 1910년 8월 교명을 대종교(大倧敎)로 개칭함. · 1911년 신리대전(神理大典) 간행 · 1914년 교단 본부를 백두산 북쪽의 청파호 부근으로 이전하고 만주를 무대로 교인 30만 명 확보함. · 1915년 10월 대종교가 독립운동에 깊이 참여하자 일제는 '종교통제안'을 공포 대종교의 탄압을 노골화함. · 1916년 8월 15일 교단 존폐의 위기에서 일제에 항의하기 위하여 구월산 삼성단에서 스스로 자결함. · 1917년 김교헌(金敎獻, 1868-1923)에 의해 만주 화룡현으로 교단 본부 옮김. · 1920년 교단 본부를 소만(蘇滿) 국경 근처로 다시 이동함.

대종교(大倧敎, the religion of Daejonggyo)(계속)

구 분	내 용
발생과정 및 역사	· 1934년 3대 교주 윤세복(尹世復, 1884-1960)에 의하여 발해 고도(古都)로 옮김. · 1946년 교단 본부 서울로 옮기고, 도통전수(道統傳授) 제도 폐지하고 총전교(總典敎)제도 채택함. · 현재 단군신앙을 바탕으로 하는 종단은 대종교, 한얼교, 천상환인미륵대도(天上桓因彌勒大道), 선불교(仙佛敎), 삼신교(三神敎), 삼성궁(三聖宮) 등이 있음.
경 전	· 계시 경전(啓示經典)-삼일신고(三一神誥), 천부경(天符經). · 도통 경전(道統經典)-신리대전(神理大典, 나철), 회삼경(會三經, 서일), 삼법회통(三法會通, 윤세복), 신단실기(神檀實記, 김교헌).
종교의식	· 중국의 '동이전(東夷傳)'에 기록된 10월의 제천행사가 열림. · 대종교에서는 제천행사를 신의식(神儀式)이라 하는데, 아침 6시에 단군성상을 모신 천진전(天眞殿)에서 드리는데 절차는 홀기(笏記)에 따름. · 4대 경절이 있음 ①개천절(開天節) : 상해 임시정부 때부터 음력 3월 15일을 단군 건국기념일로 삼아 지켜왔는데, 1949년 이후부터 10월 3일로 변경함. ②어천절(御天節) : 하나님이 교화(敎化)와 치화(治化)를 마치고 하늘로 오른 음력 3월 15일임. ③중광절(重光節) : 대종교를 중광(重光)한 1월 15일임. ④가경절(嘉慶節) : 추석의 고유명절임. · 종교의식은 경배식(敬拜式)인데, 조배식(早拜式)과 야경식(夜敬式), 일요일에 전체 교도가 모여서 행하는 경배식이 있음. · 이 외에도 봉교식(奉敎式), 승임식(陞任式), 상호식(上號式), 결혼식 등의 의식이 있음.
종교생활	· 아홉 가지 맹세-①부모에게 효도하지 않는 이를 내침. ②형제끼리 우애하지 않는 이를 내침. ③친한 벗에게 믿게 하지 않으면 내침. ④나라님께 충성 하지 않으면 내침. ⑤어른에게 공손하지 않으면 내침. ⑥공익사업에 힘쓸 것. ⑦허물이 있으면 서로 경계할 것. ⑧환란이 있으면 서로 구휼할 것. ⑨예속을 이루어서 함께 두터운데 돌아감.

대종교(大倧敎, the religion of Daejonggyo)(계속)

구 분	내 용
종교생활	· 오계(五戒)-①事君以忠. ②事親以孝. ③交友以信. ④臨戰無退. ⑤殺生有擇. · 팔관(八關)-①산 물건을 죽이지 말 것. ②도둑질을 하지 말 것. ③음란하지 말 것. ④망령된 말을 하지 말 것. ⑤술을 마시지 말 것. ⑥높은 형상에 앉지 말 것. ⑦비단 옷을 입지 말 것. ⑧함부로 듣고 봄을 즐기지 말 것.

< 교 리 >

구 분	내 용
주요교리	· 교의(敎義)-홍익인간(弘益人間). · 종지(宗旨)-①공경으로 한얼님을 받들 것. ②정성으로 신령한 성품을 닦을 것. ③사랑으로 겨레를 합할 것. ④교요함으로서 이익과 행복을 구할 것. ⑤부지런함으로 살림에 힘쓸 것. · 근본 교리 ①삼진귀일(三眞歸一) : 성품(性), 목숨(命), 정기(精氣). ②오훈(五訓) : 하늘의 가르침(天訓), 한얼의 가르침(神訓), 한얼집 가르침(天官訓), 온누리 가르침(世界訓), 진리의 가르침(眞理訓).
창조론	· 천계(天界), 인계(人界), 하계(下界)의 중심축인 백두산(白頭山)을 신앙의 표상으로 삼음. · 즉 백두산을 중심으로 인류와 문화가 발생했다고 함.
신 론	· 세 검의 한몸설(三神一体)을 추종함. · 세 검은 우주, 인간, 만물을 주재하는 환인, 인간 세상을 구제하기 위한 환웅, B.C 2333년 10월 3일 배달나라를 최초로 세운 환검을 말함. · 이들 세 신은 객체적인 세 신이 아니라, 하나의 신이 3가지 작용으로 나타난 삼신일체의 한얼님, 곧 하느님임. · 하느님은 우리를 낳아주신 생부(生父)로서, 한 민족은 하느님의 피를 이어 받은 천민(天民)임.

(4) 증산교(甑山敎)

구 분	내 용
명 칭	· 증산교(甑山敎), 흠치교(吽哆敎, 일제강점기)
창시자	· 강일순(姜一淳, 1871-1909), 호(號)는 증산(甑山)
발생시기	· 1902년
발생과정 및 역사	· 강일순은 전북 정읍에서 1871년 9월 19일 출생함. · 몰락한 양반 가문으로 학업을 중단하고 14세기경 다른 지방으로 가서 머슴살이를 함. · 1892년 정치순과 결혼, 1895년 처남의 집에서 훈장을 함. · 이 시기 한학은 물론 유·불·선(儒佛仙)과 음양(陰陽), 풍수(風水), 복서(卜筮), 의술(醫術)에 막힘이 없었음. · 1894년 동학혁명(東學革命)이 일어나자 농민군을 따라다님. · 동학혁명 이후 국가와 민족, 세계와 인류를 구원할 천지의 대도(大道)를 얻기로 결심함. · 1897년부터 전국을 유랑함. · 충남 비인(庇人) 사람인 김경흔(金京訢)으로부터 증산교의 중요 주문(呪文)인 태을주(太乙呪)를 얻음. · 연산(連山)에서 김일부(金一夫)를 만나 주역(周易)에 관한 지식을 얻음. 김일부는 정역(正易)을 저술하여 조선 후기 신종교에 나타나는 후천개벽의 이론적 틀을 세운 사람이었음. · 1901년 전주 모악산 대원사(大院寺)에서 수행하여, 7월 성도(成道)함. · 1902년부터 사망할 때까지 7년간 모악산을 중심으로 포교함. · 1909년 6월 24일 강일순이 허망하게 죽자 따르던 신도들이 모두 흩어짐. · 1914년 고판례(高判禮)가 강증산을 교조로 하여 선도교(仙道敎)를 창설한 이후로 100여개의 교파가 난립함. 1938년 총독부의 유사종교 해체령으로 소멸되거나 지하로 잠적함. · 차경석(車京石, 1880-1936)의 보천교(普天敎)는 100만 명의 대교단으로 성장하기도 했음. · 1945년 해방 후 재건, 현재 50여개의 교파로 나뉘어 있는 상태임.

증산교(甑山教)(계속)

구 분	내 용
경 전	• 대순전경(大巡典經, 1929년 이상호(李祥昊), 이정립(李正立) 형제가 편찬함)-1926년 '증산천사공사기(甑山天師公事記)'의 보완으로 대부분의 교파가 이 책을 기본으로 하고 있음. • 해방 후 대순전경을 기본으로 하고 자기 종단 창시자의 행적과 가르침을 수록함. • 삼덕교(三德教)-생화정경(生化正經, 1954), 미륵불교-중화경(中和經, 1955), 태극도(太極道)-선도진경(宣道眞經, 1965), 법종교-증산대도전경(1970), 대순진리회-전경(典經, 1970), 보천교-교전(教典, 1981), 증산도 중앙 총무부-증산도성전(甑山道聖典, 1988).
종교의식	• 각 교단마다 약간의 차이가 있음. • 공통적으로 선천(先天)의 낡은 천지(天地)를 뜯어 고쳐 후천선경(後天仙境) 세계를 연다는 천지공사(天地公事)와 관련된 의식은 기본적으로 행해짐. • 증산교의 1차적인 신앙 대상은 천지공사의 주재자(主宰者)인 구천상제(九天上帝)로 불리는 강일순인데, 이 외에도 환인, 환웅, 단군과 각 민족의 민족신, 공자, 석가모니, 예수, 모든 사람의 조상인 신령신(神靈神), 최제우(崔濟遇), 마테오리치, 진묵대사(震黙大師)등이 신앙의 대상이 됨. • 송주(誦呪)와 소부의식(燒符儀式)이 공통적으로 사용되는데, 송주는 수련과 치성 때에 주문을 외우면 개안(開眼)이 되어 신명계(神命界)와 인간계의 모든 현상과 과거와 미래의 일을 알게 된다고 함. • 주문은 태을주(太乙呪)를 비롯한 8개가 사용되고, 소부를 하면 귀신을 내쫓고 병을 낳게 하며 죽은 사람을 소생시킬 수 있다고 믿음. • 천단 앞에서 주문을 외면서 수도(修道)를 함. • 수련과 공부를 구별하여, 수련은 개인적으로 언제나 수도하는 것이며, 공부는 단체적으로 때를 정하여 함.
현 황	• 1950년대 후반 태극도(太極道)에 의해 주도된 말세신앙이 사회문제 야기함. • 1960년대 자체 정비와 도태과정을 겪음. • 1970년대 한국학 연구가 활발해지면서 학계의 주목을 받음. • 1974년부터 증산도장이 대학가를 중심으로 활동함. • 1975년 '증산사상연구' 발간 시작함. • 현재 50개의 교단이 난립하고 있으며, 주요 교단은 대순진리회, 증산교본부, 태극도증산진법회, 증산도 등이 있음.

(5) 대순진리회(大巡眞理會, Daesunjinrihoe)

< 개 요 >

구 분	내 용
명 칭	· 대순진리회(大巡眞理會, Daesunjinrihoe) · www.daesun.or.kr
창시자	· 박한경(朴漢慶, 1918-1996)
발생시기	· 1969년 4월
발생과정 및 역 사	· 박한경은 1917년 11월 30일 충북 괴산에서 출생함. · 1943년 징용으로 일본에 끌려가 해군기지에서 일함. · 1946년 안상익(安商翼)의 인도로 부산을 본거지로 하여 활동하고 있던 조철제(趙哲濟, 1895-1958)의 태극도(太極道)에 입교함. · 1958년 시봉원(侍奉院)의 책임자인 시봉도전(侍奉都典)에 이어 총도전(總都典)이 되어 최고 책임자가 됨. · 1958년 조철제가 죽은 후 내분이 일어나 신·구파로 분리되어, 구파는 아들 조영래(趙永來)와 이갑성(李甲性)으로 이어졌고, 신파는 1968년 박한경이 신도를 이끌고 탈퇴하여 서울로 이전함. · 1969년 4월 박한경은 서울 중곡동에서 '태극진리회(太極眞理會)'를 창설함. · 1972년 2월 교명(敎名)을 '대순진리회'로 변경함. · 1984년 학교법인 대진학원 설립. · 1992년 대진대학교 대진의료재단 설립. · 1998년 8월 분당 제생병원을 시작으로 의료사업 전개함. · 2001년 5월 사회복지법인 설립. · 2002년 러시아 등지에 해외 영농 개척사업 시작.
경 전	· 전경(典經). · 중요도서-대순지침, 대순진리회요람, 도헌, 의식, 주문, 포덕교화 기본원리, 대순성적도해요람.

대순진리회(大巡眞理會, Daesunjinrihoe)(계속)

구 분	내 용
신앙의 대상	• 강증산(姜甑山)-구천상제(九天上帝)라고 함. • 조철제(趙哲濟)-옥황상제(玉皇上帝)라고 함. • 박한경(朴漢慶)-상제(上帝)라고 함.
종교의식	• 증산교 참조
생활지침	• 마음을 속이지 말 것. • 언덕(言德)을 잘 가져야 함. • 척을 하지 말아야 함(溫恭, 良順, 謙遜, 辭讓의 덕을 쌓으라). • 은혜를 저버리지 말아야 함. • 남을 잘 되게 해야 함.

< 교 리 >

주요교리	• 음양합덕(陰陽合德), 신인조화(神人調和), 해원상생(解冤相生), 도통진경(道通眞境) • 종지(宗旨)-해원(解冤), 보은(報恩), 상생(相生). • 신조(信條)-안심(安心), 안신(安身), 경천(敬天), 수도(修道). • 요체(要諦)-성(誠), 경(敬), 신(信). • 목적-윤리와 도덕을 숭상하고 무자기(無自欺)를 근본으로 하여 인간개조와 정신개벽(精神開闢)을 통해 포덕천하(布德天下)하고 광제창생(廣濟蒼生)과 지상신선실현(地上神仙實現)의 지상천국 건설을 목표로 함.
신 관	• 신(神)의 이름이 115종으로 신은 사람이 죽어서 되며 인간 영체(靈體)의 다른 이름임. • 주요 신은 옥황상제(玉皇上帝, 강증산), 환인, 환웅, 단군 등의 시조신, 각 민족신, 공자, 석가, 예수, 최수운(崔水雲), 마테오 릿치(M.Ricci) 등을 신앙의 대상으로 삼음. • 신과 인간은 한데 어울려 존재함.
우주관	• 우주를 삼계(三界), 즉 천계(天界), 지계(地界), 인계(人界)로 표현함. • 천계는 구천(九天)으로 지상으로부터 시작하여 아홉 단계의 하늘이 있다고 함. • 지계는 인간을 비롯한 만물이 사는 지상 세계임. 여기에는 유형의 존재와 무형의 신이 공존하고, 증산(甑山)의 천지공사에 의한 선경(仙境)의 기지임. • 인계는 인간 세상으로 인간도 지계에 속하지만 만물의 영장인 인간의 세계를 특별하게 생각하여 따로 구상함.

대순진리회(大巡眞理會, Daesunjinrihoe)(계속)

구 분	내 용
인간관	• 인간이 스스로를 비하하면 금수와 같아지고, 반대로 그것을 발달시키면 천(天)이나 신(神)이 된다고 함. • 선천 영웅시대에는 죄로서 먹고 살고, 후천 성인시대에는 선으로 먹고 살 것임. • 권선징악은 후천선경이 오는 과도기에만 필요하고, 후천선경이 오면 모든 사람이 다 선인(善人)으로 변화되어 살기 좋은 낙원이 됨.
종말론	• 새로움과 낡은 것이 교차하고 과도기적 변국(變局)을 종말 과정으로 봄. • 현대를 우주의 운화법칙(運化法則)상 분리과정에서 취회(取會) 과정에의 교대기(交代期)로 보고 있으며, 우주의 질적 변화기인 비약적 대변국(大變局)이며 세계문명의 종국을 고하고 통일 문명이 건설되려는 종합적 대변국으로 봄.
죄악관	• 양심(良心)은 천성(天性) 그대로의 본성(本性)임. • 사심(私心)은 물욕(物慾)에 의하여 일어난 욕심임. • 인간 죄악의 근원은 자기를 속이는, 즉 사심으로부터 시작됨으로 무자기(無自欺)가 필요함.
내세관	• 사후(死後) 보다 생전(生前)에 선경(仙境)에 살고자하는 현실적 내세관을 중시함.
구원관	• 중생이 도탄에 빠진 것은 인간 생활의 지도원리가 낡아졌기 때문이라고 봄. • 음양합덕, 신인조화, 해원상생, 도통진경을 계시함.
윤리관	• 상생(相生)의 윤리와 평등의 윤리를 강조함. • 이타적(利他的)이며 천한 사람을 존귀하게 여기라고 함.

(6) 한국의 주요종교

교단명	계통	창시자	발생시기	종지(宗旨)	소재지
천도교 (天道敎)	동학계	최제우(崔濟愚, 1824-1864)	1860	인내천(人乃天)	서울 종로구
대종교 (大倧敎)	단군계	나철(羅喆, 1863-1916)	1909	홍익인간(弘益人間), 이화세계(理化世界)	서울 서대문구
원불교 (圓佛敎)	단일계	박중빈(朴重彬, 1891-1943)	1924	일원상진리(一圓相眞理)	전북 익산시
갱정유도 (更定儒道)	단일계	강대성(姜大成, 1889-1954)	1929. 7	유불선 동서학 합일 (儒佛仙 東西學 合一)	전북 남원시
수운교 (水雲敎)	동학계	출룡자 (出龍子 최제우, 1824-1864)	1923. 10	불천심일원(佛天心一圓)	대전 유성구
태극도 (太極道)	증산계	조철제(趙哲濟, 1895-1958)	1921	음양합덕(陰陽合德), 신인조화(神人調和), 해원상생(解冤相生), 도통진경(道通眞境)	부산 사하구
순천도 (順天道)	증산계	장기준(張基準, 1880-1920)	1917	삼위일체(三位一體), 해원상생(解冤相生)	전북 김제시

한국의 주요종교(계속)

교단명	계통	창시자	발생시기	종지(宗旨)	소재지
증산법종교 (甑山法宗敎)	증산계	강순임(姜舜任, 1904-1959)	1937.9	선경건설(仙境建設)	전북 김제시
대순진리회 (大巡眞理會)	증산계	박한경(朴漢慶, 1917-1996)	1969.4	음양합덕(陰陽合德), 신인조화(神人調和), 해원상생(解冤相生), 도통진경(道通眞境)	서울 광진구
성덕도 (聖德道)	단일계	김옥재(金沃載, 1909-)	1952.5	유불선(儒佛仙), 원자(圓慈), 만화귀일(萬和歸一)	경북 영천시
청우일신회 (靑羽一新會)	증산계	연동흠(延東欽, 1925-)	1988.9	음양합덕(陰陽合德), 신인조화(神人調和), 해원상생(解冤相生), 도통진경(道通眞境).	경남 통영시
선불교 (仙佛敎) http://www.suntao.org/	단군계	손정은(孫正恩, ? -)	1994.11	본성광명(本性光明), 홍익인간(弘益人間), 재세이화(在世理化)	충북 영동군
한민족불교 (韓民族佛敎)	단일계	최양옥(崔良玉, 1946-)	1979.2	보살행실천(菩薩行實踐), 중생구제교화(衆生救濟敎化)	전북 군산시
천존회 (天尊會)	단일계	모행룡(牟幸龍, 1934-)	1978.3	신인물 동일(神人物 同一), 개전쌍전(改悛雙全), 원심회귀(元心回歸)	강원 홍천군

※ 노길명, 길홍철, 윤이흠, 황선명, 『한국민족종교운동사』 (서울 : 사)한국민족종교협의회, 2003), p.399.

제3장 동양의 신비종교
〈개설〉· 주술적인 신비종교

 현대적으로 강신술이 발전하기 시작한 것은 1848년부터였다. 단순히 주술적이고 기복적인 단계를 벗어나지 못했던 강신술은 이 시기를 기점으로 현대인의 취향에 맞게 과학과 종교의 이름으로 새롭게 무장하고 등장하여 발전하기 시작했다. 심령과학과 강신술 교회로까지 발전했고, 1851년에는 강신술협회까지 결성됐다. 온갖 과학과 학문, 논리로 무장한 강신술은 오늘날 정보화 혁명으로 인한 인간의 가치관의 혼란과 더불어 광범위하게 사회에 퍼져 있으며, TV를 비롯한 매스미디어, 인터넷 등을 통하여 세력을 확장하고 있는 형국이다.

 신비적이고 밀의(密儀)적이며 지역에 머물러 있던 동양종교의 약진은 그야말로 눈부시다. 이들은 1960년대 이후에 동양적인 가치와 종교에 관심이 높아진 서구에 진출하여 사회 저변에 침투, 주류화되기 시작했다. 그들이 해탈에 이르기 위해서 행하던 수행의식은 건강과 웰빙(Well-being), 정신적 고양으로 포장하여 현대인의 삶의 영역에 깊숙이 뿌리를 내리고 있는 중이다. 인도에서 발생한 초월명상, 헤어 크리쉬나, 요가와 중국에서 발생한 기공은 건강을 최고의 가치로 생각하는 현대인에게 강렬하고도 경이롭게 다가왔다. 수천만 명이나 되는 수행자들이 있으며, 이와 관련한 도서들이나 TV의 프로그램은 지속적인 인기와 관심을 누리고 있다.

 오늘을 사는 우리 성도들의 곤혹스러움은 간단치 아니하다. 무작정 무시할 수도, 용납할 수도 없는 딜레마에 처해 있는 것이다. 문제는 동양에 살고 있는 우리가 동양의 종교를 너무 모른다는 데에 있다. 이제라도 늦지 않았다. 인터넷을 검색해 보라. 그들의 폭발력이 어느 정도인지를 보라. 그리고 우리의 대처가 무엇인지를 생각, 검토해 보고 이 시대에 복음이 과연 어떤 방식으로 전해져야 하는지를 함께 고민해 보아야 한다. 그래서 참된 복음을 땅 끝까지 효과적으로 전파해야 할 것이다.

(1) 초월 명상(T·M)

<개 요>

구 분	내 용
명 칭	• 초월 명상(TM, Transcendental Meditation) • www.maharishi.wo.to
창시자	• 마하리쉬 마헤쉬 요기(Maharishi Maheshi Yogi, 1910-)
발생시기	• 1957년
발생과정 및 역 사	• 본명은 마헤쉬 브라사드 와르마(Mahesh Brasad Warma)임. • 1910년경 인도에서 출생함. • 1942년 알라하바드대학교(Allahabad University)에서 의학 전공함. • 인도의 힌두교 지도자 구루데브(Guru Dev, TM입문과정에서 신으로 불림)로 불리는 브라마난다 사하스와티(Bramananda Saraswat)의 제자가 되어 명상기술을 읽힘, 또한 9세기 힌두교의 개혁자인 산카라(Shankara)의 일원론적 세계관을 공부함. • 1953년 히말라야의 동굴에서 2년간 수도하고 인도의 남부지방에서 가르치기 시작함. • 1957년 초월명상과 범세계적인 영성부흥운동 창시함. • 1959년 미국으로 건너가 LA에서 영적 중생 운동(Spiritual Regeneration Movement)을 펼침. • 1970년대 중반 미국에서 전성기를 맞음, 명칭을 국제명상학회(Students International Meditation Society)로 변경함. • 1974년 미국의 MIU(Maharish International University)의 부총장 골드하버가 TM교사 10여명을 이끌고 주한 미군 및 한국인 TM센터 설립을 위하여 내한함. • 1977년 이후 양적 성장이 급격하게 감소했는데, 그 이유는 1977년 연방법원이 '명상학회는 학문이 아니고 종교다'라고 판결했기 때문임. • 1981년 흩어져 있던 베다문헌들을 마하리쉬 베다과학이란 학문으로 집대성함. • 세계 전역에 베다대학 설립하고 있음.

초월 명상(T·M)(계속)

구 분	내 용
단계적 교육방법	①TM(명상) : 오전, 오후 각 20분씩 좌선한 상태에서 눈을 감고 고유의 주문(呪文)을 암송함. ②Sidhi(시디) : 하늘을 나는 기법이라고 하며 오전, 오후 각 2시간 씩 명상, 요가, 좌선으로 5가지 주문을 암송하며 심취하는 상태. ③Sidha(시다) : TM을 6주 이상, 시디를 8주 이상 전수한 사람을 가리킴. ④Sidha Land(시다의 땅) : 시다의 땅 또는 시다들이 사는 마을도 광명이라고 함. ⑤Inditator : 명상이나 시디를 전수한 과정에서 종교의식을 집전할 수 있는 사람. ⑥Jai Guru DEV : 종주인 마하리쉬를 지칭함. 신도 상호간에 인사를 할 때 합장하면서 '제이 구루 데브'라 함. ⑦Fiying : 시디를 전수하는 마지막 과정, 공중부양이 가능하고 모든 괴로움에서 해탈하여 인간 세계와 분리되고 희열과 황홀의 극치에 이른다고 주장함.
주요 주장	・스트레스나 긴장을 받지 않고 건강을 증진시킨다고 함. ・자아상(自我像)을 찾을 수 있고 초월적 삶이 가능하다고 함. ・일에 있어서 생산성을 증진시키고 지성과 창의력을 높일 수 있다고 주장함. ・자신들의 방식은 종교적인 것이 아니라고 주장하나 철저히 힌두교적임.

< 교 리 >

신 론	・최고의 존재, 즉 절대적인 하나님을 자신과 동일시 함. ・창조된 모든 것은 하나님의 현현(顯現)이라고 주장함(범신론).
기독론	・예수가 인간의 죄를 대족하기 위하여 이 땅에 오셨다는 사실을 부정함. ・그 이유는 모든 기쁨의 근원이요, 축복의 근원이 되시는 그리스도가 고난과 연관이 있을 수 없다고 함.
인간론	・인간은 하나님과 동등한 존재임. ・참된 본질을 갖고 있는 인간은 곧 비인격적인 하나님임. ・비인격적인 하나님이 진화를 조정하며, 최고의 전능한 존재인 하나님을 통해서 진화의 완성을 이루게 됨. ・인간은 창조의 최고 수준 위에 있게 됨.

(2) 헤어 크리쉬나(ISKON)

< 개 요 >

구 분	내 용
명 칭	・헤어 크리쉬나(Hare Krishna, ISKON)
창시자	・차이타냐 마하프라부(Chaitanya Mahaprabhu, ?-?)
발생 시기	・15세기경
경 전	・'바가바드 기타(實相, Bhagauad Gita)' ・'신(神)으로의 복귀(Back to Godhead)'라는 간행물이 있음.
발생과정 및 역사	・차이타냐 마하프라부가 힌두교의 한 종파인 비쉬누교(Vishmuism)로부터 크리쉬나교 교리를 발전시키면서 시작됨. ・1965년 아바이 차란데 바크티베단타 스와미 프라부후파다(Abbay Charan De Bhakti Veclanta Swami Prabhupada)에 의하여 미국에 전파됨. ・ISKON 창설함.
현재의 상황	・인도와 미국에 주로 신도들이 있음. ・재정 운영을 위하여 거리에서 구걸하고, 정기적으로 발간하는 간행물 등을 판매하여 운영함.

< 교 리 >

신 론	・창조주와 피조물 사이에 궁극적이며 실제적인 구별을 두지 않고 하나로 인식함. ・최고의 인격체인 나라야나(Narayana), 곧 크리쉬나만이 창조시에 있었음. ・크리쉬나가 모든 것을 창조함. ・크리쉬나가 창조하기 전에는 브라마(Brahma)도, 시바(Siva)도, 천지도 없었다고 함.
기독론	・예수는 크리쉬나의 아들임.
구원론	・인과응보 사상을 주장함. ・지속적으로 선행을 행함으로 구원이 이루어지며, 거룩한 신(神)의 의식과 예식에 참여하여 크리쉬나의 거룩한 행위와 활동을 묵상함으로 구원이 가능함. ・생전에 선한 일을 행하면 크리쉬나와 일체를 이루어 일회적 윤회로, 악한 행위를 하면 자신의 악한 행위에의 값을 치루기 위해 끊임없이 환생함.

(3) 요가(Yoga)

< 개 요 >

구 분	내 용
명 칭	· 요가(Yoga)
명칭의 의미	· 산스크리트어로서 유즈(Yuj)라는 어원에서 시작됨. · 유즈는 본래 '말을 마차에 결합시키다', '말에 멍에를 씌우다'의 의미임. 명사로는 '결합', '억제'의 의미와 함께 어떤 특정한 목적에 '상응(相應)', 또는 '합일(合一)'한다는 의미도 있음. 한자적 표기로는 '유가(瑜伽)'라고 함. · '명상'을 뜻하는 술어로 쓰인 것은 기원전 500-300년경에 이루어진 '우파니샤드'라는 인도의 고대 문헌에서인데, 여기에서 요가는 심신을 조절하여 진정한 자아를 자유롭게 하는 방법, 즉 '해탈을 이루는 수행법'이라는 뜻으로 사용됨. · 요가는 명상을 통해서 우주의 신비 속에 참여하고, 신의 완전함과 함께 자신이 완전하게 되고, 정신과 육체가 완전함으로 하나 되어, 인간에게 주어진 능력을 발휘하는 것임.
발생과정 및 역 사	· 요가는 6,000~7,000년 전의 인더스 문명 시대까지 올라가며, 그 수행법은 인도 아리안 종교, 고대의 바라문교, 불교에도 영향을 줌. · 약 5,000년 전의 유물로 추정되는 시바 신상(Siva 神像)에서 요가의 기본자세인 결가부좌(結跏趺坐)를 볼 수 있음. · 석가가 태어났을 때에는 이미 명상을 중심으로 한 수행법이 널리 알려져 있었으며, 석가도 요가의 방법으로 수행을 했음(불교에도 요가라는 명칭과 함께 '자나(Dhyāna)'가 유행함). · 석가 시대의 문헌 '카타우파니샤드(Katha Upanisad)'에는 요가에 대하여 자세히 기록하고 있음. · B.C. 1,000년경에 쓴 '바가바드기타(Bhagavadgita)'에는 요가의 종류와 실천방법이 적혀 있음. 이 시기의 요가는 음식, 수면, 욕망을 억제하고 호흡을 조절하여 의식을 한 곳에 집중하는 고행적인 방법이 주류였음. · B.C. 500년경에는 고행과 구별되는 요가 고유의 수행과 철학체계를 갖추게 됨. · B.C. 200년경에는 명상적인 실천뿐만 아니라 철학적 사색, 윤리적 실천, 종교적 헌신 등이 요가의 범주에 포함됨. · 4세기경에 파탄잘리(Patanjali)가 쓴 '요가경전(Yoga-sūtra)'에는 요가의 수련과정을 8단계로 체계화하여 설명하고 있음.

요가(Yoga)(계속)

구 분	내 용
발생과정 및 역사	• 4세기경에 인도의 문법학자인 파니니(Pānini)는 그의 저서 '타투파타(Dhātupātha)'에서 요가에 삼마디(Damādhi, 三昧)의 뜻이 있다고 함. 여기에서 요가체계는 이원론적인 형이상학과 불교 심리학을 혼합한 것임. 수행 체계는 윤리적인 계율, 육체조절, 의식 집중의 단계로 되어 있음. • 13-17세기에는 육체적 생리적 수행을 중심으로 하는 하타요가 또는 쿤달리니 요가가 크게 발달하였고, 또한 에로티시즘이 포함된 탄트라요가도 발달함. • 인도의 가장 오랜 정치와 경제에 관한 문헌으로 오늘날까지 고전으로 소중히 여겨지는 '아르타샤트라(Artha Śāstra, 實利論)'는 책에는 철학은 샹카(Sāṁkhya)와 요가(yoga)와 로키야타(lokāyata)의 셋이 있다고 함.
유파(類派)	• 오래전부터 육파철학(六派哲學)이 형성됨 : 실천 방법으로 요가를 수련함. ① 베다(Veda)를 중심으로 한 미만사(Mimamsa, 聲論派)와 베단타(Vedanta, 吠檀多派). ② 논리적인 특징을 중시하는 니야야(Nyaya,) 바이세이시카(Vaiseisika, 勝論派) ③ 우파니샤드(Upanisad)를 중심으로 상키야(Samkhya, 數論派)와 요가파(요가파). • 현교(顯敎)적인 요가 : 현실부정적인 요가 ① 라쟈요가(Rāja yoga) : 심리적인 것으로 4, 5세기의 파탄잘리가 편집한 '요가수트라(yoga Sūtra)가 고전적인 형태임. 고뇌의 원인을 마음의 작용으로 보고 심리적인 명상을 통하여 고뇌에서 벗어나고자 함. ② 쥬나나 요가(Jñâna yoga) : 철학적인 것으로 우파니샤드의 문헌 속에 담겨진 철학 사상을 체계화한 베단타(Vedânta) 철학과 관련지어 실행함. ③ 카르마 요가(Karma yoga) : 힌두교의 성전인 '바가바드기타'속에서 전해짐. 고뇌의 원인을 과거에 행한 자신의 행위의 결과로 보고 행위의 동기나 결과에 대한 욕망을 포기하여 업보를 남기지 않는 것을 목표로 함. 인도의 사회제도와 윤리 속에 반영됨.

요가(Yoga)(계속)

구 분	내 용
유파(類派)	• 밀교(密敎)적인 요가(탄트라:Tantric) : 현실 긍정적인 요가 ①하타 요가(Hantha yoga) : 생리적인 것으로 현실적인 이익을 중요시하여 발달함(육체 단련과 호흡). ②바크티 요가(Bhakti yoga) : 바가바드기타에 근원을 둠. 윤회에서 벗어나는 길을 신의 자비에서 찾으며, 신에 대한 헌신을 수행의 중심으로 삼음. 종교성이 강하여 후대의 유신론적인 인도 종교의 일반적인 경향이 됨. ③만트라 요가(Mantra yoga) : 주법적인 것(주문 암송). ④라야 요가(Raya yoga) : 초심적인 것. ⑤쿤다리니 요가(Kundalini yoga) : 밀교적인 하타요가로 인간을 하나의 소우주로 생각함. 인체 내의 신비한 힘 샤크티를 시바 신의 아내로 여기며 이를 쿤달리니라고 함. 쿤달리니는 우주를 움직이는 에너지이며 동시에 개인의 생명을 유지하는 힘임. 이를 일깨워서 인간적인 모든 장애를 태워버리고 시바 신과 하나가 되게 하는 목적을 가짐.
현대의 요가	• 요가는 근대에 미국을 위시한 서구에 소개됨. • 현대 요가는 인도에서 의사들이 과학적으로 연구함. • 구라파에 요가를 도입한 에스디안(S. yesdian)은 인도에서 의학공부를 한 스위스 사람임. • 슐츠(J.h. Schultz)는 자율훈련법(自律訓練法)이라는 최면술을 개발하여 임상심리학에 적용함. • 미국의 엘리아데(M. Eliade)는 종교학적 관점에서 요가를 연구함. • 우리나라에서도 요가는 수십여 개의 단체와 수많은 사람들이 수련하는 등 폭팔적인 관심과 주목의 대상이 되고 있음. • 현대의 요가는 건강과 자아실현, 질병의 예방과 치료, 정신분석과 사회과학 등에 영역을 넓혀가고 있음. • 요가는 건강과 정신의 치유를 모토로 내세우고 있으나 명백하게 힌두교와 불교적인 근원을 가지고 있는 종교적인 성향을 띰.

< 주요 내용 >

수행의 내용	• 체위법(體位法) : 몸의 좌법은 물론 요가 운동법을 통하여 수행하는 방법으로 하타요가의 경전인 '게란다상히타'에는 32가지, '프라디피카'에는 15가지, '쉬바상히타'는 4가지의 체위를 통하여 수행함.

요가(Yoga)(계속)

구 분	내 용
수행의 내용	• 호흡법 : '호흡의 멈춤', 즉 '지식(止息, kumbhaka)' 등 호흡의 방법으로 12가지가 있음. • 무드라(mudrā) : '도장(印)', '상징', '비밀'의 의미로 비밀로 수행해야 한다는 의미임. 체위나 호흡, 명상이 상당한 경지에 이른 사람에게 가능한 수행임. 23가지가 있음. • 명상법 : 인생의 궁극 목표인 해탈에 이르게 하는 최고의 방법으로 13가지의 종류로 수행함.
수행을 위한 자세	• 청정(淸淨) : 육체적으로나 정신적으로 순결해야 함. • 만족 : 자기가 충족하게 느끼는 마음의 상태(스스로 평화를 느끼고 더 이상 새로운 욕구를 좇지 않는 상태). • 육체적 어려움에 대한 인내 : 배고픔, 갈증, 더위, 추위 등과 관련된 육체적 욕구를 조용히 참아내는 것. • 신체적 움직임을 멈추고 대화의 충동을 억제, 완전한 침묵을 유지해야 함. • 신(神)에 대한 공부와 헌신이 요구됨.
수행 방법	• 외적 단계의 수행-①제계(制戒, yama):욕망을 없애기 위하여 다섯 가지(살아있는 것을 해치지 않음, 거짓말을 하지 않음, 도둑질을 하지 않음, 남에게 인색하지 않음, 탐욕을 내지 않음) 계율을 지킴. ②내제(內制, niyama):베다의 학습, 신에 대한 기도, 고행 등 자기수련의 규칙을 지킴. 정결, 평온, 금욕, 학습, 기도해야 함. ③좌법(좌법, āsana):자세를 바르게 하고 신체를 부동자세로 하여 정좌함. ④조식(調息, prānāyāma):호흡을 조정하는 것으로 숨을 길고 약하게 쉼. ⑤제감(制感, pratyāhāra):모든 감각 대상으로부터 감각을 거두어들이는 것으로 감각이 외부에 작용치 못하게 함. • 내적 단계의 수행-⑥집지(執持, dhārnā):어느 한 사물이나 사념(思念)에만 꾸준히 마음을 쏟아 그 밖의 모든 것이 마음에서 사라지게 함. ⑦선정(禪定, dhyāna):고요히 생각하고 명상함. 이는 반(半)무의식 상태로서, 마지막 경지로 넘어가는 과도 단계임. ⑧삼매(三昧, samādhi):마음은 텅 비고, 객체와 주체에 대한 인식도 없이 '궁극자'에 흡입되고 '유일자'와 하나가 되는 해탈의 단계임.

(4) 기공(氣功, Chikung)

<개 요>

구 분	내 용
명 칭	· 기공(氣功, Chikung, chigong, qikong) · 용어는 진(晉)나라 때의 허손(許遜)이 저술한 "정명종교록기공천미(淨明宗敎錄氣功闡微)"에 처음 등장함. · 이후 1929년 상무인서관(商務印書館)에서 출판한 "무술휘종(武術彙宗)"과 1975년 중화서국(中華書局)에서 출판한 "소림비결(少林秘訣)"에 기공이란 용어가 있고 그 의미가 간단히 설명된 정도임. · 현재 통용되는 기공이란 단어는 1950년대에 건립된 북대하기공요양원(北戴河氣功療養院)의 유귀진(劉貴珍)에 의하여 사용되어진 이후에 점점 의미가 확대됨.
명칭의 의미	· 기(氣)는 ①넓은 의미로 보통 사람들이 눈, 귀, 코, 입으로 감측할 수 있는 것, ②좁은 의미로는 의력(意力), 영감(靈感), 심체(心體)로서만 느낄 수 있는 것으로 우주 만물 작용력의 근원임. · 공(功)은 기를 수련하는데 드는 정성으로 삼조(三調), 즉 조신(調身, 자세), 조식(調息, 호흡), 조심(調心, 정신)을 통하여 인체 내외의 기를 조화시켜 무병장수를 이루려는 일종의 건강법임. · "기공이란 기의 흐름을 정상적으로 유도하여 심신의 건강을 도모하기 위한 동양체육학의 집대성이다. 기는 사람의 오관을 통해 감측하는 형태(넓은 의미의 기)와 의지력, 영감, 심체로써 느끼는 형태(좁은 의미의 기)로 존재하며, 이 2가지가 서로 간섭교차하며 변화를 꾀한다. 사람은 인체 내의 경락(經絡)을 열어주는 기공의 삼조(三調)를 통해 인체 내의 기를 통한 무병장수를 꾀한다."(1979년, 중국)
발생과정 및 역 사	· 기공의 기원은 5,000년 전부터 시작되었는데, 주요 형식은 대무(大舞)와 정좌(靜坐), 주요 작용은 정양(靜養), 보건, 질병치료로 하(夏)와 상(商), 서주(西周) 시대에 생성됨. · B.C.770년경인 춘추백가시대의 의가(醫家), 도가(道家), 불가(佛家), 유가(儒家), 무가(武家)등의 여러 유파가 의학의 5대 치료법으로 기공을 인정하고 사상가들 간의 논쟁이 전개됨.

기공(氣功, Chikung)(계속)

구 분	내 용
발생과정 및 역사	· 선(禪)이 중심이 되는 유파, 의념(疑念) 집중을 위주로 하는 존상파(存想派), 주천파(周天派), 도인파(導引派)로 나뉨. · 의가(醫家)는 예방의학, 즉 양생(養生)을 으뜸으로 1,700년 전 중국의 삼국시대의 명의(名醫) 화타(華陀)가 호랑이, 사슴, 곰, 원숭이, 학 등 동물의 자세에서 고안한 오금희(五禽戲)가 유명함. · 도가(道家)는 내단술(內丹術)에 바탕한 단학(丹學), 또는 단도(丹道)로 발전함. · 음양오행원리(陰陽五行原理)의 황제음부경(皇帝陰符經), 도장경(道藏經) 등은 단학도인법의 대표적 경전임. · 불가(佛家)에서는 고대 인도의 참선과 요가 등의 행법이 함께 전해짐. · 무가(武家)에서는 내공력(內功力)을 키우는 핵심수련법으로 기공을 중시함. · 한(漢), 당(唐) 시기인 B.C.906-206년경에 이론과 공법이 잇달아 등장하였고, 기공에 관한 다수의 문헌이 등장함. · 960년경인 송(宋) 말기에서 원(元) 시대에 도가의 본산인 무당산(巫堂山)에서 나온 태극권은 오늘날 건강과 호신 기공으로 세계에 보급됨. · 1368년 명(明) 시대에는 양생을 위주로 하는 의료 기공이 발전하였고, 여러 가지 기공이 서로 보완 융합됨. · 1950년대부터 중국은 정책적으로 보건, 의료기공 측면에서 기공학을 강조함. 기공 전문가를 양성함. · 1966-1976년의 문화대혁명(文化大革命)시기에 일시적으로 정체됨. · 1979년 2차례의 기공 대논쟁을 통해 발전시킴. 국민 사이에 널리 전파되어 학문 분야로 인정되었고, 1,500종을 넘는 공법이 발표되었으며, 기공 전문 기관이 잇달아 설립됨.
한국의 역사	· 고조선 시대부터 신선술(神仙術) 또는 선도(仙道)라는 명칭으로 고구려에 의하여 계승됨. · 통일신라시대에는 당에 유학한 신라 학자들이 도가(道家) 기공을 습득하였는데, 대표적 인물이 최치원(崔致遠)임. · 조선시대에 '바라문 도인법'이 있었으나 전해지지 않음. 의방유취(醫方類聚)나 동의보감(東醫寶鑑)에도 도인법이 수록됨. 일부 학자들 사이에 내단술(內丹術)이 전파됨.

기공(氣功, Chikung)(계속)

구 분	내 용
한국의 역사	• 이황(李滉)의 '활인심방(活人心方)'이 1992년 체육학계에 의해 민속건강체조로 발굴됨. • 중요 무형문화재 제76호인 택견, 불가의 선무도(禪武道), 전승 선도(仙道)의 하나인 기천문(氣天門)과 심무도(心武道), 국선도(國仙道), 천도선법(天道仙法), 단학선원 등에서 선(禪) 호흡이나 단학, 특히 단전(丹田) 호흡을 건강도인법으로 세움. • 1970년대 대학가를 중심으로 대중화에 성공함. • 1980년대 들어서면서 해외 기공 수도자들이 귀국하면서 기공이 확산, 보급됨.
현재의 상황	• 중국에서는 중의학과 함께 인체과학의 양대 주류로 정립되고 있음. • 한국에서는 한의학, 양의학 모두가 의료 기공과의 접목을 시도하고 있음. • 중국에서는 1992년 리홍즈(李洪志)가 불교와 도교의 원리에 기공을 접목시켜 파륜공(波輪功)이라는 수련법을 창시, 1억 명이 넘는 사람들이 추종하고 있고 국내에서도 수천 명이 이 수련법을 활용, 수련하고 있음. • 기공과 관련된 단체는 현재 수십 개가 넘는 상태임.
기공에 영향을 미친 원천	• 동양의학 : '황제내경(黃帝內經)'에 기공의 이론과 방법이 소개되었고, '내경(內經)'에는 기공 요법을 의료 요법으로 소개하였고, 편작(扁鵲), 화타(華佗) 등은 기공을 스스로 실천함. • 유가(儒家) : 공자(孔子)가 창시한 것으로 사상과 단련법이 기공에 영향을 미침. 유가의 공법은 동공(動功)이 몇 가지 있으며, 기본적으로 정공(靜功)임. • 도가(道家) : 노자(老子)와 장자(壯子)가 창시한 것으로 기공의 초기 발전에 몇 가지 방법을 제시하였고, 동한(東漢) 시대 말기의 도교는 도가의 기본 이론과 사상을 기공에 접목시켰고, 후에 각종 기공법을 창출하여 중국 기공 공법에 중요한 원천이 됨. 내단공(內丹功)이 유명하며 다수의 문헌이 있음. • 불가(佛家) : 불가 기공의 대표적인 공법은 육묘법(六妙法)과 지관법(止觀法)이 있음. 소림파(少林派)의 공법, 도가와 불가의 결합으로 탄생한 역근경(易筋經)이 알려져 있음.

기공(氣功, Chikung)(계속)

구 분	내 용
기공에 영향을 미친 원천	• 무술(武術) : 기공의 조신(調身) 기술은 무술에서 받아들인 것으로 무당기공(武當氣功), 소림내공(少林內功), 태극기공(太極氣功)이 있고, 대표적인 것으로는 아미십이장공(峨眉十二椿功)이 있음. • 문학, 예술 : 기공 수련에 의하여 영감을 얻었고 이를 작품에 반영하여 기공 발전에 귀중한 자료가 되도록 함. 백거이(白居易)의 '정좌시(靜坐詩)'가 대표적임.

< 주요 내용 >

기공 공법의 유파와 내용	• 내용상으로 ①성공(性功, 정신수양), ②명공(命功, 신체단련) • 형태상으로 ①정공(靜功, 서거나 안거나 누워서 수련), ②동공(重功, 체조나 무술처럼 걷거나 뛰며 수련) • 작용상으로 ①경공(硬功, 무공연마나 차력 등 강한 공법), ②연공(軟功, 병치료나 체조 등 부드러운 공법) • 삼조(三調) 기술의 특징면에서는 ①토납파(吐納派, 조식). ②조심을 주로 하는 의정파(意定派), 존상파(存想派), 주천파(周天派). ③도인파(導引派, 조신)로 나뉨. • 중국에서는 기공의 종류가 300여 가지가 되는데, 도가양생(道家養生), 장수술 등 10여 가지가 일반화 됨. • 한국에서는 단전호흡이 대중화에 성공함. ①음양오행의 기를 인체의 단전(丹田)에 충만 시켜 자연 속의 기와 교감을 하는 수련법. ②가슴으로 숨을 들여 마시는 서양의 흉식 호흡과는 달리 배꼽 5cm 아래의 단전에 기를 모으는 양생수련법임.

(5) 강신술(降神術)

<개 요>

구 분	내 용
명 칭	• 강신술(降神術, Spiritualism, Spiritism, Mediumism), 심령술(心靈術), 교령술(交靈術) 등의 다양한 명칭이 사용됨.
의 미	• 죽은 사람의 혼령이나 먼 곳에 있는 사람의 생령(生靈)을 데려오는 수도 있음. • 이와 같은 술법을 주도한 자를 영매(靈媒)라고 함. • 신이나 영혼의 존재를 증명하는 데에도 사용됨. • 한국에서의 무당이나 박수가 신을 내리는 일반적인 샤머니즘과는 달리 과학적인 설명이 뒤따르고 이를 조직적으로 추구하는 심령과학의 분야가 있음.
성경의 규정	• 샤머니즘을 포함한 광범위한 강신술은 인류의 역사와 맥을 같이하고 있음. • 성경에서의 복술(卜術)이나 요술은 정죄되어 왔음. • 사울 왕의 가장 큰 죄악은 무당에게 자문을 구했던 죄임(삼상 28장). • 하나님을 저버린 자들은 죽은 자들에게 위안을 얻으려고 함(사 8:19). • 술수는 육체의 일이며(갈 5:20), 지옥 형벌을 받아 마땅한 일임(계 22:15).
역 사	• 1848년 미국의 존 D. 폭스(John D. Fox)가 자신의 집에서 과거에 살해된 영혼과 교통함. • 1848년 미국 뉴욕의 로체스터 근방의 하이데즈빌에서 현대 강신술이 발전됨. • 현대인의 취향에 맞게 발전한 강신술은 과학과 종교의 이름으로 등장함. • 현대 강신술은 심령과학, 강신술교회(The Spiritualist Church)로 발전함. • 1851년 미국에서 콘스탄스 컴비(Constance Cumby)에 의해서 강신술협회가 결성됨. • 1882년 영국 런던에서 심령연구협회(The Society for Psychical Reseach)가 결성되어 심령현상에 대한 과학적 탐구가 시작됨. • 18세기 후반에는 오늘날의 최면술(催眠術)의 전신(前身)인 메스머리즘(Mesmerism)이 등장함. • 19세기 후반에 와서는 근대 심령주의가 대두되면서 영매를 사용하는 교령회(交靈會, Séance)가 미국 및 유럽 각지에서 열림.

강신술(降神術)(계속)

구 분	내 용
종 류	• 물리적 심령현상(Physical psuchic phenomena):물리적 법칙을 따르지 않는 것처럼 보이는 현상. ①유령의 출현 : 만질 수 있다는 물리적 성질을 가짐. ②물체부양(物體浮揚, levitation) : 중력(重力)을 넘어서는 움직임. ③물체통과(apport) : 흔적을 남기지 않고 물체를 통과함. ④격동(激動, telkinesis)현상 : 거리가 떨어진 곳에서 물체를 움직임. ⑤고음(叩音, rap) : 원인도 없이 물건을 두드리는 소리가 들림. ⑥유령(幽靈, poltergeist) : 집안을 어지럽히고 떠드는 현상. ⑦직접기록(direct writing)이나 석판기록(石盤記錄), slate writing : 사람의 손을 빌지 않고 펜 스스로 글씨를 씀. ⑧심령사진(psychic photography) : 있지도 않은 것이 촬영됨. ⑨염사(念寫, thoughtography) : 감광(感光)시키지 않고 생각만으로 사진건판에 글씨나 인물 등의 상(像)이 나타나는 현상. • 정신적 심령현상(Mental Psychic Phenomena) : 일상의 지각(지각)이나 추리의 힘을 빌지 않고 먼 곳의 일, 밀폐된 상자, 다른 사람의 마음의 내용, 장래 일어날 일에 대한 정보를 얻음. ①자동기록(automatic writing). ②자동묘사(drawing). ③자동담화(speaking). ④프랑셰트(planchette). ⑤위자판(板, ouija board). ⑥탐혼법(探魂法, psychometry):어떤 물건에 관계된 과거를 알아맞힘. ⑦지팡이점(dowsing):지하의 수맥이나 광맥을 알아맞힘. ⑧편력투시(遍歷透視,Travelling clairvoyance): 보지 않고 마치 현지에 가서 체험한 것처럼 상황을 소상히 아는 것. ⑨심령치료(psychic healing):의학적인 방법을 의지하지 않고 병의 진단이나 치료를 함.

강신술(降神術)(계속)

구 분	내 용
교육 내용	· 모든 인간이 하나님이라고 주장함. · 여러분 자신이 구주라고 함. · 자아에 대한 무조건적인 사랑을 강조함. · 죽음은 환영 같은 것으로 더 높은 곳으로 나아가기 위한 하나의 과정임. · 자신의 인성 내지 자신을 초월하는 고차적인 자아(higher self)와 삶의 목적을 가짐.

< 교 리 >

구 분	내 용
신 론	· 무한한 지성이 우주에 가득 차 있어서 그 우주를 다스리는데, 그것은 형체도 없고 비인격적이나, 전능하고 무소 부재함. · 신성(神性)을 깨달아 알 수 있는 지혜가 만물 속에 깃들어 있다고 가르침.
기독론	· 예수는 영계 질서의 중계자에 불과함(최대의 무당임). · 영들의 가르침은 기독교의 교훈을 능가하고 보다 발전된 것임. · 예수는 신이 아니며 제6계(六界)의 발달된 영적 존재임. · 예수가 하나님 아버지와 동등 됨은 영매(靈媒)됨의 하나로서 영매이거나 중재자임. · 예수의 기적은 우화에 불과함. · 예수는 수많은 구세주의 하나에 불과함.
성령론	· 성령의 인격은 부인됨. · 하나님으로부터 왔다는 성령은 다만 전에 육신을 가지고 살던 어떤 거룩한 영(靈)에 불과 함.
인간론	· 인간은 결코 타락한 적이 없음. · 존재하는 것은 무엇이든지 옳은 것이며, 악은 존재하지 않고 오히려 유용(有用)한 것임. · 인간의 행로가 어떠하든지, 곧 선하든지 악하든지 간에 그것은 신의 명령과 운명에 의해서 결정됨. · 거짓말은 본질상 진리인데, 그것은 거짓말도 피조세계에서 합법적인 자리를 차지하고 있기 때문임. · 죽음은 죄의 파괴적인 결과인데, 죄는 인간의 친구도 아니고 그렇다고 대적도 아니며 신의 뜻의 한부분임.

강신술(降神術)(계속)

구 분	내 용
대 속	· 예수의 죽음은 대속적 가치가 없음. · 대속에 의한 구원은 사악한 것이며 영혼을 파멸시키는 기만임. · 생명이 계속된다는 것과 또 영적인 영역에서 인간이 완전을 향해 영원히 진보한다는 것을 가르침. · 모든 영혼은 세월의 흐름에 따라서 숭고하고 영광스러운 곳으로 진보함. · 인간의 의식은 결코 죽지 않고, 인성(人性)도 결코 파멸되지 않음. · 영계에서의 삶은 마치 나선형의 층계처럼 진화한데, 보다 높은 천계(天界)를 향하여 도덕적인 감정이 성장함.
구 원	· 개인에게는 도덕적인 책임이 있으며 자연의 물리적인 법칙과 영적인 법칙들을 순종하느냐 불순종하느냐에 따라서 행복과 불행이 결정됨. · 사람은 악을 행했든 선을 행했든지 죽은 후에는 영이 됨. 영은 한 영적인 수준에서 다음 수준으로 진보하면서 구원받게 됨. · 물질적인 육신을 버리는 것은 실직적인 사람인 영의 상태에 어떤 변화도 주지 못함. · 아무리 타락한 사람이라도 가장 높은 곳에 도달할 수 있음.
심 판	· 지옥은 존재하지 않고 앞으로도 없을 것임. · 지혜와 지식과 사랑이 있는 모든 영에 속한 사람은 지옥과 악마가 없다는 것을 인식함. · 부활도 없고 심판도 없다고 생각함. · 연옥이나 지옥은 없고 서로 교통하는 영들이 단지 이 세상의 삶을 마치고 또 다른 삶으로 들어갈 뿐임. 그 삶은 천국과 같을 수도 있고 지옥과 같을 수도 있는데, 이것은 각 영들이 선택한 대로임.

제4장 사상
〈개설〉· 사상의 흐름

20세기 후반에 시작된 종교의 전반적인 지향은 21세기에도 이어지고 있다. 종교다원주의, 포스트모더니즘, 뉴에이지운동 등의 흐름은 아직도 주된 경향이다. 이들의 전반적인 흐름을 살펴보면 종교적인 정체성은 상실되고, 기독교의 구원이나 십자가의 복음은 무의미한 것이 되고 만다. 다른 종교에도 구원이 있고, 하나님은 죽었으며, 자기 자신이 신의 경지에 이를 수 있다는 주장 등은 매우 주도면밀하다. 하나님이 전혀 필요 없는 성숙한 인간 세상이 되어가고 있으며, 또한 그렇게 만들 수 있다는 것이다.

종교다원주의는 1961년 칼 라너(Karl Rahner)의 '익명의 그리스도인'이라는 개념으로부터 본격적으로 제기되어졌다. 카톨릭은 제2차 바티칸 공의회(1962-1965)에서 타종교와의 대화를 결정하고, 이를 계기로 종교대화운동이 시작되었다. 한국에서는 서남동, 윤성범을 거쳐 유동식, 변선환을 중심으로 대화신학운동이 전개되었다. 이들의 주요주장은 모든 종교는 근본에서 동일하며, 따라서 예수를 하나님의 성육신으로서 그리스도라는 기독교 교리는 비신화해야 된다고 주장한다. 뿐만 아니라 그리스도는 구주 혹은 구원의 원리로 모든 종교에게서 현시되었다고 했으며, 종교의 존속을 위해서는 대화가 필수적이라고 말한다. 더 나아가 이들은 타종교에도 구원이 있다고 주장하여 기독교 사회에 심각한 파장을 일으켰다.

포스트모더니즘은 1960년대 이후 미국과 유럽에서 시작된 새로운 문화운동으로 시작되었다. 본래 건축에서 사용되었으나 1980년대 이후 예술의 전 영역에 영향을 미쳤다. 이러한 조류는 1970년대에 신학에도 영향을 미쳐 포스트모던 신학이 등장했다. 포스트모던 신학은 인본주의적인 무신론인 하나님의 죽음과 설화로서의 창조론을 주장한다. 하나님과 예수의 전능성은 부인되고 부활은 상징적인 사건이 된다.

뉴에이지 운동은 동양의 신비종교, 힌두교, 강신술, 범신론, 점성술, 불교 등의 개념이 혼합되어 나타난다. 이들의 주장은 인간이 신이 될 수 있으며, 윤회, 환생 등을 아무 거리낌 없이 주장한다. 인간을 심판할 하나님은 없으며, 죽음은 부정되고 천국과 지옥은 존재하지 않는다. 이들은 문학, 예술, 음악 등에 다양하게 나타나며 하나님이 필요 없는 세상을 꿈꾼다.

(1) 종교다원주의(Religious Pluralism)

<개 요>

구 분	내 용
명 칭	• 종교다원주의(Religious Pluralism)
개 념	• 특정한 종교의 교리 이념이 아니며, 세계 2차 대전 이후에 인류 사회의 문화적 거리가 좁혀지고 국가나 국제 사회에서 타종교와 구조적으로 긴밀한 관계를 유지하고 살지 않으면 안 되게 되었다는 역사적 현실을 자각한 후에 종교학자들과 지성적 종교인들 사이에서 사용된 용어임. • 타종교의 이해와 존중의 필요성이 제기됨. • 종교는 하나가 아니라 여럿임.
배 경	• 정복적인 선교정책 위기 : 서구의 식민주의와 선교는 맥을 같이 하는데, 세계 2차 대전 이후에 이러한 정책이 새로 독립된 나라에서 장벽에 부딪히게 되는데, 특히 인도에서는 인도의 전통문화로 강력하게 무장된 힌두교도에게 선교한다는 것이 불가능하다는 사실을 인지하고 우월주의적 선교전략을 버리고 문화적 접근을 통한 선교정책의 일환으로 일선의 일부 선교사에 의하여 타종교와의 대화 문제가 제기됨. • 과학의 발전 : 16세기 이후 탐험에 의하여 새로운 세계를 발견하면서 기독교와 다른 종교, 역사, 인류학, 과학의 도전을 받았고, 특히 17세기에 동양과 중동의 풍부하고 심오한 고전 종교들의 경전 소개, 이집트와 중동의 고대 문화의 발굴과 해석, 북구라파의 이교도 문화의 재발견 등의 빈번한 접촉은 타종교와 기독교의 문제가 긴급하게 제기됨. • 비교종교학의 발전 : 서로의 종교에 대한 비교, 연구는 기독교 절대주의가 거부되고 상대주의가 제기 되었고 각자 모든 종교는 제각기 진리를 가지고 있다고 함. • 포스트모더니즘의 제기 : 전통을 거부하는 탈현대주의는 인류의 모든 영역에서 새로운 사고와 재정립을 요구하며 압박하였고 진보적인 신학자들은 종교다원주의를 제기하고 발전시킴.

종교다원주의(Religious Pluralism)(계속)

구 분	내 용
역 사	· 역사 이래로 종교 다원화의 문제는 세계 도처에서 제기되었다고 보여짐. · 1215년 라테란(Lateran)공의회에서 '교회밖에는 전혀 구원이 없다'고 선언함. · 1302년 교황 보니파스(Boniface) 8세는 교회밖에는 구원도 죄의 용서도 없다는 것과 교회에 복종하는 것이 구원에 전적으로 필요하다고 함. · 1442년 플로렌스(Florence) 공의회는 이를 다시 확인, '자선을 베풀고 그리스도의 이름을 위해 피 흘렸다고 하더라도, 카톨릭교회 울타리 안에 머물러 있지 않으면 결코 구원을 얻을 수 없다'고 함. · 1545-1563년의 트렌트(Trent)공의회는 '만약 이교도들이 도덕적 양심을 따라 살고 있다면 그들은 묵시적으로 교회에 들어오고 싶은 욕망을 표현하고 있는 것이고, 극에 따라 구원의 문턱을 통과할 수 있을 것이다'고 함. · 1870년 막스 뮐러(Max Muller)가 '종교학 입문'을 출판, 종교학에 관련된 연구가 시작됨. · 1875년 종교 다원주의의 성격을 갖는 신지학협회가 뉴욕에 설립됨. · 1893년 미국의 시카고에서 '세계종교회의(World's Parliament of Religions)'가 열림. · 2차 세계 대전이 끝나면서 종교학은 급격한 발전을 이루면서, 종교 간의 대화가 본격 논의됨. · 1930년대부터 포스트모더니즘에 의하여 모든 부문에서 탈근대의 현상이 나타남. · 1961년 4월 카톨릭 신학자인 칼 라너(Karl Rahner)가 '익명의 그리스도인(Anonymous Christian)' 개념 도입함. · 카톨릭은 제2차 바티칸공의회(1962-1965)에서 타종교와의 대화를 결정함. · 1960년대 말부터 종교 철학과 종교 신학 운동이 일어나면서 '종교 다원주의' 용어가 본격적으로 사용됨. 이전에는 '종교 대화(religious dialogue)', 또는 '종교대화운동'이 친숙하게 사용됨. · 한국에서는 1960년대에 서남동(徐南同, 1918-1984), 윤성범(尹聖範, 1916-1980), 1970년대에 유동식(柳東植, 1922-), 변선환(邊鮮煥, 1927-1994)을 중심으로 대화 신학 운동 전개함. · 1980년대에 들어와 기독교와 타종교에 대한 논의가 활발하게 전개되고 이와 관련된 서적이 출판됨.

종교다원주의(Religious Pluralism)(계속)

< 주요 내용 >

구 분	내 용
주요주장	· 모든 종교는 근본에 있어서 동일함. · 예수를 하나님의 성육신으로서 그리스도라고 하는 기독교 교리를 비신화해야 한다고 주장함. · 궁극적 실재인 신 중심으로 돌아가야 함. · 그리스도는 구주 혹은 구원의 원리로서 모든 종교들에게 현시됨. · 종교 간의 대화는 종교의 존속에 필수적임.
다원주의의 유형	· 상대주의(Relativismus) : 하나의 궁극자에 대한 다양한 반응인 종교들은 평등한 동반자로서 서로 이해하고 배우면서 공존하자는 입장임. 트뢸취(E. Troltsch, 1865-1923)에 따르면 모든 종교는 신의 계시를 함께 공유하고 있으므로 우월하다는 판단은 있을 수 없으며, 따라서 상호 이해와 사랑에 근거한 관용을 주장함(다원주의). · 절대주의(Exklusivismus) : 오직 한 종교만이 진리를 가르치고 그 종교만이 구원 혹은 자유에 이르게 한다는 입장임. 1970년 프랑크푸르트 선언은 '참된 종교는 오직 하나이다'라고 주장하며 다른 구원의 길은 존재하지 않는다고 함(행 4:12). 1974년 로잔의 세계복음화 국제대회에서도 성경의 절대적 권위, 그리스도의 유일성을 강조하고 절충주의나 대화를 일체 거부함. 칼 바르트(K.Barth)는 이의 대표격임(배타주의). · 포괄주의(Inklusivismus) : 특정 종교가 최종적 혹은 최고의 진리를 갖고 있고, 다른 종교는 그 최종적 진리에 이르는 부분적 혹은 과정적 진리를 갖고 있다는 입장임. 칼 라너에 의해서 주장됨. 제2차 바티칸 공의회 이후에 '익명의 그리스도인'이라는 이론을 전개함. 이는 이후 카톨릭 교회의 입장이 됨. 한스 큉(H. Kung)은 라너의 이론은 신학적 기만이고, 교회를 우주적 현존으로 증발시키며, 그리스도교의 본질적 사회적 특성과 독특성을 상실한다고 비판함(포용주의).

(2) 포스트모더니즘(Post Modernism)

< 개 요 >

구 분	내 용
명 칭	• 포스트모더니즘(Post Modernism, 탈 근대주의 : 후 현대주의)
개 념	• 전통양식의 거부라는 측면에서 모더니즘(Modernism, 근대주의)의 변형 형태로 다루어짐. • 미학적으로 이미 전통의 지위에 올라선 모더니즘에 항거하는 새로운 전위적인 운동임. • 모더니즘의 기본입장인 다다이즘(dadaism), 초현실주의(surrealism), 아방가르드(avant-garde) 운동까지 수용하여 극단적인 형태로 발전시켜감.
형성배경	• 서구의 플라톤 이후의 전통적 형이상학에 대한 통일성을 부정하는 니체(F.W. Nietzsche, 1844-1900)적인 사고 : 희랍적 숙명론을 벗어나서 신을 벗어나는 초인의 개념을 주장함. • 서구의 과학주의적 사고방식에 반대하는 낭만주의적 사고방식 : 쉘링(Schelling)의 동일철학적 사고. 실존철학자 칼 야스퍼스(Karl Jasperse, 1883-1969). • 현대의 과학 철학적 사고 : 반증론(反證論, The Principle of Falsification)에 기초한 포퍼(Karl Popper, 1902-1994)의 사고방식. 과학에의 혁명적 사고를 주장한 쿤(Thomas Kuhn, 1922-1996), 불확정성의 원리를 주장한 하이젠버그(Heigenberg, 1901-1976)의 주장.
역 사	• 1930년대 초 몇몇 문예비평가에 의해서 문학에 수용됨. • 1934년 스페인의 문학비평가 페데리코 데 오니스가 '스페인과 아메리카 시 선집'을 편집하면서 서문에서 '포스트모데르니스모'라는 용어를 처음 사용함. • 1942년에는 더들리 피츠가 '현대 아메리카 시 선집'에서, 1946년에는 미국의 시인 렌덜 재럴이 로버트 로월의 시집 서평에서 사용함. • 1946년 역사가 아놀드 토인비(A. Toynbee, 1889-1975)는 그의 저서 '역사의 연구' 제3권에서 '포스트모던'이라는 용어를 처음으로 언급했으나 이는 서구 역사를 구별하기 위한 시대적 개념으로 사용함. • 제2차 세계대전 이후, 정확히 20세기 후반기부터 사회 전 영역에 확대 사용됨. • 1960년대 이후 미국, 유럽에서 시작된 일련의 새로운 문화 조류임.

포스트모더니즘(Post Modernism)(계속)

구 분	내 용
역 사	• 본래 건축에서 '인터내셔널 스타일'로 대표되는 모더니즘 건축에 대한 비판적 대안으로 포스트모더니즘 건축이 대두되어 상용되던 개념이었으나 1980년대 이후 예술의 전 영역에 걸쳐 사용됨. • 포스트모더니즘은 1970년대에는 신학에도 영향을 미쳐 '포스트모던 신학'이 등장함.

< 주요 내용 >

구 분	내 용
유 형	• 개체화 : 모든 인간들, 사물들, 사건들을 묶으려는 기도는 불가능하고 불필요함. 개체화, 파편화 작업에 관심을 집중함. • 관계성 : 개체는 홀로 고립되어 존재하는 개체가 아니라 관계성에 충실한 개체임. 여기에서의 관계는 수평적, 수직적, 대각적인 것을 포함하는 무차별적으로 이루어지는 관계임. • 무법칙성 : 법칙의 파기 혹은 포기로 간주되며 문학, 예술, 철학 등 모든 방면에서 진행되는데, 가장 눈에 드러나는 것은 건축에 있어서의 새로운 건축기법, 건축물 등이 등장하고 있음.
내 용	• 전통과의 단절, 반리얼리즘, 전위적, 실험성, 비역사성, 비정치성. • 인간성 상실과 정신의 빈곤에서 오는 다양한 징후들을 변화와 실험이라는 복합적 예술양식으로 표현, 권위적 이성과 그에 따른 억압을 해체함으로서 인간을 문화적 속박에서 해방시킬 수 있다고 주장함. • 절대이념의 와해 및 해체, 개성중시, 논리 다원화, 다국적 기업, 여성운동, 소유로부터의 탈출 등의 현상도 포스트모더니즘의 영향임.
포스트모던 신학	• 인본주의적 무신론인 '하나님의 죽음'을 주장함. • 설화로서의 창조론을 주장함. • 하나님의 전능성을 부인함. • 예수의 절대성, 유일성을 부정함. • 동정녀탄생부인. • 예수의 부활은 상징적 사건임. • 중보자 예수보다 하나님과 인간, 인간과 인간, 자연과 인간과의 관계 중시함. • 제도화된 교회 부정하고 인간적인 교회를 주장함.

(3) 뉴에이지운동(New Age Movement)
< 개 요 >

구 분	내 용
명 칭	• 뉴에이지운동(New Age Movement)
의 미 및 개 념	• 현대를 위기와 기회의 시대로 평가함. • 세계 도처에서 일어나는 기아, 전쟁, 생태계 파괴, 자연 재해, 인간성 상실은 인류를 위기에 처하게 함. • 위기의 원인은 인간 자신의 내면의 능력을 사용하지 못했기 때문인데, 이는 전통적 종교적 가치관들이 인간을 스스로 나약하고 유한한 존재로 만들어 버렸기 때문임. • 뉴에이저들은 점성술적 개념을 도입, 기독교 시대를 의미하는 물고기자리가 끝나고 새로운 시대를 의미하는 물병좌(Aquarius) 시대가 오고 있는데, 이는 기독교가 끝나고 새로운 시대(New Age)가 도래고 있다고 주장함. • 점성학에서는 태양과 여러 행성에서 일어나는 회전 순환 운동이 한 궤도를 다 마치려면 2,600년의 시간이 걸리는데, 이 궤도를 황도(黃道)라고 함. • 황도는 다시 12좌로 나뉘는데, 서양의 별자리인 사자, 게, 쌍둥이, 황소, 양, 물고기, 물병, 염소, 궁수, 전갈, 천칭, 처녀로 이를 황도 12궁이라고 함. • 이 한 좌(座)에서 다른 좌로 옮겨가기 위해서는 2,100년이 걸리는데 이것을 에이지(age), 즉 한 세대나 황도라고 함. • 현대는 물고기자리에서 물병자리로 옮겨가는 과정이며, 황도의 11번째 좌로서 한 남자가 오른손에 물병을 들고 있는 것에 해당됨. 물병자리 시대는 어떤 것으로도 채워지지 않는 인간의 정신적 갈증을 충분히 채울 수 있는 물병으로 상징됨. • 양자리는 성부의 좌(구약), 물고기는 성자의 좌(신약), 물병자리는 성령의 좌(현대)로서 새로운 영적 변형을 의미한다고 주장함.
발생배경	• 환경, 문화적 배경 ①반문화적(anti-cultural) 허무주의 : 60-70년대 서구 젊은이들이 '히피(hippies)'와 '비트'로 대표되는 거대한 반문화를 형성하여 객관적 진리나 절대적 가치가 더 이상 의미를 가지지 못했고 젊은이들은 주관적 신비의 세계에 탐닉함.

뉴에이지운동(New Age Movement)(계속)

구 분	내 용
발생 배경	②전통적인 인디언 문화의 새로운 이해 : 인류학자인 카스테네다(C.Castaneda)가 멕시코의 한 마술사로부터 익힌 경험을 책으로 출판하여 젊은이들을 자극하였고, 이에 대한 분위기는 주술(呪術)과 샤머니즘, 동양의 전통과 문화의 수용에 대한 분위기가 확산됨. ③자기 성취의 문화(The Culture of Narcissism) : 인간 잠재력 개발 운동은 인본주의적 심리학에서 출발하였고, 미국의 노만 필이나 로버트 슐러 목사가 이를 주도함으로 폭발적인 반응을 불러일으켜 미국 사회 전역에 확산됨. • 사상적 배경 ①동양사상의 유입 : 19세기 초 동양의 신비주의적 종교의 경전이 영어로 번역되면서, 초자연적인 사상이 유입되었고, 전쟁 등으로 허무적인 미국 젊은이들에게 급속하게 정착하게 됨. ②동양의 종교와 현대 사상의 융합 : 불교와 힌두교, 동양의 신비주의가 현대 철학, 심리학, 과학과 공상과학, 50년대와 60년대의 반항 문화와 복합되어 현대적인 형태로 부활함. ③진화론과 정신분석학의 대두 : 무신론에 근거한 다윈의 진화론, 프로이드(S.Freud)와 융(K.Jung)의 정신분석이 동양사상에 결합됨. ④강신술, 영매, 최면술 환생 등 신비주의 현상의 관심 증가 : 서구적 의미의 심령술은 19세기 중엽 뉴욕의 폭스(Fox) 자매에서 시작했는데, 그 자매는 이전에 죽은 영혼이라고 주장하는 존재와 영적으로 교통함. 미국사회는 이 시기에 독심술, 초능력, 유체이탈에 관심이 집중되었고, 최면술적 치료 방법이 미국에 도입됨.
기원과 역사	• 영지주의와 신약성서 시대의 신비종교까지 거슬러 올라감. • 19세기 신비주의적이며 실증주의적인 초월주의 운동이 랄프 왈도 에머슨(Ralph Waldo Emerson)에 의해서 주장됨. • 에머슨은 목사로서 자연과 인격 안에 '힘'이 있다는 신비주의적 '대신령(大神靈)'에 대하여 가르치고, 그것이 인간의 의식에 의하여 만들어졌으므로 당연히 복종해야 한다고 주장함.

뉴에이지운동(New Age Movement)(계속)

구 분	내 용
기원과 역사	· 어원적 개념이 점성학에 기반을 두고 있다고 주장됨. · 현대는 새로운 세대(New Age)로서 물병자리(水甁座) 시대가 시작되었다고 함. · 점성학적 기반에 의해서 이들은 뉴에이지는 새로운 영적 변형을 나타낸다고 함. · 점성학적 운동은 1900년 스위스의 A. 피오다가 유토피아적 공동체인 '진리의 산'을 세우고, 개인적 경험에 기반을 둔 반권위주의적 영성을 창조하려는 시도로 동서양의 영지주의적 전통을 유입, 새로운 종교와 문화의 만남을 시도함. · 1875년 헬레나 페트로브나 블라바츠키(Helena Petrovna Blavatsky, 1831-1891)와 콜로넬 헨리 스틸 올콧(Colonel Henry Steel Olcott, 1832-1907)에 의하여 '영계(靈界) 즉 귀신(鬼神)의 세계를 아는 지식'을 의미하는 신지학협회(神智學協會, Theosophical Society)가 창설됨. · 이 협회의 3대회장인 엘리스 베일리(Alice Bailey, 1880-1949)는 근본개념을 제시하고 최초로 '뉴에이지'라는 신조어를 만듦. · 이 협회는 불교와 힌두교의 중심적 개념인 환생과 카르마(Karma, 業) 이론을 신앙함. · 엘리스 베일리는 자동 필기술로 악령에게 받은 신비적 지식의 내용을 기록한 '계획(Plan)'이라는 책을 저술, 뉴에이지 운도의 대표적 지침서가 되고 있음. · 1960년대 동양의 신비종교, 힌두교 계열이 습합됨. · 전체주의(holism)와 강신술(降神術), 영매(靈媒)사상이 유입됨. · 1950년대 후반 '비트'운동(Beat Movement, 기성시대의 사상, 질서, 도덕 거부)이 출현함. · 1959년 마하리쉬 마헤쉬 요기(Mharishi Mahesh yogi)가 미국에서 힌두교의 일파인 초월명상(超越冥想, Transcendental Meditation)을 소개함. · 60년대의 음악, 70년대의 점성술을 거쳐 8·90년대 영화까지 신비주의 뉴에이지 운동이 도입됨. · 1975년 뉴에이지 운동의 이론서격인 '물병자리의 음모'(마릴린 퍼거슨,Marylin Ferguson)가 출간됨(한국은 '뉴에이지 혁명'으로 정신세계사에서 간행됨).

뉴에이지운동(New Age Movement)(계속)

구 분	내 용
6단계 활동내용	· ①평화, 핵군축, 환경보존운동, 여권신장운동, 노동운동, 낙태 및 동성애 옹호운동 · ②낙관적인 휴머니즘(인본주의), 지상낙원, 무신론적인 과학주의 · ③건강 및 정신운동, 심령술(이완요법, 식이요법, 마인드 컨트롤, 적극적 사고방식, 최면술, 초능력, 명상, 요가, 기(氣), 접신 등) · ④서적 출판 및 보급(심령과학, 공상과학, UFO서적) · ⑤정치, 경제, 사회, 교육, 문화, 종교 등 전 분야에서 영향력 행사 · ⑥'단일 세계 경제 체제' 확립으로 '단일 세계정부'를 탄생시킨 후, '단일 세계 종교'라는 종교 통합의 목적 달성
구성요소	· 동양의 신비주의 · 힌두교의 Karma사상 · 불교의 환생사상(reincanation) · 범신론(汎神論) · 신플라톤주의 · 고대 동방(이집트, 바빌론)의 마술사상 · 점성술 · 요가(yoga) 또는 초월적 명상 · 선불교(禪佛敎)의 참선사상(參禪思想) · 샤머니즘의 접신술(接神術), 악령(惡靈) 또는 사자(死者)와의 대화.
주요주장	· 너희가 하나님 같이 되리라(범신론) : 만물이 신이며, 물질은 환상이고, 우리 모두는 신이라고 함(동물의 권리, 환경론, 인간의 잠재력). · 너희가 정녕 죽지 아니하리라(윤회론) : 시간은 순환하고 우리는 윤회하며, 악은 업보에 의해서 설명됨(죽음에 관한 연구, 교령술, 심판이 없음, 자살을 두려워 아니함). · 너희가 선악을 알리라(상대론, 상황윤리) : 악은 환상이며 절대적인 것은 없고, 윤리는 상황에 의해서 결정됨(부도덕, 록뮤직, 기존 가치의 파괴, 하나님 품성에 혼란). · 너희 눈이 밝아지리라(밀교주의) : 인간은 완전한 문명을 이룩할 수 있고, 이를 위하여 인간 내부의 잠재력을 이용할 수 있음. 인간 자신이 곧 빛임(마약, 천궁도, 별점, 신비한 힘과의 접촉, 명상(T.M.)
뉴에이지의 상징	· 오각형-사탄의 다섯 점 별 · 삼각형-이집트의 삼신(三神) · 원안의 점-최상의 존재 루시퍼 · 무지개-부처가 말하는 천국에의 길 · 모든 것을 보는 눈-우주적 지성 곧 '힘(The Foree)'과의 연결고리

뉴에이지운동(New Age Movement)(계속)

구 분	내 용
뉴에이지의 상징	• 유니콘-신비한 힘을 지닌 뿔 달린 말. • 페가수스-나는 말로 지구의 물 신(水神)의 아들로 조수를 관장함. • 켄타로스-반인반마(半人半馬) • 용 혹은 뱀-힘과 능력(계 12:9) • 음양-상반된 것의 연합. 즉 선과 악, 남자와 여자 • 이집트의 앵크 십자가-생명과 불멸을 상징하며 지혜와 번영을 낳음. 이 상징은 수세기 동안 사탄의 상징으로 사용되었고, 십자가에서 이루신 그리스도의 사역을 이긴다는 의미임. • 원-그리스의 신 키르케. 사람의 혼이 윤회를 통해 끊임없이 순환하는 것을 보여줌. • 반달과 초승달-'Proctor and Gamble'이라는 회사의 상징임.
뉴에이지 동조 및 의혹적인 단체들	• 지구의 친구들(Friends of the Earth) • 홀리스틱 건강 연합(Holistc Health Association) • 인간 심리학 연합(Association for Humanistic Psychology) : 인간 잠재력, 개인 성장, 홀리스틱 건강을 연구하는 세계적 조직망 • 탐구 및 계몽 연합회(Association Research and Enlightenment) : 자가 최면, 가시화 심령 안내의 주제로 세미나 • 초월 심리학 연합회(Association Transpersonal Psychology) : 초월 심리학에 대한 식사 프로그램 운영 • 치누크 학습본부(Chinook Learning Center) : 개인과 세계의 조화에 기여하기 위한 세미나와 워크숍 주최함. • 에살렌(Esalen)협회 : 인간 잠재력을 다루는 단체로 종교, 철학, 과학, 교육 분야의 추세를 탐구함. 정신, 몸, 영혼에 대한 세미나와 워크숍 개최함. • Farm, The(미국 테네시주 써머타운에 있는 반문화 뉴에이지 공동체). • Forum, The : E.S.T의 에르하르트(Erhard)가 세운 단체로 인간 잠재력 세미나 개최함. • 지구촌 교육 연합회(Global Education Association) : 학교, 종교 단체, 공동체에 컨설팅 서비스함.

뉴에이지운동(New Age Movement)(계속)

구 분	내 용
뉴에이지 동조 및 의혹적인 단체들	• 녹색당(Green Party) • 그린피스(Greenpeace U. S. A) : 환경단체 • Interface : 의식, 명상, 초월 심리학을 포함하는 뉴에이지 활동 후원함. • Lifespring : 뉴에이지 의식 장려 단체로 인간 잠재력 세미나 주관함. • Lucis Trust : 루시퍼 출판사로 시작, 지금은 뉴에이지의 엘리스 베일리의 저서 출판함. • Pacific Institute : 인간 잠재력 세미나 개최함. • Planetary Citizens : 뉴에이지 단체와 공립학교에서 세계적 의식의 자각을 위한 행동주의 단체임. • Self-Realization Fellowship: 키리야 요가 명상 기술과 최근의 파라마한사 요가난다에 초점을 맞춘 가정 학습의 교재 제공함. • Sierra Club, The : 각종 공공정책 결정에 자연 환경 보존을 우선하려는 영향력 행사함. • Sirius Community : 영적인 삶의 환경을 주제로 한 워크숍 주관함. 명상과 춤을 일상사에 포함시키고 홀리스틱 건강이나 신화와 같은 주제로 주말 프로그램 운영함. • Trar Center : 벤자민 크림이 이끄는 뉴에이지 조직. • Theosophical Society(신지학협회) : 우주적 형제애, 세계 종교와 과학 철학의 비교 연구, 인간 속의 정신력과 영력의 탐구함. • Unity-in-Deversity Consel : 뉴에이지 전위 조직망으로 100군데가 넘음. • Windstar Foundation : 전지구적 자각, 지속되는 미래를 주장하며 존 덴버가 세운 단체임. ※ www.inchrisjesus.net. 2004.5.4.인용.

< 교 리 >

계시론	• 무의식 상태에서 경로를 만드는 것이 근원적인 정보의 기준이 되는데, 정보의 근원은 '우주의 마음' 또는 '아카시 기록 보관소'라고 불리는 거대한 지식 저장소임. • 영계에 인간과 대화를 나누고 싶어 하는 영혼들이 존재하는데, 이들과 대화하기 위하여 자기 최면에 의하여 마음과 의지를 비움으로 가능하다고 함.

뉴에이지운동(New Age Movement)(계속)

구 분	내 용
신 론	• 현상세계의 차이를 인정치 않고 모든 물질과 에너지가 본질적으로 같으며, '모든 것은 하나'라는 범신론적 주장을 하고 있음. • 즉 존재하는 모든 것(물질, 에너지, 공간, 영)이 하나님임. • '나는 신이다. 모든 사람은 신이다.'
기독론	• 예수가 소년과 청년기에 인도를 여행했으므로 동양의 스승의 한 분으로 존경됨. • 예수는 보통사람과 같은 신인(神人) 중의 하나며, 이는 기본적으로 성장과 진화를 일으키는 힘이고, 모든 생명 안에 있는 통일된 자질 그 자체라고 함.
인간론	• 인간 존재는 선하며, 신성의 일부분이고 악은 인과법칙의 결과임. • 선과 악은 동일한 근원에서 생기고, 따라서 악은 존재하지 않음. • 윤회(輪廻)와 환생(還生, Reincarnation), 업(業, Karma)을 강조함.
구원론	• 인간 스스로 신성을 가진 존재라는 사실을 깨닫기만 하면 근원적인 자아를 회복하고 구원을 받을 수 있다고 함(M. Ferguson). • 인격적 변혁과 고행을 통한 구원을 위하여 필요한 것은 요가, 명상, 약물투여, 금식임.
내세론	• 인간을 심판할 하나님은 존재치 않음. • 죽음을 부정함. • 천국과 지옥은 존재하지 않음. • 윤회설(輪回說)을 주장함.
종말론	• 그리스도는 이 세상에 재림하여 존재하고 계심. • 그 재림주는 마이트레야(Maitreya)로 아주 적은 제자만이 그의 거처를 알고 있음. • 메시야는 곧 인류에게 나타나서 세계종교를 만들고 세상을 통합하여, 바른 가치를 평가하는 과정으로서 최후의 심판은 처벌이라기보다는 궁극적 치유의 한 단계가 될 것임.

제6부
참된 신앙을 위하여

〈개설〉· 세상의 빛과 소금으로서의 교회

　세상에서 교회가 올바른 역할을 하지 못하면 이단들은 더욱 흥왕하게 된다. 이단의 역사를 보면 사회적인 혼란기나 가치관이 오도, 전도되고 있을 때에 사람들이 수많이 현혹당하고 이단에 빠지고 있음을 보게 된다.
　21세기를 맞이한 오늘의 시대에 우리는 교회가 자못 위기에 처해 있음을 직시할 필요가 있다. 사회적인 가치관이 변화하고 있다. 사이버(cyber) 세계가 등장하고 이에 따른 윤리 도덕적인 문제가 새롭게 대두되고 있다. 기독교는 기존의 문제뿐만 아니라 새롭게 대두되는 문제에 대하여 대답할 수 있어야한다. 삶, 죽음, 질병, 전쟁만이 문제가 아니라 핵, 환경파괴, 사이버 윤리나 도덕 등으로 인한 가치관의 혼란도 심각한 문제로 대두되고 있다. 이러한 문제에 적절한 대답을 못한다면 교회는 세상으로부터 격리되고 도태 받게 될 것이다.
　오늘날 우리 사회에서 교회는 섬김의 위치를 벗어던진 것이 아닌가 하는 의구심이 든다. 권위를 내세워 주장하고 기득권을 지키기 위하여 하는 행태들은 교회가 빛과 소금의 역할에서 벗어나 있음을 명백하게 보여주는 것들이다. 오늘의 교회에게 진실로 요구되는 것은 예수와 같은 섬기는 삶의 모습이다. 즉, 참된 예수의 제자가 되어야 한다는 것이다.
　사실 이단들은 교회의 일그러진 자화상이다. 교회의 온갖 치부가 이단을 통하여 드러나고 있다. 교회가 어떤 모습인가를 보려면 이단들의 모습을 보면 된다. 현재 우리나라에서 활발하게 활동하는 이단들이 100여개가 넘고 있다. 그들은 매우 조직적이고 사회적인 현안에 매우 민첩하고 효율적으로 대응하고 있다. 교회는 이단들을 정죄만 할 것이 아니라 이단들이 하는 일을 분석하고 해체(解體)해야 한다. 이단들이 회개하고 바른 신앙으로 돌아오게 만드는 것은 정죄와 비판과 분쇄가 아니라, 우리 성도들의 삶이 예수 그리스도 안에서, 복음의 진리에 진정 얼마나 자유스럽고 합당한 삶을 사느냐가 결정짓게 되는 것이다. 따라서 우리는 작금의 이단과의 전쟁에서 영적 비상사태를 선포하고 복음 전파에 기쁨으로 동참해야 할 것이다.

1. 이단들의 전략

구 분	내 용
문화를 통한 접근	• 현대인은 사회 문화적인 욕구를 충족 받으려는 욕구와 지향성을 가지고 있으며, 이러한 욕구에 편승하여 이단 사이비들이 위장하여 침투하고 있음. • 대학 캠퍼스와 청년들을 향한 공략은 현재의 이단들에게 주된 공략 대상임. • 문제는 단체의 이름이 계속 변경되고 심지어는 기독교 단체와 유사하게 개칭(改稱)하며 신생 단체들까지 생겨나고 있다는 데에 있음.
가정 방문 전도	• 이단들은 지속적이고 열성적인 가정 방문을 실행함. • 가정방문 앙케이트 조사와 대학가의 설문조사를 이용하여 교주의 설교집이나 신문, 카세트테이프를 무료로 배포함.
기성교회에 침투조 파송	• 철저하게 이단 교리로 무장한 사람들이 기성교회에 새신자로 위장 침투하여 교회 전복 시도함. • 가정 방문에서와 같이 이단들은 기존의 성도를 열성적으로 공략함.
강경한 대응 방법을 구사	• 예전에는 이단으로 규정 당하면 수세적이었으나 요즈음은 강력한 방법으로 저항 및 대응함. • 명예훼손은 기본이고, 재판에서 패소해도 신학적 이유로 항소하며 끈질기고 지속적으로 기성교회에 투쟁함.
해외 선교의 강화	• 기존의 정착화한 몰몬교, 여호와의 증인, 통일교 이외에도 현재 괄목할만한 성장을 이룬 몇몇의 이단들은(신천지, 구원파, 안상홍증인회 등) 해외에 선교사를 파송하고 지 교회를 설립하여 지속적인 확장 및 성장을 이루고 있음.

2. 이단에 노출되어 있는 성도들

구 분	내 용
초신자들	• 신앙적인 지식과 경험이 부족함. • 교회 밖의 다른 성경공부에 휩쓸릴 가능성이 있음. • 신앙에 순박한 만큼 이단의 교리와 간증에 휩쓸릴 가능성에 노출됨.
구원의 확신이 없는 성도들	• 이단에 휩쓸린 사람들 중에 장기간 기존교회에 출석한 사람들이 많음. • 구원의 확신이 없는 사람들은 이단의 표적이 됨.
정보의 부족	• 정보화의 시대라고 하는 만큼 수많은 정보들이 넘쳐 나지만 정보가 단절되는 현상이 발생함. • 또한 적절하게 가공된 정보는 판별 능력을 요구하는 경우가 많이 생김. • 낡은 자료들은 오히려 역공을 당하며 효율적인 대응을 방해함.
정서적 욕구의 부족	• 풍요 속에 오히려 현대인은 정신적 고통, 소외와 고독의 문제가 증가하고 있는 실정임. • 정서적 욕구의 불충족은 많은 사람들이 이단에 빠지는 주요한 요소가 됨.
성경 지식의 한계	• 주관적인 성경 해석은 자신을 잘못된 곳으로 인도하게 됨. • 이단들이 저지르는 잘못 가운데 대표적인 것이 성경의 오역을 절대화 하는 경우임.
기성교회의 불만	• 이단의 성향 중 대표적인 것은 기성교회에 대한 신랄한 비난임. • 초신자의 경우에 이단의 교회 공격에 솔깃해질 수 있음.
신비주의적인 성향	• 잘못된 신비주의에 몰입하여 성도들을 오도(誤導), 파멸에 이르게 함(유명화, 황국주의 예에서 볼 수 있음). • 기존 이단을 보면 교주의 신비 체험을 절대화 하여 시작된 경우가 대부분임.

3. 이단에 대한 교회의 대처

구 분	내 용
교회의 역할을 바르게 수행함	• 교회가 사랑의 공동체가 되도록 해야 함. • 교회가 성도의 영적인 욕구를 수용하는 자세가 필요함. • 각 성도들이 교회에 적응치 못하고 겉돌지 않도록 배려해야 함. • 성도는 서로가 불완전한 인간이요 지체임을 인식하도록 하여 함께 돕고 나누는 자세를 가지도록 하여야 함. • 목회자가 성도들의 전인적인 삶에 관심을 갖고 목회하여야 함.
목회자들의 인식 제고가 필요함	• 목회자가 바른 교리적 기초위에서 성도들을 무장시키고 훈련시키는 전향적인 자세가 필요함. • 교회의 내, 외적으로 침투하는 이단에 대한 심각성을 목회자들이 바르게 인지하여 경계 및 예방 교육을 제대로 시켜야 함.
정확한 정보의 제공	• 현대가 정보화 사회인 만큼 이단 관련 정보도 넘쳐나고 있는 실정임. • 이단도 자신들을 변증하기 위하여 기존의 교회 안에 역정보를 투입하는 등 성도들을 현혹시키고 있음. • 이단들의 인터넷 홈페이지를 보면 정통교회의 홈페이지와 구별이 안 되는 경우가 많으므로 매우 유의해서 살펴보아야 함. • 또한 이단들은 명칭을 자주 바꾸거나 기독교 단체와 유사하게 개칭(改稱)하므로 이에 대한 발 빠른 대응이 요청됨. • 교단이나 이단의 연구 단체들은 정확한 정보를 갱신(update)하여 교회나 성도들에게 지속적으로 제공해야 함.
올바른 신앙 교육과 봉사	• 지금까지 교회는 양적인 성장을 지속해왔으나 앞으로는 질적 성장에 노력을 배가해야 함(연구에 의하면 한국 교회는 양적 성장은 정체(停滯)되고 수평 이동만 이루어지고 있음). • 질적 성장은 올바른 성경공부와 교리, 기초적 신학, 교리의 생활 지침에 대하여 지속적으로 교육을 실시함으로서 가능함. • 이단을 접했을 때 이단과의 소모적인 논쟁보다는 효과적으로 질문하는 방법을 가르쳐 주어야 함.

이단에 대한 교회의 대처(계속)

구 분	내 용
올바른 신앙 교육과 봉사	• 초대교회와 같은 역동적인 신앙공동체가 되도록 프로그램을 구축, 강화하고 성도들의 욕구를 살피는 치유적 목회가 필요함. • 소외된 이웃(장애인, 과부, 노인 등의 독거 가정)을 보살피고 함께하는 봉사의 자세가 필요, 요청됨.
교단과 단체의 연대	• 현재 한국에서는 각 교단과 단체들이 사이비, 이단 대책 기구를 구성, 자체적으로 활동하고 있음. • 성도들이 혼란을 느끼는 것은 각 교단마다 이단의 규정이 다르고 한쪽에서 이단 규정을 했음에도 다른 교단은 교류하는 등 상대 교단의 이단 규정을 인정하지 않는 경향이 있기 때문임. • 각 교단의 이단규정이 총회에서 이루어지고 있는바 이에 대한 정보의 공유가 절실함. • 한국 교회의 교단과 단체의 연대 및 네트워크가 구성되어 서로의 자료를 교환 공유하는 등 효율적인 대응이 필요한 상황임. • 연대적 기구를 구성하여 이단에 관련한 최종적인 판정을 내릴 수 있는 권위적이고 공신력 있는 기구가 구성되어야 함.
신학적인 연구의 필요성	• 각 교단마다 설치되어 있는 이단대책위원회 및 연대 기구에 심도 있고 전문적인 연구 및 효율적인 대응을 위하여 신학교의 교수를 참여시킨 단체가 발족되어야 함.
체계적인 법률 서비스가 필요함	• 이단으로 규정하거나 기독교의 전문 연구도서에서 언급된 이단들이 법률적으로 대응하고 있음. • 이단에 빠져 있거나 이단에 의하여 심각한 침해를 받고 있는 경우에 이들에 대한 조직적이고 체계적인 법적인 서비스가 필요함. • 이를 위하여 기독교 법조인과의 협력적 사역이 구축되어 관계자에게 법률 교육 및 대처를 할 필요가 있음.
이단에 빠졌던 성도에 대한 자세	• 그리스도의 사랑으로 뜨겁게 사랑해야 함. • 기존 성도들이 그리스도로 인하여 변화된 삶의 모본을 보여야 함. • 사랑을 가지고 비공격적으로 권면하여 스스로 이단적인 교리가 잘못됨을 알도록 함. • 성도들이 연합하여 이단에 빠진 자들을 위하여 기도하도록 함.

4. 복음적인 신앙을 위한 성도의 자세

구 분	내 용
성경공부에 참여해야 함	• 신앙의 성장은 시간이 필요하며 자신의 시간을 투자해야 함. • 성경을 임의적, 자의적으로 해석하거나 극단적으로 해석하지 않도록 주의해야 함(벧후 1:20). • 교회에서 행하는 공적인 예배와 성경공부, 기초적인 신학 교육, 교리교육에 적극적인 참여가 필요함.
신앙에 대한 건전한 의식 형성이 필요함	• 현실을 부정하고 비관적이거나 종말, 영생, 초월 등 신비적인 주제에 너무 몰두하지 않도록 해야 함(영생교승리제단, 초월명상 참조). • 신비스러운 영적 체험을 절대화하거나 자신에게만 주어진 특별한 선물인양 하는 자세를 지양해야 함(유명화, 이용도, 황국주 참조). • 기성 교회의 부정적인 면을 공격하거나 혹평하는 자세보다 교회가 성화(聖化)되어 가는 과정으로 인식하는 전향적인 자세가 필요함.
초신자에 대한 보살핌이 필요함	• 기도를 통하여 하나님의 도움을 구하도록 함. • 초신자는 영적으로 볼 때 어린아이와 같은 상태임. • 열정은 가지고 있으되 분별력이 없으므로 위험적인 상황에 노여 있는 상황이므로 섬세한 보살핌이 필요함. • 교회 내에서 소외되지 않고 효율적으로 적응하여 구원에 이르도록 인도와 도움이 필요함.
이단에 대한 정확한 인식이 필요함	• 사이비, 이단들의 포교 방법이 비신학적, 비종교적인 색채인 문화적, 사회적으로 민감한 주제의 편승으로 바뀌고 있음(무료 영어교육, 대학 캠퍼스의 무료 강습, 농촌 살리기 등). • 무분별한 정보의 범람에 혼동되지 않도록 주의해야 함. • 요가, 기공, 명상, 최면술과 포스트모더니즘, 종교다원주의, 뉴에이지운동 등의 정확한 인식을 위하여 교회 지도자의 도움을 요청함. • 이단의 문제가 발생했을 시 교회에 제보하는 지혜가 필요함.

□ 이단정보 사이트·주요 상담소 □

<주요 단체·교단의 이단 상담소 연락처>

기 관 명	홈 페 이 지	연 락 처
·한기총 이단사이비문제상담소	· www.cck.or.kr	02-741-2782~5
·한국교회연합 바른신앙수호위원회	· www.ccik.kr	02-742-0243
·대한예수교장로회 총회 이단사이비문제상담소(통합)	· www.pck.or.kr	02-741-3004
·대한예수교장로회 총회 이단사이비문제상담소(합동)	· www.2dan.kr	02-559-5635
·대한예수교장로회 총회 유사기독교연구소(고신)	· http://eusakidok.kosin.org	02-593-9728
·한국기독교이단상담소(합신)	· www.jesus114.org	02-2696-4288
·한국기독교이단상담소	· www.jesus114.net	0502-838-9743
·학원복음화협의회 (대학가 이단사이비 관련)	· www.kcen.or.kr	02-838-9743
·교회와 신앙	· www.amennews.com	02-741-1117
·현대종교 국제종교문제연구소	· www.hdjongkyo.co.kr	02-493-4391~4

<이단정보 주요 홈페이지>

명 칭	카페 & 홈페이지	운 영 자
·바로알자 신천지	· http:cafe.godpeople.com/onlygodsglory	
·이단문제상담실	· http:cafe.naver.com/cultcounsel.cafe (하나님의 교회 정체를 알자)	
·무엇이든지 물어보세요	· 카페 -http:cafe.naver.com/anyquestion(네이버) -http://cafe.daum.net/anyguestions(다음) -http://club.cyworld.com/ClubV1/Home.cy/52805　　　637(싸이월드) · 홈페이지 -http://anyquestion.co.kr	이인규 권사
·교회와 신앙	· www.amennews.com	장경덕 목사
·기독교포털뉴스 부설:한국교회이단정보리소스센터	· www.portalnews.co.kr	정윤석 기자
·아레오바고 사람들	· http:cafe.naver.com/areobago	이영호 목사
·목회와 진리수호	· www.captp.org	원문호 목사
·한국기독교 이단상담소	· www.jesus114.net	진용식 목사
·뉴스엔조이	· www.newsnjoy.com	방인성 목사
·현대종교	· www.hdjongkyo.co.kr	탁지원 소장
·대한예수교장로회 (통합)	· www.pck.or.kr	총회 본부
·대한예수교장로회 (합동)	· www.gapck.or.kr	총회 본부
·대한예수교장로회 (합신)	· www.jesus114.org	총회 본부

※ 위의 기관 및 홈페이지는 한국 기독교계에서 공신력이 있다고 판단되는 단체임(2012. 11. 1. 현재).

□ 참고문헌 □

I. 사 전

1. 기독교대백과편찬위.『기독교대백과사전.1-16』. 서울: 기독교문사. 1985.
2. 신성종 역.『Baker's 신학사전』. 서울: 엠마오. 1986.
3. 신학사전 편찬위원회.『신학사전』. 서울: 개혁주의신행협회. 1990.
4. 종교학사전편찬위원회편.『종교학대사전』. 서울: 한국사전연구사. 1998.
5. 한국종교사회연구회편.『한국종교연감』. 서울: 한국종교사회연구소. 1995.

II. 단행본

1. Bernhard Lohse.『기독교 교리사』. 구영철 옮김. 서울: 컨콜디아사. 1990.
2. E.S.모이어.『인물중심의 교회사』.곽안전, 심재원 옮김. 서울: 대한기독교서회. 1981.
3. Gene Edward Veith, Jr 지음.『포스트모더니즘의 세계』. 홍치모 옮김. 서울: 아가페문화사. 2004.
4. H. 웨인하우스.『챠트 이단종파』. 장광수 역. 서울: 기독교문서선교회. 2002.
5. H. 카워드.『종교다원주의와 세계종교』. 한국종교연구회 옮김. 서울: 서광사. 1990.
6. J. 이사무 야마모도.『통일교』. 이재하 역. 서울: 도서출판 은성. 1996.
7. Norman Solamon.『유대교란 무엇인가』. 최창모 옮김. 서울: 동문선. 1999.
8. 가모우레이이찌.『이슬람의 세계』. 이동혁 옮김. 서울: 일각서림. 2001.
9. 곽용화.『당신은 뉴에이지와 그 음악에 대하여 얼마나 알고 계십니까?』.서울: 낮은울타리. 1995.
10. 근광현.『기독교이단길라잡이』. 서울: 도서출판 누가. 2003.
11. 김경선 역·편저.『성경적 기독교 교리와 각 교단의 교리·신앙고백·신조들』. 서울: 도서출판 여운사. 1998.
12. 김영재.『기독교교회사』. 서울: 도서출판 이레서원. 2000.
13. 김욱동.『모더니즘과 포스터모더니즘』. 서울: 현암사. 1992.
14. 김희성 편역.『왜 뉴에이지에 사람들이 매혹되는가?』. 서울: 예영커뮤니케이션. 1992.
15. 나병철.『모더니즘과 포스터모더니즘을 넘어서』. 서울: 소명출판사. 2001.
16. 노길명, 길홍철, 윤이흠, 황선명.『한국민족종교운동사』. 서울: 사)한국민족종교협의회. 2003.
17. 노길명.『한국 신흥종교 연구』. 서울: 경세원. 1996.
18. 대한예수교장로회총회 이단사이비문제상담소.『이단사이비연구보고서』.상담소자료집10. 서울: 대한예수교장로회총회 이단사이비문제상담소. 2003.
19. 데이빗 그리핀.『포스트모던 하나님 포스트모던 기독교』. 강성도 옮김. 서울: 한국기독교연구소. 2002.
20. 로버트 C. 월톤.『챠트로 본 교회사』. 김영무, 김일우 편역. 서울: 아가페문화사. 1998.
21. 루이스 벌콥.『기독교교리사』. 신복윤 역. 서울: 성광문화사. 1986.

22. 리재학, 윤종곤, 경한수 편저. 『DTP 교리강해연구 제16권 비교종교편』. 서울: 선린출판사. 1993.
23. 마노 다카야. 『도교의 신들』. 이만옥 옮김. 서울: 들녘. 2001.
24. 마크 C. 오브렉크. 『뉴에이지 운동과 환생』. 박영호 옮김. 서울: 기독교문서선교회. 1992.
25. 매릴린 퍼거슨. 『뉴에이지 혁명』. 김용주 옮김. 서울: 정신세계사. 1994.
26. 맬리스 루스벤. 『이슬람이란 무엇인가』. 최생렬 옮김. 서울: 동문선. 2002.
27. 민경배. 『한국기독교교회사』. 서울: 대한기독교출판사. 1983.
28. 박양운. 『그리스도교와 이슬람교 비교종교연구』. 서울: 카톨릭출판사. 1999.
29. 박영관. 『이단종파비판(II)』. 서울: 예수교문서선교회. 1981.
30. 박영호. 『뉴에이지 운동과 영매술』. 서울: 기독교문서선교회. 1992.
31. 박인현. 『기공강좌』. 서울: 하남출판사. 1994.
32. 박해경. 『챠트로 본 조직신학』. 서울: 아가페문화사. 1996.
33. 베른하드 로제. 『기독교 교리의 역사』. 차종순 옮김. 서울: 목양사. 1986.
34. 변선환학장 은퇴기념 논문집 출판위원회. 『종교다원주의와 한국적 신학』. 천안: 한국신학연구소. 1992.
35. 브라이언 랭커스터. 『유대교입문』. 문정희 옮김. 서울: 김영사. 1999.
36. 사단법인 대한예수교장로회연합회 이단사이비대책위원회. 『정통과 이단 종합연구서』. 서울: 예장연출판부. 2004.
37. 사이비이단문제상담소 편. 『종합사이비이단연구보고집』. 서울: 한국장로교 출판사. 2001.
38. 서울대학교 종교문제연구소편. 『종교다원주의와 종교윤리』. 서울: 집문당. 1994.
39. 수렌드라나트 다스굽타. 『인도의 신비사상』. 오지섭 옮김. 서울: 영성생활. 1997.
40. 스와미 비베케난다. 『일을 통한 깨달음 까르마 요가』. 양미성 옮김. 서울: 정우사. 2001.
41. 신소섭. 『목회자와 교회 음악 지도자를 위한 예배와 찬송가』. 서울: 아가페문화사. 1993.
42. 심창섭, 김도빈, 오영호, 박영관. 『기독교의 이단들』. 서울: 대한예수교장로회총회. 2003.
43. 심창섭, 박상봉. 『핵심요해 교회사 가이드』. 서울: 아가페문화사. 2002.
44. 심창섭, 채천석 편저. 『원자료 중심의 중세교회사』. 서울: 도서출판 솔로몬. 1998.
45. 앙리 마스페로. 『도교』. 신하령, 김태완 옮김. 서울: 까치글방. 1999.
46. 에드워드·로제. 『신약성서 배경사』. 박창건 옮김. 서울: 대한기독교출판사. 1984.
47. 이대복. 『이단종합연구』. 서울: 큰샘출판사. 2002.
48. 이대복. 『성경에 비추어본 알기쉬운 이단정체』. 서울: 큰샘출판사. 2003.
49. 이동현 감수. 『기공의 기초입문』. 서울: 삼호미디어. 1999.
50. 이은구 지음. 『힌두교의 이해』. 서울: 세창출판사. 1997.
51. 이태영. 『요가-하타 요가에서 쿤달리니 탄트라까지』. 서울: 도서출판 여래. 2000.
52. 이태영. 『하타 요가』. 서울: 도서출판 여래. 2003.

53. 정규훈. 『한국의 신종교』. 서울: 서광사. 2001.
54. 정수일. 『이슬람 문명』. 서울: 창작과 비평사. 2002.
55. 정태혁. 『요가』. 서울 :대원사. 1990.
56. 정행업. 『한국교회사에 나타난 이단논쟁』. 서울: 한국장로교출판사. 2002.
57. 조창헌. 『종교전쟁』. 서울: 말씀과 만남. 1997.
58. 차종순. 『교리사』. 서울: 한국장로교출판사. 2003.
59. 채필근. 『비교종교론』. 서울: 대한기독교서회. 1999.
60. 최병규. 『이단 진단과 대응』. 서울: 은혜출판사. 2004.
61. 최영길. 『이슬람의 이해』. 서울: 도서출판 신지평. 1999.
62. 케이트 브룩스, 스티븐 코리. 『진리, 거짓, 미혹』. 김남준 편역. 서울: 아가페문화사. 1998.
63. 탁명환. 『한국 신흥종교의 실상』. 서울: 국종출판사. 1991.
64. 한국기독교총연합회 이단사이비문제상담소. 『이단사이비 종합자료 2004』. 서울: 한국기독교총연합회. 2004.
65. 현대종교편집부. 『한국의 신흥종교 2002 실태조사 연구집 I - 자칭 한국의 재림주들』. 서울 : 현대종교·국제종교문제연구소. 2002.
66. 홈스 웰치, 안나 자이델. 『도교의 세계-철학, 과학, 그리고 종교』. 윤찬원 옮김. 서울: (주)사회평론. 2001.
67. 황보 갑. 『비교종교학』. 서울: 기독교문화사. 1996.
68. 휴스턴 스미스. 『세계의 종교』. 이종찬 옮김. 서울: 도서출판 은성. 1993.
69. 총회신학부, 심창섭. 『기독교 정통과 이단, 무엇이 다른가』. 서울: 대한예수교장로회총회신학부. 2006.
70. 森山論. 『현대기독교의 이단』. 탁명환 역. 서울: 국제종교문제연구소.1981.
71. 탁명환. 『기독교 이단연구』. 서울: 도서출판연구소.1989.
72. 노길명. 『한국의 신흥종교』. 대구: 카톨릭신문사.1989.
73. Horld O. J. Brown. 『교회사 안에 나타난 이단과 정통』.라은성 역. 서울: 도서출판 그리심. 2001.
74. 강문석, 김일천 공저. 『기독교 이단제설』. 서울: 도서출판 칼빈서적.1994.
75. 정행업. 『세계교회사에 나타난 이단논쟁』. 서울: 한국장로교출판사.2002.
76. 박준철. 『빼앗긴 30년, 잃어버린 30년, 문선명 통일교 집단의 정체를 폭로한다』. 서울: 도서출판 진리와 생명사, 2003.

III. 인터넷 자료

1. www.biblenews.co.kr.www.christ.sarang.net.2004.3.13.
2. www.buddhism.or.kr.2004.3.27.
3. www.cck.or.kr.2004.8.27.
4. www.cgm.or.kr.2004.4.10.
5. www.chondogyo.or.kr.2004.3.27.
6. www.church.or.kr.2004.5.24.
7. www.csm21tv.com.2004.6.2.
8. www.daejonggyo.or.kr.2004.5.24.
9. www.daesun.or.kr.2004.3.27.

10. www.daesun.or.kr.2004.6.5.
11. www.darakwen.net.2004.5.25.
12. www.eafj.org.2004.4.11.
13. www.edenholychurch.or.kr.2004.4.20.
14. www.emmauschurch.com.2004.5.1.
15. www.goodnews.or.kr.www.ospark.pe.kr.2004.5.27.
16. www.hallelu.net.2004.4.23.
17. www.hannong.com.2004.5.26.
18. www.hdjokyo.co.kr.2003.12.21.
19. www.headstone.pe.kr.2004.5.29.
20. www.hep.or.kr.2004.3.21.
21. www.hjc.or.kr.20043.24.
22. www.inchrisjesus.net.2004.5.4.
23. www.jeilbe.org.2003.12.12.
24. www.jesusi.com.2003.12.16.
25. www.kjv1611.co.kr.2004.5.22.
26. www.maharishi.wo.to.2004.5.22.
27. www.maharishi.wo.to.2004.5.27.
28. www.manmin.or.kr.2004.3.26.
29. www.messenger.2004.5.21.
30. www.newsnjoy.co.kr.2004.8.27.
31. www.newhchurch.net.2004.5.21.
32. www.newthings.or.kr.2003.12.20.
33. www.pck.or.kr.2003.12.20.
34. www.recovery.or.kr.2004.6.21.
35. www.saeil.org.2004.2.22.
36. www.saengyoung.com.2004.5.20.
37. www.seoul.org/newhome.2004.5.28.
38. www.shiloh.or.kr.2004.4.15.
39. www.shinchonji.org.2004.5.16.
40. www.sungrak.or.kr.2004.3.22.
41. www.sungrak.or.kr.2004.3.26.
42. www.tongil.or.kr.2004.2.23.
43. www.urantia.or.kr. www.urantia.org.
44. www.victor.or.kr.2004.4.28.
45. www.watchtower.org.2004.3.26.
46. www.watv.or.kr.2004.4.26.
47. www.wonbudism.or.kr.2004.2.15.
48. www.yaeil.org.www.yaeil.ac.kr.www.rem.or.kr.2004.5.26.
49. www.jesus114.net.(한국기독교이단상담소) 2007.9.10.

IV. 논문 자료

1. 문석호. "포스트모더니즘에 대한 비평적 이해". 『신학지남』. 1993년 봄호. 통권 235호. pp.135-147.
2. 박형택. "박철수의 영성훈련(새생활영성훈련원) 무엇이 문제인가?". 『현대종교』. 2001년 4월호. 통권 320호. pp.34-43.
3. 서철원. "종교다원주의와 구속신앙". 『신학지남』. 1997년 봄호. 통권 250호. pp.131-157.
4. 이재범. "새 물결의 파고 '빈야드 운동', 어떤 것인가?" 『목회와 신학』. 1995년 6월호. 통권72호. pp.53-64.
5. 정일웅. "빈야드 운동과 빈야드 예배 문화의 비판적 성찰". 『신학지남』. 1996년 여름호. 통권 247호. pp.212-233.
6. 홍치모. "New Age운동 비판". 『신학지남』. 1992년 가을호. 통권 233호. pp.54-70.

□ 색 인 □

가

가계저주론(이윤호) / 254, 257, 287, 288
강신술 / 102, 128, 281, 359, 371, 375
고대교회의 이단규정 / 39
광신주의(신비주의)적 이단 / 87
구원파(권신찬) 계열 / 206
국외 계열 / 264
국제 연합 오순절 교회 / 116
권신찬 / 32, 145, 152, 206, 207, 212, 277, 285, 286, 290, 291, 298
그리스도의 형제회 / 137
기공 / 263, 359, 367
기독교 / 300
기독교대한개혁장노회(동방교, 노광공) / 172
기독교대한성결교회 / 289
기독교복음선교회(정명석) / 165
기독교복음침례회(권신찬) / 207
기독론에 대한 이단 / 65
기존질서에 대항한 이단 / 75
김계화 / 32, 152, 231, 236, 279, 282, 284, 286, 290, 292
김기동 / 8, 32, 145, 152, 195, 196, 200, 203, 205, 262, 277, 282, 283, 290, 294, 298
김백문 / 143, 144, 145, 150, 151, 154, 168, 238, 278
김성도 / 144, 148, 149

나

나사렛파 / 40
나운몽 / 32, 152, 165, 220, 223, 279, 283, 290, 292
네스토리우스주의 / 66
노바티안파 / 56

뉴에이지운동 / 375, 381
니케아 시대의 이단 / 40

다

단성론 / 69
단의론 / 70
단일 계열 / 152, 254
단일신론 / 59
대복기도원(황판금)/서울평강교회(곽성률) / 235
대순진리회 / 354
대종교 / 31, 298, 343, 349, 351, 357
대한기독교장막성전(유재열) / 175
대한예수교오순절성결회(용문산, 나운몽) / 223
대한예수교장로회 고신 / 282
대한예수교장로회 연합회(이단옹호 단체) / 262, 275, 292
대한예수교장로회 통합 / 285
대한예수교장로회 합동 / 283
대한예수교장로회 합신 / 288
대한예수교침례회 기쁜소식선교회(박옥수) / 210
대한예수교침례회 서울중앙교회(이복칠) / 212
도교 / 331
도나투스파 / 57
동양의 신비 종교 / 359
뜨레스디아스 / 152, 242, 263, 272

라

레마성서연구원(이명범) / 202
로시크루셔니즘 / 119
롤라드파(위클리파) / 91
류광수 / 32, 255, 259, 279, 282, 285, 286, 289, 290, 293

마

마니교 / 52
마르시온파 / 50
마케도니우스주의 / 64
만교통화교(에덴문화연구원, 김민석) / 231, 232
만민중앙성결교회(이재록) / 231, 240
말씀보존학회(이송오) / 255, 256
명인교회(엄명숙) / 238
몬타누스파 / 54
몰몬교 / 103, 105
문선명 / 28, 31, 142, 143, 144, 145, 149, 150, 151, 153, 154, 155, 156, 157, 158, 159, 232, 282, 293, 300
미국교회사의 주요연표 / 101
미국엠마오선교교회(예태해) / 271, 287
미국의 이단 / 99
민족과 함께한 종교 / 345

바

바울당파 / 77
박명호 / 152, 214, 218, 219, 283, 293
박옥수 / 145, 152, 206, 208, 210, 283, 294
박윤식 / 31, 145, 153, 160, 161, 282, 291, 294
박철수 / 32, 152, 242, 245, 246, 276, 281, 285, 287, 289
박태선 / 28, 31, 142, 143, 144, 144, 145, 150, 151, 154, 167, 168, 169, 170, 171, 172, 177, 178, 181, 224, 237, 272, 273, 279, 292
반(半)아리우스주의 / 63
반(反)유아세례파 / 88
반(半)펠라기우스주의 / 73
밤빌리아 추수꾼 훈련원(이선아) / 243
백남주 / 147
베가르회 / 84
베긴회 / 85
변승우 / 242, 252, 283, 285, 288, 289
보고밀파 / 79
복음적 합리주의자 / 98
복음적인 신앙을 위한 성도의 자세 / 398
복음주의적 이단 / 88
부산제일교회(4단계 회개론, 박무수) / 204
분파주의적 이단 / 54
불교 / 318
빈야드운동(존 윔버) / 268

사

사벨리우스주의 / 61
사자교회(다베랴선교회, 하방익) / 229
삼위일체론에 대한 이단 / 59
새빛등대중앙교회(김풍일) / 179
새생활영성훈련원, 아시아교회(박철수) / 245
새일교(이유성) 계열 / 189
새일중앙교회 / 194
새하늘교회(다미선교회, 이장림) / 227
생령교회(진진화) / 162
서울중앙교회 / 193
서울중앙침례교회(서달석) / 230
성락교회(김기동) 계열 / 195
세계교회사의 시대구분 / 35
세계교회사의 주요 연표 / 36
세계도 / 133
세계복음화다락방전도협회(류광수) / 258
세계의 종교 / 399
세계의 주요 종교와 이단 / 29
세계일가공회(양도천) / 222
세계평화통일가정연합(통일교, 문선명) / 154
스룹바벨선교회 / 193
시크교 / 341
시한부종말 계열 / 220
신도교 / 341
신천지예수교증거장막성전(이만희) / 183

아

아가동산 / 234
아리우스주의 / 62
아말릭파 / 82
아폴리나리우스주의 / 65
안식교 / 104, 108
안식일 계열 / 214
알라모기독교봉사회 / 124
양자론 / 60
어거스틴과 펠라기우스의 교리 비교 / 74
에비온파 / 40
엑칸카르 / 125
엘케사이파 / 43
여호와새일교(이유성) / 190
여호와의 증인 / 113
연구계몽협회 / 135
영생교 승리제단(조희성) / 181
영성훈련 계열 / 242
영지주의(그노시스파) / 48
예수왕권세계선교회(심재웅) / 242, 248
예수전도협회(이유빈) / 254, 256
예수중심교회(이초석) / 200
예장합동혁신총회(남서울신학교) / 260, 284
오리겐주의 / 50
왈도파 / 89
요가 / 365
요아힘파 / 87
우주승리교회 / 121
원불교 / 344
유교 / 327
유대교 / 304
유대교적 이단 / 40
유란시아 세계재단 / 130
유명화 / 142, 143, 144, 146, 147, 148, 150
유명화의 접신극(接神劇) / 146
유티케스주의 / 68

이단들의 전략 / 392
이단에 노출되어 있는 성도들 / 393
이단에 대한 교회의 대처 / 394
이단의 성경적 규정 / 25
이단의 정의 / 22
이단의 특성 / 28
이명범 / 32, 145, 152, 195, 202, 203, 272, 277, 285, 289, 290, 291, 293
이송오 / 32, 254, 255, 279, 284, 286, 290, 292
이슬람교 / 29, 297, 299, 311
이용도 / 141, 143, 144, 146, 147, 148, 149, 283, 396
이유빈 / 32, 254, 256, 280, 282, 284, 286, 288, 289, 290, 293
이유성 / 32, 143, 145, 150, 151, 154, 189, 190, 191, 192, 193, 277, 298
이장림 / 28, 32, 152, 220, 227, 228, 230, 278, 283, 285, 290, 298
이재록 / 32, 152, 231, 240, 283, 286, 288, 290, 293
이초석 / 32, 145, 195, 200, 201, 203, 277, 282, 285, 289, 290, 293
이호빈 / 143, 144, 146, 147, 148, 283
이흥선 / 8, 254, 262, 283, 288, 291
21세기선교 서울성락교회(김기동) / 196
1930-50년대의 신비주의적 이단 / 146
19세기 미국의 주요이단 분파도 / 103
19세기 미국의 주요이단 / 105
일월산기도원(김성복) / 225

자

자연신론 / 98
자이나교 / 337
재세례파 / 95
전도관(박태선) 계열 / 167
정득은 / 150

정명석 / 31, 144, 145, 153, 165, 166, 276, 284, 287, 291
정신주의자(신령파) / 98
제칠일안식일예수재림교회 / 104, 108, 215
조로아스터교 / 334
종교개혁시대의 이단 / 98
종교다원주의 / 376
종교의 본분 / 399
주술적인 신비종교 / 359
주요교단의 이단 판정표 / 282
주현교회(이교부)/아가동산(김기순) / 233
중세교회의 이단 / 75
중세교회의 이단규정 / 76
중세기에 나타난 이단 / 77
증산교 / 354
지방교회(위트니스 리) / 264
직통계시 계열 / 231
진주초대교회(전태식) / 261

차

천도교 / 346
천주교 / 308
초대교회의 이단 / 38
초대교회 기독론에 대한 이단 / 65
초대교회 삼위일체론에 대한 이단 / 59
초월명상 / 360
추론적 이단 / 77

카

카타리파 / 80
크리스챤 사이언스 / 111
큰믿음교회(변승우) / 242, 251, 282, 284, 287, 288

타

통일교(문선명) 계열 / 153

파

펠라기우스와 관련한 이단 / 71
펠라기우스주의 / 71
평강제일교회(박윤식) / 160
포스트모더니즘 / 379
프란체스코회 신령파 / 87
프리메이슨 / 117

하

하나님의 자녀 / 128
하나님의교회 세계복음선교협회(안상홍) / 216
한국교회사의 시대구분 / 141
한국교회사의 주요연표 / 142
한국교회와 이단 / 275
한국교회 연합 / 290
한국기독교 총 연합회 / 290
한국기독교에덴성회(이영수) / 177
한국농촌복구회(엘리야복음선교원, 박명호) / 218
한국에서의 주요이단 계보도 / 145
한국에 지대한 영향을 미친 미국의 이단 / 102
한국의 이단 / 139
한국의 이단형성 / 143
한국의 종교 / 343
한국의 주요 종교와 이단 / 31
한국의 주요종교 / 357
한국의 초기이단 형성도 / 144
한국천부교(전도관, 박태선) / 168
할렐루야기도원(김계화) / 236
헤어 크리쉬나 / 362
헬라주의적 이단 / 44
현재 미국의 이단 / 116
현재 한국의 이단 / 151
현재의 이단종파 현황 / 276
황국주의 목가름과 피가름 / 149
후스파 / 93
힌두교 / 297, 321

□ 저자 약력 □

♣ 김 영무

총신대학교 신학대학원 졸업(M. Div, Equiv.)
총신대학교 교육대학원 졸업(M. Ed. 역사교육 전공)
현재, 아가페문화사 대표

♣ 김 구철

평택대학교 신학과 졸업
한국방송통신대학교 행정학과 졸업

판 권
소 유

이단과 사이비

2004. 9. 25 초판 발행
2007. 10. 20 개정증보 1판 발행
2010. 3. 20 개정증보 2판 발행
2012. 11. 5 개정증보 3판 인쇄
2012. 11. 10 개정증보 3판 발행

지은이 김영무 · 김구철
발행인 김영무

발행처 도서출판 아가페문화사
156-094 서울동작구 사당4동 254-9
등록 제3-133호(1987. 12. 11)

보급처 : 아가페문화사
156-094 서울동작구 사당4동 254-9
전화 02-3472-7252-3
팩스 02-523-7254
온라인 우체국 011791-02-004204(김영무)

값 20,000 원

ISBN 978-89-8424-079-7 03230